학습동기

학생들의 동기유발과 몰입을 위한
25 가지 전략

학습동기

학생들의 동기유발과 몰입을 위한
25가지 전략

Carolyn Chapman · Nicole Vagle 지음

정종진 · 김영숙 · 류성림 · 성용구 · 성장환

유승희 · 임남숙 · 임청환 · 허재복 옮김

Σ 시그마프레스

학습동기

학생들의 동기유발과 몰입을 위한 25가지 전략

발행일 | 2015년 7월 10일 1쇄 발행

저자 | Carolyn Chapman · Nicole Vagle
역자 | 정종진 · 김영숙 · 류성림 · 성용구 · 성장환 · 유승희 · 임남숙 · 임청환 · 허재복
발행인 | 강학경
발행처 | ㈜시그마프레스
디자인 | 송현주
편집 | 김성남

등록번호 | 제10-2642호
주소 | 서울특별시 영등포구 양평로 22길 21 선유도코오롱디지털타워 A401~403호
전자우편 | sigma@spress.co.kr
홈페이지 | http://www.sigmapress.co.kr
전화 | (02)323-4845, (02)2062-5184~8
팩스 | (02)323-4197

ISBN | 978-89-6866-506-6

Motivating Students : 25 Strategies to Light the Fire of Engagement

＊책값은 뒤표지에 있습니다.
＊이 도서의 국립중앙도서관 출판예정도서목록(CIP)은 서지정보유통지원시스템 홈페이지(http://seoji.nl.go.kr)와 국가자료공동목록시스템(http://www.nl.go.kr/kolisnet)에서 이용하실 수 있습니다.(CIP제어번호 : CIP2015017537)

교육이란 양동이를 채우는 일이 아니라
마음속에 불을 지피는 일이다.

– 윌리엄 버틀러 예이츠

역자 서문

본 역서는 Carolyn Chapman과 Nicole Vagle이 공동으로 집필한 *Motivating Students : 25 Strategies to Light the Fire of Engagement* (Bloomington, IN : Solution Tree Press, 2011)를 완역한 것이다. 이 책은 학생들이 학습에 흥미를 갖고 몰입하도록 하기 위한 혁신적이면서도 연구에 기초한, 그리고 교실에서 실제로 입증된 25가지의 동기유발 전략을 제공하고 있다.

동기(motivation)는 인간 행동의 변수를 야기하는 근원으로서 교사의 관점에서 보면 학생들이 학습하게 되는 특성이기도 하다. 실제로 동기는 교수와 학습을 이끄는 중요한 열쇠이며, 동기 없이는 초등학교에서건 중등학교에서건 간에 학습이 제대로 이루어지기 어렵다. 이처럼 동기는 학습과 밀접한 관계를 가지고 있기 때문에 교육에 있어 고려해야 할 중요한 인간 심리 요인 중의 하나로 간주되며, 학업성취도를 결정하는 데 있어 지적 요인만큼이나 중요한 학습자의 정의적 특성으로 다루어지고 있다. 학교에서 학업성취에 가장 큰 영향을 미치는 동기 요인은 학습동기로서, 이는 학업성취에 대한 의욕이라고 할 수 있다.

학습동기에 대한 대부분의 책들이 이론 중심으로 되어 있어 학교 교실에서 학생들을 지도하는 현장교사들이 활용하거나 적용하는 데에는 한계가 있다. 그렇지만 본 역서는 교사 출신의 교육 컨설턴트인 저자들이 학생들의 학습에 대한 동기를 유발하고 학습활동에 몰입하도록 이끌기 위한 전략 25가지를 구체적으로 제시하고 있어 교사들이 활용하고 적용하기에 매우 유익한 책이다. William Butler Yeats가 '교육이란 양동이를 채우는 일이 아니라 마음속에 불을 지피는 일'이라고 말한 것처럼, 본 역서는 교사들이 학생들의 학습에 대한 흥미와 몰입 등 학습동기의 불꽃을 피우도록 하는 데 큰 도움이 될 것이다.

본 역서는 절실한 마음으로 우리 교육을 생각하며 교육학 혹은 교과교육학에 대해 함께 고민하는 대구교육대학교에 재직하고 있는 일부 교수들의 협동 작업으로 이루어진 것이다. 우선 각자 분담(저자 서문·제1장 정종진, 제2장 성용구·류성림, 제3장 임청환, 제4장 유승희, 제5장 허재복, 제6장 김영숙·임남숙, 제7장 성장환)하여 번역을 한 다음, 번역 원고를 가지고 몇 차례 독해와 토론 활동을 전개하면서 의견 교환과 조정의 과정을 거친 후 최종 원고를 수정 보완하였다. 여러 명이 참여하여 작업하다 보니 진행이 늦어지고 용어와 문장의 통일을 기하는 데 많은 어려움이 있었다. 또한 우리나라 문화 상황에서 이해하기 힘든 문구들이 더러 있어 우리말로 표현하는 데 애를 먹었다. 어설픈 부분들은 앞으로 다듬어 나갈 예정이다. 이 책에서 '당신'은 '교사'를 가리킨다는 것을 미리 일러둔다.

번역 원고를 재촉하지 않고 기다려주신 (주)시그마프레스의 강학경 사장님과 좋은 책을 만들기 위해 편집과 교정에 수고해주신 김성남 과장님을 비롯한 직원들의 노고에 감사드린다. 본 역서가 현장의 교사들이 학생들의 학습동기를 유발하는 데 유용한 길라잡이가 되기를 바란다.

2015년 6월

역자대표 정종진

저자 서문

교사는 학생들이 학습에 몰입하도록 하기 위한 혁신적인 전략들을 이미 사용하고 있다. 사실 교사는 학생들의 학업성취도를 향상시키기 위한 새로운 방법을 고안하기 위해 끊임없이 노력하고 있고, 학생들은 학습하고 있다. 테크놀로지의 사용 증가와 평가를 통한 질 높은 수업실제의 개선은 큰 변화를 가져왔다. 그렇지만 여전히 교사는 학습에 대한 동기가 없거나 부족한 학생들과 매일 씨름하고 있다.

어떻게 하면 주의를 기울이지 않는 학생들에게 동기를 부여할 수 있을까? 어떤 학생이 숙제를 하지 않거나 제출하는 것을 잊어버릴 때 교사는 어떻게 해야 하는가? 교실에서 교사는 공상을 하고, 빈둥거리고, 안절부절못하고, 멍하게 바라보고, 물건을 두드리고, 콧노래를 흥얼거리고, 휴대전화로 문자 메시지를 주고받으며, 심지어는 수업을 방해하는 학생들을 자주 목격해 왔다. 익숙하게 들리는가? 이러한 오래된 시나리오가 오늘날에도 여전히 중요한 이슈로 남아 있다. 학습에 열중하지 않는 학생들은 교사의 의욕을 떨어뜨리고 교실을 혼란에 빠트릴 수 있다. 그러므로 교실의 초점은 재빨리 학습에 대한 열정에 불을 붙여 비행의 불을 끄도록 이동해야 한다.

성공적인 교사는 흥미의 불꽃을 학습에 대한 바람으로 태우도록 하기 위해 '좋은 수업실제의 마술적 순간'(Barkley, 2007, p. ix)을 사용한다. 학습은 전염성이 있어서 동기가 유발될 때 널리 퍼진다. 열정이 넘치는 교사는 학생들에게 그들의 성취에 중요한 관련성이 있고 흥미를 불러일으키는 주제에 몰두하도록 만든다. 이러한 교사는 학생들의 관심사, 강점, 학습성향, 선행지식을 파악하여 그들과 관계를 형성한다. 또한 이러한 교사는 학습에 대한 바람을 촉진하는 다양하고 도전적인 학습기회를 제공함으로써 학생들이 환영받고 학습에 몰두할 수 있는 환경을 조성한다. 이러한 마술적 순간은 학생들의 학습목표를 명확히 설정·기술하고, 학습을 재미있는 모험으로 만들고, 학생들에게 선택과 통제의 기회를 제공하며, 성공을 보장하는 교실사회에서 일어난다. 이러한 유형의 교실은 신뢰를 구축하고 학생들의 자기효능감 혹은 성공적으로 학습할 수 있다는 신념을 형성한다. 학습에 몰입하는 학생들은 이미 습득한 지식, 배경 및 경험을 새로 배워야 할 내용과 관련짓는다. 학생들에게 새로운 학습과 그들의 관심, 경험 및 선행지식과의 관련성을 촉진하는 교사는 학습의 불꽃을 보게 될 것이다. 확실히 동기는 오늘날 학교에서 교사의 궁극적 목적인 학생들의 학업성공을 달성하는 데 주요 요소이다.

이 책의 활용법

많은 요인들이 학생들로 하여금 매우 복잡한 과제에 몰입하도록 만드는 동기유발에 영향을 미친다. 나중에 이러한 주요 요인들이 무엇인지 구체적으로 살펴보고, 어떻게 학생들의 동기에 영향을 미치는 가를 기술할 것이다. 그러나 학생들의 동기—학습하고자 하는, 시도해보고자 하는, 몰입하고자 하는, 흥미를 갖고자 하는—에 불꽃을 피우도록 하는 연료는 학생들마다 각기 다르다.

　학생들이 게으르고, 과제를 하지 않고, 인내심이 부족하거나 흥미가 없을 때 교사는 어떻게 해야 하는가? 최근의 연구 결과와 수년간의 교직 경험, 그리고 교사들과의 대화에 근거하여 이 책은 학급의 전체 학생들 혹은 개별 학생의 동기를 유발하는 데 실제적이고 효과적인 25개의 전략을 교사들에게 제공하기 위해 만들어진 것이다. 우리는 "모든 학생은 학습할 수 있다!"고 말하고 믿으면서 이 책을 통해 모든 학생이 정말로 학습할 수 있다는 증거를 보여주는 데 도움이 될 도구들을 제공하고자 한다. 〈그림 I.1〉은 학생들의 동기를 유발하고 학습에 몰입할 수 있도록 하기 위한 우리의 구성 틀을 나타낸 것이다.

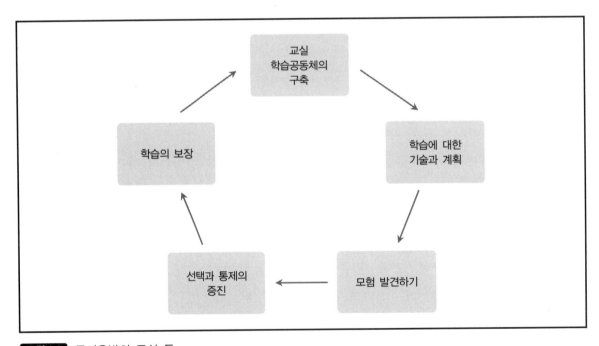

그림 I.1 동기유발의 구성 틀

　제1장은 동기에 대한 정의, 연구 결과의 탐색, 동기에 영향을 미치는 요인에 대한 설명, 동기가 유발되지 않는 학생들의 일반적 특성에 대한 기술, 교사들 자신의 현행 동기 실제에 대한 반성적 성찰

을 위한 자기평가 척도의 제공을 통해서 이 책의 기초를 마련한다.

　제2~6장은 동기유발의 구성 틀에 대한 각 측면을 상세히 논의하고, 동기가 유발되지 않는 특정 행동의 근본 원인에 토대를 둔 25가지 전략에 대해서 간단히 살펴본다. 물론 많은 경우에 이러한 요인들은 상호 의존적이다. 각각의 전략에 대해서 그 목적과 이론적 근거를 기술하고, 계획과 구체적 실행을 위한 비결과 함정을 알아보며, 끝으로 그 전략을 실천에 옮기기 위한 자세하고 구체적인 활동들을 제공한다.

- ➤ 제2장은 **교실 학습 공동체를 구축**하기 위한 전략을 제공하며, 여기에는 학생들의 흥미와 학습유형 알기, 문화적으로 반응하기, 학생들과의 관계 및 학생들 간의 관계 형성하기, 명확한 규칙과 기대 설정하기가 포함된다.
- ➤ 제3장은 모든 학생에 대한 높은 기대를 유지하고, 선행학습과 후속학습 간의 관련성을 높이고, 질 높은 과제와 평가를 제공하기 위해서는 **학습을 기술하고 계획하는 것**이 중요하다는 것을 설명한다.
- ➤ 제4장은 빠져나올 수 없게 만드는 흥미로운 활동(irresistible hooks)과 지혜로운 수업마무리(clever closures)의 사용, 테크놀로지의 활용, 게임, 재미있는 활동, 성공 축하에 의한 **모험 발견하기** 전략을 알아본다.
- ➤ 제5장은 학생들의 **선택과 통제의 기회를 증진**하는 데 초점을 둔다. 여기에는 질 높은 선택의 제공, 목표 설정의 촉진, 학생들의 몰입을 위한 예술의 활용이 포함된다.
- ➤ 제6장은 **학습을 보장**하기 위한 것으로, 효과적인 평가방법, 발문, 서술적 피드백, 표적 중재 활동을 통해 학생들이 자신의 학습에 대한 파트너로서 학습에 몰두하기 위한 전략들을 제공한다.

　끝으로, 제7장은 전체적으로 요약하고 교사, 행정가, 부모 및 기타 사람들이 학생들의 동기유발에 어떻게 이바지하는가를 탐색하고, 교사들이 자주 던지는 동기와 몰입에 관한 몇 가지 질문에 대한 대답을 제공한다.

　7개의 각 장마다 '캠프파이어 토크(campfire talk)'로 끝을 맺고 있다. 이 코너는 교사들이 동료들과 현직연수 차원에서의 대화를 나누기 위한 주요 질문을 제시하고 있다. 교사전문성 발달에 대한 연구에 따르면, 동기와 몰입에 관한 연구에 참여하면 교실에서의 동기와 몰입을 보다 효과적으로 촉진하는 결과를 가져온다는 것이다(Martin & Dowson, 2009, p.331).

　동기에 관한 전문성 개발에 관한 연구에 참여했던 교사들은 학생동기에 관한 실제적인 지식을 넓혔고, 동기 문제를 보다 잘 확인하고 고려할 수 있었으며, 학생들의 동기를 유지하기 위한 새로운 수업 프로그램을 계획하였다(또한 Schorr, 2000 참조). 이와 마찬가지로, Stipek 등(1998)은 학생 동기에 중점을 둔 전문성 개발에 참여하는 교사들이 보다 자신의 수업에 대한 숙달과 이해를 강조하였고, 학생들의 자율성을 격려했으며, 심리적으로 안전한 교실 환경을 조성하는 경향이 있었다는 것을 밝혀냈다. 또한 이들 교사는 학생들의 동기에 대해 보다 정확하게 평가하였다. 이러한 정확한 평가는 효과적이고 표적 중재 활동에 중요한 선결 조건이나(Martin, 2008a).

캠프파이어 토크에는 뭔가 마술적이고 고무적인 측면이 있다. 이들 질문은 동기와 몰입에 관한 연구의 결과를 교육실제에서 잘 실행에 옮기도록 생생하고 활발한 토론을 이끌기 위해 마련된 것이다.

이 책의 목적은 학생들이 학습에 몰입하도록 하기 위한 혁신적이고, 연구에 기초한, 그리고 교실에서 입증된 전략들을 제공하는 데 있다. 이 책을 개별적으로 혹은 팀원들과 함께 읽으라. 특정 문제를 처리하고 조정하기 위해 해당되는 장에 초점을 두라. 한 장씩 읽을 때마다 동기유발에 최우선을 두는 문화를 조성하기 위한 전략을 연구하라. 우리의 목적은 교사들로 하여금 몰입하는 교실 환경을 조성하고, 활발하고 성공적인 학생들이 될 수 있도록 동기를 부여하도록 고취시키는 데 있다. 이 책에서 제시되는 아이디어는 새로운 것도 있을 것이고, 익숙한 것도 있을 것이다. 어떻든 간에 우리는 교사인 당신이 학생들의 학습동기 유발에 영향을 미치는 전략들을 사용하기를 바란다. 아마도 당신은 과거에 학생들의 흥미가 무엇인지 물어보았을 것이다. 그러나 당신은 수업을 계획하거나 학습과 관련짓기 위해 학생들의 흥미를 고려한 적이 있는가? 우리는 이 책이 새로운 아이디어뿐만 아니라 과거의 아이디어를 새로운 방식으로 사용하는 데 자극제가 되길 바란다.

인간은 누구나 동기가 충만되어 있을 때도 있고 부족할 때도 있다. 그리고 어떤 학생들이 종종 잠시나마 학습에 몰입하지 않는 것은 정상적인 것이다. 그러나 학생들이 지속적으로 동기 결핍을 보일 때는 행동과 동기의 장기적 변화를 위해서 그 근본 원인을 확인하여 해결해주어야 할 시점이다.

어떤 학생이 내재적 동기가 향상될 때마다 당신 자신을 격려해주라. 당신은 변화를 일으키고 있는 것이다! 우리는 이러한 풍부하고 에너지가 넘치는 아이디어가 성공을 일으키고 당신이 계속해서 모든 학생을 잘 가르치도록 고취시키길 바란다.

차례

동기의 이해

동기(motivation)는 행동하고 싶게 만드는 내적 상태 또는 감정이다. 어떤 사람이 만족감, 성취감, 또는 더 깊은 이해를 얻기 위해 행동할 때 그 동기는 내재적이다. 반면에 돈, 상, 음식, 또는 여가 시간을 받으려고 뭔가를 할 때 그 동기는 외재적이다.

외재적 동기는 단기적으로 효과가 있고, 학생들이 교사의 요구에 반응하거나 대답하도록 촉진할 수 있다. 좋은 성적, 부가 점수, 좋아하는 음식, 또는 재미있는 장난감이 긍정적인 감정을 불러일으킨다. 이와 같은 유인가는 학생들이 어느 순간에 순순히 따르도록 부추긴다. 반대로 내재적 동기는 순간을 넘어서 오래 지속되는 자신감과 성취감을 가져다준다. 이러한 내적인 바람이 평생학습을 하게 하고, 이를 유지하게 한다. Daniel Pink(2009)는 동인 : 인간의 동기에 관한 놀라운 진실(*Drive : The Surprising Truth About What Motivates Us*)이라는 책에서 내재적 동기의 힘을 확인해주는 수 세기에 걸친 연구와 학문적 발전을 기술하고 있다.

외재적 보상이 주로 우세한 환경에서는 많은 사람들이 오로지 보상을 가져다주는 그 시점까지만 일을 하고, 그 이상은 하지 않는다. 따라서 어떤 학생이 책 세 권을 읽으면 상을 받게 된다면, 평생 독서는커녕 네 번째 책도 읽지 않을 것이다. 마찬가지로 직원 중의 일부만을 부추기는 경영자는 회사의 장기적인 건전성을 생각하기는커녕 종종 더 많은 이익을 가져올 수도 없다. … 그러나 조건적인 보상이 포함되지 않을 때, 또는 유인가가 적절한 정도로 정교하게 설계될 때 수행은 개선되고 이해는 깊어진다. 위대함과 단견은 양립할 수 없다. 의미 있는 성취는 얼마나 높게 바라보고 지평을 멀리 바라보느냐에 달려 있다(p.58).

학생들은 항상 동기가 유발되지만, 반드시 교사가 기대하거나 원하는 것을 향하는 것은 아니다. 예컨대 많은 학생들은 지시를 따르거나 방대한 양의 노트 정리를 하거나, 어떤 활동에 참여하기보다는 친구와 이야기하거나 교실의 여기저기를 돌아다니는 것에 더 동기가 유발될 수도 있다.

학생들의 의욕이 생기거나 의욕이 없어지는 이유는 다양하다. 교사가 학생들에게 과제를 내는 경우를 생각해보자. 교사가 낸 과제를 완성하는 학생들은 아래와 같이 할 것이다.

- 교사의 지시와 과제를 이해한다.
- 자신의 능력에 대한 자신감을 유지한다.
- 그 활동이 주는 이점을 깨닫는다.
- 성공적으로 느낀다.
- 미래 활용을 위한 개인적 관련성을 안다.
- 개념들을 연결하기 위한 배경지식을 갖고 있다.
- 교사를 존경한다.
- 좋은 성적을 원한다.

교사가 낸 과제를 완성하지 않는 학생들은 아래와 같이 할 것이다.

- 교사의 지시와 과제에 대한 이해가 부족하다.
- 자신의 능력에 별로 확신을 갖지 못한다.
- 실패를 두려워한다.
- 과제를 완성해야 하는 이유를 알지 못한다.
- 개념들을 연결하는 배경지식이 부족하다.
- 교사를 별로 존경하지 않는다.

학생들이 갖는 수업 매력은 세 가지-교사가 무엇을 하느냐, 학습이 어떻게 구조화되었는가, 학생들이 경험을 어떻게 지각하느냐-가 결합된 것이다. 학생들은 "학습내용은 흥미가 있고, 중요하며, 나중에 써먹을 수 있는가?", "나는 성공감을 맛볼 수 있을까?"라고 자문한다. 어떤 학생들은 흥미롭거나 재미있는 이야기에 반응할 수 있지만, 또 어떤 학생들은 활동에 참여하기 전에 세상이나 공동체와의 관련성이나 관계성을 알려고 한다.

TV에서 방영되는 다큐멘터리를 시청하기로 마음먹은 성인을 생각해보자. 사람들은 여러 가지 이유로 다큐멘터리 프로그램에 집중할 수 있다. 어떤 사람은 그 프로그램을 만든 제작자를 개인적으로 알기 때문에 집중할 수 있다. 또 어떤 사람은 프로그램의 제목, 미리보기를 봤거나 주제가 흥미롭다고 생각했기 때문에 관심을 가질 수 있다. 10분 또는 15분이 지나도 여전히 시청자를 집중하게 하는 다큐멘터리가 있는가 하면, 어떤 것은 시청자의 기대를 충족시키지 못한다. 정보가 이미 알고 있는 것이고, 너무 어려워 이해하기 힘들고, 지루하게 제시되거나 기대했던 것과는 다른 내용이라고 여기는 사람들은 TV 시청이 시간 낭비라고 여길 것이다.

당신의 수업을 생각해보자. 학생들이 수업을 선택하면 수업 내내 끝까지 참여하려고 마음의 결정을 하는가? 우리는 TV 프로그램이 더 이상 흥미롭지 못하면 채널을 돌리거나 딴 짓을 할 수 있지만, 수업은 그렇지가 않다. 학생들은 TV를 끄듯이 교사의 수업을 '꺼버릴' 수 없고, 자리를 박차고 떠날 수도 없다. 그러나 어떤 학생들은 채널을 홱 바꿔버린다. 학생들은 지루하거나 의욕이 없어지면, 교사가 기대하는 것을 계속하려는 동기가 생기지 않는다. 그런 학생들은 딴 생각에 집중하거나, 옆 친구들과 이야기를 하거나, 책상에 낙서하는 등의 행동을 한다.

Martin과 Dowson(2009, p.327)에 의하면, 동기란 "행동에 영향을 주거나 행동의 방향을 지시하는 서로 관련된 일단의 신념과 감정들이다"(Wentzel, 1999; 또한 Green, Martin, & Marsh, 2007; Martin, 2007, 2008a, 2008b 참조). 이런 신념과 감정은 지극히 개인적이다. TV 다큐멘터리를 예로 들면, 많은 시청자들은 긍정적이라고 여겼기 때문에 프로그램 시청을 계속했을 것이다. 그러나 어떤 사람들은 부정적인 감정이 생겼고, 그래서 시청을 하지 않고 다른 행동으로 옮겨 간 것이다. 수업도 같은 이치다. 어떤 학생을 몰두하게 하는 수업이 다른 학생에게는 지루한 것이 되어 몰두를 하지 못하게 할 수도 있다.

모든 학생의 동기를 유발하는 것이 어려운 과제라면, 학생들이 몰두하지 못하는 원인은 무엇이며, 그 책임은 누구에게 있는가? 교사인가? 학생인가? 성인들의 경우 흥미를 주기 어렵고, 자신들의 삶과 관련이 없다고 여기게 하는 수업에 얼마나 집중할 수 있을까? 교사는 학생들이 학습과제에 주의를 기울이고, 참여하며, 이를 완성하려고 갈망하도록 하기 위해서는 지루한 정보라도 흥미 있고, 도전적이며, 의미 있게 만들려고 노력해야 한다. 수업내용을 유도(제시)하는 것은 학생 수업참여의 시작일 뿐이다. 하고 싶지 않은 것을 해야만 할 때도 있는 것이 현실이다. 재미가 없고 어려운 것을 참아내는 것을 배우는 것은 귀중한 노력이다. 학생들이 도전적이고, 매력적이며, 보상을 주는 경험을 통해 학습할 때 인내심을 계발하는 것은 가능한 일이고 그럴 확률이 높다(Martin & Dowson, 2009). 학생들은 내가 목표로 하는 것이 무엇이고 목표에 어떻게 도달하는지를 알면 계속해서 노력한다.

교사가 학생들에게 효과적으로 동기를 유발하도록 이끌 때, 학생들은 학교에 남아서 학문적으로, 인지적으로, 정서적으로 성장하기를 원하는 내적 욕구에 불을 댕긴다.

동기는 학습에 어떻게 영향을 주는가?

동기는 수 세기에 걸쳐 연구되어 왔다. 연구의 초점에 따라 동기 연구는 다양하다. 이 책에서 우리는 학습동기에 관한 연구를 밝혔는데 그것이 포괄하는 역사, 문화, 연령, 그리고 국가에 걸친 폭과 깊이를 알아냈다. John Hattie(2009)가 동기에 관한 연구를 종합하면서, "동기는 학생들이 경쟁적이며, 자신감을 충분하게 갖고, 가치 있는 목표를 설정하고, 피드백을 받고, 그리고 다른 사람으로부터 인정을 받을 때 가장 높다"(p.48)고 언급하였다. 또한 Hattie의 메타분석은 "대중 앞에서의 굴욕, 망연자실한 시험 결과, 혹은 교사나 동료와의 갈등"(p.48)과 같이 학습자의 의욕을 상실시키는 **탈동기화**에 대한 탐색의 중요성을 지적하였다. 뒷장에서 구체적인 전략으로 이러한 결과들을 살펴보려고 한다.

확실히 교사와의 관계는 학교와 학습과제에 대한 학생들의 신념과 가치에 영향을 준다. 교사가 학생들을 알고, 학생들과 신뢰로운 관계를 형성할 때 학생들의 동기와 몰입 수준은 증가한다. 나아가 학생들을 잘 아는 교사가 그들의 문화, 신념, 그리고 가치에 대한 관심과 이해를 더 발전시킨다. 이러한 상호작용을 통해서 교사는 학생들의 공동체를 구축하고 동기와 몰입 수준을 증가시킨다. 교사와 돈독한 개인적 관계성을 갖는 학생들은 학습에서 성공하는 방법을 내면화한다. 교사와 동료들과의 긍정적인 관계는 학생들이 과제나 활동을 수행하려는 동기에 영향을 준다. 긍정적 관계를 갖고 있는 교사와 동료들은 또한 학생들이 동료학생들과 어울리는 것과 같은 만족감을 얻기 위해 무엇을 성취하거나 수행하도록 자극하거나, 부모나 교사를 실망시키는 등의 부정적인 행동을 하지 않도록 격려한다(Ryan & Deci, 2000; Barker et al., 2002; Dowson & McInerney, 2003).

이러한 소속감은 학습동기를 촉진한다. 학생들이 학습공동체, 학급, 동료, 학교, 교사와 연결되어 있다고 느낄 때 학교생활에 심리적으로 관여하고, 도전적인 과제를 시도하고, 스스로를 평가하고, 또는 자기이해와 실수를 더 분석하려고 노력한다(Meyer & Turner, 2002; Maslow, 1968; Glasser, 1999). 협력적 활동이 긍정적인 학습공동체를 발전시킨다. 교사와 학생 간, 그리고 학생과 학생 간의 관계가 잘 이루어지는 학급풍토를 조성하는 것은 학습동기에 영향을 주는 통합적 요소이다(Martin & Dowson, 2009; Martin, 2002, 2003).

학생들이 학교에서 동료와 교사들과 두루 질적으로 좋은 관계를 경험하면, 학업에서 더 성취할 뿐만 아니라 자기 자신을 가치 있게 여기고 공동체 구성원들에게 기여한다고 느끼기 때문에 자기존중감도 높아진다. 학생의 진보를 상세하게 기술해주는 것은 학생의 자기존중감에 영향을 준다. 학생들이 학습할 때마다 주기적으로 자신의 학업성취를 확인할 수 있다면, 자기존중감을 더 느낄 수 있다. 자기존중감의 향상은 학생들이 새롭고 어려운 도전에 참여하고 시도하는 데 도움을 준다(Covington, 2002).

사실 자기주도적이 되고, 성취할 수 있는 목표를 향해 나아가려는 감정이 중요하다. 학생들이 학업성취와 같이 주어진 상황을 스스로 통제한다고 느낄 때 실망, 욕구, 그리고 실패의 두려움을 보다 생산적으로 조절할 수 있을 것이다(Martin, Marsh, & Debus, 2001). 학생들이 자신의 성취에 대한 통제감을 지각하기 시작하는 한 가지 방법은 부모, 교사, 그리고 다른 양육자와 같은 주변의 성인으로부터 긍정적인 강화와 피드백을 받는 것이다. 이런 상황에서 학생들은 자신의 강점을 기술해주는 구체적인 정보를 받는다. 그리고 동기를 유발해주는 피드백 또한 학생들이 자신의 행위를 개선하기 위해 취할 수 있는 구체적인 행동들을 기술해준다. 다시 말해 이런 유형의 성공지향적 피드백(success oriented feedback)은 긍정적인 정서와 희망의 감정을 촉진한다. 결과적으로 학생들은 무엇을 해야 하고, 어떻게 해야 하는지를 알기 때문에 동기가 유발된다(Hattie & Timperley, 2007).

학생들은 자신을 믿고, 성공을 기대하며, 자신의 행동을 가치 있게 여길 때 동기가 증가한다. 학생의 자기효능감－성장할 수 있고 자신의 학습에 긍정적으로 영향을 줄 수 있다는 자신의 능력에 대한 믿음-은 성인의 행동을 통해 형성될 수 있다. 교사가 학생을 믿고 학생의 성공을 노력으로 귀인할 때 학생들은 자신의 성취 능력을 배양한다. 반면에 교사가 학생의 학습부진을 능력의 부족으로 귀인하면, 학생들은 무엇인가를 하는 것이 오히려 차이를 만든다고 지각할 수 있고, 결과적으로는 행동에 대한 동기가 유발되지 않을 수 있다(Hareli & Weiner, 2000, 2002; Martin, 2005, 2008a). 이러한 연구들에서, 성인들이 학생들에게 긍정적인 기대를 하였을 때 학생의 동기와 학습몰입에 대한 중재가 더 성공적이었다.

동기와 학습몰입 연구는 위기에 처한 학생들에게도 마찬가지다. 돈독한 관계성은 모든 학생에게 중요하지만, 위기에 처한 학생들을 끌어올리고 동기를 유발하는 데 더욱 필수적이다(Martin, 2006; Ladson-Billings, 1995). 교사가 학생들에게 도전적인 기회를 주고 긍정적인 기대를 할 때 동기는 증가한다. 성인들이 학생들은 성취할 가능성이 있다고 믿으면 더 많은 학생들이 성취할 것이다.

어떤 학생들은 왜 동기가 유발되지 않는가?

학생들이 동기가 유발되지 않은 채 행동을 하면, 그들의 행동과 태도는 항상 흐린 스크린처럼 명료하지가 않다. 만일 어떤 학생이 숙제를 하지 않으려고 할 때, 어떤 교사는 그 학생에게 숙제를 완성하라고 힘으로 몰아붙이는 등 학생과 '힘의 대결'에 돌입할 수도 있는데, 그것은 본질적인 이슈를 놓치는 것과 같다. 아마 그 학생은 무엇을 해야 하는지 이해하지 못하거나 그 과제가 왜 필요한 것인지 알지 못할 수 있다. 교사가 그러한 '드러나지 않는 이슈들(hidden issues)'을 확인시켜주고 말해줄 때만이 학생들의 동기가 유발된다. 〈표 1.1〉은 동기가 유발된 학생과 동기가 유발되지 않은 학생에게 **영향을 주는** 요인을 설명한다. 이런 상황에서 영향 요인들은 동기에 영향을 주는 학생 자신의 개인적 판단, 감정, 그리고 마음의 태세이다.

동기가 유발되지 않은 학생들에 대해 교사는 단순히 학생들의 응낙을 얻어내는 것을 뛰어넘어 그들이 학습에 몰두하지 못하는 진정한 이유를 세심하게 고려하여 찾아낼 수 있어야 한다. 교사가 겉으로 드러나는 학생들의 행동과 함께 그것을 뒷받침하고 있는 이슈들을 말해줄 때 학생들은 장기적인 몰입이 발동한다.

다음 요인들이 학생의 동기유발에 의미 있는 영향을 준다. 이 요인들은 학생을 수업에 몰입시키는 데 핵심인 동시에 동기가 유발되지 않은 행동의 잠재적인 원인이 된다. 다음 장에서 이러한 요인들을 불러오는 실제적인 전략을 설명할 것이다.

- 흥미와 열정
- 신뢰와 소속감
- 장점

- 효능감과 신념
- 모험
- 도전
- 관계성
- 호기심
- 선택과 통제
- 외부 영향
- 과거 경험

표 1.1 ●● **학생의 공통적 영향 요인**

동기가 유발된 학생들은 ⋯	동기가 유발되지 않은 학생들은 ⋯
학습하는 것을 동경하고 열망한다－이런 학생들은 학업에 적극 참여하려 하고, 앞으로 나아가는 것을 갈망한다.	학교는 지루하고 전혀 흥미를 주지 못한다고 느낀다－이런 학생들은 학교를 좋아하지 않고, 수업을 두려워하며, 학습하려는 욕구를 갖지 못한다.
학교생활과 수업에서 학습공동체와 연결되어 있다고 느낀다－이런 학생들은 자신의 모든 장점과 도전의식, 약점, 결점과 별난 점이 사회적으로 용납되고 있다고 느낀다.	학습공동체로부터 소외당하고, 결합되어 있지 않고, 거부당한다고 느낀다－이런 학생들은 온종일 배회할 수 있고, 그 누구와도 대화를 하지 못하거나 인정받지 못할 수도 있다. 이런 학생들은 별로 친구가 없다.
학교와 학습공동체에 가치 있게 공헌하는 구성원이라 느낀다－이런 학생들은 자신이 학교 친구와 선생님에게 중요한 존재로 여겨지고 있다고 느낀다.	학교와 학습공동체에 줄 수 있거나 기여할 수 있는 것이 없다고 느낀다－이런 학생들은 자신감을 잃고 학교와 학급에서 분리되어 있다고 느낀다.
학교는 냉난방, 음식, 물리적 안전과 같은 환경적 안락함을 제공하는 공간이라 느낀다－이런 학생들은 물리적 욕구가 안전한 환경 속에서 충족되고 있다고 느낀다.	물리적이고 정서적인 안정을 걱정한다－이런 학생들은 다른 사람과 싸우려 하고 논쟁을 자주 하며 괴롭힘을 당한다고 느낀다. 종종 학교 밖에서 더 편안함을 느끼기도 한다.
학교는 미래에 자신이 성공하는 데 도움을 주는 힘이 있다고 느낀다－이런 학생들은 학교란 현재와 미래의 목표를 성취하도록 도움을 준다고 느낀다.	학교는 불편한 곳이라 느낀다－이런 학생들은 학교에서의 성공은 미래에 자신이 성공하는 것에 도움이 될 수 없다고 믿는다.
학교는 학생의 이해를 증진하는 데 도움이 되는 장소라고 믿는다－이런 학생들은 교사와 학교의 자원은 자신들이 학습하는 데 도움을 줄 거라고 신뢰한다. 이런 학생들은 적절한 배경지식과 경험을 갖고 있어서 학습할 준비가 되어 있는 상태다. 이런 학생들은 성공을 기대하고 항상 성공을 추구한다.	학교는 자신들에게 도움을 주지 못하는 공간이라고 믿는다－이런 학생들은 자신이 성공하는 데 필요한 도움을 받지 못한다고 느낀다.

흥미와 **열정**은 사람마다 다르다. 학생들은 수업주제에 흥미가 없거나 자신과의 관련성을 인식하지 못하기 때문에 수업에 몰두하지 못할 수 있다. 열정은 사람에 따라 다르지만, 교사들이 수업주제를 구조화하고 학생들과 이를 어떻게 연결하느냐에 따라 학생들은 흥미를 발동하고 동기를 불러일으킬 수 있다.

주변의 **신뢰와 소속감**이 학습과 심리적 몰두를 위한 조건을 만들 수 있다. 학생들이 안정감을 느낄 때, 보다 깊이 있는 심리적 몰두와 심오한 학습을 가져다주는 데 필요한 위험을 감수하려는 의지가 생길 것이다. 학생들은 자신들이 배려받고 있다고 인정할지도 모른다. 많은 학생들은 신뢰와 소속감이 없으면 편안하게 느끼지 못하고 몰두하지 못한다.

학생들이 자신의 **장점**을 알면 자신감이 생긴다. 학생들은 종종 할 수 있는 것보다는 할 수 없다는 이야기를 더 한다. 교사가 학생들의 장점을 확인해주고, 이미 '알고 있고 할 수 있다'는 것을 알도록 도움을 줄 때 학생들은 자신의 역량을 감지하고 발전의 잠재력이 있다는 것을 안다. 이와 반대로 학생들이 자신의 약점만을 볼 때 그들은 종종 희망을 잃고 시도하는 것을 멈춘다.

효능감과 노력을 하면 성공할 수 있다는 신념을 갖고 있는 학생들은 더 많은 것을 성취한다. 효능감이 결여된 학생들은 성공할 수 없다는 생각 때문에 무엇을 시도할 이유를 찾지 못한다.

학습에서 **모험심**은 크나큰 동기유발 요인이다. 웃음소리와 재미는 학생과 교사들을 활력 있게 하고, 긴장과 스트레스를 줄여주며, 이완을 촉진해준다. 이처럼 이완상태에서는 학생들이 모험을 감행하며 미래 희망을 갖는다.

학생들은 또한 **도전**을 필요로 한다. 도전적인 상황은 마음을 확장시키고 사고를 자극한다. 학생들은 싫증을 느끼거나 정보가 당장 쓸모없다고 생각하면 몰입하지 않는다. 문제를 해결하려고 추구하는 과정에서 흥미가 강하게 일어나고 만족감이 생긴다.

학생들은 학습목표, 공동체, 그리고 경험이 서로 **결합**이 되어 있을 때 몰입한다. 많은 학생들에게 학교생활은 서로 단절된 사건들로 채워진다. 학생들이 학습목표, 자신들의 가정생활, 학습공동체, 그리고 개인적 경험들 간에 관련성을 발견하지 못할 때 이러한 단절화는 수업에서도 발생한다. 어떤 학생들은 그들의 삶에서 학교의 역할을 배웠고, 학교가 제공하는 것을 받아들였다. 그러나 그렇지 않은 학생들에게는 이 같은 단절화가 혼란과 위축을 야기한다.

호기심은 자연스런 동기유발 요인이다. 아주 어릴 때부터 아동들은 "왜?"라고 질문하기 시작하면서, "만약 ～하면 어떻게 될까?" 하면서 의문을 품는다. 토론, 논쟁, 질문, 그리고 함께 시간을 보내는 것 등이 학습의 본질적인 부분이다. 대체로 학교는 발견, 질문하기, 창조, 탐험, 그리고 실험하는 기회를 제공하기보다는 '답'을 제시해준다. 교사들이 학생들에게 의문을 품는 기회를 갖도록 구조화할 때 확실히 동기가 발동한다.

선택은 학생들이 학습하는 방법에서 차이가 있고, 그러한 차이가 실패나 성공을 결정하는 것은 아니라는 것을 인정하는 메시지를 준다. 나아가 학생들이 학습을 어떻게 시연하고 어떤 방법으로 이해할 것인지에 대해 통제할 때, 학생들은 자신의 결정을 신뢰하고 자기 자신에게 의존하는 보다 독립적인 학습자가 된다. 선택이나 자기통제가 없으면 학생들은 학습하고 있는 것을 인지하고, 잘 되지 않는 것을 변화시키기 위해 필요한 주인의식을 스스로 갖지 못한다.

외부 영향 – 학생들이 학교 밖에서 경험하는 것들 – 은 교사가 통제할 수 없는 것이지만 그것들은 수업에서 일어나는 학습에 종종 큰 영향을 미친다. 많은 학생들은 아무도 없는 집으로 귀가해서 저녁에는 어린 동생들을 돌봐야 한다. 가족들은 의학적 어려움, 개인적 다툼, 재정적 어려움을 갖고 있을 수도 있다. 학생들은 친구들과 크게 싸우거나 운동장에서 불쾌한 일이 있은 후 교실에 들어오기도 한다. 이처럼 스트레스를 주는 생활 상황이 동기와 학습몰두에 영향을 준다. 학생들의 스트레스 상황을 파악하면, 교사들이 이러한 학생들의 생활을 조절하기 위해 무엇을 해야 하는지를 파악하는 데 도움이 된다.

과거 경험은 학교에 대한 긍정적 또는 부정적 기억을 끌어낼 수 있다. 많은 학생들은 학교를 좋아하지 않는 이유를 빠르게 찾는다. 이전의 교사들이 학생들에게 그러한 부정적 태도와 신념을 갖도록 했다는 비난을 종종 받는다. 학교에 대한 이러한 태도를 변화시키고 학생들의 동기를 유발하기 위해 교사는 학생들에게 학습은 가능한 것이고 그들이 학습할 수 있다는 것을 보여주어야 한다.

표준화검사와 책무성이 동기에 미치는 영향

표준화검사와 책무성의 시대에 많은 학교의 목적이 '학습'에서 '표준화검사에서의 성취도'로 이동하였다. 표준화검사가 책무성에 있어서 중요한 역할을 하고 성취도를 측정하는 한 가지 방법이긴 하지만, 학교에서의 학습이나 성공을 측정하는 유일한 방법은 아니다. 효과적인 측정방법이 달리 없는 경우에 교사들은 종종 검사에 의존하게 된다. 그리하여 이러한 검사에만 의존하는 측정방법은 교실, 학교, 지역교육청, 정부의 가시적 교육성과를 강조하게 된다. 이러한 환경에서 학생과 교사의 스트레스 수준은 엄청나게 증가하며, 이러한 심적 압박감은 성취도와 자신감 및 학습몰입에 부정적 영향을 미치게 된다(Chapman & King, 2009c).

어떤 교사들은 표준화검사가 실시되기 한 달 전에 가치 있고 흥미를 자아내는 내용을 수업하기보다는 시험 치는 전략과 기본 사실을 가르친다. 심지어 어떤 교사들은 1년 내내 검사에 대비하는 것에 전념하기도 한다. 일단 검사 주간이 되면 학생들과 교사들은 모두 지치고 스트레스를 받는다. 검사는 동기를 유발하는 활동이 아니다. 많은 학생들이 이러한 시련과 고난의 평가 기간 중에 신경이 날카로워지고, 이는 그들의 수행 능력에 영향을 미치게 된다(Chapman & King, 2009c; Allensworth, Correa, & Ponisciak, 2008). 표준화검사는 어느 한 순간의 성취에 대한 스냅 사진처럼 어떤 상황에서만 의미가 있고, 주의를 끌 뿐이며, 의도했던 방식에서만 사용 가능하다. 통계학자들에 따르면, 한 가지 측정 방법이나 결과에만 의거하여 학생들과 그들의 학습에 대해 중요한 의사결정을 내리는 것은 그 정보를 적절하게 사용하지 못하는 것이다.

책무성의 요구조건을 충족시키기 위해서 분투하고 있는 많은 학교들이 일과표에서 휴식과 같은 여분의 활동을 줄이고 있다. 이것은 우리의 아이들을 해치는 것이다. 모든 아이는 일과 중 자유롭게 놀고 개인적 선택의 시간을 가질 필요가 있다. 자유로운 놀이와 개인적 선택의 시간이 지니는 분명한 이점인 운동과 사회성 발달 외에도 자유시간은 실제로 학업수행을 향상시킬 수 있다(Chapman & King, 2009b). 미술과 무용 및 다른 흥미 교과가 어떤 학교에서는 시간이 감축되는 등 수난을 겪고 있다. 그러나 다른 학교에서 교사들은 미술과 목공 및 테크놀로지와의 자연스런 연결을 모색하고 있으며, 읽기와 쓰기 및 문제해결을 위한 의미 있는 기회를 제공하고 있다. 매우 흥미로운 활동과 높은 성취는 그중 어느 하나를 선택해야 하는 별개의 것이 아니다. 교사는 흥미로운 활동을 통해서 학생들의 학습요구를 충족시킬 수 있다.

W. James Popham(2001)은 검사에 관한 진실(*The Truth About Testing*)에서 검사 준비를 위한 문항을 학생들에게 듬뿍 주고 있는 일부 학교 현상에 대해 기술하고 있다. 문항이 고부담검사 (high-stakes test)와 유사하면 유사할수록 더 나은 점수를 받게 된다. 사교육 기관들은 그들이 만든 프로그램을 이행하면 학생들의 검사 점수가 올라갈 것이라고 마케팅을 펼치고 있다. 일부 학교와 교사들은 한 순간의 단일 표준화검사에서 학생들의 성적을 올리기 위한 심한 압력에 굴복하고 있다. Popham(2001)은 다음과 같이 기술하고 있다.

끊임없는 '기술과 반복연습(skill and drill)'이 종종 '반복연습과 죽음(drill and kill)'으로 바뀌고 있다. 즉 그러한 반복적인 수업활동이 학생들의 학습에 대한 진정한 관심과 흥미를 죽게 만드는 경향이 있다. 학생들이 정말로 흥미로운 수업 중에 직면할 수 있는 모든 흥분과 지적 활기가 지루하고 검사를 촉진하는 일련의 반복연습에 의해 사라지고 있다. 사실 고부담검사가 좋은 것인지 나쁜 것인지에 대해 공정하게 말하는 방법 중 하나는 흥미롭지 못한 반복연습 활동이 실제로 학생들의 검사 점수를 향상시 킬 수 있는지를 알아보는 것이다. 이런 면에서 볼 때 검사는 거의 틀림없이 부적절한 것이다. 검사는 낮은 수준의 결과만을 측정하고 있을 따름이다. … 나는 검사 점수를 높이기 위한 압력이 불리한 위치 에 있는 학생들과 영어를 모국어로 하지 않는 학생들이 학교를 중도 포기하고 싶도록 만드는 반복연습 중심의 학교교육 형태로 이끌고 있다고 인정한 수많은 교사들과 얘기를 나누어 왔다. 만약 학습이 재미 가 없고 모든 교사가 반복연습만 하고 있다면, 일부 학생들이 학교를 영원히 그만두려고 하는 것은 그 리 놀라운 일이 아니다(pp.21-22).

교사들이 이러한 검사에 대해서 느끼는 스트레스는 또한 우리의 학생들에 의해서도 느껴지고 있 다. Judy Willis(2008)는 학생들의 학습을 촉진하기 위한 연구기반 전략(*Research-Based Strategies to Ignite Student Learning*)에서 스트레스와 정서가 학습에 어떻게 영향을 미치는가를 탐색하고 있다.

Willis(2008)는 학교는 오늘날 이와 같은 스트레스를 주는 세상에서 학생들을 위한 안전한 안식처가 되어야 한다고 하면서 다음과 같이 말하고 있다. "열정적인 학생들은 스트레스를 가진 학생들보다 더 많은 것을 기억한다"(p.58). 반면, 고부담검사의 환경에서 학생들에게 주어지는 스트레스는 그들의 성취와 학습 및 동기에 부정적 영향을 미칠 수 있다(Hattie, 2009; Ma, 1999). 수업은 학생들에게 즐겁고 흥미로우며 도전적일 필요가 있다. 검사 대비만을 강조하는 수업은 학생들에게 이익보다는 손해가 더 많다.

학습에 몰입하지 않는 학생들의 동기를 유발하기 위해서는 도움이 되는 요인을 찾아 이러한 요인에 비추어 수업전략을 계획하는 교사들이 필요하다. 교사가 학생들의 삶의 모든 측면을 통제하지는 못하지만, 자신의 수업과 교실학습을 통제할 수는 있다.

동기유발이 되지 않는 학생들의 유형

마치 캔디처럼, 학생들은 내면적으로 나는 누구인가에 대한 기대를 형성하는 데 있어서 서로 다른 포장지 속에 있는 것처럼 다르다. 종종 그 포장지는 이전의 교사, 학교, 동료, 또는 오래된 기록지에 의해 명시적으로 또는 암시적으로 부과된 상표라 할 수 있다. 때때로 그 포장지는 학생의 말투, 행동, 얼굴 표정, 또는 학습에 대한 태도 때문에 오래간다. 그러나 상표는 사실과 다르다. 학생들은 언뜻 보기에는 비슷한 상표 같지만 저마다 독특하다. 교사는 학습몰입에 필요한 다음과 같은 3단계 규칙을 활용하여 동기가 유발되지 않는 학생들이 걸치고 있는 포장지 이면을 바라보아야 한다. (1) 학생이 동기가 유발되지 않았다고 믿도록 하는 행동과 태도ー'포장지'ー를 기술하기, (2) 영향 요인과 근본 원인을 알아보기ー'포장지 안에 무엇이 있는지', (3) 그러한 요인을 의도적으로 밝히기 위한 전략을 개발하고 적용하기ー'학생에게 어떻게 다가갈 수 있을까?' 이 책에 있는 25가지 전략을 사용해서 모든 학생의 동기를 유발해보자.

학생들이 우리가 기대하는 대로 동기가 유발되지 않는 이유는 개인마다 다르고 독특하다. 앞서 기술한 포장지는 수업에서 나타나는 학습에의 비참여를 이해하는 방식과 다를 바가 없다. 학생들은 날마다 또는 수업마다 서로 다른 포장지를 걸칠 수 있다. 그 포장지는 교사가 보고 있는 것을 기술하도록 도와주는 도구로 동기유발과 몰입을 위한 계획을 보다 의도적으로 세울 수 있도록 해준다. 이 장에서 기술한 해결책들은 공통적인 주제를 어떻게 다룰 것인지에 대한 일반적인 지침이다. 모든 학생에 다가갈 수 있는 방법이 있기 마련이니 교사들은 그 해결책을 꼭 찾아야 한다!

표 1.2 ●● 동기가 유발되지 않는 학생들의 7가지 유형

학생(포장) 내면에 무엇이 있는가?	학생에게 어떻게 다가갈까?
"난 괜찮아"	
언뜻 보기에 이 학생은… 게으른 무례한 무반응적인 교만한 **이 학생은 아마도…** 내용을 이해하지 못한다. 실패감을 느낀다. 자기존중감이 부족하다. 학교와 동료들과 단절되어 있다고 느낀다. 다른 사람으로부터 괴롭힘을 당하고 괴롭힌다. 다른 것에 관심이 많다.	흥미 있는 과제를 제시하라. 학습내용이 각자에게 유익하다는 것을 알려주라. 학생 자신의 생활과 연결된다는 것을 알려주라. 알고 있는 것을 보여주도록 선택 기회를 주라. 무엇을 해보라고 요청하라. 자신의 숙달 수준을 정하고 이해되지 않는 점을 알도록 하라.
"스트레스로 지쳐버렸어"	
언뜻 보기에 이 학생은… 걱정이 많은 얼굴이 상기된 소심한 억압받고 있는 방해받고 있는 참여하기를 싫어하는 **이 학생은 아마도…** 숙제 완성하는 방법을 몰라 헤매고 있다. 참여하는 방법을 몰라 당황하고 있다. 가정에서나 동료들과 어떤 문제가 있다.	그 학생에 대해 알려고 노력하라. 그 학생의 생각에 귀를 기울이고 어떻게 느끼고 있는지 물어보라. 과제를 마칠 수 있도록 안내하기 위해 질문하라. 그 학생에게 성취감을 줄 수 있도록 그가 알고 있는 것이 무엇인지 확인하라. 기대하지 않았던 것을 하라. 노래를 하고 춤을 춰서 그 학생이 웃게 하라.
"쓸데없는 공상을 하고 있어"	
언뜻 보기에 이 학생은… 딴 생각 하면서 끼적거린다. 창문을 응시한다. 선생님을 못 본 척한다. **이 학생은 아마도…** 다른 것에 마음을 두고 있다. 동료, 다른 선생님, 또는 가족에게 불안해하고 있다.	몰두하도록 새로운 것을 제공하라. 선택하도록 하라. 수업내용이 자신에게 필요하고 관련되어 있다는 것을 알게 하라. 동료학생들과 대화를 하게 하라. 과제 외의 행동을 하는 근원을 알도록 학생과 대화하라. 교사가 관심을 갖는다는 것을 알려주라.

(계속)

학생(포장) 내면에 무엇이 있는가?	학생에게 어떻게 다가갈까?
"쓸데없는 공상을 하고 있어"	
학습내용에 싫증을 느끼고 좌절하고 있다. 내용을 이해하지 못하고 혼란스러워한다.	구체적인 질문을 해서 탐색하라.
"난 잘 모르겠어"	
언뜻 보기에 이 학생은… 어깨를 으쓱하고 있는 교사에게 멍한 모습을 보이는 딴 데를 쳐다보는 **이 학생은 아마도…** 적절한 배경지식을 갖고 있지 않다. 선행지식과 기술이 없다. 다른 사람들과 관계하려고 노력하고 있다. 내용을 파악하려고 씨름하고 있다. 불편한 상황에서는 스스로 물러난다. 몸은 교실에 있지만, 정신적으로나 정서적으로는 떠나 있다.	학습 기준을 세분화하고, 학생과 함께 학습목표를 정하라. 맞춤식 평가와 수업을 하고, 학생이 성공하려면 거쳐야 할 단계를 알게 하라. 수업에 참여하도록 자극하라. 잘 안내된 수업실제를 제공하라. 과제를 조절하여 자신이 갖고 있는 지식을 증명하도록 다른 기회를 제공하라. 학생들이 알고 있는 것을 보여주도록 다양한 방법을 활용하는 선택권을 제공하라. 학생들이 자신의 실수를 분석하고 조절하도록 도우라. 실수해도 좋다고 말해주라. 생각할 시간을 주라.
"이미 난 다 해보았어"	
언뜻 보기에 이 학생은… 성취할 능력이 있는 지루해하는 반항적인 조심성 없는 부주의한 과제를 하지 않는 마음이 혼란스럽고 산란한 **이 학생은 아마도…** 충분히 도전을 받지 못한다. 너무 쉬운 과제에 매달린다. '모든 것을 알아야 한다고' 책임감을 느낀다. 자신이 내용을 알지 못하는 것을 다른 사람이 알기를 원하지 않는다.	이런 학습자의 요구를 충족시킬 수 있는 활동을 설정하라. 기본적인 내용을 넘어선 단계를 기획하여 기대를 높이라. 여러 가지 자율적인 과제를 제공하라. 선택할 수 있도록 하라. 보다 도전적인 과제를 고안하여 그에 알맞은 수준이나 기술을 활용하라. 자신을 알고, 다른 사람과 관계를 갖게 하라. 자신이 이해한 정도를 미리 평가하도록 하라. 알지 못해도 괜찮다는 것을 알게 하라. 실수해도 좋다는 수업문화를 만들라.

(계속)

학생(포장) 내면에 무엇이 있는가?	학생에게 어떻게 다가갈까?
"패배주의자"	
언뜻 보기에 이 학생은… 감정적인 실패하는 변명하는 자신의 행동을 놓고 다른 사람을 비난하는 참여하지 않는 **이 학생은 아마도…** 자신이 없다. 강렬한 감정과 부정적인 자기대화를 대처할 기술이 없다. 잘 알지 못하기 때문에 잘못 생각한다.	과제를 설명한 후에 반성적으로 검토할 시간을 주라. 스트레스를 극복하는 방법에 관한 구체적인 전략을 계획하라. 긍정적인 자기대화를 가르치고, 효과적인 피드백을 제공하여 학생의 자신감을 높이라. 성공의 모습을 보여주라.
"학급 광대 : 웃음을 주는 학생"	
언뜻 보기에 이 학생은… 수업을 방해하는 재미있는 코멘트를 하는 웃기는 제스처, 표정, 그리고 목소리를 하는 학급을 즐겁게 하는 사람을 재미 속으로 끌어들이는 **이 학생은 아마도…** 수업을 따분해한다. 조용히 하려고 애쓴다. 학습내용을 이해하지 못한 것을 에둘러 표현한다.	이런 학생들은 전체 학급을 방해하지 못하도록 좌석을 배치하라. 이해하지 못한 부분(틈새)을 확인하라. 그 웃음을 활용하여 학생들이 서로 이야기하도록 허용하는 활동으로 넘어가라. 학생을 일어나게 하여 일정한 위치에서 공부하게 하라. 해당 학생을 옆에 앉게 하여 왜 그 행동이 허용되지 않는지 구체적으로 설명해주라. 그 행동이 교사가 통제할 범위를 넘으면 부모를 부르라.

누가 동기유발에 책임이 있는가?

학생들이 뭔가를 의사결정할 때는 학교, 교사 및 학급의 정책과 실제가 그러한 선택에 영향을 준다. 우리는 교사들이 동기가 유발되지 않는 학생들을 지원하고 학생들이 당연히 학습에 몰입할 수밖에 없는 기회를 제공하기 위해 할 수 있는 일이 많이 있다고 확신한다. Jonathon Saphier(2005)는 의견 일치에 대하여(*On Common Ground*)란 책에서 학생들의 동기를 유발하고 학습에 몰입할 수 있도록 하기 위해서 교사들이 다음과 같은 세 가지 메시지를 보내야 한다고 기술하고 있다.

1. 학습은 매우 중요한 일이야.
2. 선생님은 네가 이것을 할 수 있다는 것을 알고 있어.

3. 나는 절대로 너를 포기하지 않을 거야.

모든 학생은 어떤 식으로든 동기가 유발된다. 언제나 교사들이 바라는 식으로는 아니지만 말이다. 학생들은 당장 처리해야 하는 주제에 대해서 동료와 진지하게 이야기 나누기보다는 머리를 떨구고 조는 데 보다 더 쉽게 동기가 유발될 수 있다. 동기가 유발되지 않는 학생들은 일, 아기 돌봄, 숙제, 축구 게임, 혹은 학교 밖의 삶의 실제 때문에 에너지가 고갈될 수도 있다. 이러한 학생들은 매우 활동적이긴 하지만 교사의 수업을 듣기 위해 50분간 책상에 앉아 있다 보면 완전히 녹초 상태가 된다.

가장 강력한 동기유발 요인은 내재적인 것이다. 교실에 참여할 것인지의 여부를 결정하는 것은 개인에게 불가피한 일이다. 따라서 교실에 참여하여 학습에 몰입할 것인지의 여부를 결정하는 것이 학생에게 달려 있다면, 교사는 이러한 선택에 어떻게 영향을 줄 것인가? 어떤 학생들은 뭔가 흥미롭고, 도전적이거나 자극적인 것을 학습하길 갈망한다. 또 어떤 학생들은 단순히 동료들과 연합하기 위해 상호작용하는 것을 좋아하고 활동이나 토론에 가담하기도 한다. 다른 경우에 동기유발은 학생들이 존경하고 그를 행복하고 자랑스럽게 만들고 싶은 누군가로부터 인정을 받기 위해 이루어지기도 한다.

이러한 모든 가능성을 갖고 교사는 정말로 학생들의 동기를 유발할 수 있는가? 물론이다! 우리는 학생들이 ─ 비록 주의력이 부족해 보이는 학생들이라 하더라도 ─ 학습하고 싶어 한다는 믿음을 갖고 있다. 학생들이 초대를 받고, 요구를 받고, 흥분이 되고, 안전감을 갖고, 흥미를 가질 때 그들은 열심히 하려고 노력하고 끈기를 보이며 결과적으로 성공을 거두게 된다. 교사들은 학생들의 연결되지 않는 경험을 탐색하여 의도적으로 그 간격을 연결시켜주면 된다.

19쪽에 있는 학생들의 동기를 유발하기 위한 3단계 프로토콜은 교사들이 개별적으로 혹은 협력해서 기획하기 위한 구체적인 단계를 제공하고 있다. 학생들은 누구나 자신의 교육에 대한 열정을 가질 자격이 있다. 학생들은 학교가 무척 가치 있는 곳이라는 것을 경험할 필요가 있다. 교사는 좋은 역할모델로서 긍정적인 인상을 주어야 할 뿐만 아니라 학생의 건강과 학습 및 가치에 대해서 효과를 발휘해야 하며, 이는 학년이나 교과 영역을 초월하여 지속되어야 할 때가 많다. 그러한 교사가 되어야 한다.

제1장	캠프파이어 토크

이 장은 동기유발에 대한 논의, 즉 동기유발이란 무엇이고, 어떻게 경험되며, 그것에 영향을 미치는 요인이 무엇인가에 대한 탐구로 시작하였다. 당신의 소속 연구회, 교과 모임, 동학년 모임, 혹은 전체 교직원 모임에서 다음과 같은 질문과 활동에 대해서 토의해보라.

1. 동기유발이란 무엇인가?

2. 동기유발은 어떻게 일어나는가?

3. 동기유발의 책임자는 누구이며, 어떻게 책임을 다할 수 있는가?

4. 이 장에서 논의된 연구물을 살펴보고 다음 질문에 답하라.
- ⮞ 당신을 가장 행동하게끔 만드는 것이 무엇인가?
- ⮞ 당신을 놀랍게 만드는 것이 무엇인가?
- ⮞ 연구물과 당신의 경험에 비추어 볼 때 동기유발의 결여를 야기하는 원인이 무엇인가?
- ⮞ 이 연구가 당신의 동기유발 실제에 어떤 정보를 줄 수 있는가?

5. 잠시 시간을 내어 다음 쪽의 〈동기유발의 실제에 관한 자기평가〉의 평가지를 활용하여 당신의 동기유발 실제에 대해서 분석해보라.

6. 당신의 관심 영역을 어떻게 표명할 것인지에 대해 계획을 세워보라. 당신의 실행 계획은 당신의 관심 영역과 관련된 이 책의 장을 검토하는 것을 포함할 수도 있다. 당신의 강점과 개인적으로 가장 잘하는 동기유발의 실제에 대해서 동료교사들과 함께 공유하는 것을 고려해보라. 만약 당신이 스터디 그룹의 한 구성원으로서 이 책을 읽고 있다면, 당신의 목표와 실행 계획을 서로 공유하고 체크하는 것을 고려해보라.

7. 당신이 담당하고 있는 학생들의 동기와 몰입을 의도적으로 향상시키기 위한 계획을 수립할 때 학생들에 대한 이해가 필수적이다. 학습에 참여하지만 동기가 유발되지 않는 학생들을 평소 혹은 수업시간에 얼마간 관찰해보라. 〈학생들의 동기를 유발하기 위한 3단계 프로토콜〉(19쪽)을 활용하여 당신의 관찰 사항을 기록한 다음, 동료 교사들과 함께 토의해보라.

8. 동기가 유발되지 않는 학생들의 유형을 살펴보고, 학생들의 유형에 따라 각각 가능한 근본 원인과 대처 전략을 찾아보라. 〈학생들에 대한 이해〉(21쪽)를 활용하여 당신의 생각을 기록한 다음, 동료 교사들과 토의해보라.

동기유발의 실제에 관한 자기평가

몰입의 불을 밝히기 위한 당신의 전략에 관한 검사를 실시해보자. 다음 진술문들은 학생들의 동기를 유발하는 데 가장 효과적인 실제에 관한 것으로, 동기유발의 구성 틀(x쪽)의 각 요소에 따라 구분되어 있다. 각 진술문을 읽고 그 실제에 대한 당신의 이해와 실천 정도를 평가하라. 각 진술문에 대해 응답한 후, 가장 높은 점수의 요소를 당신의 최고 강점으로 여기고 별표를 달라. 가장 낮은 점수의 요소를 당신이 연수교육을 받거나 학습을 할 때 중점을 두어야 할 영역으로 여기고 동그라미 표시를 하라.

평정척도
4 = 불이 강하게 타고 있다! 나는 의도적으로 이것을 자주 행하고 있다.
3 = 불이 조금 타고 있다. 나는 이것을 가끔씩 행한다.
2 = 나무가 있지만 불이 아직 타고 있지 않다. 나는 이것이 무엇인지 알고 있지만, 행하고 있지 않다.
1 = 나무가 없거나 불이 없다! 나는 이것이 무엇인지 혹은 어떻게 행하는 것인지 모른다

교실 학습공동체의 구축	1	2	3	4
1. 나는 학생들의 흥미와 성격에 관한 지식을 획득한다.				
2. 나는 학생들의 학습유형을 평가한다.				
3. 나는 수업을 계획하기 위해서 학생들에 대해 알고 있는 바를 활용한다.				
4. 나는 학생들에게 학습에 도움이 되는 것에 주의를 기울이는 방법을 가르친다.				
5. 나는 학생들이 내가 그들의 학습유형에 맞도록 수업과 과제를 구조화시키는 방법을 이해하도록 돕는다.				
6. 나는 학생들에게 교실활동과 절차에 관한 피드백을 해달라고 부탁한다.				
7. 나는 학생들의 문화적 배경과 상황에 관한 지식을 수집한다.				
8. 나는 학생들의 문화적 배경과 상황을 반영하고 중시하는 환경과 활동을 조성한다.				
9. 나는 학생들과 관계를 형성하며 학생들이 서로 관계를 형성하도록 돕는다.				
10. 나는 학생들을 존중하는 태도로 대한다.				
11. 나는 훈육과 체계화된 구조를 제공한다.				
12. 나는 학생들의 의견을 구한다.				
13. 나는 명확한 기대와 지시를 전달한다.				
14. 나는 파괴적 행동을 재빨리 조정한다.				
15. 나는 편안하고 깨끗하며 수용적인 교실환경을 조성한다.				

(계속)

학습에 대한 기술과 계획	1	2	3	4
1. 나는 중요한 내용을 강조하고 시간을 낭비하는 하찮은 내용을 버리기 위해 기준과 학습목표를 우선시한다.				
2. 나는 학생들을 위해 간단하면서도 이해하기 쉬운 말로 학습목표를 기술하고 그들과 함께 공유한다.				
3. 나는 기준과 평가와 연결된 명확한 학습목표를 지닌 과제를 만든다.				
4. 나는 학생들의 목표에 대한 진전 상황을 측정하기 위해 형성평가를 활용한다.				
5. 나는 학생들로 하여금 사고한 다음 문제를 해결하도록 이끈다.				
6. 나는 학생들에게 가능한 대답들을 브레인스토밍하고, 그들에게 대답을 말해주는 대신에 그들의 사고를 방어하도록 요구한다.				
7. 나는 학생들이 이해하게 됨에 따라 복잡성의 수준을 높인다.				
8. 나는 실제 세계와 학생들의 지식, 경험, 문화 및 커뮤니티와 연결 짓는다.				
9. 나는 학생들과 함께 준거를 세우고 활동을 창조한다.				
10. 나는 높지만 현실적인 기대를 유지한다.				
모험 발견하기	1	2	3	4
1. 나는 가르치는 것을 좋아한다.				
2. 나는 열정이 넘쳐흐른다.				
3. 나는 가르치는 내용에 대한 열성을 보인다.				
4. 나는 수업을 재미있게 하기 위해서 매우 매혹적인 흥미로운 활동과 지혜로운 수업 마무리와 유머를 활용한다.				
5. 나는 학생들이 수업에 몰두할 수 있도록 기자재를 활용한다.				
6. 나는 학생들이 내용을 학습하고, 복습하고, 기억하도록 돕기 위해 게임을 활용한다.				
7. 나는 수수께끼와 예상문제를 만든다.				
8. 나는 수업에 활기를 띠도록 한다. 나는 지시적 수업과 학습지에 머물지 않고 다양한 방식의 수업을 전개한다.				
9. 나는 비록 사소한 것이라 하더라도 성공한 것을 축하해준다.				
10. 나는 수업 중에 학생들이 이리저리 움직일 수 있도록 수업을 계획한다.				

(계속)

선택과 통제의 증진	1	2	3	4
1. 나는 수업활동, 평가, 과제에 있어서 학생들에게 선택권을 제공한다.				
2. 나는 학생들에게 책임 권한을 제공하며, 그들이 중요한 존재임을 느끼도록 한다.				
3. 나는 학생들에게 과제 혹은 행동에 대한 진전을 위한 목표 설정의 기회를 제공한다.				
4. 나는 학생들의 성공에 대해 축하할 기회를 마련하며 세심한 보상체계를 활용한다.				
5. 나는 학생들의 다양한 학습유형을 반영하기 위해 수업에 예술을 통합한다.				
학습의 보장	1	2	3	4
1. 나는 수업 전, 수업 중, 수업 후에 평가를 실시한다.				
2. 나는 학생들에게 자기평가를 가르친다.				
3. 나는 좋은 질문을 하고 좋은 질문을 유도한다.				
4. 나는 학생들에게 그들의 실수를 분석하고 해야 될 일을 고안하도록 요구한다.				
5. 나는 학생들에게 그들이 무엇을 알고 있고, 더 잘하기 위해서 다음에 무엇을 할 필요가 있는가를 설명해줌으로써 구체적인 피드백을 준다.				
6. 나는 학생들에게 그들이 무엇을 잘했는가에 대해 말해주는 구체적인 칭찬을 해준다.				
7. 나는 학생들에게 그들이 잘한 것과 잘못한 것을 인식하고, 공부한 것을 복습하고, 자신의 실수를 인정하고, 자기평가를 할 수 있는 시간을 제공한다.				

학생들의 동기를 유발하기 위한 3단계 프로토콜

이 샘플은 당신으로 하여금 학생들의 동기유발과 몰입을 향상시키기 위한 다음과 같은 3단계의 의도적인 계획 과정을 따르도록 돕기 위해 고안된 것이다. (1) 당신으로 하여금 학생들의 동기가 유발되어 있지 않다고 믿도록 이끄는 행동과 태도를 기술한다. (2) 학생들의 동기가 유발되지 않는 요인과 근본 원인을 확인한다. (3) 이러한 요인들을 의도적으로 다루기 위한 전략들을 계획하고 채택한다.

학생 이름 : _____

1단계. 당신으로 하여금 학생들의 동기가 유발되어 있지 않다고 믿도록 이끄는 행동과 태도를 기술한다. 당신의 일반적인 인상을 나타내는 각 네모상자를 점검한 다음, 학생에게 해당되는 사항을 구체적으로 기술하라.

- ○ 게으르다
- ○ 지루해한다
- ○ 혼란스럽다
- ○ 쉽게 포기한다
- ○ 욕구불만적이다

- ○ 반항적이다
- ○ 예의가 없다
- ○ 실패를 두려워한다
- ○ 화를 잘 낸다
- ○ 농땡이 친다

- ○ 학습이 부진하다
- ○ 공상한다
- ○ 기타

…처럼 보이다	…처럼 들리다	…처럼 행동하다	…처럼 느끼다

몰두하지 않는 행동이 얼마나 자주 발생하는가? 매주, 매일, 매 시간

_____
_____

그러한 행동이 언제 발생하는가?

_____
_____

무엇이 그러한 행동을 촉발하는 것 같은가?

_____
_____

그러한 행동이 언제 광범위하게 가속화되는가? 무엇이 그러한 행동을 가속화하는 것 같은가?

_____
_____

(계속)

그러한 행동이 언제 약화되고 줄어드는가? 무엇이 그러한 행동을 줄어들게 만드는가?

_____

_____

2단계. 학생들의 동기가 유발되지 않는 요인과 근본 원인을 확인한다.

행동에 영향을 미치는 가능한 요인들	증 거

당신이 행동의 근본 원인에 대해서 가지는 다른 의문점은 무엇인가?

_____

_____

당신이 수집할 수 있는 다른 증거는 무엇인가?

_____

_____

학생의 상황을 잘 알 수 있는 사람(학생, 다른 교사, 부모, 동료)은 누구인가?

_____

_____

3단계. 행동에 영향을 미치는 요인을 의도적으로 다루기 위한 전략들을 계획하고 채택한다.

당신의 전략을 기술하라.

누구를 관여시킬 것인가? 관여하는 각각의 사람이 해야 될 일은 무엇인가?

_____

_____

당신이 필요로 하는 자료나 자원은 무엇인가?

_____

_____

당신은 전략대로 잘되어 가고 있는지를 알아보기 위해 언제 체크할 것인가?

_____

_____

학생들에 대한 이해

당신의 지식과 경험에 비추어 학생들이 특정 포장지를 걸칠 수 있는 가능한 이유를 기록하라. 그런 다음, 당신의 개선책을 마련하라. 당신의 개선책에 관해 동료 교사들과 토의해보라.

포장지	이런 유형의 학생이 늘어놓는 변명의 요인은 무엇인가?	이런 유형의 학생을 다루기 위한 가능한 전략은 무엇인가?
"난 괜찮아"		
"스트레스로 지쳐버렸어"		
"쓸데없는 공상을 하고 있어"		
"난 잘 모르겠어"		
"이미 난 다 해보았어"		
"패배주의자"		
"학급 광대 : 웃음을 주는 학생"		

교실 학습공동체의 구축

알렉스는 활기차고 호기심 많은 유치원생이었다. 유치원에서의 첫 6주간은 아주 좋았다. 그는 친구들과 재밌게 놀았으며, 이야기를 듣고, 질문을 하고, 종이비행기 만드는 것을 좋아했다. 그러나 이러한 6주가 지난 후, 알렉스는 유치원에서 마음대로 행동하기 시작했다. 그는 듣는 것과 새로운 활동에 적응하는 것에 대해 어려움을 겪는 것 같았다. 비록 유치원에서의 초창기 생활에는 친구들과 잘 어울리는 것 같았지만, 이제 알렉스는 친구들의 장난감을 빼앗고, 그들이 노는 것을 방해했다. 교사는 알렉스와 대화를 나누려 하고, 비언어적 표현을 하기도 하고, 집에 그에 대한 결과를 보내주고, 그의 부모님과 대화를 하며, 기타 여러 가지 방법을 사용하여 짧은 기간 동안 성공을 거두었다. 며칠 후 알렉스는 다시 제멋대로 행동하기 시작했다.

알렉스가 제멋대로 행동하는 것을 고치기 위해 가능한 동기유발 방법을 고민한 교사는 알렉스가 매일 아침 등교 때마다 그와의 긍정적인 연결점을 만들기 위해 의식적으로 노력하기로 했다. 교사는 또한 하루 중 특정 시간 동안 알렉스와 대화를 나누었다. 교사가 적극적으로 확인한 지 3일째 되는 날 알렉스는 그녀에게 다가와 포옹을 해주었다. 그날 밤 알렉스는 다음 날 교사에게 주기 위한 그림을 그렸다. 단 3일 만에 알렉스의 교사와 부모님은 관계 맺기의 힘을 보여주었다. 이러한 긍정적인 관계는 그 한 해 동안 계속되었다.

비록 이것이 한 유치원생에 관한 이야기지만, 이러한 일은 나이와 상관없이 다양한 감정을 표출하는 어떠한 학생에게나 일어날 수 있다. 교육신경과학에 관한 글을 쓴 Judy Willis(2008)는 교사들에게 "공동체와 연결고리를 조성하여 신뢰를 구축할 것"(p.97)을 제안했다. 교사가 학생들과 갖는 관계는 교실공동체의 문화와 학생들의 동기유발과 몰입에 영향을 주는 것이 명백하다(Martin & Dowson, 2009; Ryan & Deci, 2000). 이것은 모든 연령의 학생에게 적용된다. 학생들이 공동체, 교실, 또는 교사와 애착을 가진다면 자신들의 능력에 대하여 더욱 신뢰를 하게 되고 이를 통해 자부심,

자기존중감 그리고 학업성취와 관련된 특성들이 높아진다(Ryan & Deci, 2000). 학생들은 교사가 그들을 성실하게 보살피고, 중요시하며, 인정한다고 인식하면서부터 교사를 믿기 시작한다. 심지어는 교사가 학생들을 실망시키거나 혼란스럽게 하더라도, 학생들은 마음속으로 교사가 그들을 위해 최선을 다한다고 생각하여 더 집중하고 오랫동안 영향을 받는다. 이러한 신뢰는 견고한 학생공동체 구성의 일부분이다.

또한 학생들 사이의 관계는 바람직한 공동체를 형성하는 데 중요한, 필수적인 요소이다. John Hattie(2009)가 저술한 보이는 학습 : 성취와 관련된 800개 이상의 메타분석의 종합(*Visible Learning : A Synthesis of Over 800 Meta-Analysis Relating to Achievement*)에서는 수백만의 학생들과 관련된 많은 연구물을 분석하였다. 그는 연구결과의 하나로 "긍정적인 교실분위기의 핵심은 교사와 학생들의 바람직한 학습성취를 위한 유대감에 있다."(p.103)라고 말한다. 학생들과 교사들이 학생들의 공동체 내에서 배우고 성장하기 위해 함께 노력한다면, 이러한 유대는 학업성취에 긍정적인 영향을 미친다.

교실 학습공동체에서 교사는

- 학생들 각자의 관심, 학습유형, 신념, 장점을 찾으려 한다.
- 수업을 계획하고, 학생들을 학습에 몰입시키고, 관련성을 이끌어내는 데 지식을 사용한다.
- 모든 학생에 대한 신뢰와 신념, 학습능력을 함양한다.
- 교사와 학생 간, 학생 상호 간의 바람직한 관계를 형성한다.
- 학생들이 교실 내 활동을 통하여 배울 수 있도록 한다.
- 학생에게 지시하고 물어보고 돕고자 할 때 어휘와 억양을 조심스레 선택하고 이용한다.

교사들은 매일 가르치는 학생들의 삶에 변화를 줄 수 있다. 이 장의 다섯 가지 전략은 의도적으로 학생들을 알아 가고 교실공동체에서 신뢰를 구축하는 방법을 제시한다. 교사가 학생들의 관심, 인성, 장점, 학습유형 및 사생활을 활용할 때, 교실 학습공동체는 학생들이 열심히 학습에 몰입할 수 있도록 동기유발할 수 있다.

전략 1 : 학생들의 관심, 인성 및 신념을 이해하라
전략 2 : 학생들이 가장 잘 학습하는 방법을 찾으라
전략 3 : 문화적 감수성을 지니라
전략 4 : 교사와 학생 간, 학생 상호 간의 관계를 형성하라
전략 5 : 명확한 규칙과 기대행동을 설정하라

전략 1 : 학생들의 관심, 인성 및 신념을 이해하라

학생들과의 관계를 형성하는 것은 동기유발과 모든 학생의 몰입을 증진시키는 학습공동체의 핵심이다 (Martin, 2007). 이러한 관계 형성을 위한 중요한 요소 중 하나는 학생들에게 관심을 가지는 것이다. 교사가 학생들의 관심, 열정, 불만거리 및 목표를 안다면 학생들과 좋은 관계를 유지할 수 있다. 모든 학교의 교직원들은 학생들의 성공과 학습 경험을 중요시 여긴다는 것을 보여줄 필요가 있다. 이렇게 하는 것은 개개 학생을 교실공동체로 이끄는 것이 중요하고 가치 있다는 메시지를 전달해준다.

교사들이 학생들을 알아 가고 좋은 관계를 형성하는 것은 지속되어야 한다. 교실에서의 처음 며칠 동안 교사들은 학생들 세계를 이해하기 위해 질문을 하고 대화를 시도한다. 이러한 학생들 세계의 이해는 학습에 관한 학생들의 개인적인 관심과 타고난 호기심을 활용하여 지도하고 수업과 평가를 제공할 수 있도록 한다. 이러한 기초적인 정보 수집은 명확한 목표를 공유하는 응집력 있는 교실공동체를 구성하게 한다. 학생들이 그들의 요구가 수업이나 과정에 접목되어 있는 것을 본다면 그들 자신이 교실공동체에서 얼마나 중요하고 가치 있는 참여자인지를 알게 된다. 이와 같이 학생들의 주인의식을 높이는 것은 학습에 대한 동기유발 분위기를 조성하는 한 가지 방법이다.

교사는 학생들을 주제나 학습목표와 연관시키거나 비몰입적인 학생들을 몰입시키고 동기유발을 할 수 있는 새로운 방법을 찾기 위하여 학생들의 정보를 구하려 한다. 교사가 비몰입적이고 수동적일 뿐만 아니라 비동조적인 학생이나 현저하게 동기유발되지 않는 학생을 발견한다면, 스스럼없이 학습과 관련된 학생들의 관심, 좋아하는 것 혹은 싫어하는 것을 알아볼 필요가 있다. 그럼으로써 학교는 학생들이 다시 학업에 몰입하도록 하는 최선의 방법을 발견할 수 있다.

좋은 교사는 의도적으로 학습목표에 도달하도록 하기 위해서 학생들의 학습유형이나 능력을 염두에 두고 계획한다. 이러한 계획 수립은 또한 교사들이 학생 스스로 관심과 학습성향에 대한 자기반성을 돕고 자기주도적인 자세를 확립하도록 해준다.

학생들을 알아 가는 데는 시간이 걸린다. 모든 것을 '감내'해야 하는 압박이 가중됨에 따라 많은 교사들은 진심으로 학생들과의 관계를 위해 시간을 보내고자 노력한다. 이러한 '너를 알아 가는 단계' 가 좋다고 느껴지는 때가 있지만 꼭 필요한 것은 아니다. 사실상 이러한 관계를 학년 초에 쌓는 것은 궁극적으로 시간을 절약해준다. 왜냐하면 그것이 공동체를 구성하고 지도 계획에 도움을 주기 때문이다. 자기주도적인 학생들이 많은 견실한 교실공동체에서는 교사가 새롭게 피드백을 제공하는 시간이 점점 줄어들게 된다. 왜냐하면 학생들 스스로 학습하고 배우기 위해 더 노력하기 때문이다.

유용한 팁과 유의점

개인적인 질문을 할 때는 조심할 필요가 있다. 만약 학생이 그 질문에 대해 불편해한다면, 대체가능한 질문을 하거나 왜 그 질문을 하는지 목적을 설명해주는 것이 좋다. 여러 질문을 학생들이 선택하도록 해 이들이 공유하는 정보 수준을 정할 수 있도록 할 필요가 있다. 학생들이 편안함을 느낀다면 어떤 주제든 자신에 대한 정보를 쉽게 얘기할 수 있을 것이다.

효율성을 위하여 질문지를 만들고 온라인에서 조사를 할 필요가 있다. 만약 학생들이 인터넷으로 접근을 한다면 그들의 응답은 자동적으로 저장되고 조작하기가 쉬워진다. 만약 교사가 정보를 수집한다면 그것을 잘 활용하기 바란다. 질문지는 학생과 교사 모두에게 시간이 걸리는 것이다. 질문지가 매우 가치 있을 수 있긴 하지만, 그것은 우리의 학생을 이해하고, 계획에 대한 정보를 알리고, 학생 스스로의 학습유형을 깨닫게 해주는 한정된 방법에 한해서만 유용하다. 학생에 대한 정보를 다른 사람들(예를 들어, 다른 교사들과 부모들)로부터 얻을 때는 그들의 의견이 교사의 판단에 영향을 미치지 않도록 주의해야 한다. 다른 사람들이 어떻게 말하느냐에 따라 학생에 대한 기대를 낮추거나 높여서는 안 된다.

또한 학생이 각자에 대한 관심, 인성, 또는 학교에 대한 느낌을 구두로 혹은 글로 써서 의견을 나타내더라도 판단이나 평가를 해서는 안 된다. 이러한 전략은 오직 정보와 학생들의 솔직한 생각과 인식을 알기 위해서 사용되어야 한다. 학생들과의 의사소통에는 정답이나 오답이 없다. 학생이 좋게 받아들이거나 혹은 무시한다는 느낌을 받는다 하더라도, 좋은 의도의 논평은 하나의 생각이나 의견으로서의 가치를 지닌다.

학생들의 아이디어를 사용하거나 수집된 정보를 통해 수업이나 활동을 계획한다면 '서로를 알아가기' 활동을 통해 만들어진 신뢰에 대해 명확히 해야 한다. 게다가 형성된 관계에 대하여 인정하는 것은 학생들이 공동체에 공헌하고 자신들의 학습에 직접적인 영향을 미치는 것을 보고 경험할 수 있으므로 유용하게 작용한다.

이제 학생들은 학습공동체를 형성하는 과정과 활동에 몰입하게 된다. 교실 내의 모두가 성취와 학습을 위해 함께 노력한다는 기대를 하도록 하기 바란다. 한 학급의 학생들에게 서로에 대해 알아갈 수 있는 시간과 기회를 제공하기 바란다.

실행에 옮기기

학생들의 관심, 인성 및 신념에 대한 정보를 수집하는 데는 많은 방법이 있다.

다음은 일반적인 몇 가지 방법들이다.

- **설문조사** : 학생들에게 질문 목록을 준 다음 각각의 질문에 대하여 응답하거나 특정 질문에 대하여 글을 쓰도록 한다. 자세한 대답을 할 수 있도록 개방형 질문을 이용할 필요가 있다. 차선책으로 일련의 진술문을 설계하여 학생들이 리커르트(눈금을 매긴) 척도에 그들이 동의하는 정도를 표시하도록 한다.

- **면담** : 1년 동안 수시로 각각의 학생들과 면담을 할 계획을 세우고, 학생들이 서로를 면담

할 수 있도록 한다.

- ➥ **비공식적 대화** : 학생들과 수업 전·중·후, 점심시간, 강당에서, 버스를 기다리면서 대화를 나누면서 다양한 비공식적인 활동을 한다.
- ➥ **부모 혹은 가족과의 대화** : 당신 혹은 적절한 학교 관계자들과 아이들의 생각을 공유하도록 부모나 보호자에게 그들의 아이들에 대해 알려달라고 한다.

이제 조금 더 심층적으로 구체적인 활동에 대해 알아보자.

교사의 개인적인 견해

한 해 동안 정보를 수집하기 위하여 다양한 항목으로 구성된 다음 예시 질문(학교에서부터 집까지 다양하게 초점을 맞춘 항목)들을 이용하기 바란다. 학생들의 상황과 목적에 맞는 가장 적절한 질문을 선택할 필요가 있다. 인성과 관련된 질문들은 개인적인 여러 가지 답을 얻는 데 가장 적합하다. 하지만 관심사와 학교 관련 질문들은 교실 전체의 논의를 불러일으킬 수 있다.

인성에 대한 질문 : 당신을 움직이게 하는 것은 무엇인가?

1. 무엇이 당신을 행복하게 하는가? 그 이유는?
2. 무엇이 당신을 슬프게 하는가? 그 이유는?
3. 무엇이 당신을 화나게 하는가? 그 이유는?
4. 무엇이 당신에게 중요한가? 그 이유는?
5. 무엇이 당신의 삶에서 중요하지 않은가? 그 이유는?
6. 언제 다른 사람들이 당신을 행복하게 하는가? 그 이유는?
7. 언제 다른 사람들이 당신을 화나게 하는가? 그 이유는?
8. 당신이 좋아하지 않는 것은 무엇인가? 그 이유는?
9. 당신은 무엇을 하는 것을 가장 좋아하는가? 그 이유는?
10. 당신은 언제가 가장 만족스러운가? 그 이유는?
11. 당신은 누구를 존경하는가? 그 이유는?
12. 당신의 롤 모델은 누구인가? 그 이유는?
13. 당신은 누구처럼 되고 싶은가? 그 이유는?
14. 당신은 언제 편안함을 느끼는가? 그 이유는?
15. 만약 당신에게 꿈이 있다면 무엇을 했으면 좋겠는가? 그리고 왜 그것을 원하는가?
16. 만약 당신이 하나를 바꿀 수 있다면 무엇을 바꾸겠는가? 그 이유는?
17. 어떻게 그것을 바꿀 것인가?

관심에 대한 질문 : 당신의 배를 뜨게 하는 것은 무엇인가?

1. 당신이 가장 좋아하는 것은 무엇인가? 그 이유는?
2. 만약 어디든 갈 수 있다면 어디에 있고 싶은가? 그 이유는?
3. 여가 시간 동안 무엇을 할 것인가? 그 이유는?
4. 누구와 함께 있는 것이 좋은가?
5. 누구를 롤 모델로 삼고 있는가?
6. 누구와 대화를 나누는가?
7. 문제가 있을 때 누구에게 말을 하는가?
8. 누가 당신을 가장 많이 도와주는가? 어떻게 도와주는가?
9. 누가 당신의 가장 친한 친구(들)인가? 그들 중 누구와 있는 것을 좋아하는가?
10. 방과 후에 무엇을 하는 것을 좋아하는가?
11. 언제가 가장 행복할 때인가?
12. 언제가 가장 화가 날 때인가?
13. 당신의 영웅 혹은 존경하는 사람은 누구인가? 그 이유는?
14. 집에서 무엇을 하는 것을 가장 좋아하는가?
15. 주말에는 무엇을 하는가?

학교, 학습 및 공부 습관에 대한 질문 : 당신의 뇌를 똑똑하게 하는 것은 무엇인가?

1. 당신의 학교나 일에서 언제가 가장 행복한가? 그 이유는?
2. 당신의 학교나 일에서 언제가 가장 슬픈가? 그 이유는?
3. 당신이 공부하는 것에서 가장 좋아하는 부분은 무엇인가? 그 이유는?
4. 어떤 수업이 당신에게 가장 어려운가? 그 이유는?
5. 학교나 일에서 누가 당신의 최고의 조력자인가? 그 이유는?
6. 누가 당신이 여기에 있도록 동기유발을 하는가? 그 이유는?
7. 당신은 시끄럽거나 조용할 때 언제 가장 집중이 되는가?
8. 누구 혹은 무엇이 당신의 학습에 가장 도움이 되는가?
9. 무엇이 당신의 학습에 가장 방해가 되는가?
10. 당신이 공부하기에 가장 좋아하는 장소는 어디인가?
11. 당신은 집에서 컴퓨터를 이용할 수 있는가? 만약 이용할 수 없다면 어디서 컴퓨터를 이용하는가?
12. 학교에 대해서 어떻게 느끼는가? 그 이유는?

13. 당신은 무엇이 되고 싶은가?

14. 당신은 무엇을 하는 것을 좋아하는가?

15. 당신은 _____에 대하여 어떻게 느끼는가? 그 이유는?

16. 당신이 학교에서 가장 무서워하는 것은 무엇인가?

17. 당신이 학교에서 가장 바라는 것은 무엇인가?

대안적으로, 당신은 이러한 목록을 학생들에게 제공하고 각각의 질문을 선택하여 대답을 하도록 한다. 추가적으로 학생들은 〈그림 2.1〉의 '학생의 개인적 견해!'와 같은 활동을 활용하여 응답할 수 있다. 이 설문은 재치 있는 질문을 이용하여 학생들이 재미있고 편안한 태도로 몰입하여 중요한 정보를 나타낼 수 있도록 한다. 교사는 학생들이 세 가지 질문 각각에 대하여 비공식적인 논의를 통해 그들이 생각하는 응답을 할 수 있도록 해야 한다.

학생들의 공동체

일단 학생이 교실 내 대화에 처음 몰입하게 되면, 그는 매우 편안함을 느끼게 되고 대화를 다시 더 하고 싶어 하게 된다. 2학년 학생들의 영어수업에서 관찰된 이러한 활동은 학생들이 몰입하는 모든 활동을 수용하고, 예상하며, 가치 있게 하는 교실분위기를 만들어 우호적인 상황이 조성된다.

첫 번째로 학생들에게 27~29쪽에 있는 예시 질문들과 비슷한 일련의 질문을 정기적으로 물어볼 필요가 있다. 그러고는 그들에게 교실에 소개할 수 있는 것을 창작하고, 쓰고, 만들도록 요구하기 바란다. 학생들은 그들이 공유하고 싶어 하지 않는 것은 공개할 필요가 없다는 것을 알아야 한다. 몇몇 학생들은 노래나 이야기를 만들 것이고, 일부 학생들은 포스터를 만들며, 또 다른 학생들은 짧은 비디오 파일을 만들 수도 있다. 이러한 활동을 통하여 학생들은 어떠한 판단이나 평가, 동의나 부동의와는 상관없이 그들의 의견을 표현할 수 있는 기회를 얻는다. 이러한 활동은 잠재적으로 수업에 좀 더 몰입할 수 있도록 촉진할 수 있다. 일단 교실에서 학생들이 자신의 목소리를 내기 시작하면, 그들은 앞으로 점점 더 몰입하게 될 것이다.

사진 앨범

초등학교 교실에서 학생들은 그들이 좋았던 경험, 좋았던 과거 및 사랑하고 존경하는 중요한 사람들에 대한 사진 앨범을 부모들과 함께 만들 수 있다. 학생들은 이러한 추억을 그들의 학우들과 함께 공유할 수 있다.

물론 몇몇 부모들은 다른 부모들보다 더 많은 사진을 찍고, 일부 어른들은 학생들이 학교 밖에서 하는 숙제나 프로젝트를 도와준다. 하지만 사진을 찍지 못하거나 아무런 도움을 받지 못하는 학생들도 있다. 학생들이 부끄러워하거나 상처받지 않도록 하기 위하여 교사들은 학생들이 학우들에게 자신을

학생의 개인적 견해!

지시 : 왼쪽 질문에 대한 자신의 견해를 나타내기 위해 무엇이든 그리거나 기록하라. 정답이나 오답은 없다.

이름 : _____   **일시** : _____

당신의 배를 뜨게 하는 것은 무엇인가?

당신을 움직이게 하는 것은 무엇인가?

당신의 뇌를 똑똑하게 하는 것은 무엇인가?

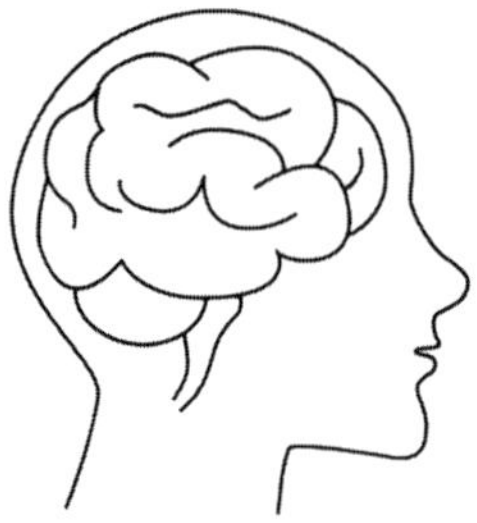

그림 2.1 학생의 관심 활동의 예시

소개하고자 할 때 그림을 그리게 하거나 잡지에서 이미지나 글을 따오도록 할 수도 있다. 만약 프로젝트에 집에서 사진을 가져오는 것이 허용이 된다면, 교사나 다른 직원들은 자신의 사진을 가져오지 못한 학생들의 사진을 찍어줄 수 있도록 준비해야 한다.

인생 지도

학생들은 쓸 수 있는 주제를 서로 연관시키며 또한 브레인스토밍을 통해 인생 지도를 작성할 수 있다. 방법은 다음과 같다.

1. 학생들은 각각 그래프를 그리고, x축에 자신의 나이를 연도로 나타낸다.
2. y축에는 긍정적이거나 부정적인 삶의 경험을 나타내기 위하여 긍정과 부정에 대한 숫자를 각각 1에서 5까지 나타낸다.
3. 다음에 학생들은 단어나 사진을 통하여 그들의 삶에 긍정적이거나 부정적이었던 경험에 대하여 브레인스토밍하고 그래프의 각각의 나이에 어떠한 경험이 있었는지 구분하여 표시한다. 그들은 경험에 대하여 점수를 부여하고(긍정적인 5점은 가장 즐거웠던 것이고, 부정적인 5점은 가장 기분 나빴던 일이다.), 각각의 점수를 연결한다. 예를 들어, 〈그림 2.2〉를 보기 바란다. 예로 든 학생의 경험의 표시들로는

   - 학교 운동장에서 다리가 부러졌다.
   - 여동생이 태어났다.
   - 가족들과 함께 디즈니 월드에 갔다.
   - 우리 반이 연극 공연을 했다.
   - 할아버지께서 돌아가셨다.
   - 엄마가 재혼을 했다.
   - 우리가 _____로 이사를 갔다.
   - 내가 첫 번째 친구를 사귀었다.
   - 축구팀에 들어갔다.
   - 시험에서 A를 받았다.
   - 생물학 시험을 망치고 말았다.
4. 학생들은 서로서로 혹은 반 전체가 이를 공유하거나, 개인의 이야기를 만드는 데 활용할 수 있다.

전략 2 : 학생들이 가장 잘 학습하는 방법을 찾으라

사람들은 배우거나 새로운 아이디어를 처리하는 과정에서 그들만의 방법을 활용한다. 일부 학생들은 강의 듣는 것을 즐기고, 다른 누군가는 동료나 잡지를 통한 대화를 선호한다. 또한 누군가는 내용이 순차적이거나 정리가 되어 있을 때 가장 잘 배운다. 중요한 과제를 할 때, 일부 학생들은 명확히 정리된 순서를 따르기를 원하나 일부 사람들은 처리하는 과정에서 그들의 선택권과 자유를 원하기도 한다.

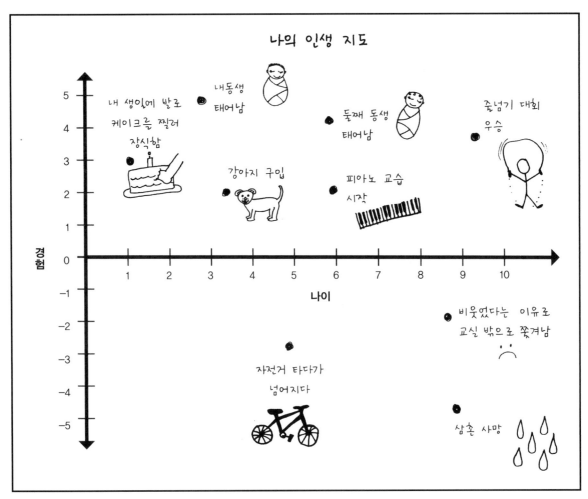

그림 2.2 인생 지도의 예시

어떠한 교육방법도 몰입하는 학생들의 다양한 학습유형으로 인하여 성공하거나 실패할 가능성을 가지고 있다.

더 독립적인 성향의 학생의 학습을 촉진하기 위해서는 전략적으로 그들의 학습경향 – 어떻게 기억하고, 이해하고, 적용하고, 연결 짓고, 창조하느냐 – 에 대해 집중할 수 있도록 도와주어야 한다. 이러한 초인지적인 과정은 자기주도적인 학생들이 되도록 어느 정도 작용한다(Zimmerman, 2008). 우리가 학생들에게 최고의 학습방법, 학습에 도움을 주는 것, 학습에 방해가 되는 것을 반성하도록 한다면, 학생들의 자기인식을 촉진하고 학생들이 더 배우기 위해 다음 단계를 계획하도록 돕는 것이다.

교사로서 우리는 학생들이 최고의 학습방법을 식별하는 다양한 방법을 다루기 위해 교육전략을 혼합하거나 짝지어야 한다. 수업을 설계하는 방법에 대해 솔직해진다면 학생들의 학습과 연관 지을 수 있고, 교사들이 필요로 하는 정보를 사용하는 데 대한 신뢰를 구축할 수 있다. 예를 들어, 수업을 진행할 때 이 수업을 위해 학생들이 제안했던 목록들은 교사가 무엇인가를 설명하려고 할 때 일부 학생들이 가장 잘 배울 수 있도록 도움을 줄 수 있었다. 나중에 학생들이 수업에서 배운 것을 보여주기 위한 학생 활동을 부여할 때, 일부 학생들은 그들이 이해하거나 이해하지 못한 것에 대하여 동료와 이야기하거나 글로 쓰는 것을 통하여 더 잘 배울 수 있었다. 학생들을 위하여 이러한 연결고리를 만드는 것은 그들의 학습의욕을 불러일으킬 뿐만 아니라 신뢰감 있고 강력한 공동체를 형성할 수 있게 해준다. 당신은 학생들이 공유한 정보를 사용했다는 것을 보여줌으로써 신뢰를 쌓을 수 있다.

이 연구는 학생들이 경험한 수업의 효과에 관하여 그들의 '학습유형'이나 '지능'에서 혼합된 것이다. 일부 연구자들은 학생들이 지배적인 학습유형을 통하여 가장 잘 배운다고 주장하는 반면에(Dunn, Griggs, Olson, Beasley, & Gorman, 1995), 다른 연구자들은 반대의 방법—지도는 학생들이 장점으로 생각하지 않는 유형에 초점을 두어야 한다—을 제안하였다(Apter, 2001). Hattie(2009)는 다음과 같이 주장하고 있다.

강조해야 할 것은 먼저 학생들이 할 수 있는 것이고, 다음으로는 학생들이 무엇을 목표로 하는지를 알고, 학습을 위한 다양한 전략을 사용하고, 그것이 언제 행해져야 하는지를 아는 것이다. 교사들은 수업을 위한 결과로 나타나게 될 학습을 강화하는 것을 목적으로 하는 지도 전략을 가지고 있어야 하고, 학생들에게 적절한 피드백을 주어서 그들의 현재 위치와 필요로 하는 것 사이의 격차를 줄여주어야 한다(p. 199).

학생들은 서로 다른 강점이나 정보 처리 방법을 추구하기 때문에 우리는 그들이 더 학습할 수 있도록 도움으로써 학생들의 인식 범위를 넓혀야 한다. 학생들이 그들 스스로 정보를 갖고 고심하기 시작한다면, 그들은 선택의 폭이 넓은 다양한 전략을 갖게 될 것이다. 서로 다른 지능이나 학습유형에 따라 전략을 계획하는 것은 그러한 활동 유형의 성향을 가진 학생들뿐만 아니라 모든 학생에게 도움이 된다.

유용한 팁과 유의점

각각의 수업에 대하여 명확한 학습목표를 세우고, 학생들이 목표를 이루었을 때 그들이 성공했다는 것을 알 수 있도록 성공한 모습을 묘사해줄 필요가 있다. 학생의 학습유형이 어떻든지 간에 교육적인 활동에 집중하여 배울 수 있도록 한다.

교육과 평가를 계획하는 데 있어 다양한 학습유형을 받아들이기 위하여 다양한 전략을 활용하기 바란다. 각각의 활동을 마무리할 때, 성취도(학생들은 무엇을 배웠고, 무엇을 배우지 못했는가?)와 이해도(학생들이 활동을 즐기거나 몰입했는가?)의 두 가지 측면에서 전략의 효과를 평가할 필요가 있다.

학습유형은 고정된 특성이 아니다. 그것은 사람이 어떻게 배우는 것인가에 대한 기술일 뿐이지 능력을 측정하는 수단은 아니다. 교실 내의 교육, 평가 그리고 활동에 대한 다양한 학습유형이 인정되면, 학생들은 선호하는 학습유형을 계층을 이루는 고정된 특성으로서가 아니라 성장하고 변화하게 될 특징으로 간주할 것이다(즉 신체적인 것보다 언어적인 것이 더 나은 것이 아니라는 것을 학생들은 이해할 것이다).

다시 말하자면, 정보를 수집해 가면서 교육과 평가를 계획할 때 이들 정보를 분명하게 이용할 필요가 있다. 교사들은 학습이나 몰입에 거의 영향을 미치지 않는 많은 서류작업은 하지 말아야 한다. 일반적으로 학생들은 학교에서의 참여는 연결되지 않은 사건들의 연속이라고 종종 생각한다. 학생들은 그들의 수업활동, 숙제, 평가, 등급 또는 점수 사이의 연결성을 보지 못한다. 니콜은 학교에 대한 학생 인식을 이해하기 위하여 많은 학생들을 (2008년 9월 5일, 2008년 11월 6~7일, 2009년 2월 4~5일) 면담하였다. "등급은 어떤 의미인가? 만약 네가 과학에서 B를 받는다면, 그것은 네가 과학에 대해 B만큼의 이해력을 가지고 있다는 의미일까?"라는 질문에 대한 응답으로, 대부분의 학생들은 웃으면서 등급은 누군가 얼마나 알고 있는지와는 상관이 없다고 응답하였다. 등급은 단지 학생이 과제에 대해 얼마나 노력을 했고 (그것의 수준과는 상관없이) 얼마나 많은 양의 숙제를 했는지에 대한 교사의 생각 일 뿐이다.

실행에 옮기기

교사들은 다양한 목적, 즉 새로운 내용을 소개하고, 이전에 다루었던 개념에 대하여 다시 강조하고, 학생들의 이해력 차이를 살펴보기 위하여 학습활동을 계획한다. 학생들이 좋아하는 학생 활동 면에서 학생들의 선호를 아는 것은 그들의 이해를 도움으로써 계획에 정보를 더 제공하고, 교실공동체의 주인 의식을 형성하고 몰입을 촉진할 수 있다.

학습활동 평가

학습활동은 학생들이 의도된 학습목표를 되돌아볼 수 있도록 학생들을 몰입시키는 생산적인 방법이다. 예를 들어, 교사는 법안이 어떻게 법으로 바뀌었는지에 대한 간단한 수업(짧은 발표)을 할 것이다. 학습활동은 교실 내 토론 준비를 위해 학생들이 그들만의 제안과 논쟁을 할 수 있도록 한다. 학습활동 은 교사들이 학생들을 위하여 수업의 내용에 의미를 부여하고 노력하여 기회를 만들어주는 방법이다. 〈그림 2.3〉(35쪽 또는 67쪽의 복사본)의 채점기준은 중ㆍ고등학생들에게 활동이 학습에 도움이 된다 고 느끼거나 활동을 좋아하는 정도에 대해 평가하도록 한다. 이러한 평가를 저학년들에게 맞추기 위해 서는 그림을 추가하고 단어의 개수를 줄이면 된다. 저학년 학생들에게는 환하게 웃거나 찌푸린 표정 또는 어리둥절한 그림을 사용하여 평가를 하도록 하는 것이 도움이 된다.

학습방법에 대한 평가

지시 : 각각의 활동에 대해, 활동을 얼마나 좋아하는지와 학습활동이 얼마나 이해를 도와주는지에 대해 평가해보라.

이 활동을 얼마나 좋아하는가?					이 학습활동이 무엇을 이해하려고 할 때 얼마나 자주 도움이 되는가?				
매우 좋아함	좋아함	보통	싫어함	매우 싫어함	항상	가끔	보통	드물게	전혀 아님
노트 정리하기									
5	4	3	2	1	5	4	3	2	1
요약하기									
5	4	3	2	1	5	4	3	2	1
교과서나 기사의 주제 읽기									
5	4	3	2	1	5	4	3	2	1
교과 내용 관련 게임하기									
5	4	3	2	1	5	4	3	2	1
교실에서 친구나 짝과 대화하기									
5	4	3	2	1	5	4	3	2	1
소집단 활동하기									
5	4	3	2	1	5	4	3	2	1
자신의 말로 주제에 대해 쓰기									
5	4	3	2	1	5	4	3	2	1
기억을 돕기 위해 그림 그리기									
5	4	3	2	1	5	4	3	2	1
교사와 일대일로 또는 소집단에서 개념을 설명하기 위한 시간을 갖기									
5	4	3	2	1	5	4	3	2	1
학급 전체에서 교사의 설명 듣기									
5	4	3	2	1	5	4	3	2	1
기타 : _____									
5	4	3	2	1	5	4	3	2	1

그림 2.3 활동 평가지의 예시

능력 탐구하기

조사 목록은 학생들이 정보를 어떻게 처리하는지 그리고 그들의 이해력과 선호하는 사항을 검사하는 데 유익한 방법이다. 〈그림 2.4〉(37쪽 또는 68쪽의 복사물)의 조사는 Carolyn Chapman과 Rita King(2009b)에 의해 출판된 내용 영역에서의 개별화 읽기 수업전략(*Differentiated Instructional Strategies for Reading in the Content Areas*)이라는 책에서 인용한 것으로 Howard Gardner의 연구에 기초한 것이다.

학생들이 그들의 자기존중감을 위하여 강점이 있는 특정 분야나 좋아하는 학습방법 – '지능' – 을 사용하지 않는 것이 중요하다. 우리 모두는 학습을 어렵게 하거나 이해하기 힘들게 하는 약점을 가지고 있다. 우리의 강점과 약점은 유동성이 있으며 일생 동안 변화할 수 있다. 이 활동에서 학생들은 그들의 개인적인 선호도를 나타내는 항목에 체크함으로써 다양한 유형의 지능 혹은 '능력'을 묘사한 항목들을 평가한다. 각 항목을 체크하기 위한 숫자와 척도는 없다. 학생들은 단지 자신을 가장 잘 표현한다고 생각하는 항목을 선택하여 체크하면 된다. 그 결과는 학생들이 선호하는 학습방법과 교실 전체의 특성에 대한 정보를 나타낼 것이다. 게다가 이러한 의사소통은 교사가 강점이 있다고 확인되지 않은 활동에 몰입하여 불안함을 느끼는 학생들을 도울 수 있도록 한다. 가장 중요한 것으로는, 학생들이 어려움을 겪거나 불안해하는 것에 대해 편안함을 느낄 수 있게 해주는 것이다. 어려움을 겪음으로써 새로운 능력이나 지식을 발견할 수 있다. 약점을 살펴보는 것은 강점에 집중하는 것만큼 이로울 수 있다.

이 활동을 실행하는 한 가지 방법은 교실에 각각의 '능력'에 대한 장소를 표시한 후 학생들이 자신의 강점이라고 생각하는 곳으로 이동하도록 하는 것이다. 동시에, 각각의 장소로 이동한 학생들에게 다음의 질문 중 하나 혹은 그 이상을 물어보고, 그에 대한 대답을 다른 학생들과 공유하게 하는 것이다.

- 수업에서 학습하는 데 어떤 종류의 활동이 도움이 된다고 생각하는가?
- 수업 중에 무엇을 하는 것을 좋아하지 않는가?
- 어떠한 능력이 당신을 가장 불편하게 하는가?
- 왜 당신의 능력이 교실에서 중요한가?
- 당신의 능력이 다른 능력을 가진 학생들을 어떻게 도와줄 수 있는가?
- 다른 학생들에게 어떤 것을 가르쳐줄 수 있는가? 어떻게 할 것인가?
- 어떠한 능력을 더 배우고 싶은가? 그 이유는?

교실 전체에 활동의 목적에 대해 알려주고 대화를 나누도록 하기 바란다. 다음 질문들에 대한 학생들의 반응을 수집할 필요가 있다.

- 이러한 활동을 함으로써 무엇을 배웠는가?

자신의 능력 탐구하기

지시 : 각 항목을 읽고 선호하는 모든 항목에 체크하라.

언어적 지능 : 나는 단어에 관한 모든 것이 좋아!	
☐ 나는 읽기와 쓰기를 유창하게 한다.	☐ 나는 쓸 때 단어를 쉽게 이용한다.
☐ 나는 쓰기와 이야기 만들기를 좋아한다.	☐ 나는 철자를 잘 쓴다.
☐ 나는 읽기를 즐긴다.	☐ 나는 토론과 대화를 자주 한다.
☐ 나는 사람과 말할 때 단어를 쉽게 이용한다.	☐ 나는 수업에서 집단에 아이디어를 자주 제시한다.
논리/수학적 지능 : 나는 수가 좋아!	
☐ 나는 수로 된 문제해결을 즐긴다.	☐ 나는 패턴을 잘 찾는다.
☐ 수학 시간은 종종 내가 좋아하는 시간이다.	☐ 나는 순서와 단계에 따라 문제를 해결한다.
☐ 나는 논리적으로 생각한다.	☐ 나는 물건을 조립할 때 지시문 읽기를 좋아한다.
☐ 나는 두뇌 훈련을 위해 퍼즐과 게임을 즐긴다.	☐ 나는 다음 수업 시간에 무엇을 해야 하는지 궁금하다.
대인관계 지능 : 나는 사람에 관한 모든 것이 좋아!	
☐ 나는 집단활동을 통해 배운다.	☐ 나는 짝 또는 집단과 공부하면서 배운다.
☐ 나는 다른 사람과 브레인스토밍을 통해 아이디어를 얻는다.	☐ 나는 팀 구성원이 되는 것을 좋아한다.
☐ 나는 해결해야 할 문제가 생기면 친구, 가족, 믿을 만한 어른에게 도움을 청한다.	☐ 나는 다른 사람과 함께하는 것을 강조한다.
☐ 나는 협동학습활동을 즐긴다.	
음악적 지능 : 나는 노래와 춤을 좋아해!	
☐ 나는 어려운 내용을 리듬으로 나타내면서 배운다.	☐ 소음과 소리는 내가 있었던 장소를 확인하도록 돕는다. 예컨대 종이 울리면 박람회에서의 게임이 떠오른다.
☐ 나는 음악 듣기, 악기 연주하기, 합창하기와 같은 음악 활동에 몰입한다.	☐ 나는 노래를 많이 알고 있다.
☐ 나는 콧노래나 노래를 많이 한다.	☐ 나는 좋아하는 유형의 음악이 있다.
☐ 나는 소음이 들려도 공부를 잘한다.	☐ 나는 교사가 주제를 설명할 때 들으면 정보가 잘 기억된다.
개인이해 지능 : 나는 독립적인 활동을 즐겨!	
☐ 나는 혼자 활동할 필요가 있다.	☐ 나는 내가 잘하는 것과 활동에 필요한 것을 쉽게 설명할 수 있다.
☐ 나는 저널, 일지, 일기 쓰기를 즐긴다.	☐ 나는 독립적인 과제를 좋아한다.
☐ 나는 큰 소리로 말하기 전에 생각할 시간이 필요하다.	☐ 나는 수첩을 이용한다.

그림 2.4 능력 탐구 검사지   (계속)

☐ 나는 개인 시간을 즐긴다.	☐ 나는 나 스스로 의사결정한다.
시각/공간적 지능 : 나에게 그림을 보여주세요!	
☐ 나는 정보를 볼 필요가 있다.	☐ 나는 시각적 도해를 좋아한다.
☐ 나는 머릿속으로 그림을 시각화한다.	☐ 나는 낙서를 좋아한다.
☐ 나는 정보를 잘 이해하기 위해 그래프와 그림을 연구한다.	☐ 나는 색을 잘 맞춘다.
☐ 나는 경험을 시각적으로 회상할 수 있다.	☐ 나는 예술을 좋아하고 다양한 매체를 접한다.
신체/운동적 지능 : 나는 움직이는 것을 좋아해!	
☐ 나는 앉기, 서기, 점핑 등 다양한 운동이 필요하다.	☐ 나는 스포츠에 몰입하는 편이다.
☐ 조작물은 나의 학습을 돕는다.	☐ 나는 생동감 있는 활동을 통해 배운다.
☐ 나는 역할놀이와 활동하기를 즐긴다.	☐ 나는 너무 오래 앉아 있으면 교사가 무슨 말을 하는지 주의를 기울일 수 없다.
☐ 나는 춤추기를 좋아한다.	☐ 나는 나 자신을 표현하기 위해 그리기, 조각하기를 좋아한다.
자연주의 지능 : 환경을 위해 활동해요!	
☐ 나는 과학, 특히 지구에 관한 학습을 즐긴다.	☐ 나는 무엇인가를 키우는 것을 좋아한다.
☐ 나는 야생에서 생존하기 위해 필요한 것을 안다.	☐ 나는 야외에서의 활동을 즐긴다.
☐ 나는 다양한 환경과 상황에 적응한다.	☐ 나는 사물을 탐구하는 것을 좋아한다.
☐ 나는 애완동물을 돌보고 함께 있는 것을 즐긴다.	☐ 나는 다른 문화의 연구를 즐긴다.

그림 2.4 (계속)

- 왜 우리는 이것을 완료하였는가?
- 왜 이 활동이 중요한가?
- 학습을 더 효율적으로 하기 위해 배운 것들을 어떻게 활용할 것인가?

학급 활동과 절차에 대한 학생의 피드백

유능한 교사는 활동, 평가 그리고 수업 후에 어떻게 더 몰입하고 효과 있는 지도를 할 것인가를 배우기 위하여 학생들의 피드백을 요구한다. 검사를 하거나 어려운 자료를 다룬 후에는 학생들이 반성할 시간을 주도록 할 필요가 있다. 학생의 피드백을 수집하기 위하여 척도화된 설문지인 정리 조사지(그림 2.5와 2.6)를 사용하기 바란다.

수업활동 : _____   일시 : _____

이름 : _____

이 활동의 가장 좋은 부분은 _____이고, 이유는 _____

활동의 가장 도전적인 부분은 _____

    1. 이 활동에서 내가 배운 것은 _____

    2. 내가 하나만 다시 해야 했다면 그것은 _____

    3. 다음 시간에 이 활동을 한다면 바꾸어야 할 것은 _____

그림 2.5 중등학생을 위한 정리 조사지의 예시

수업활동 : _____   일시 : _____

이름 : _____

이 활동에서 느낀 점을 별에 색칠하여 나타내라. 그리고 자신의 생각을 설명하기 위해 약간의 단어를 이용하거나 그림으로 나타내라.

별 5개 – 최고다! 환상적이다! 나를 생각하게 하였다!

별 4개 – 대부분을 배웠고 즐겼다.

별 3개 – 배우긴 했지만 몇 가지 의문이 남아 있다.

별 2개 – 몇 가지는 좋아했다. 약간 배웠다.

별 1개 – 재미가 없었고, 배우지 못했으며, 귀찮고 혼란스러웠다.

☆ ☆ ☆ ☆ ☆

그림 2.6 초등학생을 위한 정리 조사지의 예시

〈그림 2.6〉을 위해서 각각의 척도와 관련된 단어를 교실 내 다섯 곳에 놓아둔다. 평가(별의 개수)와 이러한 척도를 나타내기 위한 단어 사이의 연결 관계를 시각적으로 보여주는 것은 쓰기 표현에 대한 징검다리가 될 수 있다. 교육의 도구로서, 학생들은 별에 색을 칠하거나 척도에 해당하는 그림을 그리며, 끝으로 교실에 시각적으로 게시된 단어 한두 개를 이용함으로써 자신의 평가를 나타낸다. 이러한 활동은 학생들에게 그림과 단어 사이의 연결 관계를 보여준다.

전략 3 : 문화적 감수성을 지니라

모든 학생을 신뢰하는 것은 중요하다 – 모든 학생을 알고, 중요시 여기고, 존중할 필요가 있다. 교사는 문화적 감수성 수업을 통해 의욕을 촉진하고, 희망을 주고, 동기유발을 한다. 문화적 감수성이 있는

교사는 각각의 학생들에게 다음과 같은 메시지를 준다. "나의 수업에 와서 배울 수 있도록 해라. 나는 너의 마음을 자극할 것이고, 너는 문제해결자, 사상가, 의사 전달자, 그리고 자기주도적인 학생이 될 것이다!" 이러한 메시지를 수업 초반에 모든 학생에게 말과 미소 그리고 격려를 통하여 전달하라. 행동할 것을 큰 소리로 말하라. 당신의 교실은 모든 학생이 그들의 민족, 문화, 배경 혹은 이전의 경험과는 상관없이 배울 수 있는 곳이라는 기대를 심어주라.

문화적 감수성은 단지 차이점을 수용하거나 받아들이는 것 이상의 것을 필요로 한다. 그것은 학생들이 가진 다양한 삶의 경험, 지식, 관심 그리고 의사소통 방법에 대하여 행동을 취하는 것을 필요로 한다. 문화적 감수성이 있는 교사는 학생들이 학습의 세계에 몰입하여 그들이 이해하는 것들 안에서 성취하는 것을 볼 수 있도록 도와준다. Geneva Gay(2002)는 이것에 대해 다음과 같이 잘 정의하고 있다.

문화적 감수성이 있는 수업은 민족적으로 다양한 학생들의 문화적 특성, 경험, 관점을 보다 효과적으로 가르치기 위한 연결통로로 이용하는 것을 말한다. 이 정의는 학문적 지식과 기술이 학생들의 삶의 경험과 기준 내에 있을 때, 이들은 보다 개인적으로 의미 있고, 더 높은 관심을 가지며, 보다 쉽고 확실하게 배운다는 가정에 기초하고 있다(p. 106).

문화적 감수성이 있는 수업에 대한 이 정의는 모든 학생에게 다가갈 수 있는 열쇠이다. 학생들이 당면한 현실에 다가가는 것은 그들의 몰입을 촉진하고, 그들의 동기유발에 긍정적인 영향을 미치며, 성취도를 높여준다.

Gay(2002)에 의하면 문화적 감수성이 있는 수업에는 다섯 가지 요소가 있다.

1. **문화적 다양성에 대하여 배우라** : 다양한 문화와 민족에 대한 특성을 알라. 중요한 공헌은 (라틴계 사회학자와 의사들, 아프리카계 과학자들과 예술가들처럼) 현장의 여러 분야에서 문화적으로 다양한 사람들에 의해 이루어진다는 것을 알아야 한다. 문화 속의 다양한 민족들에 대하여 배우라. 예를 들어, 엘살바도르 출신의 라틴계 가족은 쿠바나 멕시코 출신의 라틴계 가족들과는 다르다. 다문화 교육에 대한 연구들을 읽어보도록 하라.

   문화적 다양성에 대하여 배우는 것은 교사가 지도계획, 평가, 교실 정책을 검토하고 그것들이 문화적 다양성을 가진 학생들의 동기유발과 몰입에 미치는 잠재적인 영향에 대한 좋은 시각을 제공한다. 이러한 통찰은 현재의 교육 환경 내에서 학생들이 직면하고 있는 장벽에 대한 이해를 제공할 것이고, 좀 더 효과적인 지도 방법을 촉진할 것이다.

2. **문화적으로 관련된 교육과정을 설계하라** : 교사가 문화의 다양성에 대하여 배우는 것은, 그들이 교육과정을 계획할 때 문서, 사실, 그림, 상황을 통하여 문화적 연결점을 만들고 다양한 관점을

연구하고 받아들일 수 있도록 한다. 교육과정에 다문화적인 예시, 인물, 자료를 포함시키라. 말과 이미지를 이용하여 모든 학생에게 기대, 가치, 희망을 보여주라. 이러한 마음을 갖는다면 문화적 다양성을 나타내는 예시와 사람들은 대다수의 미국인들이 특징을 지은 유명 인사들과 시민들의 범위를 넘어선다. 문화와 관련된 교육과정을 설계하는 것은 강점에 기초한 문화 관점을 발전시키거나 촉진하며, 또는 다양한 시각과 서로 다른 관점에 대한 주장들을 영속시키게 된다. 자료, 예시, 그리고 공동체에 다양한 문화에 대한 강력한 견해를 나타내는 사람들을 결합함으로써, 우리는 민족주의 또는 명예나 재산에 관한 드문 예시와 같은 극단적인 이슈들보다 더 균형 잡힌 시각을 제공한다. 교사로서 우리는 교실 내의 다양한 문화의 학생들에 대한 다수 집단이 소수 집단에 대해 가지는 부정적 편견이나 견해에 직면하게 될 것이다. 교육과정을 준비하는 데 있어서 부정적 편견을 없애려는 강력한 관점에서 문화적 다양성을 언급하는 동시에 다양한 문화적 배경을 가진 학생들에게는 그들의 삶에서 있을 수 있는 다양한 성공 사례를 묘사함으로써 여러 긍정적인 방향에 대해 상상할 수 있도록 하라.

3. **다문화 교육과정을 유연하고 감수성 있게 제정하라** : 앞의 두 가지 요소는 문화적 감수성이 있고 긍정적인 교실환경을 만드는 데 기초가 된다. 학생들의 문화적 특성에 대해 배우고, 의도적으로 이러한 의견을 우리의 자료, 교육, 평가에 포함시키도록 계획하는 것은 모든 학생이 성취할 수 있는 환경을 만들어주는 것이다. 실제로 교육과정, 교육, 평가를 제정하는 것은 학생들의 학습, 인식, 자신감에 미치는 영향을 좌우한다. 교수기법은 교육과정을 실행하는 데 영향을 미친다. 지도 전략이 결정되면, 문화적 감수성이 있는 교사들은 학생들의 몰입을 관찰하고 확인하며 그리고 학습에 긍정적인 영향을 미치기 위하여 그들의 가르침을 수정하고 조절한다. 이것은 교수, 학습, 동기유발의 복잡성이 대립하는 것을 말해준다. 우리 모두는 어떠한 수업에서는 성공적이었던 활동이 다른 수업에서는 정반대의 결과를 만들어내는 것을 경험했던 적이 있을 것이다. 다양한 인성, 학습선호도 그리고 경험은 활동에 대해 서로 다르게 대처하는 독특한 교실을 구성한다. 유능한 교사는 이러한 역동성을 반영하며, 그리고 학생들의 식견을 모아 강의, 지도 전략, 학습과 몰입에 대한 교수에 영향을 미치도록 한다. 결과적으로 유능한 교사는 교실환경과 성공적인 학습 경험에 대한 학생들의 욕구뿐만 아니라 학생들에 대해 유연하고 수용적이다.

　　교사가 교실에 몰입하는 학생의 관심을 최상으로 하는 수업을 할 때 학생들은 배려와 공동체의 기분을 느끼고, 경험하며, 보고 듣게 된다.

4. **문화적 의사소통 방식을 배우라** : 다문화 학생들의 형식적·비형식적 언어와 상호작용을 포함한 의사소통 방식을 배우도록 하라. 다양한 문화는 다양한 의사소통 요소를 가지며 가치가 있다 : 문맥, 억양, 손짓, 어휘, 말하는 사람의 행동, 듣는 사람의 행동, 침묵, 눈짓 등등. 기대를 정해주고, 피드백을 해주며, 몰입을 독려할 때는 학생들이 가장 편안함을 느끼는 의사소통

방식을 사용하라. 예를 들어, 서로 다른 문화에서는 교사의 직설적인 화법이 제한되기도 한다. 학생들은 교사가 초대하거나 요구를 할 때 공손하게 앉고, 듣고, 반응하는 데 반항할 지도 모른다. 미국 내의 백인이 아닌 다른 몇몇 문화권에서는 "말하는 사람들은 … 격려하고, 피드백해주고, 논평을 하면서 … 듣는 사람들이 함께 몰입하기를 바란다"(Gay, 2002, p.111). 학생들은 그들이 익숙한 의사소통 방식과 교실 내 의사소통 방식의 차이로 인하여 혼란과 불만을 느낀다. Gay(2002)는 "무지하고 무관심한 교사는 학생들이 건방지고, 산만하고, 부적절하다고 생각하고 그들을 억압하려 한다. 사실상 그들만의 고유한 의사소통 방식을 사용하지 못하게 된 학생들은 지적인 면에서 침묵을 할 수도 있다. 왜냐하면 그들만의 자연스러운 대화, 생각, 지적인 몰입 방식이 거부되었고, 학문적인 노력 또한 감소하기 때문이다."라고 주장하였다(p.111). 이러한 의사소통 방식을 이해함으로써 학생에게 다양한 동기유발을 할 수 있다. 문화적 의사소통 방식을 아는 것은 모든 학생에게 효과적으로 다가가고 가르치는 데 중요하며, 그리고 학생들을 몰입시킴으로써 '방해'나 '혼란'을 방지하는 데 도움을 줄 수 있다.

5. **새로운 문화에 대한 이해를 교실수업에 적용하라** : 지도 전략을 설계할 때 당신이 알고 있는 개개 학생들의 문화, 특징, 의사소통 방식을 사용하라. 학생들이 필요로 하는 것에 따라 새로운 아이디어를 배우고 시도하는 것은 좋은 실습이 된다. Gay(2002)는 이 요소를 개개 학생이 원하는 학습유형에 맞추는 관행이라고 비유했다.

   문화에 대한 이해를 수업계획과 실습에 적용하는 것은 학생들의 개인적 경험과 학문적 경험을 연결하여 혼란을 막고 이탈하는 것을 방지할 것이다. 한 여학생이 학교에서 말과 행동이 모순되는 경험을 했다. 매일 아침 방송은 학습에 대한 관심과 열정을 주장한다. 발표자는 학생들에게 적극적이고 몰입하는 학습을 약속한다. 그러한 방송이 있고 나서 그녀의 남자친구는 좋지 않은 셔츠를 입었다는 이유로 교실에서 쫓겨났다. 그는 무슨 일이 있었는지 이해해야만 했고 그녀는 설명을 해주었다. 셔츠로 인해 빠진 20분은 그의 수업에 혼란을 주었고, 궁극적으로 그는 학교에서 이탈하였다.

   모든 학생이 성취할 것을 예상하는 것은 문화적 감수성에서 중요한 요소이다. 유능한 교사는 학생에 대한 배려심이 깊고, "그들의 목표는 학생들이 받아들이는 높은 수준의 성공과 그것을 성취하기 위해 열심히 일하는 것이다"(Foster, 1997; Kleinfeld, 1975; Gay, 2002, p.109에서 재인용). 문화를 이해하도록 수업을 함으로써 높은 기대는 행동으로 옮겨지고 다문화 학생들의 성취도도 향상된다.

요약하자면, 교실에 있는 다문화 학생들의 동기유발을 위해서는 그들의 인성을 알고(24쪽의 첫 번째 전략), 그들의 문화를 배우고, 그들 고유의 학습과 의사소통 방식을 적용한 다양한 학습계획과 활동을 해야 한다.

우리의 학습목표, 기준, 그리고 교육과정을 점검하는 것과 다문화적인 예시와 학습유형을 주입하는 것은 문화적 감수성이 있는 수업에 있어서 큰 도약이다.

유용한 팁과 유의점

모든 학생에게 높은 기대를 갖게 하라. 동료에게 교사와 학생들 사이의 상호작용 및 교실에 대한 관찰을 부탁하라. 그들은 모든 학생에게 높은 기대가 심어졌는지 혹은 그렇지 않은지에 대한 사례를 구체적으로 찾을 것이다. 예를 들어, 질문 유형과 반응 패턴은 몰입도에 대한 중요한 지표가 된다. 교실을 관찰하고, 모든 질문과 응답자를 적는 것은 교사에게 의사소통 방식과 기대 수준에 대한 중요한 피드백을 제공할 수 있다.

학생들에게 그들이 어떻게 공부하기를 기대하는지를 물어보라. 학생들의 대답은 그들의 학문적인 노력의 인식에 대한 통찰을 제공할 것이다. 만약 그들이 성공하지 못할 것이라고 예상한다면, 그들에게는 격려와 안정감이 필요하다. 강점을 활용하라. 학생들 개개인은 교실에 문화적 자산을 가지고 올 것이다. 이러한 강점을 찾으라! 되도록 전통, 의사소통, 경험 및 지식의 차이를 살펴보고, 교실 내에서 학생들의 기존 경험들을 연결 지으라.

학생들이 방해를 하거나 부적절하게 행동할 때에는 어떤 결론을 내리기 전에 왜 그런 행동을 했는지 질문을 하거나 관심을 가지라. 예를 들어, 학생들이 손도 들지 않고 시도 때도 없이 답하고자 소리친다면, 교사는 그들의 행동에 대해 적절히 대처해야 한다. 교사는 학생을 야단칠 수도 있고, 무심결에 학생을 부끄럽게 할 수도 있고, 혹은 모두에게 가능한 한 답을 글로 쓰게 하고 대화를 이어 나가면서 학생들에게 순서를 지켜야 한다는 것을 상기시킬 수도 있다.

더욱이 행동하기 전에 질문하는 것은 중요한 사안이다. 학생들에게 그들이 어떻게 의사소통하고, 배우고, 상호작용하는지를 물어보라. 그들의 생각과 의견을 모아 교실을 편안한 곳으로 만드는 데 활용하라.

학생들에 대해 부정적으로 말하는 교사들을 피하라. 부정적인 대화는 악순환을 일으키며, 학생들에게 부정적인 영향을 줄 수 있는 부주의한 행동을 하게 만들 수 있다. 이것을 한번 해보라. 조금만 불평해보라. 그것은 문제와 우리의 불만을 퍼뜨릴 것이다. 하지만 즉시 문제를 해결하거나 불만을 완화할 수 있는 행동에 대해 브레인스토밍하도록 토론을 시키라.

주요 매체들은 많은 문화에 대한 편견을 제공한다. 신문 기사, 잡지, TV를 통한 이러한 생각들이 교실에서 지속되지 않도록 유의하라. 만약 매체를 인용하여 강의와 관련된 정보로 활용하려면 다양한 관점을 조사하도록 하라. 민족적으로 다문화를 가진 사람들에 대한 눈에 띄는 매체 자료를 활용하는 것은 논쟁을 촉진하는 반면에 고정관념을 만들 수도 있다. 예를 들면, 그동안 영향력 있는 많은 운동선수들은 아프리카계 미국인이었지만, 당신의 교실에 있는 학생들이 그러한 길을 걸을 가능성은 매우 낮다. 눈에 띄지는 않았지만 성공한 사람들ー과학자, 의사, 고고학자와 작가ー을 찾고 그들을 소개하라.

논란에 대해서는 직접적으로 얘기를 하되, 논쟁의 여지가 있는 문제들에 대해서는 제한할 필요가 있다. 만약 민족주의에 대한 논쟁이 학생들이 그들의 문화에 대한 문제를 듣고, 토론하며, 견해를 제시하는 유일한 방법이라면, 그것은 지속적으로 부정적이고 긴장된 기분을 줄 것이다. 이러한 주제들을 주고 토론을 시키라. 하지만 또한 성공과 성취에 대한 논쟁이 없는 이야기도 하게 하라.

그들이 경험한 어려움에도 불구하고, 모든 학생이 높은 기대를 가질 수 있도록 하라. 교실에 있는 많은 학생들이 학대, 방치 그리고 경제적 고통 같은 기본적인 욕구를 충족시키지 못하는 다양한 문제를 가지고 있다. 우리는 이러한 문제들을 개인적이거나 학문적인 이유로 관심을 갖는다. 그러나 Gay (2002)에 의하면 이러한 형태의 관심과 주목은 "학생들에게 자신만의 방식을 갖게 하고 개개인의 속도에 따라 움직이게 한다는 명목하에 선의의 방관"(p.109)을 가져올 수 있다고 하였다. 예를 들어, 고등학교 사회과 수업을 관찰하면 고차적인 질문이 추가적인 점수를 얻는다. 우리가 아프리카계 미국인 여학생에게 추가적인 점수를 받는 질문을 하려고 했었냐고 묻자 그녀는 멈칫하였는데, '그러한' 질문을 생각하지도 못한 것 같았다. 그녀는 천천히 고개를 끄덕였다, 그리고 니콜이 "함께 해 보자."라고 신속히 말하였다. 그 짧은 8분간의 시간이 끝나 갈 때쯤 학생의 표정에서 순수한 기쁨과 엄청난 자부심을 볼 수 있었다.

다문화 교실에서 문화적 감수성이 있는 수업이 제한되어서는 안 된다. 우리의 공동체가 다양하든 그렇지 않든 학생들이 살아가고 앞으로 어른으로서 마주칠 세상은 세계적이고 매우 다양하다. 기술력 덕분에 학생들은 세계 곳곳의 다른 학생들 그리고 우리가 공부하고 있는 다른 나라들과 연결될 수 있다. 교육과정은 세상을 바라보는 새로운 방법을 열어주기 위해 예시와 논의들을 풍부하게 제공해 줄 수 있어야 한다.

실행에 옮기기

문화적으로 관련 있는 교육과정은 학생들을 점점 다양해지는 세상과 연결해준다. 성공을 위한 계획, 성공을 위한 가시적인 그림, 그리고 다른 의사소통 방식은 교실 내 모든 학생이 문화적으로 학습하게 해줄 것이다.

성공을 위한 협력

많은 소수민족 학생들은 그들의 공동체가 개인을 넘어서 집단의 이익에 가치를 두는 경험을 하게 된다 (Gay, 2002; Ladson-Billings, 1995). 개인은 문제를 해결하고 공유하기 위해 공동체에 자신의 주장을 제안하고, 그것은 좋게 작용한다. 결과적으로, 개인은 집단적인 책임을 느끼고 집단의 성공을 위해 헌신한다.

반면에 우리의 학교에서는 집단보다 개인에게 가치를 둔다. 만약 개개 학생이 무언가를 배우지 못했다면 어떻게 습득할지는 그들에게 달려 있다. 문화적 감수성이 있는 교실에서는 교실 전체가 하나의 집단으로서 활동해서, 집단의 성과를 위해서 구성원들의 강점을 활용한다. 예를 들어, 과학 수업에서는 예쁜 식물, 꽃 그리고 쉼터를 이용하여 마당을 공부하기에 친환경적인 공간으로 만드는 계획을 시작한다. 설계를 고안하고, 환경을 연구하고, 계획을 실행하는 과정에서 구성원 개개인은 프로젝트에 대해 공헌한다. 모든 학생이 특정 환경에 대한 개념을 이해하는 동시에 개개인은 성공적이고 협력적인 마당을 만들기 위해 그들만의 방법으로 노력할 것이다.

말과 그림을 이용해 성공을 시각적으로 보여주기

말과 그림들이 교실이나 복도에 붙어 있다는 것은 다문화 학생들이 활발히 과학 실험에 몰입하고, 책을 읽고, 서로 대화를 나누고 있음을 보여주는 것인 바, 시각적인 것은 학생들이 명석해지고 명석하게 행동할 것이라는 기대를 갖게 한다. 이것은 미세하지만 큰 영향을 끼치는 방식으로 학교의 학습 분위기나 신념에 서서히 스며들게 한다는 메시지를 주는 것이다.

다문화 출신의 과학자, 작가, 공학자, 수학자, 교사 그리고 의사에 대한 예시를 활용하는 것은 학생들이 가능성을 느끼고 그들의 세계관을 넓히는 데 긍정적인 기여를 한다. 학생들은 그들이 아는 현재를 통해 미래에 무엇이 가능할지 연결 지을 수 있다.

〈표 2.1〉(70쪽의 복사물)을 이용하여 학생들이 공부하고, 대화를 나누고, 의견을 나타내는 활동을 하는 사진을 찍으라. 학생들의 학문적인 성공을 확인하고 축하하기 위해서 그들의 사진을 표의 칸 안에 여러 차례 붙이라.

표 2.1 ●● 학생들의 성취를 축하해주자!

학생 성취	수업 사례
학생들이 훌륭하게 대화를 한다!	
학생들이 중요한 작품을 산출한다!	
학생들이 학습하기를 열망한다!	
학생들이 서로 신뢰한다!	

의사소통 수단을 다양화하라

문화적으로 다양한 의사소통의 단서와 대화방법, 학생들에 대해 생각하는 방법을 아는 것은 모든 학생이 배울 수 있는 교실을 만드는 데 중요하다. 학생들이 교실에서 흥미, 좌절, 화남, 이해, 질문 그리고 혼란을 표현하고 말하는 다양한 방법에 관해 대화하도록 해주라. 이러한 예시를 위해서는 학생들을 세 명 혹은 네 명의 집단으로 나누고 〈표 2.2〉와 같은 양식을 이용하는 활동이 필요하다. 이 표의 목표는 학생들의 편안한 의사소통 방식을 알아 가고, 최근의 의사소통 방식과 비교하며, 학생들이 어떻게 함께 의사소통할 것인가에 대한 대화를 촉진하는 것이다. 이러한 대화는 잠재적으로 학생들의 학교 밖에서의 의사소통 방식과 교사의 의사소통 방식 그리고 학교의 의사소통 방식 간의 간격을 좁혀준다.

표 2.2 ●● 학생들의 의사소통 방식 이해하기

	행복	혼란	자부심	화남	결정	상처	슬픔
집에서 어떻게 반응하니? 사용한 말과 행동 목록을 열거하라.							
친구와 함께 있을 때 어떻게 반응하니? 사용한 말과 행동 목록을 열거하라.							
교실에서 어떻게 반응하니? 사용한 말과 행동 목록을 열거하라.							
학교(복도와 카페테리아 같은 곳)에서 어떻게 반응하니? 사용한 말과 행동 목록을 열거하라.							

또 다른 적용 가능한 교육적 방법은 부르고-응답하기 프로토콜을 통합하는 것이다. 이러한 시나리오에서 교사는 학생들의 화합을 이끌어내는 응답을 촉진하는 질문을 계획한다. 응답은 학생들이 학습이나 수업 내내 반복하는 무엇이든 될 수 있다. 그것은 또한 교사가 물어보고 반복할 때 학생들이 응답하는 무엇일 수 있다. 이러한 반복과 이끌어냄은 힘을 북돋아주고 학생들을 다시 몰입하게 한다. 이것의 또 다른 형태는 아마 학생들이 일제히 시, 인용문, 발췌문을 읽도록 하고, 다음에 정보에 대해 의미를 부여하거나 문장과 다루고 있는 개념을 연결시키기 위해 상대와 바꾸어 말하도록 하는 것이다.

전략 4 : 교사와 학생 간, 학생 상호 간의 관계를 형성하라

관계는 교사와 학생 간 그리고 학생 상호 간의 상호작용을 통해 구축된다. 교사와 학생들은 가르치고 배우는 활동에 몰입하고 서로 상호작용함으로써 매일 관계를 구축하고 있다. 하지만 관계를 의도적으로 구축하는 것은 몰입과 동기유발에 매우 중요하므로 분리된 전략으로 다루고 있다.

교사와 학생들 그리고 학생들 사이의 상호작용을 통하여 관계가 형성된다. 교사와 학생들은 학습활동이나 교수활동에 참여하면서 일상적인 서로의 상호작용에 기초하여 관계를 형성해 나간다. 그러나 의도적으로 관계를 형성하는 것은 동기유발과 몰입에 결정적으로 중요하기 때문에 우리는 이를 별도의 전략으로 다루고 있다. Martin과 Dowson(2009)은 동기이론에 대한 다양한 연구물을 검토하면서 동기유발과 몰입과 관련된 대인 간 관계의 영향에 대해 연구하였다. 그들의 모든 연구에서 학생들이 맺는 교사, 친구, 부모, 보호자 그리고 다른 어른들과의 관계는 그들의 학업성취뿐만 아니라 학업동기, 학업참여, 자기가치감, 자기효능감에 영향을 준다고 한다. 학급 내에서 학생들 간에 맺는 관계의 질은 우리가 전에 학습했던 공동체 간에 매우 중요하다. Nancy Frey, Douglas Fisher 그리고 Sandi Everlove(2009)는 "학생들이 친구와 함께 공부하고 문제를 해결하는 학습을 하는 가장 좋은 기회는 학급 안에서 생겨난다."고 진술한다(p.38). 학생들이 친구들과 함께 활동할 때 문제를 더 잘 풀 수 있고 깊이 있게 학습할 수 있다. 그들이 다른 친구들과 함께 활동하는 데는 신뢰가 필요하다. 그렇지 않으면 친구들과의 상호작용은 기껏해야 피상적인 수준에 머물게 되고, 학생들은 적극적으로 참여하지 않을 것이다. 학생들은 위협적인 요소가 없을 때 주어진 과제를 완성하기가 더욱 쉽고 토론에 더 쉽게 참여한다. 안전한 학급 분위기는 어떤 체면 손상의 위협 없이, 그리고 선생님이나 급우들로부터 모험이나 실수를 한다고 평가받게 되는 위협이 없는 여건 속에서 학생들에게 모험과 실수를 감내할 수 있는 조건을 제공해준다.

두려움의 극복

공포는 해로운 것이다. 우리에게 잘 알려져 있지 않고 친숙하지 않은 것은 공포를 유발한다. 그래서 우리는 친숙하고 잘 알아야 한다. 즐겁지 않은 사건에 대한 우리의 기억은 다시는 그렇게 하지 않으려는 의지를 갖게 한다. 학생들은 새로운 정보를 학습하거나 새로운 활동을 할 때, 어려움이 있는 상황이나 내용을 직면할 때, 도전적인 자료를 완성하기 위해 분투할 때, 그리고 동료들 앞에서 질문에 답하거나 과업을 수행하는 등 모든 종류의 학습상황에서 두려움을 느낀다.

어떤 학생들은 변화를 통해 강한 호기심을 가지게 되며, 이를 통해 새로운 학습과제를 만나며, 큰 기대를 가지고 과업을 수행한다. 그러나 어떤 학생들에게 변화는 공포를 만들어낸다. 교사는 학생들에게 학습과제의 방향이나 수업내용, 그리고 방법에 대하여 설명을 해주어야 한다. 상세한 설명은 학생들에게 무엇을 기대할지 그리고 통제의 감정을 느낄 수 있는 기회를 제공해주는 정보를 준다. 학생들에게 이러한 관심과 공감을 가지고 반응하는 것이 가장 중요하다. 교사는 학생들이 두려워할 것은 아무것도 없고, 그들이 자제력과 능력이 있다는 것을 느낄 것이다. 학생들이 학습에 뛰어들어 모험을 하기 위해서는 완전한 믿음이 필요하다. 학생들의 두려움에 대한 확인은 중요하다. 그러나 이 확인은 시작단계에서만 필요하다.

학생들의 두려움은 그들에게 새로운 경험에 대해 조언하고 필요할 때 적절한 지원을 제공해줌으로써 완화될 수 있다. 이러한 행위가 학생들에게 진정한 믿음을 형성하고 안전한 마음을 갖게 해준다. 어떤 학생들에게는 부적절하다는 감정을 느낄 때 이로부터 두려움이 생긴다. 부적절하다는 감정을 느낄 때 혼자 이런 말을 한다. "나는 왜 다른 애들처럼 이것을 할 수 없는가?" 어떤 학생들은 최선을 다하여 노력하지만 시험에 통과하지 못한다. 자신의 능력을 확신하지 못하는 학생들에게는 교사가 성공의 모습을 보여주는 것과 학습목표를 성공하는 데 필요한 간단한 단계를 보여주는 것이 중요하다. 선생님이 무엇을 배우기 위해 애쓰는 모습의 모델이 되는 것도 또한 중요하다. 가끔 학생들에게 질문한 순간 바로 대답이 나오지 않으면, 그것은 학습자료가 학생들에게 너무 어렵게 느껴진다는 것이다. 진정한 학습은 때로는 학습내용을 이해하려고 열심히 노력하는 과정을 통하여 이루어진다는 것을 학생들에게 알려주면 좋겠다. 선생님이 모델을 보여줌으로써 학습은 금방 정답이 나오는 것이 아니라는 것을 아이들에게 확신시켜줄 필요가 있다.

"한 번 데이면 두 번 부끄럼을 탄다."는 속담이 학급에서는 매우 진실이다. 우리가 동기유발되지 못한 학생들을 볼 때 그 학생들의 이전 경험 속에 "한 번 데이면 두 번 부끄럼을 탄다."는 아픈 경험이 있는지를 교사들은 고려해볼 필요가 있다. 이러한 학생들에게는 다시 시도해도 체면 손상의 경험을 다시 입지 않는다는 충분한 확신을 가지고 조금씩 학습활동에 다시 참여하도록 하는 교육적 배려가 필요하다. 예를 들면, 과거에 한 학생이 발표를 하거나 글을 쓰는 데 대해 친구가 조롱을 한 적이 있다면 그 학생에게는 친구들과 하나씩 경험을 공유하게 하는 것을 고려해보자. 학생에게 조금씩 계속해서 칭찬과 격려를 제공함으로써 공포감 대신에 자신감을 가지고 시작을 하여 학업 향상을 이루게 할 수 있다. 교사는 또한 학생들이 서로 상대방의 활동에 반응하는 확실한 가이드라인을 만들어서 문제가 반복하여 일어나지 않도록 단계적 지도를 할 수 있다.

교사는 학생들로 하여금 그들의 활동과 과제가 시간을 들여 노력할 가치가 있다고 여기며, 학급 분위기가 학생들이 모험을 즐기기에 충분하게 안전하다고 믿을 수 있는 확신을 가지도록 계획을 세워야 한다. 만일 학생들이 공개적으로 체면이 손상되거나 조롱을 당할 두려움을 갖는다면 그들은 움츠러들 것이다. 두려움이나 부끄러움으로 관계가 형성되어서는 동기유발을 증대시키지 못할 것이다.

교사와 친구들이 모든 학생의 장점을 존중할 때 교실은 혼돈, 관심, 그리고 진정한 희망을 드러내는 편안한 장소가 된다. 교실을 안전한 장소로 만들면 모든 사람이 존중하는 곳이 된다. 그곳에서 학생과 교사는 서로 중요하고 가치 있는 공동체의 구성원이 되고 교실이 동기유발의 기반이 된다.

유용한 팁과 유의점

교사는 학생들이 언어적인 표현을 하도록 격려해준다. 학생들이 말을 하게 하려면 질문을 하거나 응답 진술을 이끄는 안내를 하여 응답을 유발해야 한다. 행동이 말보다 더 중요하다. 교사의 몸동작과 같은 비언어적 표현이 의도하지 않게 부정적인 피드백이나 상반된 메시지를 보낼 수 있음을 알아야 한다.

토론이나 브레인스토밍 시간에는 중립을 지킨다. 무엇이 일어났으며, 왜 그리고 다음에 무엇이 발생할 것인지에 대한 논의가 벌어졌던 부정적인 사건에 대해서는 반성하는 시간을 갖는다. 이렇게 전략적으로 계획된 시간들은 학생들로 하여금 감정을 표명하고, 다양한 관점을 이해하고, 생산적인 목표를 설정하고, 미래의 의사를 결정하는 데 도움을 준다. 교사는 각 학습자들의 필요에 따라 그들을 위한 안전망을 구축하고 학급의 분위기를 만들 것을 기억해야 한다. 교사가 실수를 하면 실수했다고 이야기하고 양해를 구해야 한다. 그러면 학생들은 교사로부터 기꺼이 지도를 받을 것이다. 교사는 학생들로부터 그리고 학생들 사이에 존경을 받고 존경의 모델이 되어야 한다.

편애하는 모습을 보이지 않도록 조심해야 한다. 선생님이 어떤 아이를 다른 아이보다 더 좋아하면 학생들은 그 사실을 다 안다. 교사는 각각의 학생들이 가지고 있는 호감 가는 특성을 발견해야 한다. 부정적인 특성이나 사실이 전파되면 학생들 간의 관계에 영향을 줄 수 있다.

학생들로부터 나오는 제안이나 논의는 공개하고, 교사-학생 간에 적절한 관계를 형성해야 한다. 학생은 교사의 동료가 아니다. 교사-학생 관계에서 교사의 권위와 권한은 존경과 배려와 함께 적절히 활용되어야 한다. 교사는 항상 책임을 지는 사람이다. 교실에서 일어나는 모든 일들은 교사의 승인을 거쳐서 수용되거나 수용되지 않아야 한다.

높은 점수라든가 새로운 명령이나 지시와 같은, 교사를 소진시키는 외부의 힘과 압력을 그냥 두어서는 안 된다. 또한 스트레스를 학생들에게 전가해서도 안 된다. 학생들은 안전하고 긍정적인 학습공동체 안에서 학습에 성공하는 경향이 매우 두드러지게 나타난다.

일진이 안 좋은 날이 있으면 그 영향을 학생들한테까지 주지 말기 바란다. 빈정대거나 경멸하지 말아야 한다. 학생들은 이로부터 악영향을 받는다. 학생들과의 소통관계를 쌍방으로 열어놓아야 학생들이 자신을 솔직하게 드러낸다. 학생들의 부정적인 피드백으로부터 배울 것이 있다. 이것은 그들의 감정을 표현하고 사실대로 이야기를 할 만큼 충분한 안정감을 느낀다는 신호이다. 학생들이 건설적인 피드백을 해주면 그것을 주의 깊게 분석하여 그 피드백을 학생들의 성장을 위하여 활용한다. 그것을 학생들에게 전가하지 않는다. 그 피드백에 교사가 부정적으로 반응하면 학생들은 앞으로는 솔직하게 얘기하지 않을 것이다.

실행에 옮기기

교사는 학생들과 그리고 학생들 간의 관계를 형성하기 위한 수많은 전략을 활용할 수 있다. 의사소통의 통로를 열고, 개인적인 정보를 공유하고, 환영하는 환경을 만드는 일은 학급 학생들을 결속하고 학습에 몰입하도록 하는 몇 가지 방법이 된다.

학생들이 서로 대화하도록 한다

학생 간에 서로 가르치는 활동을 여러 번 거듭하게 되면 도와주는 학생은 상대방에게 간단한 질문을 하게 된다. 학생들은 자신의 친구들이 스스로 대답을 잘할 수 있도록 질문을 유도하는 방법을 잘 모른다(Frey, Fisher, & Everlove, 2009). 이건 왜 이렇지? 교사가 서둘러서 질문을 하게 되면, 학생들은 자기들 스스로의 해법이나 반응으로 활동을 하거나 탐구를 할 수가 없다. 학생들은 문제의 해결을 위해 고군분투하거나 탐색하는 모델을 별로 볼 수가 없다. 학생들이 그들 스스로의 대답과 의미를 탐색할 때 보다 확실한 이해를 하게 된다. 이렇게 하여 질문을 통하여 새로운 이해로 안내하는 것이다. 선생님은 학생들이 친구들에게 친구들 스스로 생각하도록 유발하고 허용하는 질문 방법을 가르쳐주어야 한다. 이렇게 실행하면 서로가 윈-윈하는 상황에 이르게 된다. 학생들이 문제를 해결하는 동안 좋은 탐구자가 될 뿐만 아니라 좋은 탐구자의 모델을 볼 수가 있고, 다시 다른 친구를 도울 때 그 방법을 활용할 수가 있다. 효과적인 질문 전략은 교실에서 일상적으로 활용할 수 있도록 정상적인 기초위에서 가르치고 모델링해야 한다. 이러한 것들을 교실에서 더 잘 실행하기 위해 **집단공유와 주사위 놀이**(cubing)에 대해 생각해보자.

　집단공유는 학습동기가 부여되지 않은 학생들에게 자신의 생각이나 느끼는 감정을 표현하는 시간이다. 이 활동은 어떤 장애물이나 낙인을 없애고 서로 존중하도록 하는 것이다. 개별 학생들에게 그들이 알거나 할 수 있는 것들, 그들이 경험했던 멋진 모험이나 여행, 혹은 전혀 예상하지 않았는데 성취된 사건들에 대하여 서로 공유하는 시간을 갖게 한다. 그렇게 하면 때로는 다른 사람들이 전혀 기대하지도 않았던 재능과 경험을 학생들은 잘 드러낸다. 학생 간에 우정이 싹트고 상호 존중하게 하기 위하여 동료에 관한 개인적 정보를 알아야 할 필요가 있다. 학생들끼리 다음과 같은 것들을 서로 공유하게 한다.

- 아이디어
- 모험, 취미, 경험
- 어떤 내용의 정보를 둘러싼 연결과 관계
- 문제해결의 방법과 해결 과정, 문제해결 활동
- 힘들게 노력하는 것
- 성공과 성취
- 인생의 목표, 희망, 꿈
- 감정과 정서
- 학습과 생활에서의 칭찬과 격려

　주사위 놀이에서는 교사가 먼저 주제, 사건, 인물, 개념에 대하여 설명을 해준다. 그리고 나서 학생들이 자신의 생각을 말하도록 질문을 활용한다. 이러한 질문은 다양할 수 있으나 다음과 같은 형태의 질문을 한다.

- "너의 생각을 설명해줄래?"
- "분석해줄래?"
- "다시 한 번 창안해볼래?"
- "어떻게 활용할 수 있지?"

➤ "거기서 무슨 일이 일어날 거라고 생각하니?"

➤ "거기서 무슨 생각이 떠오르니?"

위와 같은 활동을 증진시키기 위하여 아래 〈표 2.3〉의 방법을 활용한다. 교사는 또한 만들어진 주사위 위에 〈표 2.3〉의 질문을 적어서 추가로 활용할 수도 있다. (표 2.3과 백지 주사위에 교사의 창의적 주사위를 만들어 사용할 수도 있다.) 왼쪽에는 집단 구성원들이 대답하게 할 다양한 질문을 열거하고, 오른쪽에는 집단 구성원들의 대답을 채우도록 한다. 논의될 질문의 수는 집단 구성원의 수와 일치시킨다. 예를 들면, 집단 구성원이 4명이면 4개의 질문을 논의하도록 한다. 다시, 학습자들은 그들에게 할당된 질문에 반응하고 서로 공유한다. 교사는 이 방식을 다양하게 변용할 수 있다. 하나의 예로서, 학생들이 그들에게 할당된 질문을 공유하고 나서 집단 내 다른 구성원들이 자기의 생각을 말해주는 것이다. 집단 구성원들은 전체 학급이나 파트너와 함께 그들의 대답을 서로 공유할 수 있다.

표 2.3 ●● 이벤트 주사위 예시

질 문	학생의 대답
무슨 일이 일어났는가?	
언제 그 일이 일어났는가?	
거기에 누가 있었는가?	
그것이 왜 중요한가?	
그것이 그 당시 살던 사람들에게 어떤 영향을 주었는가?	
그것이 오늘날 우리에게 주는 의미는 무엇인가?	

다음은 한 인공물에 대해 주사위 활동을 하기 위해 개발한 질문의 예이다.

1. 그 인공물을 설명하는 세 가지 형용사는 무엇인가?
2. 그 인공물에 대해 텍스트는 무엇을 말하고 있는가?
3. 그 인공물로부터 무엇을 연상할 수 있는가?
4. 그 인공물이 이 세상에 주는 의미는 무엇인가?
5. 그 인공물은 어디에 쓰는 물건인가?
6. 그 인공물로 인하여 무슨 일이 생겨날 수 있는가?

다음은 실제 인물이나 가공적인 인물 캐릭터에 대한 주사위 놀이를 위하여 개발한 질문의 예이다.

1. 그 사람의 가장 큰 성취물은 무엇인가?

2. 그 사람은 언제 어디서 살았는가?

3. 다른 사람들은 그 사람에 대해서 어떻게 느끼는가? 당신은 그것을 어떻게 아는가?

4. 그 사람이 당신 옆집에 살았더라면 그 이웃의 반응은 어떠했을까? 왜 그럴까?

5. 그 사람의 역할은 무엇이었나?

6. 그 사람의 장점과 약점은 무엇인가?

개인적인 이야기로 만들기

교사의 생활과 내용 정보를 서로 연결하여 적절한 개인적인 이야기를 학생들과 공유한다. 교사가 어떤 의도적인 학습과 연관을 지어서 짤막한 이야기를 들려준다면 좋은 관계가 형성될 것이다. 교사의 삶을 드러낸다는 것은 교사의 삶, 경험, 가치 그리고 관점의 한 단면을 학생들에게 보여준다는 것을 의미한다. 그 결과 학생들은 교실의 솔직하고 개방적인 분위기를 통해 보다 편안함을 느낀다. 학생들을 위한 교사들의 예시는 학생들에게 자주 보다 나은 학습을 할 수 있도록 해준다. 학생들이 새로운 정보를 그들의 경험과 연결시키고, 그들의 아이디어를 그들의 개인적 삶에 적용할 수 있는 시간을 만들 필요가 있다.

사소한 것 기억하기

사람들은 나이에 상관없이 자기가 환영받고, 칭찬받고, 받아들여지고, 인정받는 것을 기억하는 것을 좋아한다. 이러한 소속감은 관계를 증진시키는 긍정적인 학급 문화의 중요한 한 부분이다. 자그마한 제스처도 학생들과 또한 학생들 간에 관계를 형성하는 즐거운 분위기를 만들어준다.

- 학생들이 학교나 교실에 들어오면 즐겁게 맞아준다. 가능하다면, 문에 서서 미소를 지으면서 "안녕!"이라고 말해주면 학생들은 하루 종일 기분이 좋다.
- 학생들과 그들의 활동을 사진이나 동영상으로 촬영한다.
- 학생의 생일을 기억하며, 의미 있는 개인적 이벤트를 만들어 기념해준다.
- 학부모들과 소통할 수 있도록 가정방문이나 간담회를 계획한다.
- 학생들을 지원해줄 수 있는 교실을 만들기 위해 특별한 시간을 계획한다.
- 학생들과 가까이하는 기회를 늘린다. 학생들이 활동하는 동안 학생들 주변을 돌아다닌다. 이것은 학생이 계속해서 과제를 수행하는 동안 교사가 돌보고 있으며 교사가 학생들에게 개인적인 도움도 줄 수 있음을 보여준다.
- 학생들이 학습내용을 알든지 모르든지 이를 수용하되 평가하지 않는다. 교사는 학생들이 잘 성장하고 학습할 수 있는 기회를 만들어준다.

편지함 확인

학생들의 의견이나 건의를 위한 편지함이나 건의함을 설치할 필요가 있다. 비록 교사가 학생들의 의견을 채택하거나 실행하지 않더라도, 학생들의 아이디어에 대해 간단한 조언만 해주는 경우 학생들에게는 중요한 메시지로 전달된다. 편지가 학급을 즉시 변화시키는 어떤 것을 가지고 있지 않더라도 모든 의견을 정리할 필요가 있다. 그것은 학생들과 함께 지속적으로 해나가야 할 작업들이다. 궁극적으로 학생들이 하는 말이나 글을 게시하거나 크게 읽어주면서 칭찬해준다. 이러한 행동은 교사와 학생이 관계를 더욱 긴밀하게 해준다.

전략 5 : 명확한 규칙과 기대행동을 설정하라

명확한 규칙과 기대행동은 학생들로 하여금 어떤 일이 발생하고 어떤 행동을 해야 하며, 무엇을 실행하기를 기대하는지에 대하여 잘 알 수 있는 여건을 마련해준다. Marzano(2007)는 명확한 규칙과 기대행동을 정해주는 교사는 학생들의 동기유발과 참여에 긍정적인 영향을 준다는 사실을 발견하였다. Hattie(2009)는 다양한 연구를 검토한 결과 교사가 학급에서 명확한 규칙과 기대행동을 정해주면 학업성취도가 높아진다고 역설하였다.

명확한 규칙과 기대행동은 학급에서 일상생활의 흐름과 변화의 추이에 영향을 준다. 이들은 학생들에게 무엇을, 언제, 그리고 왜 그것을 할 것인지를 이해하는 데 도움을 주며, 이를 통해 학생들이 안전하고, 존중받고, 보호받을 수 있음을 확신하게 된다. 학급 내의 규칙이나 운영 방향 그리고 기대되는 행동이 명확하며 분명하게 전달될 때 학생들은 다음과 같은 행동을 한다.

- 학교와 교실에서 그들이 탐구활동을 할 장소와 행동의 한계 영역을 안다.
- 규칙과 규제의 이유를 이해한다.
- 일상생활의 흐름을 안다.
- 학습과제와 숙제를 완성하는 방법을 이해한다.
- 다른 친구들과 활동하는 역할을 안다.
- 학습과제를 지속적으로 수행할 수 있다.
- 적절한 시기에 적합한 형태로 움직인다.
- 활동 영역에서 편안함을 느낀다.
- 동료학생들과 교사로부터 인정받는다는 느낌을 갖는다.

반면에 규칙과 기대행동이 명확하지 않으면 학생들은 혼란스럽고, 불만이 생기고, 포기하게 된다. 또한 분위기가 혼란스럽게 되고, 학생의 질문에 대해 선생님은 계속해서 지도해야 되며, 참여가 저조하고, 질문과 조언을 하는 데 활기를 떨어뜨릴 확률이 높다. 그리고 명확한 기대행동이나 행동모델이 혼란스런 교실분위기를 더욱 나쁘게 해 학생들이 부정적인 에너지를 가지게 된다.

　학생들이 규칙을 지키지 않거나 규정에 따르지 않을 때는 신체적으로나 정서적으로 반응을 할 것이다. 학생들의 기대행동에 대해 검토해보고, 행동지침이 설정되어 있을 뿐만 아니라 시행되고 이해되고 있는지 확인해볼 필요가 있다. 보통의 학급상황을 살펴보면 다음과 같다.

- 학생들은 가끔 연필을 깎기 위해 자리를 이동한다. 또한 종이쪽지를 던지거나 친구에게 종이를 구겨서 던지기도 한다. 학생들의 이러한 자리이동 행동의 실제 동기에 대해 생각해보자. 학생들은 이러했을 것이다.
    - 학습과제에 욕구불만을 일으켜 머리를 식혀야 할 필요가 있었을 것이다.
    - 행동 지침에 혼란을 느껴서 꾸물대는 행동을 했을 것이다.
    - 자리에 앉아 있느라 피곤해서 다리를 뻗고 두뇌를 각성시킬 필요가 있었을 것이다.
- 학생들은 가끔 교실 문밖으로 나가게 되기도 한다. 학생들의 이러한 자리이동과 그 영향에 대해 생각해보자. 교실 밖으로 나가는 행동이 실제로 공부를 회피하기 위한 것일까? 학생들의 기대행동은 다음과 같다.
    - 교실 밖이 실내보다 더 재미가 있으니까 나가길 좋아한다.
    - 교실이 혼란스럽고 불만스럽고 지루하기 때문에 회피하려 한다.
    - 교실 밖에서 친구들과 관계를 맺고 싶어 한다.

　만일 선생님이 학생에게 칠판 앞으로 나오라 했을 때 학생이 화를 내며 따르지 않는다면, 이러한 정서적 반응은 상당히 다음과 같은 가능성이 있다는 신호이다. 아마도 과거에 부정적 경험을 한 적이 있었을 것이다. 그러한 반복된 부정적 경험을 통하여 그런 장면이 여러 번 나타날 것이다. 때로는 그러한 행동을 하게 되는 이유가 준비성의 부족, 과제의 불확실성, 체면을 세우기 위함 혹은 친구들 앞에서 '바보'로 보이기 싫거나 느껴지기 싫기 때문이다. 어떤 학생들은 학급 친구들 앞에서 스마트하게 보이기 싫어서 그렇게 할 수도 있다. 교사들이 학생에 대하여 인간적으로 혹은 학문적으로 잘 안다면 학생들로 하여금 이러한 감정적 분출을 개인적으로 하지 않게 하는 데 도움이 될 것이다. 교사가 학생들에게 똑같은 분노를 표출하거나 참을성 없는 어조로 반응하기 쉽다. 그러나 이런 반응은 유익하기보다는 더 해로울 수가 있다. 우리의 목적은 이런 학생에게 참여하도록 동기를 유발하는 것이다. 또한 학생들에게 창피를 주거나 당황하게 하는 것은 아무런 도움이 되지 않는다. 학생들이 쳐다보거나 말하는 태도에 대해 교사들이 참지 못함을 느끼게 되면, 학생들이 몰입하고 동기유발되는 데 정서적인 영향을 준다. 물론 존경심을 표해야 한다는 규칙을 확립하는 것도 중요하지만, 규율이 정해진 후에 뒤따르는 단계들은 학습공동체의 상징적인 부분과 비교해 구체화될 필요가 있다. 이러한 기대들은 교실의 모든 상황과 측면에서 적용되어야 한다. 교사는 다른 학생들의 생각과 감정을 존중해줘야 한다는 것을 학생들에게 가르쳐야 한다. 교사가 이렇게 하기를 시작할 때 모든 인간관계에서 서로 존중하는 모델이 만들어진다.

때때로 학생들의 정서적 반응을 하는 데는 이유가 있다. 교사가 학생들에게 개별적으로 얘기함으로써 신뢰를 쌓고 인정을 하게 된다. 그럼으로써 학생들이 상호 갈등 없이 각자 학습할 수 있도록 하는 것이 우리의 목표이다. 교실에서 학생들의 정서적 안정감을 고려해볼 때 다음과 같은 질문을 생각해 볼 수 있다.

- 학생들이 정서적으로 안정감을 느끼는가?
- 학생들이 불만이 있을 때 그 심정을 말로 표현하는가?
- 학생들이 의견을 말하거나 제시할 때 어떤 일이 일어나는가?

만일 어느 학생의 의견에 대해 학급 친구들이 비웃거나 선생님이 퇴짜를 놓는다면 학생은 기가 죽고 더 이상 의견을 제시하지 않으려 할 것이다. 학급에서 생산적인 토의에 대한 규칙이 확립되지 않았거나 지켜지지 않는다면 학급 토론은 깊이 있게 이루어지지 못하고 소수의 학생들만 마지못해 발언하게 될 것이다.

사실 우리가 학생들의 생활 속에서 많은 부정적인 피드백과 말을 해줄 때, 우리는 긍정적인 기대와 규칙을 설정하고 모델링화하며 지지해주는 것이 중요하다. 존중할 가치가 없는 코멘트와 반응이 도처에서 계속해서 학생들에게 모델링된다. 텔레비전, 비디오 게임, 소셜 네트워크 사이트 그리고 다른 원천들로부터 비관적이고, 빈정거리고, 부정적인 반응이 학생들에게 지속적으로 노출된다. 많은 아이들이 집에서 그리고 미디어를 통해 비판적이고 위태로운 반응이나 피드백을 경험한다. 사실 학생들이 받는 대부분의 피드백은 부정적이며, 귀에서 귀로 다른 학생들에게 전달된다.

이러한 기대에 미치지 못하고 규칙이 지켜지지 않을 때 교사가 무엇을 할 것인지를 사전에 계획할 필요가 있다. 그리고 부정적인 피드백 이상의 무엇을 줄 수 있도록 계획하는 것이 좋다. 사실 부정적인 피드백에 익숙한 학생들은 긍정적 행동으로 이끄는 특별한 피드백을 받게 되면 깜짝 놀라게 된다. 상세하게 설명해주는 피드백은 학생들이 곤경에 빠지지 않게 하며 다음 단계를 예측하게 해준다. 효과적인 피드백은 학생들에게 상세한 설명을 제공하여 그들이 학습을 보다 잘하고 학습상황에 적절히 몰입할 수 있도록 도와준다. 학생들에게 긍정적인 방향을 제공하고 구체적인 피드백을 제시하고 생활 속에서 사회적, 정서적, 학문적인 상황을 잘 처리하는 데 필요한 전략을 제공해줌으로써 학생들이 그들의 생활을 잘 이끌 수 있는 기술을 개발할 수 있도록 도움을 줄 필요가 있다.

명확한 규칙과 기대행동은 학생들이 학급활동에 몰입하도록 동기유발한다. 만일 학생들이 적절하게 참여하는 방법이 무엇인지를 잘 모른다면 그들은 몰입할 수가 없다. 수용 가능한 학급행동과 예절을 명시하고, 반응을 계획하며 절차를 확립하고 명확한 방향을 제시해주는 일들은 교실의 안내지침을 정하는 몇 가지 간단한 방법들이다.

수용 가능한 교실행동과 에티켓을 분명히 하기

교사는 학생들에게 학습상황에서 행동하는 방법에 대해 가르쳐야 하며 규칙에 대해 일관되게 지속적으로 설명해서 알려주어야 한다(Chapman & King, 2005). 학급의 규칙과 기대행동을 전반적으로 설명할 기회를 가질 필요가 있다. 학생들에게 참여정신과 소속감을 느끼고 심어주기 위해 정해진 규칙과 학급의 일과에 대해 토의하도록 해준다. 학생들이 지나치다는 느낌이 들지 않도록 규칙의 수를 줄여준다.

규칙이나 기대행동을 어길 때의 반응 계획하기

일단 기대행동이 결정되면 처음 며칠이 매우 중요한데, 학급이 어떻게 돌아가는지, 돌아가도록 하는데 어떤 안전장치가 있는지에 대하여 학생들이 학습하고 그들의 자아 속에 실제적으로 자리 잡을 수 있도록 강력한 신호를 보내야 한다(Hattie, 2009). 학생들은 우려한다. 교사가 규칙이나 기대 그리고 나의 학습에 대해 얼마나 진지하게 생각하는가? 만일 규칙이 지켜지지 않으면 초기에 싹을 제거해야 한다. 이것이 신뢰를 확립하고 학생들 간에 안전감을 확립하는 데 필수적인 단계이다.

교사가 반응할 때 다음과 같은 단계를 취할 것을 고려하기 바란다.

- **교사가 관찰하고 있는 행위나 행동에 대해 얘기한다** : 만일 규칙이 명확하면 학생들은 자기통제를 할 수 있다. 교사가 학생들에게 무엇을 원하는지를 말할 때 학생들은 가끔 정반대의 행동을 할 수 있다. 교사의 명확한 반응은 이러한 가능성을 제거해준다.
- **교사가 보기를 원하는 행동을 얘기한다.**
- **목소리의 톤과 선택하는 단어에 중립을 유지한다** : 분노, 빈정거림, 성급함은 부정적인 행동을 유발할 수 있다. 멸시하는 듯한 목소리는 학생들의 마음을 닫게 만든다.
- **학생들의 질문, 불만, 혼란스러움이 무엇인지를 예상해본다** : 학생들에게 일상적인 상황을 잘 처리하는 절차에 대해 설명해주라. 학생들의 다음 질문에 대해 생각해본다.
  - "만일 내가 수업을 해야 하는 방법을 모르거나 방향을 잃어버렸다면 무엇을 해야 하죠?"
  - "만일 내가 공부하고 있는 내용을 잘 이해하지 못하면 어떻게 해야 하죠?"
  - "만일 내가 목욕탕에 가야 한다면 어떡하죠?"
  - "만일 내가 숙제를 잊어버리고 못했다면 어떡하죠?"
  - "만일 내가 선생님에게 불만이 있다면 어떡하죠?"
  - "만일 동료의 말이 내 감정을 상하게 하면 어떡하죠?"
  - "만일 어떤 아이가 나에게 도움을 청하면 어떡하죠? 언제 도움을 주어야 되죠? 거짓으로 도움을 바랄 때는 언제죠?"

학생의 행동에 대한 교사의 비효과적인 반응은 보통 아주 어려운 상황으로 빠지게 한다. 교사가 학생의 부정적인 말이나 상스러운 행동을 '의도적인 경멸'이라고 생각할 때 교사는 보통 학생을 꾸짖는다. 교사의 효과적인 반응은 학생들로 하여금 무엇이 적절한지를 이해하는 것을 도와줌으로써 그들이 다시 행동으로 참여하게 하고, 방향을 다시 설정하고, 바르게 고치도록 한다. 효과적인 반응은 학생들이 정서적인 안정을 갖게 하며 학습을 준비하는 데 초점을 맞춘다. 처벌과 꾸지람은 보통 학생들에게 자신이 무가치하게 느껴지도록 하거나 감정을 상하게 할 수 있다. 교사의 반응은 학생들이 행동을 잘하도록 하는 방법을 모델로 보여줘야 한다. 교사는 학생들의 삶에서 단 하나의 긍정적 '역할모델'일지도 모른다. 이러한 상호작용은 하나의 배우는 과정이다. 마찬가지로 학생들이 적절한 몰입과 행동을 보일 때 기대행동을 강화하기 위해 구체적인 피드백이 필요함을 기억하기 바란다(Ryan & Deci, 2000). 교사는 될 수 있는 한 긍정적인 마음을 가질 필요가 있다.

수업 절차와 기대행동 확립하기

명확한 절차와 기대행동은 학생들이 서로 상호작용하고 교사와 상호작용하는 방법을 설정해준다. 소집단 내에서 활동의 규칙과 역할을 만들어주고, 학생들에게 소집단 활동을 하게 할 때마다 관심을 가져주라. 학생들이 적절한 학습대화의 방법이 어떠한지를 이해할 수 있도록 파트너와 활동하는 방법과 기대행동을 확립해주라. 학생들은 학급동료들과 가지는 대화를 통해 효과적인 학습을 할 수 있다. 만일 유익한 대화를 하는 방법을 보여주지 못한다면 그들은 시간을 낭비하는 것일 수 있다. Hattie(2009)는 다른 동료학생들이야말로 학생들이 받는 가장 중요한 피드백의 원천임을 발견하였다. 그런데 아쉽게도 대부분의 학생동료끼리의 피드백은 적절하지 못하다. 교사는 학생들에게 질문하는 방법과 적절한 자리에 위치하는 법, 그리고 학습내용에서 그들이 강조하여 말하는 방법을 명확히 가르쳐줌으로써 그들의 상호작용이 성공적으로 이루어지도록 한다.

명확한 방향 제시해주기

다음과 같은 불만족한 시나리오를 생각해보자. 교사가 학생들에게 후속 과제의 방향을 제시하기 위해 열심히 노력하고 있다. 교사의 말이 떨어지자마자 학생은 질문하기 시작한다. "내가 뭘 할지를 모르겠는데요." 혹은 "무슨 말인지 이해가 안 됩니다." 이러한 상황에서 교사는 가끔 이렇게 말하거나 처신을 한다. "이해할 수 있도록 해봐!" 다음은 대부분의 통상적인 의사소통의 실수를 막는 몇 가지 제안이다.

- **활동을 시작하기 바로 전에 방향을 제시해준다** : 교사가 학생에게 과제의 방향을 제시해줄 가장 적절한 시점을 찾는 습관을 길르라. 예를 들면, 만일 학생이 활동을 하느라 움직이고 있다면 학생을 제자리에 멈추게 하고, 필요한 자료를 나눠주고, 학생들이 과제를 수행하기 직전 이때가 바로 방향을 제시해주는 적절한 시기이다. 교사가 만일 과제를 수행하기 오래전에 미리

방향을 제시해주면 학생들은 무엇을 할 것인지에 대해 망각할 수 있다.

- **방향을 글로 써서 제시한다** : 모든 학습자가 다 청각에 의존하지는 않는다. 학습의 방향을 글로 써서 제시해주면 말로 설명할 때보다 더 잘 이해할 수 있으며 활동하는 동안 그것을 보고 참고할 수 있다. 또한 글로 써서 제시해주면 학생들이 과제를 마치고 나서 과제를 성공적으로 수행했는지 스스로 점검할 수 있다. 교사가 과제 수행의 방향을 별도의 종이에 적어서 주면 학생은 그것을 벽에 게시하거나 칠판에 써서 게시할 수도 있다.

- **방향을 제시한 후, 기대되는 행동이 무엇인지에 관하여 학생들끼리 서로 설명하도록 한다** : 학생들은 때때로 학생동료가 되풀이하여 지침을 설명하고 이를 들을 때 과제의 방향이나 기대행동을 보다 더 잘 이해한다.

- **과제 해결의 첫 실마리와 키워드를 눈에 잘 띄게 한다** : 교사가 학생들에게 수행하기를 요구하는 과제에 대하여 설명을 해주라. 헷갈리는 용어를 쉽게 설명해주라. 과제를 설명하는 데 사용된 학술적 용어를 명확하게 해주라. 예를 들어서 문학에서 구성(plot)은 이야기 흐름을 의미하며, 수학이나 과학에서 구성은 그래프를 나타내는 것이다. 교실의 공간을 학습 방향에 관한 자료 게시판과 중요한 용어 설명판으로 디자인하라. 학생들의 연령에 맞는 학생 친화적인 정의와 용어를 사용하라. 그렇게 하면 학생들은 학습 방향에서 익숙하지 않은 용어를 접할 때 자료 게시판을 참고할 수 있다(Chapman & King, 2005).

유용한 팁과 유의점

학생들의 학업에 대한 몰입은 학습 방향을 바꾸거나 구조를 설정하는 데 따라 쉬울 수도 있고 어려울 수도 있으므로, 학생들이 무엇을 해야 할지를 명확하게 해줄 필요가 있다.

학습 방향에 대한 과잉친절에는 너무 많은 단계가 포함되어 있다. 너무 많은 방향을 제시해주면 학생들이 그 각 단계들을 기억하지 못하여 지나쳐버린다. 다음과 같은 절차를 시도해보기 바란다. 일단 한 방향만 제시하고 그 단계를 완전히 익히도록 한다. 이어 다음 단계의 방향을 제시하고 설명해준다. 과제를 다 마칠 때까지 단계별로 하나씩 제시해준다.

학생들이 학습 방향의 의미를 파악하는 데 교과서에 너무 의존하지 않도록 한다. 교과서는 때때로 학생들이 이해할 수 있는 방향을 명확히 제공해주지 못한다. 학생들이 학습을 시작하기도 전에 용어가 너무 어려워서 읽기가 불가능하고, 너무 당황스러워서 질문을 할 수 없을 정도의 감정을 느끼게 되면 학생들은 포기하고 손을 뗄 수가 있다. 학생들이 함께 학습의 방향을 읽고, 과제의 기대감에 대하여 설명하고, 이해가 안 되는 것들은 서로 의견을 나누어 해석하여 명확히 알 수 있도록 한다.

방향을 제시하고 뒤이어 곧바로 "질문 있습니까?"라고 질문하지 않도록 한다. 학생들이 학습하기 전에는 질문사항이 있는지도 모르는 학생들이 많으며 너무 혼란스러워서 무엇을 질문할 것인지조차도 모를 때가 많다. 교사는 학생들의 질문을 받기 위해 돌아다니며, 관찰하면서 필요할 때 도움을 준다.

동시에 시간을 낭비하는 학생들을 주목하라. 엄연한 활동시간에 학습 방향에 대하여 불필요한 질문과 토의를 하지 않도록 하라. 어떤 학생들은 자기가 모두 이해한 내용을 교사로 하여금 과도하게 설명하게 할 때도 있다. 많은 학생들은 이러한 지연술책을 즐기기도 한다.

준비성 있게 진행하면, 모든 학생에게 쉽고 분명하게 학습과제를 이해할 수 있도록 해준다. 학생들이 이동하거나 서로 공유하는 것이 필요한 활동을 하도록 하려면 기대되는 행동을 보여주기 위해 개별적으로나 소집단별로 설명을 해준다. 그다음, 과제를 하는 동안 전체 집단을 돌아다니면서 학생이 관찰한 것을 즉시 반영해준다. 그러고 나면 학생들은 그들 스스로 과제를 시도할 수 있다. 학습에 성공을 하면 학생들이 어떻게 과제의 방향에 따라 완성했는지를 거론하면서 축하의 박수를 친다.

행동에 문제가 생길 때는 학생들이 문제해결에 중요한 당사자가 되도록 한다. 만일 학급 전체가 규칙에 불만이 있을 경우에는 학생들이 왜 그 규칙에 따를 수 없으며 왜 그것이 중요한지 대화를 나누도록 한다. 규칙을 수정하거나 변경하는 계획을 세우라. 규칙이 지켜지지 않을 때에는 교사와 학생이 함께 행동하면서 설명을 한다. 학생들과 함께 지침을 확립함으로써 보다 깊은 신뢰를 쌓고 마음을 살 수 있다. 그러면 학생들은 상호 간에 동의하는 기대를 서로가 잘 설명할 수 있을 정도로 이해를 하기 시작한다.

주의집중을 하고 가라앉은 분위기를 끌어올리고 스트레스를 제거하거나 편안하지 않은 상황을 전환하기 위해 야유가 아닌 웃음을 활용한다. 긴장된 상황이 생기면 행동과 관련된 구체적이고 가시적인 코멘트를 사용한다. 그리고 형용사와 동사를 사용하지 말라. 그러면 학생들이 피드백을 주관적이고 평가적으로 할 수 있을 것이다. 부정적 행동으로 반응함으로써 인신공격적으로 느끼지 않도록 한다. 학생들의 부정적 행동에 그대로 반응하기보다 적절히 방향을 바꾸어 대처하도록 한다.

어떤 학생들은 어떤 일을 할 때 자신의 방식대로 동기유발되고 반항하기도 한다. 왜냐하면 선생님이나 어른들은 학생들에게 일방적으로 수업하기를 원하기 때문이다. 이러한 저항에 대응하기 위하여 다음과 같은 시도를 해본다.

- 일상적인 의사결정에 학생들이 참여하도록 한다.
- 학생들이 해야 할 일과 왜 그것이 중요한지를 설명한다.
- 학생들의 흥미를 끌고 학생들에게 어울리는 이유와 목적을 가지고 학생에게 맞춘다.
- 목표를 구체화한다. 획득 가능한 과제와 작은 목표들을 설정한다.
- 학생들이 지시된 방향에 따르지 않거나 잘못된 행동을 하는 것은 그들 나름의 세계에서 활력을 갖고 통제하려는 아이들의 욕구임을 이해한다.

실행에 옮기기

교실을 학습공동체로 만들려면 교사가 규칙과 기대행동을 명확히 설정하는 것이 중요하다. 학생들에게 최선과 최악의 학습결과를 설명하게 하며, 교실붕괴에 대한 효과적인 반응과 비효과적인 반응을 설명하게 함으로써 학급지침을 확립하고 학업에 몰입하게 한다.

최고와 최악의 결과를 기술하기

학생들이 새로운 학년이 되었을 때는, 초등이든 중등이든 고등학교든 그들은 지금까지의 느낌과 경험을 가지고 온다. 최고와 최악의 결과라는 말은 Bob Chadwick(1999)가 말하는 학생들 간의 학업에서 갈등과 일치에 기초를 두고 있다.

첫째, 학생들에게 자기가 과목이나 학점을 취득하는 데 있어서 어떤 최악의 결과가 나올 수 있는지를 설명해보도록 한다. 이렇게 함으로써 학습을 시작하면서 학생들이 가지고 있는 어떤 두려움이나 부정적인 선입관을 끌어낼 수 있다. 그렇게 함으로써 교사들은 학생들이 1차 학습에 영향을 받은 상황에 적절히 대처할 수 있다. 이러한 공포는 학습을 시작하기도 전에 스트레스를 유발할 수 있다. 이렇게 파악된 정보를 가지고 교사는 그러한 공포를 완화하는 방법을 계획할 수 있다.

다음으로, 학생들에게 최고의 결과가 나올 수 있는 가능성을 설명한다. 이때 학생들의 마음속에 성공적인 학습에 다다르기 위한 기대와 바람을 명확하게 진술한다. 이어 교사들은 실제로 최고의 학습결과가 나올 수 있도록 하는 행동들을 설명한다. 이런 활동은 서로의 관계를 형성하여 학습 분위기를 높여준다.

학생들은 일련의 최악-최고의 결과에 대해 메모카드나 편지 형태로 답할 수 있다. 메모카드는 학생들이 그들의 생각을 간결하게 메모하여 소집단에서 의견을 나누는 것을 용이하게 해준다(그림 2.7 참조). (개발한 질문지가 74쪽에 있다.)

---

1. _____을 수행하면서 나올 수 있는 최악의 결과는 무엇인가?
2. _____을 수행하면서 나올 수 있는 최고의 결과는 무엇인가?
3. 최고의 학습결과를 얻기 위해 학생이 행할 수 있는 최고의 계획은 무엇인가?
4. 최고의 학습결과를 얻기 위해 동료학생이 해줄 수 있는 것은 무엇인가?
5. 최고의 학습결과를 얻기 위해 교사가 해줄 수 있는 것은 무엇인가?
6. 이러한 정보를 바탕으로, 학생들이 학습공동체를 만드는 데 필요한 기대와 규칙은 어떤 것이 있겠는가?

그림 2.7 최고와 최악의 학습결과 질문 순서 예시

빈번한 교실붕괴에 대해 대응하기

교실붕괴는 예기치 못하게 일어난다. 효과적인 교사는 교실붕괴 상황을 가능한 한 빨리 감지하고 이에 대처하며, 학생들이 학급활동에 계속 몰입하도록 동기를 부여한다(Marzano, 2007). 〈표 2.4〉는 학생

들이 제정된 규칙에 따르지 않거나 교실에서 적절치 못한 행동을 보일 때 교사의 효과적인 반응과 교사의 비효과적인 반응을 제시하고 있다. 교사의 효과적인 반응, 비효과적인 반응 그리고 긍정적 강화를 비교하여 살펴본다. 교사가 적절치 못한 행동에 대해 취할 수 있는 행동과 전략을 고려해 보기 바란다.

표 2.4 ●● 학생들의 잘못된 행동에 대한 교사의 효과적 · 비효과적 반응행동

적절치 못한 행동의 예	교사의 비효과적인 반응행동	교사의 효과적인 반응행동	긍정적인 강화
학생들이 교실 안을 뛰어다님	"너 잘 알 텐데! 뛰지 마!" **결과**: 학생이 위축되고 부끄러워하게 된다.	"교실에서는 걸어 다녀야지. 기억해봐요." "교실에서 뛰는 학생이 있네요?" **결과**: 학생들은 규칙을 기억해서 어떻게 할지를 알게 된다. 특히 선생님의 반응 후에 적절한 행동을 모방학습하게 된다.	학생이 교실에서 걸어갈 때 학생들 앞에서 칭찬을 해준다. "네가 교실에서 걸어갈 때 나는 참 기분이 좋고 자랑스러웠어."
학생들이 너무 시끄러움	"큰 소리로 말하지 말아요." **결과**: 학생들은 그것을 "내가 행동하는 것처럼 하지 말고, 내가 말하는 것처럼 해."라는 메시지로 받아들인다.	"소곤소곤 얘기하는 거 기억해봐요!" "실내에서는 조용히 어떠한 목소리로 말하지요?" "큰 소리가 들리네요." **결과**: 학생들은 규율을 상기하여 어떻게 행동할지를 알게 된다.	학생들이 적당한 크기로 말을 할 때 구체적으로 칭찬을 해준다. "너는 소곤소곤 목소리로 아주 잘 말을 할 줄 아는구나. 그렇게 하면 공부를 재미있게 잘할 수 있어."
책이나 학습자료를 사물함에 그냥 놓고 왔음	"사물함에 가서 그거 가지고 오세요." **결과**: 학생은 수업의 일부를 결손하게 되고, 학습의 맥락이 끊긴다.(학생들은 가끔 이 기회를 활용하여 밖으로 나가기도 한다.)	"친구한테 빌리거나 복사를 하고, 친구와 함께 보고 함께 사용해." **결과**: 학습에 대한 초점이 남아있고, 단지 시간과 에너지를 낭비하는 변명으로 주위를 산만하게 하지 않는다.	학생에게 다음에는 꼭 가져오도록 한다. "나는 네가 잊지 않고 자료를 챙겨올 때가 참 좋아."

(계속)

적절치 못한 행동의 예	교사의 비효과적인 반응행동	교사의 효과적인 반응행동	긍정적인 강화
강의 시간에 교사가 집중해서 설명하거나 활동할 때와 같이 학생들이 잡담해선 안 될 시간에 잡담할 경우	"조용히 해요." **결과** : 학급 전체가 학습과제나 학습주제에서 빗나가게 된다. 교실에서의 흐름과 에너지가 기대행동이 아닌 부정적인 행동으로 쏠리게 된다.	"내가 방금 말한 거 요점만 말해보세요." "지금 공부한 거 예를 한번 제시해보세요." "노트에 문제 2개를 적고, 친구들과 이야기를 나누어보세요." **결과** : 학생들은 무엇을 잊어버려서 생각이 안 나거나 혼란을 느낄 때 옆 사람과 말을 하게 된다. 모든 학생이 학습내용에 참여하여 옆 사람과 이야기를 반성하는 기회로 삼는다.	동의가 안 되는 말을 동료가 해도 동료에게 존중하는 반응을 하도록 가르친다. "친구의 이야기를 잘 듣고 의견을 나누어보세요." 동료에 대해 이러한 존중하는 반영은 학급에 중요한 공헌을 하는 데 강화가 된다.
학생들에게 어떤 사건에 강한 정서적 행동을 취함(예를 들면 궐기대회, 공휴일, 나쁜 소식, 싸움 같은 학급에서 탈선가능성이 있는 행동)	학생의 행동을 무시한다. **결과** : 학생들의 마음에 안 좋은 생각을 하게 하여 학급의 주위를 산만하게 한다. "보세요. 지금은 수업시간이야. 그건 학급에 들어오기 전의 행동이지. 바르게 해보세요." **결과** : 선생님은 학생의 슬프고, 화가 나고, 해치고자 하는 감정을 버리려고 말을 했으나, 학생의 마음은 편안하지 않고, 학급에 참여하지 않는다.	"괜찮아요?" **결과** : 학생은 감정을 누그러뜨릴 수 있고 교사와 관계를 잘 맺을 수 있다. "지금 기분이 어때요? 자신의 생각을 친구들과 나누어보세요." **결과** : 비록 외관상이지만 학생들의 마음속에서 심각하지 않은 문제로 감정이 누그러진다. 학생들의 감정을 존중해 주면 문제가 더 이상 커지지 않고, 과제를 하지 않고 중지한 상태에서 마음을 바꾸게 된다.	학생들의 정서와 감정을 표출할 수 있는 분위기를 허용하고, 그들과 신뢰를 형성하고, 의사소통의 장을 열라. 학생들에게 어떠한 경험도 OK라는 것을 보여주라. 학생들과 이야기를 하고 실제 이야기를 허용함으로써 학생들의 안정수준을 강화하라.

(계속)

적절치 못한 행동의 예	교사의 비효과적인 반응행동	교사의 효과적인 반응행동	긍정적인 강화
선생님이 학생에게 말하고 나자 학생이 어깨를 으쓱하며 "저는 모릅니다."라고 말하는 행동	"그래, 너 규칙 알지? 다른 사람한테 물어봐." **결과** : 선생님의 성급하고 무시하는 어조가 학생의 감정을 상하게 한다.	"잘 모르면 조금만 말해도 돼요. 다른 사람한테 물어보세요." **결과** : 제정된 규칙이나 절차에 대해 선생님이 조용하게 다시 설명해줌으로써 학생을 격려해준다. "네가 만일 안다면 뭐라고 말하겠니?" **결과** : 선생님의 추가적인 질문은 학생으로 하여금 자신의 반응을 생각하게 한다.	생각을 정리하는 시간을 갖는 것은 그것도 배우는 기회이기 때문에 생각을 정리하는 시간을 주고 수용 가능함을 확고히 하라. "그 질문에 어떻게 답할지를 적어보세요. 그리고 그것을 친구에게 말하고, 가능한 대답을 친구와 함께 나누어보세요."라고 지도하라. 그런 후에 학생을 다시 부른다. 학생에게 왜 "나는 모릅니다."라고 말했는지를 돌이켜보게 하고 이유를 물어본다. "나는 모릅니다."라고 말한 순간이 학습의 순간으로 변하게 될 때 격려하고 축하하라.
교사의 질문에 대해 학생이 일부분만 대답할 때	"너는 네가 지금 말한 것보다 좀 더 많이 알고 있어. 너도 알 거야. 좀 더 설명해봐." **결과** : 교사의 불만적이고 성급한 어조가 학생의 감정을 상하게 한다.	"파트너한테 가서 그 질문에 대한 생각을 함께 적어보세요." **결과** : 학급 학생들은 적절한 반응을 구성하기 위하여 함께 활동한다. 탐색 질문을 하거나 올바른 반응을 유발하도록 돕는 어떤 사건을 학생이 상기하게 된다.	학생이 더 효과적인 반응을 하도록 대답을 모방하도록 하거나 구체적인 언급을 해준다.

이 표를 복사하여 사용하려면 go.solution-tree.com/instruction을 방문하기 바람.

제2장	캠프파이어 토크

이 장에서는 교실공동체를 구축하는 방향에 대하여 서술하였다. 우호적인 학습환경을 만드는 일에 대한 교사 자신의 이해, 수용 그리고 경험을 생각해보자. 당신의 소속 연구회, 교과 모임, 동학년 모임, 혹은 전체 교직원 모임에서 다음과 같은 질문과 활동에 대해서 토의해보라.

1. 당신 동료들의 아이디어와 경험을 이용해보라. 당신의 현재 활동을 다음과 같은 질문과 연결하여 논의해보기 바란다.
   - 당신은 요즘 당신의 학생들에 관한 것들을 알기 위하여 어떤 전략이나 활동을 이용하는가?
   - 학생들에게 선택하도록 할 때 어떤 효과적인 방법을 쓰는가?
   - 교사와 학생의 관계증진을 위해서 학생들과 함께 어떤 활동을 하는가?
   - 협동학습을 하도록 하거나 다른 집단과제를 부과할 때 가장 좋은 아이디어나 요령은 무엇인가?
   - 서로 수용하고 존중하는 학교문화를 증진하기 위하여 어떠한 목표를 설정할 수 있는가?

2. 학생들을 관리하는 데 필요한 재미있는 조사나 연구주제를 창안하기 위해 동료 구성원들과 활동을 하기 바란다.

3. 문화와 더 관련성 있는 교육과정을 만들 수 있는 문화적인 공헌들을 브레인스토밍한다.
   - 학습 단원에 맞는 학습목적이나 목표를 구체화한다.
   - 학습 단원의 포커스나 주제를 결정한다.
   - 현재 공부하는 학습주제에 참여시키는 문화적으로 다양한 학생들의 공헌에 대하여 연구한다.
   - 그러한 예를 적절한 학습 단원에서 도입한다.

4. 학생들의 동기를 계속해서 유발할 수 있는 방법을 찾고, 그것을 진단하는 계획을 세우라. 그리고 교실에서 학습공동체를 구축하는 데 있어서 개별적인 동기유발이 안 되는 학생의 욕구가 무엇인지를 접근하는 계획을 세운다.

5. 교직원과 교사 간의 관계를 형성하는 전략과 방법에 대하여 논의한다. 교직원끼리 사적으로 공유하는 시간을 잘 계획하여 서로 친밀한 관계가 되도록 한다. 교직원 간에 더욱 가까워지는 비결을 알게 해주고 상호 존중하여 팀을 결속시키라. 이러한 대화를 이끌기 위해 다음 질문에 대하여 생각해보자.
   - 당신은 무엇을, 누구를 교육에 투입했는가?
   - 당신이 학생들과 함께 성공했던 계기는 무엇인가?
   - 당신의 동료와 함께 일하면서 가장 기분이 안 좋았고 불쾌했던 것은 무엇인가? 학생과 함께했을 때는? 일반적으로는?
   - 당신의 학급에서 당황스럽거나 기억에 남는 순간이 있었는가?
   - 학교에 있는 동안 당신의 경험은 어떠했는가?

학생의 동기유발 계획

전략	동기유발이 안 되어 동기유발전략이 필요한 학생 이름 적기	학생들이 입고 있는 의상 설명하기	관찰가능한 행동, 습관, 특성 목록화하기	욕구파악을 할 수 있는 행동 개발하기	시행에 대하여 평가하고 반성하기	기타 사항
1. 학생들의 흥미, 인성, 신념을 이해하라. (25쪽)						
2. 학생들이 가장 잘 학습하는 방법을 찾으라. (31쪽)						
3. 문화적 감수성을 지니라. (39쪽)						
4. 교사와 학생 간, 학생 상호 간의 관계를 형성하라. (46쪽)						
5. 명확한 규칙과 기대행동을 설정하라. (53쪽)						

교사의 개인적 특성에 관한 질문

지시 : 당신의 인성, 흥미, 학교에서의 습관에 대한 다음 질문에 답하라.

인성에 관한 질문 : 무엇이 당신을 움직이게 하는가?

1. 당신을 행복하게 하는 것은 무엇인가? 이유는?
2. 당신을 슬프게 하는 것은 무엇인가? 이유는?
3. 당신을 화나게 하는 것은 무엇인가? 이유는?
4. 당신의 삶 속에서 중요한 것은 무엇인가? 이유는?
5. 당신의 삶 속에서 중요하지 않은 것은 무엇인가? 이유는?
6. 언제 다른 사람들이 당신을 행복하게 하는가? 이유는?
7. 언제 다른 사람들이 당신을 화나게 하는가? 이유는?
8. 당신이 싫어하는 것은 무엇인가? 이유는?
9. 당신이 좋아하는 것은 무엇인가? 이유는?
10. 당신은 언제 가장 만족하는가? 이유는?
11. 누가 당신을 존경하는가? 이유는?
12. 당신의 롤 모델은 누구인가? 이유는?
13. 당신은 누구처럼 되고 싶은가? 이유는?
14. 당신은 언제 편안한가? 이유는?
15. 당신의 꿈이 있다면 무엇을 바라는가? 왜 그것을 바라는가?
16. 당신이 한 가지만 바꿀 수 있다면 무엇을 바꾸고 싶은가? 이유는?
17. 어떻게 당신이 그것을 바꿀 수 있는가?

흥미에 관한 질문 : 당신의 보트는 무엇으로 뜨게 하는가?

1. 당신이 가장 좋아하는 것은 무엇인가? 이유는?
2. 당신은 어디에 가장 머물고 싶은가? 이유는?
3. 시간이 남을 때 당신은 무엇을 하는가? 이유는?
4. 당신은 누구와 함께 있으면 좋은가? 이유는?
5. 당신은 누구를 롤 모델로 삼는가? 이유는?
6. 당신은 누구와 대화를 할 수 있는가? 이유는?
7. 당신은 문제가 생길 때 누구한테 가는가?
8. 누가 당신을 가장 잘 도와주는가? 어떻게 도와주는가?
9. 당신의 절친은 누구인가? 왜 그와 친한가?

10. 당신은 학교 퇴근 후에 무엇을 하는가?
11. 당신은 언제 가장 행복한가?
12. 당신은 언제 가장 화가 나는가?
13. 당신이 가장 존경하는 영웅은 누구인가? 이유는?
14. 집에서 당신의 기호는 무엇인가?
15. 당신은 주말에 무엇을 하는가?

학교에서 연구하고 공부하는 습관에 관한 질문 : 무엇이 당신의 두뇌를 만드는가?

1. 학교에서 일을 하거나 당신의 직업을 수행할 때 언제 가장 행복한가? 이유는?
2. 학교에서 일을 하거나 당신의 직업을 수행할 때 언제 가장 불행한가? 이유는?
3. 학교 가는 날 당신이 가장 좋아하는 시간이나 부분은? 이유는?
4. 당신은 어느 학급이 가장 다루기 힘든가? 이유는?
5. 학교에서 활동할 때 당신의 가장 큰 후원자는 누구인가? 이유는?
6. 무엇이 당신으로 하여금 여기에 있도록 동기유발하는가? 이유는?
7. 소음 있거나 조용할 때도 당신은 집중하는가?
8. 무엇이 혹은 누가 당신의 학습을 가장 잘 도와주는가?
9. 당신은 학습을 통하여 무엇을 획득하는가?
10. 당신이 연구하는 데 가장 선호하는 장소는 어디인가?
11. 당신은 집에서 컴퓨터를 하는가? 아니면 어디에서 컴퓨터를 사용하는가?
12. 학교에서 당신의 감정과 기분은 어떠한가? 이유는?
13. 당신은 무엇이 되기를 바라는가?
14. 당신은 무엇 하기를 더욱 바라는가?
15. 당신은 무엇에 관해 어떤 느낌을 가지는가? 이유는?
16. 학교에서 무엇이 가장 공포스러운가?
17. 학교에서 당신이 가장 원하는 바람은 무엇인가?

학습방법에 대한 평가

지시 : 각각의 활동에 대해, 활동을 얼마나 좋아하는지와 학습활동이 얼마나 이해를 도와주는지에 대해 평가해보라.

이 활동을 얼마나 좋아하는가?					이 학습활동이 무엇을 이해하려고 할 때 얼마나 자주 도움이 되는가?				
매우 좋아함	좋아함	보통	싫어함	매우 싫어함	항상	가끔	보통	드물게	전혀 아님
노트 정리하기									
5	4	3	2	1	5	4	3	2	1
요약하기									
5	4	3	2	1	5	4	3	2	1
교과서나 기사의 주제 읽기									
5	4	3	2	1	5	4	3	2	1
교과 내용 관련 게임하기									
5	4	3	2	1	5	4	3	2	1
교실에서 친구나 짝과 대화하기									
5	4	3	2	1	5	4	3	2	1
소집단 활동하기									
5	4	3	2	1	5	4	3	2	1
자신의 말로 주제에 대해 쓰기									
5	4	3	2	1	5	4	3	2	1
기억을 돕기 위해 그림 그리기									
5	4	3	2	1	5	4	3	2	1
교사와 일대일로 또는 소집단에서 개념을 설명하기 위한 시간을 갖기									
5	4	3	2	1	5	4	3	2	1
학급 전체에서 교사의 설명 듣기									
5	4	3	2	1	5	4	3	2	1
기타 : _____									
5	4	3	2	1	5	4	3	2	1

자신의 능력 탐구하기

지시 : 각 항목을 읽고 선호하는 모든 항목에 체크하라.

언어적 지능 : 나는 단어에 관한 모든 것이 좋아!	
☐ 나는 읽기와 쓰기를 유창하게 한다.	☐ 나는 쓸 때 단어를 쉽게 이용한다.
☐ 나는 쓰기와 이야기 만들기를 좋아한다.	☐ 나는 철자를 잘 쓴다.
☐ 나는 읽기를 즐긴다.	☐ 나는 토론과 대화를 자주 한다.
☐ 나는 사람과 말할 때 단어를 쉽게 이용한다.	☐ 나는 수업에서 집단에 아이디어를 자주 제시한다.
논리/수학적 지능 : 나는 수가 좋아!	
☐ 나는 수로 된 문제해결을 즐긴다.	☐ 나는 패턴을 잘 찾는다.
☐ 수학 시간은 종종 내가 좋아하는 시간이다.	☐ 나는 순서와 단계에 따라 문제를 해결한다.
☐ 나는 논리적으로 생각한다.	☐ 나는 물건을 조립할 때 지시문 읽기를 좋아한다.
☐ 나는 두뇌 훈련을 위해 퍼즐과 게임을 즐긴다.	☐ 나는 다음 수업 시간에 무엇을 해야 하는지 궁금하다.
대인관계 지능 : 나는 사람에 관한 모든 것이 좋아!	
☐ 나는 집단 활동을 통해 배운다.	☐ 나는 짝 또는 집단과 공부하면서 배운다.
☐ 나는 다른 사람과 브레인스토밍을 통해 아이디어를 얻는다.	☐ 나는 팀 구성원이 되는 것을 좋아한다.
☐ 나는 해결해야 할 문제가 생기면 친구, 가족, 믿을 만한 어른에게 도움을 청한다.	☐ 나는 다른 사람과 함께하는 것을 강조한다.
☐ 나는 협동학습활동을 즐긴다.	
음악적 지능 : 나는 노래와 춤을 좋아해!	
☐ 나는 어려운 내용을 리듬으로 나타내면서 배운다.	☐ 소음과 소리는 내가 있었던 장소를 확인하도록 돕는다. 예컨대 종이 울리면 박람회에서의 게임이 떠오른다.
☐ 나는 음악 듣기, 악기 연주하기, 합창하기와 같은 음악 활동에 몰입한다.	☐ 나는 노래를 많이 알고 있다.
☐ 나는 콧노래나 노래를 많이 한다.	☐ 나는 좋아하는 유형의 음악이 있다.

(계속)

☐ 나는 소음이 들려도 공부를 잘한다.	☐ 나는 교사가 주제를 설명할 때 들으면 정보가 잘 기억된다.

개인이해 지능 : 나는 독립적인 활동을 즐겨!

☐ 나는 혼자 활동할 필요가 있다.	☐ 나는 내가 잘하는 것과 활동에 필요한 것을 쉽게 설명할 수 있다.
☐ 나는 저널, 일지, 일기 쓰기를 즐긴다.	☐ 나는 독립적인 과제를 좋아한다.
☐ 나는 큰 소리로 말하기 전에 생각할 시간이 필요하다.	☐ 나는 수첩을 이용한다.
☐ 나는 개인 시간을 즐긴다.	☐ 나는 나 스스로 의사결정한다.

시각/공간적 지능 : 나에게 그림을 보여주세요!

☐ 나는 정보를 볼 필요가 있다.	☐ 나는 시각적 도해를 좋아한다.
☐ 나는 머릿속으로 그림을 시각화한다.	☐ 나는 낙서를 좋아한다.
☐ 나는 정보를 잘 이해하기 위해 그래프와 그림을 연구한다.	☐ 나는 색을 잘 맞춘다.
☐ 나는 경험을 시각적으로 회상할 수 있다.	☐ 나는 예술을 좋아하고 다양한 매체를 접한다.

신체/운동적 지능 : 나는 움직이는 것을 좋아해!

☐ 앉기, 서기, 점핑 등 나는 다양한 운동이 필요하다.	☐ 나는 스포츠에 몰입하는 편이다.
☐ 조작물은 나의 학습을 돕는다.	☐ 나는 생동감 있는 활동을 통해 배운다.
☐ 나는 역할놀이와 활동하기를 즐긴다.	☐ 나는 너무 오래 앉아 있으면 교사가 무슨 말을 하는지 주의를 기울일 수 없다.
☐ 나는 춤추기를 좋아한다.	☐ 나는 나 자신을 표현하기 위해 그리기, 조각하기를 좋아한다.

자연주의 지능 : 환경을 위해 활동해요!

☐ 나는 과학, 특히 지구에 관한 학습을 즐긴다.	☐ 나는 무엇인가를 키우는 것을 좋아한다.
☐ 나는 야생에서 생존하기 위해 필요한 것을 안다.	☐ 나는 야외에서의 활동을 즐긴다.
☐ 나는 다양한 환경과 상황에 적응한다.	☐ 나는 사물을 탐구하는 것을 좋아한다.
☐ 나는 애완동물을 돌보고 함께 있는 것을 즐긴다.	☐ 나는 다른 문화의 연구를 즐긴다.

학생들의 성취를 축하해주자!

학생들의 내면세계를 보여주는 학습활동, 질 높은 대화, 질 높은 활동을 사진으로 찍으라. 1년 동안 그 사진을 상자에 모아서 그들의 학업성취를 알려주고 칭찬해준다.

학생들이 훌륭하게 대화를 한다!	학생들이 중요한 작품을 산출한다!
학생들이 학습하기를 열망한다!	학생들이 서로 신뢰한다!

주사위 활동

주제나 사건, 혹은 인물이나 개념을 설명하고 다음의 표에 따라 학생들과 함께 질문과 대답을 하도록 한다.

주제 : _____

질 문	학생의 대답
무슨 일이 생겼는가?	
언제 그 사건이 생겼는가?	
거기에 누가 있었는가?	
그 일은 왜 중요한가?	
그것은 그 당시 사람들의 삶에 어떤 영향을 주었는가?	
그것이 오늘날 우리에게 주는 시사점은 무엇인가?	

지시 : 다음 그림대로 자르고, 접어서 풀로 붙이라.

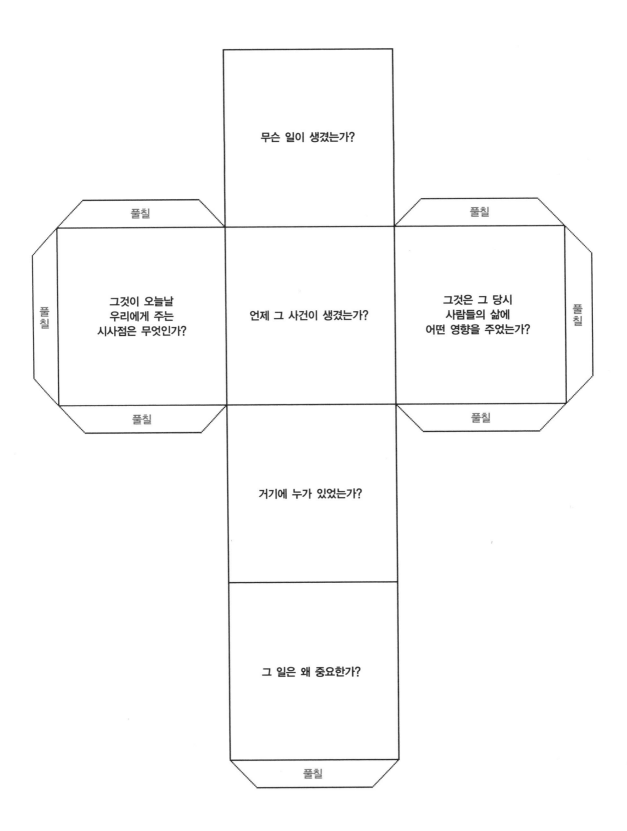

백지 주사위

지시 : 주사위 활동을 하기 위해 당신의 질문을 쓰라. 종이로 접은 주사위를 만들기 위해 백지 주사위를 활용하고, 6개의 상자에 질문을 적으라. 가위로 오리고, 접어서 풀로 붙이라.

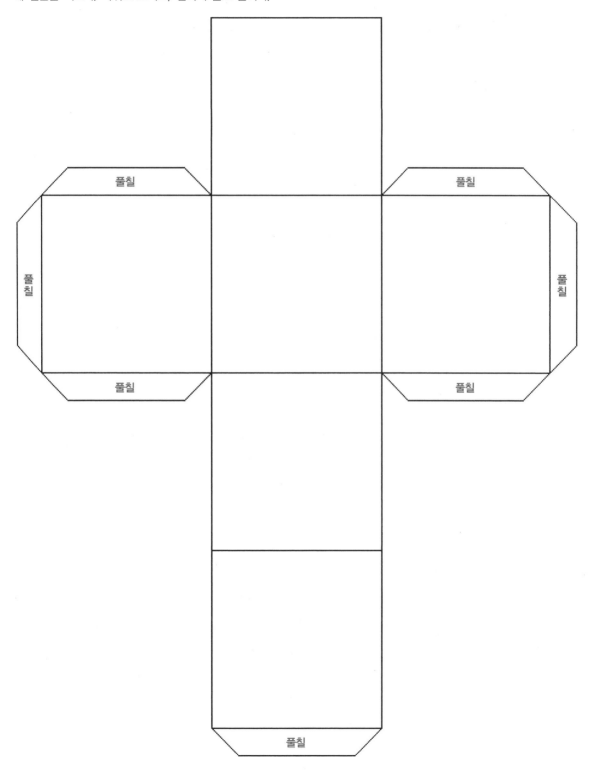

최고와 최악의 학습결과 질문 순서

지시 : 이 과제를 수행하면서 나올 수 있는 최악의 결과를 설명하라. 그런 후에 이 과제를 수행하면서 나올 수 있는 최고의 결과를 설명하라. 마지막으로 이 과제를 수행하면서 실제로 최고의 결과를 가져올 수 있는 행동을 설명하라.

1. _____을 수행하면서 나올 수 있는 최악의 결과는 무엇인가?

2. _____을 수행하면서 나올 수 있는 최고의 결과는 무엇인가?

3. 최고의 학습결과를 얻기 위해 학생이 행할 수 있는 최고의 계획은 무엇인가?

4. 최고의 학습결과를 얻기 위해 동료학생이 해줄 수 있는 것은 무엇인가?

5. 최고의 학습결과를 얻기 위해 교사가 해줄 수 있는 것은 무엇인가?

6. 이러한 정보를 바탕으로, 학생들이 학습공동체를 만드는 데 필요한 기대와 규칙은 어떤 것이 있겠는가?

학습에 대한 기술과 계획

독립전쟁에 대한 학생들의 총괄평가 결과가 좋지 못하자 좌절한 교사 크레이튼은 학생의 이해를 도와줄 새로운 방법을 찾고 있었다. 학생들이 그해의 성취목표를 달성하도록 해야 한다는 엄청난 압박 아래, 크레이튼과 동료 교사들은 새로운 방법 찾기에 매우 열심이었다. 그럼에도 불구하고 그의 학생 중 상당수가 단원 평가에서 합격하지 못하자, 크레이튼은 학생들과 마찬가지로 매우 실망하였다.

단원 평가가 끝난 후에, 시험 문항의 대부분이 독립전쟁이 발발한 원인을 찾거나 식민지국가들이 독립을 위해 투쟁한 원인과 방법을 설명하는 지식과 회상의 저수준임을 알게 되었다. 수업 중 장시간에 걸쳐 각각의 그 주제들에 대해 토론을 했었고 객관식 시험과 주관식 단답형으로 그 내용을 얼마나 기억하고 있는지를 평가하고자 하였다. 그 시험 문제는 학생들에게 있어서 제시된 모든 개념에 대한 수업(강의와 토론) 내용을 활용하여 최선을 다해 풀어야 하는 그런 것이어야 했다.

큰 기대를 가지고 학습에 대해 정의를 내리는 것에 대한 교원연수를 들은 크레이튼은 학생들이 특정한 상황을 예상하여 법칙이 어떻게 적용되는지를 심사숙고해야 하는 훨씬 고수준의 다음 시험을 구상했다. 몇몇 문제는 정부 부서와 그 역할을 알아보는 간단한 것이었지만, 대다수의 문제는 실제 상황에서 각각의 부서가 작용하는 것에 대해 학생들이 토론을 해야 하는 것과 같은 훨씬 복잡한 작업을 포함하고 있었다.

학생들이 지난 시험에 실패했던 것을 고려하며, 크레이튼은 고수준 사고에도 연습이 필요하다는 것을 인식했다. 그리하여 그는 학생들이 무엇을 이해하고 무엇을 이해하지 못하는지를 알기 위해 학습과정 중의 **확인 절차(check-in)**를 계획했다. 크레이튼은 학생들이 고수준의 사고기능과 추론을 연습할 수 있게 하기 위해 그것을 사용하여 수행해야 하는 형성평가를 더욱 자주 활용하였다.

드디어 시험일이 되었다. 결과는 흥미롭고 고무적이었다. 학생들은 지난번보다 높은 점수를 받았다. 그들은 예전 시험보다 더 어렵고 복잡한 이번 시험에서 더 큰 성공을 거둔 것이다. 학생들 사이에서의 자부심과 흥분은 그들이 더욱 깊은 사고를 하게 하는 기폭제가 되었다.

이 연구결과는 매우 주목할 만하며 의심의 여지 없이 일관성을 유지한다. 학생에 대한 높은 기대는 향상된 학업성취를 창출한다(Reeves, 2007; Weinstein, 2002). 모든 학생에게 높은 기대를 갖는 것이 무척 어려운 일이긴 하지만, 전문가들의 경험과 연구결과에 따르면 모든 학생이 예외 없이 더 많이 성취하길 원하는 교사에게 그것은 필수적인 일이다.

말이 안 되는 것처럼 보이겠지만, 기를 쓰고 공부하는 학생들은 학습과 경험 또는 수업활동을 서로 연관 짓지 못하는 경우가 많다. 만약 그들이 각각의 기능만을 계속 학습한다면, 배웠던 기능을 어떻게 더 큰 사고과정에 연결시키는지에 대한 방법을 놓치게 될 수도 있다. 예를 들어, 학생들이 "분수의 덧셈을 어떻게 하는지를 내가 왜 알아야 하지?"라는 의문을 가지게 되었을 때를 생각해보자. 그 목적은 단순한 계산이 아니라 문제를 해결하고 연관성을 짓기 위해 필요한 기능을 습득하는 것이다. 이 장의 서두에서 크레이튼의 사회과 수업에 대한 짤막한 글에서 보았듯이, 실제 상황은 학생들의 이해를 돕는다. 학생들은 실제 시나리오에서 정부 부서의 일을 적용시켜보았을 때 비로소 각 부서의 역할을 제대로 이해할 수 있었다.

Jensen과 Nickelsen(2008)은 그들의 저서 **심층적 학습**(*Deeper Learning*)에서 학습을 "뇌 기억에서의 지식과 기능, 태도 그리고 정신적 연관성을 습득하는 과정"이라고 기술했다(p.7). 이 과정은 교실수업과 평가 그리고 학습에 있어서의 핵심이다. 교사들이 지식과 기능, 태도를 기술하고 그것들을 학습 계획의 기초로서 활용하고자 할 때 학생들은 연관성을 만들고 더 많이 학습하게 된다.

커다란 사고(big ideas)에는 열정과 흥미 그리고 연관성이 존재한다. 만약 존재하지 않는다면, 우리는 그것들을 가르쳐서는 안 된다! 학생들 앞에서 커다란 사고와 관련성을 유지하여, 각각의 부분이 전체 그림에 어떻게 들어맞는지 그들이 볼 수 있도록 해야 한다.

때때로 학생들이 학습과정에 몰두하지 않거나 참여하지 않을 수도 있다. 왜냐하면 그들이 무엇을 학습했는지 이해하지 못했거나 왜 그것이 중요한지를 모르기 때문이다. 일반적으로, 학습자들이 너무 쉽거나 너무 어려운 과제를 받았을 때 '학습 의욕상실(learner shut down)'상태가 될 수 있다. 이미 예전에 배웠거나 해봤던 과제를 보았을 때 학생들은 지루함을 느끼고 학습하지 않으려 하는 행동을 종종 취하게 된다. 학생들은 그들의 도전 의식을 자극할 만한 문제를 부여받을 필요가 있다. 이에 따라, 학생들의 개인적 학습 향상을 알아내기 위해 학생들의 학습 전 상태와 학습 중 상태를 확인하는 과정은 필수적이다. 형성평가 자료에 근거한 학습목표를 이미 알고 있는 학생들에게는 보다 도전의식을 불러일으키는 과제가 필요하다.

과제가 너무 어려울 경우 몇몇 학생들은 좌절할 수도 있다. 그 학생들에게는 모르는 상황에서 계속 당황하고 있는 것보다 차라리 과제를 그만두는 것이 더 효과적이다. 좌절은 분노와 불안, 패배감을 야기하고 자신감을 잃게 하여 학생들이 과제를 완수할 수 없게 만든다. 앞서 언급하였듯, 진단평가나 형성평가는 학생들이 무엇을 알고 있는지, 학생들이 무엇을 학습해야 할지에 대한 정보를 제공한다. 어찌할 바를 모르거나 혼란스러운 학생에게는, 그들이 감당할 수 있으면서 학생의 흥미를 자극하고 지식을 형성해줄 수 있는 작은 단위로 과제를 나누어 제시해주어야 한다.

학습문화를 형성하는 것은 많은 일을 필요로 하는 어려운 작업일 수 있다. 앞서 제2장에서 학생들의 관심사와 학습유형, 학습전략을 파악하고 학생 문화에 반응하며 관계를 형성하고 그들에 대한 정확한 기대와 방향을 정립함으로써 교실 학습공동체를 위한 기초를 형성하는 것의 핵심 측면을 기술한 바 있다. 학습공동체는 이런 행동들에 의해 유지된다. 이 장에서는 그러한 토대를 형성하고 학생들이 교실 학습공동체 안에서 학습에 더욱 몰두할 수 있도록 하는 학습환경을 형성하는 것을 도와줄 전략과 활동을 제시한다.

교사들은 명확한 학습목표를 얻기 위해 다양한 방법을 사용한다. 이러한 학습목표들은 기준(standards)으로부터 오는 경우가 많다. 학습을 이끌어줄 과정을 사용하여 교사들은 학습목표를 찾기 위해 기준을 분석하여 나눈다. 이 절차를 수행하기 위한 몇 가지 지침이 있다. 전략 6에서는 Ainsworth(2003a; 2003b)의 개방 절차(unwrapping process)와 Stiggins 등(2005)의 기준을 나누고 학습자친화적 학습목표에 대해 서술한 연구의 영향을 받은 절차를 기술한다.

이 장에서는 단순한 학습목표와 복합적인 학습목표를 기술하여 교사를 인도할 전략을 제시한다. 교사는 먼저 가장 주목할 만한 큰 아이디어를 찾기 위해 복잡한 학습목표를 검토한다. 그러고 나서 학생들이 형성평가를 준비하고 연습해보도록 도와주고, 학생들의 총괄평가에 대한 성취를 반영하여 형성평가를 계획한다. 학습에 대한 명확한 기술과 잘 계획된 평가는 학생들의 학습을 고취시키는 기초를 제공하는 역할을 한다.

> **전략 6** : 학습을 명료화하라
> **전략 7** : 평가가 수반된 수업을 실시하라
> **전략 8** : 도전적인 학습기회를 제공하라
> **전략 9** : 관련성을 지으라
> **전략 10** : 준거와 활동을 함께 만들라

전략 6 : 학습을 명료화하라

Jay McTighe는 "연구와 경험은 우리 직업에서 당연한 것을 강조한다. 모든 연령대의 학습자들은 명확하고 가치 있는 학습목표를 인지할 때 그들의 노력에 더 집중하려는 경향이 있다. 반대로 말해, 학습목표가 명확하지 않거나 학생들의 삶과 동떨어져 있다면 학생들이 최선을 다할 가능성은 현저히 낮아진다"(2010, p.283). 학생들이 그들이 성취해야 할 것이 무엇인지를 명확히 인지할 때 성공가도가 열릴 것이다! 교사는 학생들의 길을 밝혀줄 수업과 평가를 구성해야 한다. 학생들의 학습동기를 자극하는 것은 길을 닦아줌으로써 시작된다.

학습에 대한 기술 : 세 단계 절차

Marzano(2003)는 일반적인 학교생활에서 주어진 모든 성취기준에 학생들이 도달하기까지 얼마나 시간이 걸리는지에 대해 조사한 연구에서 발견한 점을 발표했다. 연구의 끝 무렵에, 연구자들은 평균적 기준의 숙달이 K-12 교육경험을 만들었다는 것을 추론해냈다. 이것은 가르치기에 너무 벅찬 양이고, K-12단계의 학생들이 성취하기에 너무 많은 양이다. 그러므로 학생들이 학습을 명료화하는 첫 번째 단계는 기준의 우선순위를 매기는 것이다. 많은 전문가들은 이 작업을 수행할 절차를 제공해왔다. Doug Reeves(2001)는 어떤 기준이 가장 필수적인지를 정립하는 데 관한 세 가지 영역을 기술했다. 즉 준비정도, 인내심, 영향력이다. Grant Wiggins와 Jay McTighe(1998)는 교사들이 가장 필수적인 것, 중요한 내용, 알아두면 좋을 내용, 이렇게 세 가지로 그들의 기준을 범주화해야 한다는 주장을 지지했다. 다음의 세 가지 단계는 교사―개인 혹은 단체―에게 간단하고도 의미 있는 절차를 제공해줄 것이다. (1) 기준에 우선순위 부여하기, (2) 학습목표를 확인하기 위해 기준 분석하기, (3) 학습자친화적 학습목표 기술하기.

기준에 우선순위 부여하기

우리는 이 기준들을 Reeves(2001)와 Ainsworth(2003b)가 우선순위로 정의한 연구에 근거하여 조정하였다. 그 우선순위는 다음과 같다.

- **준비된 상태** : 이것은 학생이 미래 수업활동과 인생에서 성공하는 데 있어 중요한 요소이다. 기준을 검토하는 과정에서 교사는 학생들이 다음 학년과 과정에서 성공하기 위해 필요한 지식과 기능을 찾는다.
- **지속성** : 하나의 평가를 넘어서서 지속되는 것에 가치를 둔다. 이 기준은 비단 하나의 평가에 국한되지 않는 지식과 기능을 중요시한다. 예를 들어, 학생들이 특정한 사실은 기억하지 못할지도 모르지만, 교사는 학생들이 역사적 사실에 대해 어떻게 생각해야 할지 알기를 원하고, 실험에서 얻어진 자료를 분석하는 방법을 알기를 원하며, 사실적 텍스트에서 인과관계를 밝혀내는 방법을 알기를 원한다.
- **영향력** : 과정과 학년, 내용 영역을 넘나들며 사용되는 것이다. 이 기준은 여러 가지 내용 영역을 포함하는 강력한 기준이다. 예를 들어, 주장과 근거를 만드는 활동은 지문을 읽으며 국어 공부를 할 때 학습목표가 되고, 자료로부터 결론을 도출하는 과학 시간에 학습목표가 되며, 역사적 사건과 요소에 관해서 토론하는 사회 수업과 문제해결 전략을 세우고 과정과 해법을 증명해 가는 수학 수업의 학습목표가 되기도 한다.
- **반복성** : 진행 중인 상태를 다룬다. 이 지식은 전 단원을 통틀어 나선형으로 계속 반복되는 것이다. 학생들이 학교생활을 하며 글을 쓰는 내내 모든 단원의 과제에 글의 구조와 일관성에

대한 것이 부여되며, 학생들의 실력이 향상되고 있는지가 계속적으로 평가된다. 독해에서, 학생들은 서로 다른 단원과 과정의 텍스트를 통해 주제와 세부사항, 추론, 예상을 확인하는 공부를 계속한다.

- ➤ **시험 우위** : 중요한 시험에서 비중 있게 다루어지는 것이다. 수많은 것들 중 하나는 1년에 한 번 시행되는 표준화검사가 차지하는 무게이다. 표준화검사에 대한 정보는 교육부나 교육청 웹사이트의 시험에 대한 자세한 설명에서 살펴볼 수 있다.
- ➤ **성장이 확인된 부분** : 예전 표준화검사 자료에서 나타난 결과이다. 교사는 작년 표준화검사 자료에서 강조된 영역을 확인한다. 그해의 표준화검사 결과는 나오기까지 너무 오랜 시간이 걸리기 때문에 그해의 수업 자료로는 사용되기 어렵지만, 교육과정의 효과를 반영하는 좋은 척도가 될 수 있다.

부서나 학년의 수준은 가장 필수적인 것, 중요한 내용, 알아두면 좋을 내용(Wiggins & McTighe, 1998)으로 기준에 우선순위를 부여하기 위해 이 절차를 따른다.

1. 기준에 우선순위를 부여하기 위해 체크리스트를 재확인하라. 더 명료하게 해야 할 것이 있거나 목록에 추가하기 위해 고려해야 할 사항이 있는지에 대해 논의하라.
2. 당신이 가장 필요하다고 느끼고 형성된 규준을 만족하는 10가지 이내의 기준을 확인하라. 학습 속도를 지도해줄 어떤 것과 틀 또는 당신이 담당하는 학년 또는 과정에서 학생들이 학습하는 것에 대해 기술한 다른 문서를 활용하라.
3. 당신의 목록을 공유하고 도표 용지나 화이트보드에 그것을 기록하라. 개인적 목록을 떠나서 다시 발생할 만한 주요 개념 옆에는 합인을 붙여두라.
4. 공통성을 조사해보라. 각각의 기준이 가장 필수적인지, 중요한 내용인지, 알아두면 좋은 내용인지에 대한 공통점을 찾으라. 당신의 차이점에 대해 토론할 만한 규준을 사용하고 결정을 내리라.
5. 중요한 내용과 알아두면 좋을 내용으로 나머지 기준을 범주화하라.

학습목표를 확인하기 위해 기준 분석하기

다음 단계는 학생들이 기준을 성공적으로 충족하기 위해 반드시 성취해야 할 개별 학습목표를 규정하는 것이다. 다시 말해, 전문가들은 이 활동을 위한 수많은 과정을 제공한다. Larry Ainsworth(2003b)는 개방된 기준을 옹호하는 반면, Rick Stiggins 등(2005)은 기준을 해체하기를 주장한다. 이 단계를 행하는 종합적 목표는 교사에게 기준을 해석하고 단순한 학습목표와 복합적인 학습목표를 확인하는 과정을 제시하는 것이다. 기준은 모든 학생에게 있어 최소한의 목표임을 기억하라. 이 학습목표들이 수업의 핵심이 되고 평가의 기초가 된다.

기준을 분해하기 위해 다음의 절차를 사용하라.

1. 이전에 기술된 규준과 절차를 사용하여 단원이나 목표 기간의 기준에 우선순위를 매기라.
2. 동사에 동그라미를 하라. 동사는 기준이 요구하는 사고의 행동과 유형이다. 동사는 성취해야 할 기준인 학습목표로 우리를 이끈다(표 3.1 참조).
3. 필수 어휘를 포함하여, 학생들이 반드시 알아야 할 지식이나 기준을 성취하기 위해 알아야 할 것을 확인하라.
4. 기준을 충족하기 위해 필요한 추론이나 사고과정을 기술하라. 이 학습목표들은 추론 유형에 따라 더 복잡해질 것이다. 예를 들어, 적용하다는 학생들이 문맥에서 문학적 요소를 확인하고 그 이유를 설명하는 것을 의미한다면, 분석하다는 학생들이 상충되는 각각의 특정한 차이점을 기술하는 것을 의미할 것이다.
5. 학생들이 생산하거나 창조해야 할 기준에 이름을 부여하라. 기준이 언제나 명백하게 결과물을 요구하는 것은 아니다. 교사는 학생들이 이해하고 있는 것을 시연해 보이도록 무언가를 창조하게 하는 것을 평가로 구성할 수 있다.

표 3.1 ●● 동사의 기준에 포함된 기능과 지식

단순 회상이나 단순 사고를 위한 동사들	단순 추론이나 복잡한 사고를 위한 동사들
동사들 정의하다, 묘사하다, 설명하다, 확인하다, 라벨을 붙이다, 연결하다, 측정하다, 기억하다, 이름을 붙이다, 읽다, 회상하다, 인식하다, 관계 짓다, 검토하다, 움직이다, 진술하다, 요약하다 **예시** _____와 관련된 용어를 정의하라. 글쓰기 절차의 단계를 확인하라. 이야기의 등장인물을 묘사하라. 그래프 또는 표의 변수에 대해 진술하라. 호수, 강, 주요 도시에 라벨을 붙이라. 물이 순환하는 단계를 회상하라. 유창하게 읽으라. 읽을 때 왼쪽에서 오른쪽으로 이동하라.	**동사들** 분석하다, 적용하다, 평가하다, 범주화하다, 선택하다, 분류하다, 비교하다, 구성하다, 고려하다, 대조하다, 구성하다, 창조하다, 비평하다, 옹호하다, 설계하다, 차별화하다, 구별하다, 결론을 도출하다, 평가하다, 조사하다, 설명하다, 표현하다, 추론하다, 해석하다, 조사하다, 판단하다, 운영하다, 예측하다, 제시하다, 생산하다, 추천하다, 증명하다, 지지하다, 글쓰다 **예시** 경제 위기에서 전 세계의 반응이 어떻게 다른지 분석하라. 문제해결을 위한 전략을 진술하라. 전 세계의 다양한 종교적 신념을 비교 대조하라. 텍스트의 사건을 해석하라. 대중에게 말하는 효과적인 기술을 사용하여 진술하라. 조각을 설계하라. 파워포인트 설명을 창조하라. 납득할 만한 증거를 사용하여 설득적으로 글을 작성하라.

앞서 진술했듯이, 동사는 이 작업에서 중요한 부분이다. 이 과정은 교사가 기준을 해석하여 재미있는 활동과 우수한 평가를 계획할 수 있도록 하기 위해 설계되었다. 〈표 3.1〉은 단순 개념과 복합 개념을 반영한 학습목표와 관련된 다양한 동사를 포함한 목록이다. 기준을 분해하면, 당신은 단순 학습목표와 복합 학습목표의 두 범주를 가지게 될 것이다. 당신이 어떻게 기준을 표현하고 해석하는지에 따라 이 동사들은 학생들이 학습목표를 도출하기 쉬운 범주나 어려운 범주로 분류될 수 있고, 〈표 3.1〉에 제시된 범주와 달라질 수도 있다. "문학 작품의 주제를 설명할 수 있다."라는 학습목표를 예시로 들어보자. 만약 학생들이 함께 글을 읽고 주제에 대해 토론하고 그 주제를 묘사하는 에세이를 작문하는 평가에 대해 이야기를 나누었다면, 학생들이 토론을 떠올리며 주제를 기억하여 학습목표를 도출하기가 더 쉬워질 것이다. 이와 대조적으로, 학생들이 개별적으로 주제를 확인하고 본문에서 그를 뒷받침하는 증거를 찾아 설명했다면, 학습목표를 도출하기 더욱 어려워질 것이다. 이것이야말로 교사들이 집단을 형성하여 기준에 대한 해석과 학습목표에 대해 토론을 나누어야 할 이유이다. 당신의 문장으로 학습목표를 기술할 때 〈표 3.1〉의 동사와 예시에 대해 생각해보라.

학습자친화적 학습목표 기술하기

각각의 학습목표가 확인되고 기준과 학습 방향이 명확해지면 그것을 학습자친화적 학습목표로 기술해야 한다.

몇몇 교육학자들은 학습목표를 보다 학습자친화적으로 만들기 위해 "~할 수 있다." 형태로 바꾸어 기술하는데(Stiggins et al., 2005), 예를 들어 "세포의 부분을 확인할 수 있다."이다. 기준 안에서 필요한 행동과 사고의 형태를 묘사하기 때문에 동사는 이 단계에서 중요한 역할을 한다. 학습목표를 진술한 것은 하루의 과제나 학습활동을 하는 동안 교실에 게시된다. 이로써 학생들은 자신이 교실에서 하고 있는 것과 배우는 것을 연결시키기 시작한다.

학습목표를 진술한 것은 또한 쪽지시험이나 시험, 기획 등의 평가에서도 나타난다. 학생들은 그들의 작업과 학습목표와 관련하여 향상된 평가 대상을 연결시키기 시작한다. 몇몇의 평가 항목들은 각각 "~할 수 있다." 진술과 학습목표와 관련된 항목을 개별적으로 지칭하기도 한다.

유용한 팁과 유의점

어린 학생들을 위해 학습목표를 학습자친화적으로 서술하고, 학생들로 하여금 학습목표를 나타내는 그림을 그리게 하거나 글을 쓰게 하라.

기준을 분석하며 단순 학습목표와 복합 학습목표를 확인할 때 학생들의 어떤 작업이 성취를 나타낼 수 있는지에 대해 토론하라. 이 작업이 기준을 해석함에 있어 발생할 수 있는 어떠한 불안감을 명확하게 하는 데 도움을 줄 것이다. 예를 들어, 확인한다는 생산하다와 다르다. 만약 기준이 학생들이 그들이 올바르게 작문하기 위하여 알고 있는 문법을 활용하는 것에 대한 것이라면, 수업, 활동 그리고 평가는 학생들이 연설의 부분을 제대로 이해했는지에 대해 묻는 단순한 객관식 문제 형태를 벗어나야 한다. 명백하게, 동사 **생산하다**는 학생들이 알고 있는 문법을 활용하여 그들의 글을 작문하는 것을 의미한다.

기준에 우선순위를 부여하고 학습목표를 찾는 과정을 반영하라. 협력 팀은 언어와 기준의 수에 있어서 쉽게 교착 상태에 빠질 수 있다. 이 단계의 목적이 학생들이 무엇을 학습하게 하고 싶은지 명확하게 하여 그것을 당신의 수업, 활동 그리고 평가 계획에 결부시키고 싶은 것임을 기억하라. "과정의 어떤 부분이 잘 작용하는가?", "무엇이 가장 힘들었는가?", "미래에 어떻게 과정을 변화시킬 수 있는가?"와 같은 질문을 활용하라. 이 질문들에 대한 답이 과정을 더욱 분명하게 하고 그것을 미래에 더욱 생산적이게 만들 것이다.

기준을 분석할 때 단순 학습목표와 복합 학습목표가 있다는 것을 상기하라. 이것은 때때로 기초적인 지식과 이해보다도 더욱 쉽다. 몇몇 교사들은 사다리의 이미지가 유용하다는 것을 발견했다. 사다리의 맨 아래 가로대는 단순 학습목표이고, 중간은 보다 복합적인 학습목표이고, 제일 윗부분은 가장 복합적인 학습목표를 나타낸다. 이런 방식으로 학습목표를 묘사하는 것이 적절한 경우 학생들이 큰 그림과 부분을 보는 데 도움을 줄 수 있다.

평가는 기준의 추론과 학생들이 알고 행해야 할 것을 묘사한 동사를 반영함을 확실히 하라.

실행에 옮기기

기준에 맞는 수업을 계획하며 "~할 수 있다." 표현을 사용하라. 이 표현은 여러 과목에 사용될 수 있는 것으로서 학생들의 흥미를 자극하고 계획과 학습을 묘사하는 데 사용될 수 있다. 국어와 수학 시간에 그 표현이 사용된 다음을 보고 토론해보자.

국어 수업에서의 "~할 수 있다." 진술

국어 교사들은 작문 과제 부여 시 "~할 수 있다." 진술을 사용할 수 있고 학생들이 많은 작문 숙제를 통해 성장해 가는 과정을 스스로 추적해보도록 할 수 있다. 〈표 3.2〉는 학생들이 학습목표를 향해 진보해 가는 것을 스스로 추적해볼 때 사용할 수 있는 견본 양식이다. (114쪽 복사물 참조.)

학생들은 〈표 3.2〉와 같이 모든 작문 숙제를 기록한다. 지시문을 활용하여 자신의 작문 과제를 자기평가한 후, 세로단의 자기평가란에 점수를 기록한다. 실제 지시문에는 입문 단계를 a 1, 보다 정교화 된 단계를 a 4라고 하는 등의 다양한 능숙도에 대한 개요가 있어야 할 것이다. 지시문은 〈표 3.2〉의 첫 번째 세로 행에 대략적으로 기술된 각각의 학습목표에 대한 서술을 포함한다. 그리고 나서 작문을 수정할 계획을 세운 후에 학생들은 수정본을 완성하고 그것에 새로운 점수를 부여하여 둘째 행에 적는다. '계획 수립'을 위해 많은 선택권이 있다. 어떤 경우에 교사는 학생들로 하여금 그들의 계획을 위한 선택을 하도록 "너의 작문을 다시 읽어보고 변경할 수 있는 단어를 찾아 더 묘사적인 것으로 바꾸거나, 구두점을

표 3.2 ●● 국어 수업에서의 학생 자취 평가서 견본

학습목표	글쓰기 과제 1		글쓰기 과제 2		글쓰기 과제 3	
	자기평가	수정 점수	자기평가	수정 점수	자기평가	수정 점수
내 용						
나는 효과적인 주제 문장을 작성할 수 있다.						
나는 효과적인 세부 문장을 작성할 수 있다.						
나는 세부 문장이 어떻게 주제와 연관되어 있는지 설명할 수 있다.						
나는 눈이 휘둥그레질 만한 단어를 사용할 수 있다. 내가 사용한 단어가 구체적이고 묘사적이라는 의미이다.						
기 법						
나는 작문에서 대문자 사용 규칙을 정확하게 적용할 수 있다.						
나는 작문에서 맞춤법을 정확하게 사용할 수 있다.						
나는 작문에서 구두점을 제대로 사용할 수 있다.						

올바르게 수정하라."와 같은 선택권을 줄 수도 있다. 다른 경우에 학생들은 대부분의 과제(표 3.2와 같은 형식에서 점수를 매기는 것을 상담하는 것)에 있어 필요한 학습목표에 기반을 둔 계획을 선택할 수 있다. 이 경우에 교사는 다른 학습목표를 지지하기 위한 작은 수업들을 제공할 수 있다. 학생들로 하여금 영역을 선택하고 실제로 수정하게 하도록 하는 열쇠가 여기 있다. 학생들은 그들이 작업한 부분에 대한 수정된 점수만을 기입하는 것이다. 한두 가지 영역에 초점을 맞춰 수정하게 하는 것이 관리하기 용이하다. 학업성취에 어려움을 겪는 학생들에게 있어 자신의 자취를 밟아 가는 과정을 통해 알고 있는 것과 실제로 작업한 것을 분석하며 성장과 진보를 시각적 자료인 표로 확인하는 것은 좋은 동기부여가 될 수 있다.

　이런 자취를 밟아 가는 과정은 교사가 검토하기 위한 자료가 될 수 있다. 학생들이 필요한 부분에

집중하고 있지 않다면 교사는 직접 그것을 설명해주거나, 학생들이 스스로 그것을 알아내도록 할 만한 교실활동을 만들어볼 수 있다. 개인적으로 이야기하는 것 또한 좋은 방법이 될 수 있다. 학생들은 이미 성취한 분야는 공부하지 않는다. 모든 작문 평가는 자취 평가지(tracking sheet)에 기록되어 폴더에 저장되고, 이것은 후에 학생들의 가장 최근 글쓰기 점수를 활용하여 국어 점수를 내기 위한 부분으로 활용될 수 있다.

수학 수업에서의 "~할 수 있다." 진술

수학 교사들 또한 그들의 평가에서 "~할 수 있다." 진술을 사용할 수 있다. 이 진술은 학생들이 학습하는 것과 그들이 평가받는 방식을 연결시켜준다. "~할 수 있다."로 진술된 학습목표는 기준을 알기 쉽게 분석하는 과정에서 연유한 것이다. 학습목표와 평가 과업을 명확하게 연관 지으라. 〈그림 3.1〉은 학습자 중심 진술이 사용된 평가의 예이다(J. Whitehead, 개인적 의사소통, 2010년 9월 23일).

전략 7 : 평가가 수반된 수업을 실시하라

과제, 평가, 그리고 활동은 학습과정 동안에 다른 목적을 가지고 진행된다. 어떤 것은 개념을 도입하기 위해 설계되고, 다른 것은 실행을 촉진하거나 대안적 설명을 위해 계획되며, 또 다른 어떤 것은 숙달의 증거를 제공하기 위해 기획된다. 목적이 적절한 시기를 이끌며, 학습목표가 내용을 이끌고, 평가결과는 그 후의 수업이나 다음 과제를 이끈다.

　형성평가는 의도된 학습목표를 향해 가는 학습이라는 여정에서 어떤 진보를 학생들이 만들어 가고 있는지 확인하는 체크포인트이다. 형성평가는 수업 중 관찰이나 학생 토론, 수업 마무리 활동, 학생들과의 대화 등의 정형화되지 않은 형태도 가능하다. 그리고 쪽지시험이나 작문 프로젝트의 초고 쓰기 등과 같이 정형화된 형태 또한 가능하다. 정형화된 형태이든 그렇지 않든, 교사들은 수업과 새로운 자료를 재교육하기 위한 개입을 계획하기 위해 자료를 사용하고, 이미 과업을 달성한 학생들이 새로이 도전하게 할 기회를 개발하기 위해 자료를 사용한다. 학생들은 또한 그들의 강점과 도전 과제를 확인하고 학습목표를 향한 한 걸음을 계획하기 위해 정보를 사용한다.

　학생들이 학습목표를 향하는 과정에서 성취하는 이해나 성취의 정점은 **총괄평가**에 의해 측정된다. 총괄평가는 특정한 시점에 이루어지는 학습에 대한 평가이다. 쪽지시험, 테스트, 프로젝트, 시험 문제 등은 단원 중, 학기 중, 또는 학년 중 학습이 할당된 부분의 총괄평가가 될 수 있다. 교사들이 총괄평가를 할당할 때 그들은 학생들이 평가에 의해 측정되는 학습목표를 알고 있으며 그것에 도달하는 방법을 알고 있으리라 기대한다. 형성평가는 단원에 대한 이해도를 나타내고, 뒤이어 학생들의 이해를 돕는 설명을 제시한다. 예를 들어, 학생의 2/3가 그들의 작문에서 접속부사를 제대로 사용하는 데 어려움을 겪었음을 퀴즈 점수가 나타내어 교사는 접속부사 사용에 대한 작은 수업을 계획하고 과제를 제시하였

세부 목표

- 나는 설문조사 문항을 만들 수 있다.
- 나는 설문조사 문항에서 얻은 자료로 차트를 구성할 수 있다.
- 나는 자료에서 중앙집중경향을 수치로 계산할 수 있다.
- 나는 그래프를 만들어서 자료를 나타낼 수 있다.
- 나는 자료를 해석할 수 있다.
- 나는 나의 자료로부터 결론을 도출할 수 있다.

1. 조사할 질문을 선정하라. 이 질문은 50명의 사람에게서 쉽게 조사될 수 있는 것이어야 한다. (우리는 여기 학교에서 조사를 진행할 것이다.)

   내 질문은 _____

2. 조사 결과를 수집하여 차트를 만들라. (공책에 적으시오.)

3. 자료를 다 수집한 후 평균, 중앙값, 최빈값, 범위를 계산하여 공책에 적으라. 당신의 결과가 반드시 제시되어야 한다. (계산 결과를 확인하기 위해 계산기를 사용하는 것은 허용한다!)

   평균 _____

   중앙값 _____

   최빈값 _____

   범위 _____

4. 당신의 자료를 나타낼 두 종류의 그래프를 선택하라. 그래프용지나 공책에 그래프를 그리라. (컴퓨터로 그리는 그래프는 안 된다!) 그래프용지가 필요하다면 요구하라!

5. 당신의 자료를 해석한 세 문장을 적으라. 이 경우에 해석은 당신의 그래프에 제시된 것이 무엇인지를 의미한다. "사람들이 가장 좋아하는 아이스크림이 무엇인지에 대해 조사했을 때 초콜릿이 단연 가장 좋아하는 맛이었고, 바닐라 맛과는 15표 차이가 났다. 딸기 맛은 사람들이 가장 좋아하는 두 번째 맛이었고, 이것은 21표를 얻었다."

6. 자료로부터 결론을 도출하라. 이 진술은 왜 자료가 그렇게 도출되었는지에 대한 것이나 그것이 암시하는 바를 묘사하는 것이다. 예를 들어, 당신이 "초콜릿은 사람들이 가장 좋아하는 아이스크림 맛이다. 그러므로 식당에 아이스크림을 가져다두고 학생들에게 팔고자 할 때 바닐라나 딸기 맛보다 초콜릿 맛을 더 주문할 필요가 있다."

평정 체크리스트

표 자료

- 표 자료가 잘 정리되었다.
- 표 자료는 제목을 포함하여 라벨을 붙였다.
- 표 자료는 읽기 쉽게 작성되었다.

평균, 중앙값, 최빈값, 범위

- 표 자료에서 주어진 자료를 기반으로 수치가 정확히 계산되었다.
  - \+ 만약 그렇지 않다면 어떤 것이 잘못되었는가? _____
- 모든 수치의 계산은 정확하였다.
  - \+ 만약 그렇지 않다면 어떤 것이 잘못되었는가? _____

그림 3.1 그래프 기획 평가 예시

(계속)

	기본 수준 도달	평균 수준 도달	우수 수준 도달
자료 해석과 결론 도출	해석의 진술이 액면가만을 기술하고 있음. 예 : "25명의 학생이 축구를 가장 좋아하는 운동으로 선택함."	수집된 자료 간 관계를 묘사하고 있음. 예 : "축구는 25명의 학생들에 의해 가장 좋아하는 운동으로 선택됨. 미식축구는 22표를 얻어 근소한 차이로 2위로 선택됨."	결론 문장이 자료가 미래에 무엇을 의미할지에 대한 예측을 담고 있다. 예 : "우리 반 학생들에 의해 축구가 이렇게 인기 있는 운동으로 선택된 것을 보니, 많은 학생들이 아마도 이번 주말에 있을 월드컵을 볼 것이다."
그래프	두 가지 그래프가 다음을 가진다. • 적절한 크기 • 일정한 간격 • 명확한 라벨 • 명확한 제목	두 가지 그래프 모두 표를 나타내기에 적합하다. 두 가지 그래프 모두 표의 자료를 정확하게 반영한다.	(단지 예쁘게 보이기 위해 채색한 것과는 별개로) 색이 자료의 의미를 강화한다.

이 채점기준은 숙달정도(성취도)에 기반을 두어 각각의 열을 형성한다. '평균 수준 도달'의 점수는 학생의 '기준 수준 도달'과 '평균 수준 도달'을 반영한다.

그림 3.1 (계속)

다. 만약 과제가 올바른 목적으로 적기에 부과된다면 당연히 학생들의 학업성취도는 향상될 것이다.

형성평가와 총괄평가의 차이점은 시험 방법에 있는 것이 아니라 교사가 정보를 어떻게 이용하느냐에 달려 있다. 예를 들어, 총괄평가는 과제가 제시되었을 때나 학생들이 실수를 고치거나 잘못 이해한 것을 수정할 기회를 갖지 않은 채 점수를 받을 때의 평가를 의미한다. 하지만 학생들이 과제를 조사하고, 실수를 교정하고, 그들이 이해한 바를 다시 반영하는 절차가 포함된다면, 이 평가가 형성평가가 된다. 활동이나 방법 그 자체의 차이가 아니라 학생과 교사가 평가로부터의 정보에 기반을 두어 취하는 행동의 유무가 형성평가와 총괄평가를 결정하는 것이다(Stiggins et al., 2005; Wiliam, 2007; Chapman & King, 2005).

비유를 들어 생각해보자. 요리사가 자신이 만든 수프의 맛을 볼 때 이것은 형성평가라고 할 수 있다. 그녀는 향신료를 첨가하고, 이상적인 맛을 위해 향을 조절한다. 하지만 고객이 수프의 맛을 보고 질에 대해 평가적 판단을 내린다. 이것은 총괄평가이다. 만약 수프가 고객의 입맛에 맞지 않았다면 시험에 낙제한 것이다. 대개 그 고객은 다시 방문하지 않거나 최소한 그 수프를 다시 시키지는 않을 것이다. 이와 유사하게, 교실에서의 모든 평가가 총괄평가로 이루어진다면 학생들은 종종 실패를 경험할 것이고, 그로 인해 수업에 결석하고 과제를 잊거나 하지 않고, 거의 노력을 기울이지 않을 것이다. 학생들이 성공 경험을 갖지 못하고 자신의 성과에 대해 수정할 방법이 없을 때 하고자 하는 동기는 당연히 줄어들 것이다. 학생들은 '수프를 맛볼 기회'를 가져서 그들이 평가받기 전에 맛을 조절할 수 있어야 한다.

본질적으로, 형성평가는 기술적(descriptive)이고 총괄평가는 평가적(evaluative)이다. 형성평가가 잘 사용되면 학생들의 학습과 자기주도적 학습의 범위에 강력한 영향을 미치게 된다. 의도적 형성평가의 사용이 학생들의 성취를 획기적으로 향상시킨다는 증거는 매우 설득적이다(Black & Wiliam, 1998; Wiliam, 2007).

형성평가로서의 과제는 엇갈리는 평가를 받아 왔는데, 특히 학생들이 얼마나 자주 과제를 제출하는 가와 과제가 학생들의 개인적 학습 욕구를 지지하는지 여부에 대해 고려해볼 때는 더욱 그러했다. 고등학교 학생들은 과제로부터 많은 것을 얻고, 그다음으로는 중학생들이 과제로부터 어떤 것을 얻고, 그다음으로 초등학생들이 그러하다(Marzano, 2003; Hattie, 2009).

매우 흥미롭게도, 학습에 어려움을 겪는 학생들에게는 과제가 별로 효과적이지 않다.

많은 학생들에게 있어서 과제는 학생들이 스스로 학습할 수 없다는 것과 학교 공부를 할 수 없다는 사실을 강화해주는 어떤 것이다. 이런 학생들에게 과제는 학습동기를 저하시키고 잘못된 습관과 단계를 내면화시키며 효과적이지 않은 학습습관을 강화하는 것일 뿐이다. 특히 초등학생들은 더욱 그러하다 (Hattie, 2009, p.235).

형성평가로 **등급**을 매기는 것 또한 전문가들로부터 엇갈리고 모순된 평가를 받아 왔다. 기껏해야 형성평가는 학습을 돕기 위해 계획된 것일 뿐 학습을 평가하기 위한 것이 아니다. 결과적으로 형성평가가 올바르게 잘 사용되었을 때는 등급을 매길 필요가 없게 된다. 사실 몇몇 연구결과는 등급을 매기고 채점하는 행위가 학습에 대한 평가결과 자체로서 나타나는 학습이나 혹은 그것에 제공된 피드백의 가치를 손상시키는 경우가 있음을 지적하고 있다(Butler, 1988; Hattie, 2007; O'Connor, 2002).

등급을 매기는 것은 만약 학생들이 그들의 실수를 고치거나 과제에 대해 수정을 할 다른 기회를 가지고자 할 때, 그리고 그로 인한 성과가 벌칙이나 점수가 낮아지는 일 없이 최종 등급으로 반영될 때는 종종 허용된다. 학생들이 이해하고 있다는 증거를 보여줄 때 가장 최근 점수가 등급으로서 계산되어야 한다(O'Connor, 2002).

학습자의 부정적인 자기인식은 학습과 몰입에 엄청난 영향을 미칠 수 있다. 교사가 다른 전략을 적용함에 따라 이 숨겨진 진실은 종종 효과적이거나 그렇지 않은 커다란 결과 차이를 가져온다. 예를 들어, 만약 학생이 과제에 대한 점수로 F 또는 60점을 받았다면, 학습의 측면에서 그 점수가 무엇을 의미하는지 학생들은 아는가? 학생들은 그 점수를 더 향상시키거나 더 학습하기 위해 어떻게 해야 할지 아는가? 만약 두 가지 질문 중 하나라도 '아니요'라는 대답이 나온다면, 학생들은 F를 자기존중감의 측면에서 해석하고 스스로를 바보, 수학을 '못하는' 학생 또는 읽기를 싫어하는 학생이라고 규정해 버릴지도 모른다.

자기존중감의 결여는 스스로를 다양한 방법으로 증명해 보인다. 학생들은 종종 과제를 받아들고 스스로에게 이렇게 말한다.

- "선생님은 내가 이것을 하도록 시킬 수 있다고 생각하겠지."
- "이것은 재미없을 거야. 다른 애들은 날 보고 비웃겠지."
- "난 지금 화가 나. 그러니까 난 이거 오늘은 안 할래."
- "난 지금 지루해. 그리고 이건 재미없어."
- "난 좌절감을 느껴. 이해를 못하겠어."
- "선생님은 내가 이걸 할 거라고 기대하지 않을 거야. 그러니까 난 안 할 거야."

실패했다고 느끼는 학생은 대부분의 활동과 과제에 몰두하지 않을 것이다. 다시 실패하기를 원하거나 다른 사람을 실망시키고자 하는 사람은 그 어디에도 없다. 이런 경우에 낙제점은 희망을 주거나 학생이 성공을 찾아가도록 방향을 제시해주지 않는다. 질적 형성평가는 학생들에게 희망을 제공한다. 교사와 학생은 실패를 검토하고 잘못 이해하고 있는 부분에 대해 고심하는 데 시간을 보낸다. 학생들이 실수를 저지르거나 아직 능숙하지 못할 때 학생들은 벌칙을 받거나 낮은 점수를 받는 일 없이 학습할 다른 기회를 가진다. 이해를 촉발하기 위해 실수를 분석하는 것에 대해 더 알고 싶다면 전략 21(196쪽)을 살펴보라.

올바른 과제 구성하기

학습목표와 형성평가, 수업, 총괄평가 사이의 관계는 적기에 제대로 된 과제를 부여하는 것에 달려 있다. 학습목표가 평가와 수업을 이끌어야 한다. 교사가 단원을 기준으로 수업계획을 한다고 생각해보자. 단원 총괄평가는 단원에 제시된 우선 기준의 핵심을 반영하고 있다. 총괄평가는 기준에 대한 성취를 반영하는 학생의 몫이다.

만약 학생이 총괄평가에서 우수한 성적을 거두기를 원한다면 교사는 전략적으로 학습과정에 절차와 체크인 지점을 설계해야 한다. 이 체크인 지점이 형성평가로서 계획되는 것이다. 기준이 분석되면 학습목표−기준의 작은 부분−가 확인된다. 앞서 전략 6(77쪽)에서 기술했듯 이 학습목표들은 학습자 친화적인 진술로 전환된다. 형성평가는 학습목표에 기반을 둔다. 대개 형성평가는 수업 설계를 위한 작은 평가 절차이다. 예를 들어, 학생들이 수요일에 "나는 지리학의 다섯 가지 주제를 확인할 수 있다."와 "나는 지리학의 다섯 가지 주제를 다양한 장소에 적용할 수 있다."에 대한 형성평가를 본다. 목요일에 그들이 틀린 문제에 기반을 두고 교사는 학생들을 그룹화한다. 이 그룹은 그들의 실수를 수정하고 나서 그들이 새로이 올바르게 이해하게 된 것을 기술하는 짧은 문단을 작성한다. 학생과 교사가 더 학습하기 위해 자료를 활용한 이 시험은 형성평가이다. 수업은 학생들의 시험 수행 결과에 기반을 두고 계획되었다.

올바른 과제들은 다음과 같은 공통점을 가진다.

- 명확한 학습목표

- 기준으로부터 연유한 학습목표들의 일목요연함
- 다음과 같은 명확한 목적
  - 과제가 학생들이 기능을 수행하고 그들의 이해를 점검하거나 다음 날의 활동을 위한 기능을 증진하기 위한 목적으로 계획된다. 이것은 형성평가이다.
  - 과제나 평가가 학습의 정도를 평가하거나 수량화하기 위한 목적으로 계획되어 일정한 루브릭 점수, 퍼센트 또는 등급을 받는다. 이것은 총괄평가이다.
- 특정한 목적을 위해 설계된 목표에 따른 할 수 있는 만큼의 양
- 학생들이 전체와 부분을 동시에 볼 수 있도록 분석된 과제
- 목적이 뚜렷하고, 의미 있고, 도전적인 과제. 자잘한 것들로 인해 복잡하지 않은 과제
- 의미 있고 도전적이며 학생의 학습요구에 반응하여 책임감을 가지고 열심히 가르친 과제
- 노력할 가치가 있고, 학생들의 학습을 돕거나, 학생들이 실력을 향상시키기 위해 알거나 알지 못하는 것이 무엇인지를 확인하도록 하는 과제
- 학생들의 이해도가 더 복잡하고 큰 그림에까지 뻗게 해주는 과제
- 정당하게 시간과 지원을 더 필요로 하는 학생에게 그것을 주는 과제

의도된 학습이 기술적으로나 성과 면에 있어서 확실하도록 하기 위해 가능하다면 단원과 분기, 학년이 시작되기 전에 평가를 계획해두라. 다음 세 단계를 따라가보자.

1. 학생들이 성취한 학습을 보여주는 총괄평가를 확인하고 만들라. 총괄평가가 학생들의 이해도와 기준의 성취도를 측정하고 있는가? 총괄평가는 모든 자잘한 부분이 아닌 주제의 핵심을 반영하고 있는가?
2. 형성평가를 계획하라. 학생들이 총괄평가에서 좋은 성적을 거두고자 한다면 학습과정에서 그들이 무엇을 해야 할 것인가? 이 형성평가들은 전략적으로 기준을 충족하는 가장 중요한 학습목표를 확인해야 하고, 시기 내에 적절히 운영되어야 한다. 학생들이 결론을 도출하고, 그들의 힘과 필요한 영역을 확인하고 성취감을 맛볼 충분한 시간을 확보해두라.
3. 형성평가를 계획할 때 총괄평가에 반영된 학습목표를 학생들과 함께 살펴보도록 하라. 수업은 총괄평가에 필요한 사고와 추론의 실행을 촉진하는 것이어야 한다. 만약 기준이 성과물을 필요로 한다면 범주는 학습목표와 관련 있는 부분을 포함해야 하고, 형성평가는 최종 성과물을 향상시키기 위한 수정사항을 포함해야 한다. 이 경우에 수정 절차나 피드백은 형성평가로 간주된다.

유용한 팁과 유의점

쉬운 문제와 중간 난이도의 문제, 어려운 문제를 포함한 형성평가를 계획하라. 결과를 해석하고 수업을

조정하기 위한 계획을 세우는 것은 학생 개개인이 그 수준에 맞는 수업을 받도록 하는 데 매우 효과적일 것이다.

Gareis와 Grant(2008)는 학생들 개개인의 성취도에 더욱 적합한 4~6가지 학습목표를 세우는 것을 추천한다.

학생들이 스스로 중얼거리는 이야기 내용과 비언어적 행동에 주목하라. 이것은 학생이 시도하고자 하고, 실수를 고치고자 하고, 더욱 독립적이고자 하는 동기부여에 지대한 영향을 미치는 자신감 척도를 나타낸다.

실수가 위험하지 않은 것이라고 생각하게 하라. 학생들이 실수를 전혀 하지 않는다면 그들은 더 이상 학교에 올 필요가 없을 것이다. 이런 '사소한 결함'들이 생각과 토론의 중요한 자원이 된다. 학생들의 실수와 고민한 흔적 또는 잘못 이해한 것을 분석하라. 그것을 수업 설계를 위해 활용하라. 학생들이 공부할 때의 실수는 교사와 학습자가 학습상의 문제를 찾고 다음 단계를 확인하고자 하는 데 도움을 준다. (196쪽의 전략 21을 살펴보라.)

시간만 채우기 위한 과제를 부여하지 말라. 우수하고 잘 계획된 학문적 선택은 학생들이 그들이 알고 있는 것과 필요한 것이 무엇인지를 나타낼 수 있는 방법을 제공한다. 각각의 과제를 냉정하게 평가하라. 학습자의 목적과 흥미, 몰입도, 필요한 정보를 가르치기 위한 과제의 난이도, 과제 완성을 위한 동기부여 등을 분석하라. 만약 과제가 이 기준들을 충족하지 못한다면 그것을 폐기하고 기준을 충족하는 다른 것으로 대체하라. 학생들의 학습을 고무시키거나 학습자들로 하여금 몰입하게 하지 않으면서 자잘한 작업만 가득한 지루한 과제가 너무 많다. 이런 시간만 채우는 쓸모없는 과제들이 학생들의 학습의욕을 저하시키게 된다.

실행에 옮기기

형성평가와 총괄평가를 계획하기 위해 학습목표를 사용하라. 학생들이 실행에 옮기고, 실수를 수정하고, 다시 시도해볼 기회를 가질 때 그들의 자신감이 커지고 성취감 또한 올라간다(Guskey, 2009; Wiliam, 2007; Hattie & Timperley, 2007).

한 가지 예를 들어보자. 중학교 국어 교사 모임에서 다음 단원 기준의 학습목표들을 확인하였다. 이 학습목표들에서 교사들은 두 개의 형성평가와 한 개의 총괄평가를 계획하였다. 총괄평가의 목적은 형성평가와 수업의 결과로 발생한 학생들의 진보를 알아보는 것이었다. 당신 수업의 평가를 만들기 위해 그들의 구조를 따라가라(2009년 9월 29일 협력 미팅에서 함께 만든 것을 예시로 사용하는 것에 일리노이 디케이터 토머스 제퍼슨 중학교의 Molly Miller, Carrie Hogue, Shannen Rey의 동의를 얻었으며, 그들에게 감사를 표한다).

먼저, 그들은 단원 학습목표를 확인했다. 일리노이 주 평가 구조와 학교 교육과정 진도 계획을 참고한 후, 교사들은 학습자친화적인 용어나 혹은 "~할 수 있다." 진술을 사용한 다음과 같은 학습목표를 확인하고 작성하였다.

- ➤ 나는 본문에서 사건들을 확인할 수 있다.
- ➤ 나는 일련의 사건들에 사용된 인과관계를 확인할 수 있다.
- ➤ 나는 본문의 사건에서 결론을 도출할 수 있다.

이 학습목표들은 난이도를 증가시키기 위한 것이었다. 예를 들어, 첫 번째 진술은 쉬운 목표를 상징하고, 이 경우에는 말 그대로 본문에서 사건을 도출하는 의미로 사용되는 동사 확인하다를 사용한다. 이 상황에서 독해가 사용된다. 두 번째 학습목표 역시 동사 확인하다를 사용하지만, 이번에는 사건들 사이의 원인과 결과를 살펴보아야 하는 중간 난이도의 목표를 견지한다. 세 번째 학습목표는 학습자들이 문맥으로부터 알아낸 것과 본문의 사건 사이에 있는 관련성을 사용할 필요가 있음을 의미하는 동사 **도출하다**를 **결론**과 함께 사용하여 예시에서 가장 어려운 난이도를 가진다. 본문에 있는 잠재적 결론의 단서를 가지고 학생들은 독창적 사고를 해야 한다.

다음으로, 교사들은 학생들이 이 학습목표를 성취할 때 평가나 학습자의 결과물이 어떠하기를 바라는지에 대해 토의했다. 그 결과, 학생들이 짧은 본문을 읽고 세 가지 학습목표를 포함한 형성평가를 치르는 것으로 결정하였다. 먼저, 학생들이 본문의 사건을 확인할 수 있는지 여부를 알아보기 위한 세 문제의 객관식이 사용되었다. 다음으로, 세 가지의 참/거짓 진술문 문제를 풀고, 자신의 선택에 대해 각각의 진술이 어떻게 참과 거짓의 인과관계를 반영하고 있는지를 기술하는 방식이 사용되었다. 만약 진술문이 거짓이라면 학생들은 이 진술문이 참이 되기 위해 어떻게 수정해야 할지도 설명해야 했다. 마지막으로, 학습자들이 본문의 내용을 기반으로 결론을 도출하는 짧은 서술형 문제가 출제되었다.

이 교사들은 평가의 형태를 결정하고 난 후에 세 가지 시험을 선택하였다. 첫 번째 시험은 신체적 힘에 관한 것, 두 번째 시험은 다람쥐에 관한 것, 마지막 시험은 슬픔을 다룬 독해였다. 〈그림 3.2〉에 형성평가의 형태가 기술되어 있다.

이름 : _____

학습목표 1 : 나는 본문에서 사건들을 확인할 수 있다. (_____/3)

1. 자기방어를 하기 전에 해야 할 유용한 팁은 무엇인가?
    A. 신체적 힘을 사용하라.
    B. 싸움이 여러분의 유일한 선택인지 확인하라.
    C. 여러분의 천연 무기를 사용하라.
    D. 안전을 위한 여러분의 길이 봉쇄되었는지 확인하라.

그림 3.2 신체적 힘에 관한 형성평가 예시

(계속)

2. 뒤에서 공격받았을 때 여러분은 어떻게 해야 하는가?

    A. 여러분의 하이힐로 공격한 사람의 발을 꽉 밟아라.

    B. 공격자의 정강이를 차거나 얼굴에 잽을 날려라.

    C. 다리로 버텨라.

    D. 소리를 질러라.

3. 여러분이 납치되었을 때 무엇을 해야 하는가?

    A. 여러분의 하이힐로 공격한 사람의 발을 꽉 밟아라.

    B. 공격자의 정강이를 차거나 얼굴에 잽을 날려라.

    C. 다리로 버텨라.

    D. 소리를 질러라.

학습목표 2 : 나는 일련의 사건들에 사용된 인과관계를 확인할 수 있다. (_____/3)

4. 참/거짓 : 여러분이 앞에서 공격받았을 때 공격자의 정강이를 차라. 이 진술의 인과관계를 예시를 들어 설명하라.

5. 참/거짓 : 본문에 따르면, 여러분은 위험한 상황에서 안전한 곳으로 도망가야 한다. 본문에서 나타내는 위험한 상황에서 효과적으로 도망가는 것은 무엇인가?

6. 참/거짓 : 본문에서는 최소한 두 가지의 신체적 자기방어를 사용하는 이유를 제시하고 있다. 만약 그렇다면 두 가지 이유를 적어보라.

    1. _____

    2. _____

학습목표 3 : 나는 본문의 사건에서 결론을 도출할 수 있다. (_____/3)

이 글은 신체적 힘을 사용하는 어떤 이유들을 기술하고 있다. 그 이유들과 신체적 힘을 사용했을 때의 긍정적이거나 부정적인 결과에 근거하여 다음 시나리오를 읽어보라.

    여러분은 친구들과 시간을 보내기 위해 쇼핑몰로 가는 버스를 탔다. 모퉁이를 돌면 친구들과 만나기로 한 장소에 도착하는데, 여러분보다 나이 많은 몇몇 학생들이 당신을 향해 다가온다. 여러분은 직감적으로 그들이 당신을 괴롭히기 위해(또는 문제를 만들려고) 온 것이라는 것을 알았다.

지문에 제시된 상황을 가정해보았을 때, 만약 저 상황에 여러분이 있었다면 어떻게 반응하겠는가? 아래의 3단계를 가정하여 여러분의 답변을 작성해보시오.

가능성 있는 3단계

- 여러분이 어떻게 반응할지에 대해 명확히 기술하라. (결론)
- 여러분이 왜 그렇게 반응할 것인지에 대해 명확히 설명하라.
- 본문에서의 증거를 활용하여 이유를 제시하라.

그림 3.2 (계속)

Study Island(www.studyisland.com)에서 가져온 질문들

〈그림 3.2〉에서의 학습목표를 사용하여 교사들은 두 가지 형성평가와 한 가지 총괄평가로부터의 학습목표에 근거한 학생들 개인의 점수 리스트 자료 목록을 만들었다(표 3.3 참조). 첫 번째 학습목표

"나는 본문에서 사건들을 확인할 수 있다."의 객관식 문제에 대한 학생들의 수행에 근거하여 교사들은 세 문제 중 몇 문제를 맞혔는지에 대해 각각의 학생들에게 점수를 부여했다. 그리고 나서 교사들은 두 번째 학습목표, "나는 일련의 사건들에 사용된 인과관계를 확인할 수 있다."에 대해 채점하며 점수를 부여했고, 마지막으로 세 번째 학습목표인 "나는 본문의 사건에서 결론을 도출할 수 있다."에 대해 채점하였다. (두 번째 형성평가는 첫 번째 학습목표와 형태가 동일했다. 하지만 질문이 다람쥐에 대한 가사의 내용을 담고 있었다. 그리고 교사들은 다시 자료 목록에 채점했고, 각각의 학습목표에 맞게 점수를 수정하였다.)

첫 번째 형성평가 자료에 대한 분석이 끝나고, 교사들은 어떤 학생들이 본문의 어떤 항목을 더 확인해야 할지, 인과관계를 더 확인해야 할지, 결론을 도출하는 것에 대해 학습을 더 해야 할지를 결정했다. 며칠이 지나고, 형성평가에서 발견되었던 학생들이 잘못 이해하고 있는 부분에 초점을 맞춘 수업이 진행되었다. 〈표 3.4〉는 수업목표를 위한 세 가지 학습단계를 확인하기 위해 사용된 계획 견본이다. 1열은 형성평가에서 사용된 "~할 수 있다."를 포함하고 있다. 2열은 교사들이 특정 학습목표에 대해 더 학습이 필요한 학생들을 적어둔 것이다. 학생들은 각각의 그룹에 배정된다. 만약 학생들이 학습이 더 필요한 영역 여러 개에 걸렸다면, 교사는 학생이 보다 먼저 학습해야 할 것을 선택한다. 3열은 개개인의 교사들 또는 교사 집단이 각각의 학생 그룹에 대해 수업계획을 작성할 수 있다. 이것은 이해의 차이를 나타내는 것이다. 학생들 또한 그들의 실수와 고쳐야 할 것에 대해 분석하기 위한 표를 사용할 수 있다. 두 번째 수행평가가 끝난 후, 교사는 두 시험 결과 사이의 차이점을 발견할 수 있었다. 교사는 이 자료를 토대로 수업을 계획했다. 학생들은 그들이 가장 고심해야 할 학습목표에 대해 공부했다. 그것을 마친 학생들은 그들의 글을 작성하거나 흥미 있는 글을 찾는 등의 수준 높은 활동을 진행했다(216쪽의 전략 25에서 평가 정보에 대한 효과적인 반응에 대해 더 많은 예시를 제공한다).

이 과정은 학습에 몰입하지 못했던 학생들에게 있어 상당한 도움이 되었고, 특히 "난 몰라요.", "난 상관없어요."와 같은 패배주의적 사고를 가진 학생들이 그것을 타파하게 해주었다. 이와 같은 학습자 중심 활동에서 학생들은 그들의 필요를 충족해주거나 그렇지 않을지 모르는 반 전체를 대상으로 한 수업에 참여하기보다 그들의 요구에 부합하는 특정 영역에 대한 학습을 한다. 내용을 잘 이해하지 못하거나 잘 몰라서 동기가 결여된 학생들에게 이런 학습방식은 매우 적합하다.

드디어 두 개의 형성평가와 한 번의 총괄평가에 근거한 수업 관리와 수업 설계가 끝났다. 점수는 자료 기록지의 '총괄평가' 열에 기재될 것이다. 수업을 도출하기 위해 평가를 활용하고 세부적으로 학습을 기술하고 설계함으로써, 학생들과 교사들은 학습과 관련된 수업과 평가에 영향을 미칠 명확한 목표를 얻었다. 형성평가와 수업이 효과적이라면 학생들은 총괄평가에서 반드시 성공을 거둘 것이다. 이 성공은 좋은 동기부여가 되어줄 것이다!

표 3.3 ●● 학습목표에 관한 자료 기록지 견본

학생	신체적 활동 독해에 대한 형성평가			다람쥐에 관한 독해에 대한 형성평가			슬픔에 관한 독해에 대한 총괄평가
	학습목표 1	학습목표 2	학습목표 3	학습목표 1	학습목표 2	학습목표 3	

표 3.4 ●● 수업 중개 계획 견본

나는 본문에서 사건들을 확인할 수 있다.	나는 일련의 사건들에 사용된 인과관계를 확인할 수 있다.	나는 본문의 사건에서 결론을 도출할 수 있다.
학생	학생	학생
활동	활동	활동

전략 8 : 도전적인 학습기회를 제공하라

지-루-하-다! 이 단어는 모든 연령대의 학생 입에 착 감기는 말이다. 몇몇 학생들은 모든 활동을 너무 빨리 습득해버리기 때문에 지루하다고 여기지만, 일반적으로 학생들은 다음의 이유를 포함한 활동과 내용을 지루하다고 말한다.

- 흥미 없음
- 재미있는 요소가 없음
- 나와 관계없다고 느낌
- 어디서부터 어떻게 시작해야 할지 모르겠음(특히 우수한 학생들일수록 과제가 어렵다고 인정하는 것보다 과제가 지루하다고 말해버리는 편이 더 편하다)
- 이미 알고 있거나 작년에 해봤던 활동을 반복함

학교생활의 도전 정도에 대해 평가하는 다음 질문을 학생들에게 개인적으로 해보거나 전체적으로 해보라.

- "학교에서 도전의식을 느끼니?"
- "네가 배우는 공부가 왜 필요한지를 이해하고 있니?"
- "지루하니? 언제? 구체적인 예를 들어보렴."
- "언제 좌절감을 느끼니? 설명해봐."
- "네가 모든 것을 다 알고 있다고 생각하니? 너는 언제나 조금도 공부하지 않고 고민하지 않고도 모든 문제를 맞히니?"
- "네가 지금 학교에서 배우는 것이 미래에 도움이 될 것 같니? 너의 미래에 도움이 되지 않을 것 같은 내용이나 활동이 있니?"

이 질문들에 대한 학생들의 대답은 학생들을 다시 몰입하게 하기 위한 도전적인 과제가 필요한지 여부를 교사가 결정하는 데 도움을 줄 것이다. 어떤 특징은 도전적인 일을 규정한다. 학습자들은 몰두하고, 열성적이며, 교사가 주제와 관련된 도전적인 과제를 제시했을 때 기뻐서 어찌할 바를 모르는 특성을 가지고 있다. 도전적인 과제는 시간이 더 걸리고, 결정을 필요로 하며, 높은 기대감을 형성한다 (Ames & Archer, 1988). 다음 부분은 도전적인 과제의 특성을 형성한다.

도전적 과제는 열정에 불을 붙인다

도전적인 활동과 과제, 평가를 제시함으로써 탈진, 지루함, 나쁜 습관을 피하라. 수업과 평가가 도전적일 때 학생들은 열정적이게 된다. 몇몇 학생들, 특히 도전적인 과제에 익숙하지 않은 학생들은 곧바로 흥미를 느끼지 않을 수도 있다. 도전적인 활동은 사고를 필요로 하며, 답이 언제나 몇 초 안에 나오는 것도 아니다. 학생들은 도전적인 과제를 계속적으로 시도해보아야 함을 명심하라. 잘못된 답을 제시한다면, 그 답은 더 낮은 점수를 받는 것이 아니라 효과적인 해답을 위한 다른 기회이다. 도전적인 과제가 효과적일 때 학생들은 열정에 불을 붙이고 그들의 학습에 흥분을 느끼며 과정에 몰두하게 된다.

도전적 과제는 삶과 관련성이 있다

각각의 학습자에게 학습을 의미 있고 재미있는 것으로 만들어주기 위해 실생활의 맥락 속에서 일어나는 문제와 관련된 교육과정을 설계하라. 학생들은 실제 세계와 연결을 지으면서 학습하고, 그러면서 학습자 중심 활동을 통해 개인적 연결고리에 대해 곰곰이 생각해보고 그것을 형성할 시간을 가진다.

도전적 과제는 시간이 걸린다

학습자들이 문제를 풀고, 발전시키고, 창조하고, 조사하고, 시도하고, 해결하여 결정을 내리기까지는 시간이 소요된다. 시간은 이 과정에서 굉장히 중요한 자원이다. 이미 빡빡한 교육과정에서 도전적 과제에 시간을 들이는 것은 사치인 것처럼 보일 수 있다. 어떤 경우에, 교사들은 다른 진도상의 문제 때문에 학생들이 진짜 중요하고 관련 있는 학습문제를 이해하는 데 들어가는 시간에 부담을 느끼기도 한다. Doug Reeves(2001)는 기준에 우선순위를 두어 시간을 들여 가르칠 것을 정하는 것에 대한 중요성을 이야기한다. 어떤 것이 다른 것에 대해 우선순위를 가지는 것을 결정하기 위해 그가 사용하는 기준 중 한 가지는 지속성이다. 시험을 떠나서 계속 지속되는 학습은 무엇인가? 학생들이 개념을 학습하는 데 더 많은 시간을 들이고, 그것을 더 심층적이고 어려운 수준으로 사고하는 과정을 가질 때, 학생들은 어떤 시험이 끝나도 더 열정적이고 학습한 내용이 머릿속에 많이 남아 있는 경향을 보인다.

오늘날 현실에서 부딪히는 또 다른 어려움은 표준화검사 성적에 대한 교사의 책임이다. Wiliam (2007)은 "교사들은 심층적 사고를 위한 수업이 학생 시험성적 향상 결과를 보여 왔음을 다양한 상황에서 발견해 왔다."(p.20)고 밝혔다. 전문가들이 이러한 신빙성 있는 자료를 보여주듯, 교사들이 도전적인 과제와 개념을 교육과정에 도입하지 않을 이유가 없다. 사실 이렇게 함으로써 교사들은 열정과 학생과의 관련성을 만들고 성공을 증진시킬 수 있다.

도전적 과제는 결단력을 요구한다

결단력은 도전적 과제를 만났을 때 중요한 역할을 한다-그 과제가 너무 어렵지 않는 한. 예를 들어, 정원사는 정원의 황폐한 부분을 이목을 사로잡는 아름다운 곳으로 만들겠다고 결심할 수 있다. 많은 종류의 식물을 심어보고 그들이 죽어 가는 것을 지켜보면서 몇몇 정원사들은 계속해서 다른 식물을 심어보고, 흙의 품질을 개선시켜보거나 그 환경을 견딜 수 있는 생명력 있고 아름다운 식물을 찾을 때까지 전문가의 조언을 들어볼 것이다. 다른 정원사들은 좌절하여 포기하고 이 지역을 돌과 시멘트로 덮어버리기로 결정할 수도 있다.

도전적 학습기회를 실행에 옮기고자 계획하기 위해 다음의 절차를 생각해보라.

1. 학습목표를 확인하거나 당신의 수업, 평가 또는 활동에 초점을 맞추라.
2. 과업이나 프로젝트를 결정하라. 과업을 찾거나 결정하기 위해 보다 난이도 있는 학습목표의 용어를 사용하라.
3. 학생들이 수준 높은 활동과 토론에 몰입하도록 도와주라. 토론을 할 때, 질문에 대해 묘사하고 예시를 들어 학생들이 대화에 영감을 얻고 수준 높은 반응을 하게 하라. 학생들이 무언가를 만들어야 한다면, 예시를 주거나 생산물의 품질에 대해 묘사해주라.
4. 학생들과 함께 도전적 과제를 실행에 옮기라. 학생들로부터 활동이나 경험에 대한 이야기를 들으라. 이것은 도전적 사고를 하는 데는 시간이 걸리고 올바른 답이 항상 즉시 나타나는 것은 아님을 강조할 중요한 기회이다. 가장 좋은 답은 새로운 것을 인식하고 시도해보면서 생겨난다. 학생들에게 다음과 같은 질문을 스스로 해보게 하라.

   ☞ "무엇이 잘되었지?"

- "무엇이 어려웠지?"
- "무엇이 놀라웠지?"
- "무엇이 재미있었지?"
- "내가 포기했던 순간이 있었나? 언제였지? 난 그 순간을 어떻게 극복했지?"

유용한 팁과 유의점

심층적 사고와 도전적 과제를 수행하는 데는 시간이 걸린다. 그러므로 목적과 과정, 결과를 설명하는 시간과, 과제에 대해 생각하고, 고민하고, 그것을 완수하는 데 걸리는 시간이 충분해야 한다는 것을 명심하라.

학생들은 짧은 시간 내에 대답을 찾길 원하지만 심층적 사고에는 시간이 필요하다는 점, 도전적인 문제와 경험에는 종종 어떻게 진행해야 할지 이해하는 어려움이 도사리고 있음을 학생들에게 알려주라.

학생이 몰입하고 열심히 학습하고 있는 것을 인식했을 때 시간을 거의 주지 않거나 시간 운용을 유연하게 하지 않음에 대해 주의하라. 학생들이 학습하고, 연구하고 조작적인 과업에 엄청나게 흥미를 느끼고 있는 중에 다음 문제로 넘어가버린다면 그것은 학생들의 흥미를 짓밟고 교실활동에 부정적인 생각을 갖게 할 것이다.

언제라도 학생들의 마음을 사로잡을 수 있는 도전적 문제를 교사의 학습도구 상자에 준비해두어라. 예를 들어, '교실상황에서 고민해보거나 해결해야 할 문제나 시나리오를 계획하라.'와 같은 문제를 생각해볼 수 있다.

도전적 질문을 추가 점수를 위한 도구로 만들지 말라. 학습에서 학생들이 해야 할 것과 사고해야 할 것에 초점을 맞추라. 도전적 문제는 기준을 성취하기 위해 필요한 행동이나 사고의 종류와 맥락을 같이하고 있음을 명심하라. '과학적 탐구 과정을 확인하는 것은 과학적 탐구 과정을 실행하는 것과는 다르다. 문학은 다른 장르의 글과 어떤 차이점을 가지는지에 대해 분석해보라.'와 같은 예시를 들 수 있다.

교과서의 지루한 부분을 사용하지 말라. 재미있고, 흥미를 유발하고, 도전적인 자료를 찾으라.

더 많은 도전적 정보와 지시문을 위해 실제 학문적 자료의 정보를 참고하라. Newmann, King과 Carmichael(2007)의 "실제적 수업과 평가 : 학문적 주제 교수의 관련성과 공통의 정확한 기준"을 예로 들 수 있다.

도전적 주제를 다루는 직업을 가진 사람을 찾으라. 그리고 그들에게 그들이 마주하는 도전적 문제들과 활동에서 사용하는 실생활 문제를 기술해달라고 요구하라. 예를 들어, 기술자가 에너지를 적게 소모하면서 오래가는 휴대전화 백열전구를 계획해야 한다고 가정해보자. 그는 해결책을 찾았지만, 고객은 불빛이 너무 흐릿하여 만족하지 않고 있다. 학생들은 이 딜레마에 대해 가능한 해결책을 찾기 위해 브레인스토밍을 해볼 수 있다.

학생들이 더 많은 도전적 문제를 풀도록 요구하는 것은 학생들이 어디에서 필요한 정보를 찾아야 하는지에 대해 이해하게 만들고, 문제를 푸는 과정이 어떠한지 이해하게 한다. 학생들에게 과정이나 예시를 보여주지 않고 너무 성급하게 실생활 문제를 풀게 한다면 학생들은 표면적 수준 정도의 대답밖에 할 수 없을 것이다.

도전적이거나 복잡한 것을 단지 어려운 것이라고 오해하지 말라. 많은 이야기를 읽어보고 주인공과 주제, 문학적 요소들을 확인하는 것이 처음에는 어려운 것처럼 보일 수도 있다. 하지만 그저 확인하는 단계에서 그친다면, 도전의 요소는 사라져버린다. 한 단계 더 나아가라! 이야기의 결말을 바꿔보거나 실제 상황에서 주제를 이행하는 방법 등에 대한 과제를 생각해보라.

실행에 옮기기

학습에 몰입하지 못하거나 의욕이 없는 학생들에 대해 생각하며, 어떻게 도전적 과제가 학생들을 변화시킬 수 있는지 자문해보라. 예를 들어, 특정 학생들이 왜 학습에 몰입하지 못하는지를 생각해보라. 학생의 관심사, 열정, 방과 후 활동에 대해 질문을 던져보라. 만약 학생이 수업 시간에 읽는 잡지로 인해 자동차에 흥미를 가지고 있다면, 학생으로 하여금 자동차 회사에 연료에 특정 변화를 주기를 추천한다는 글을 써보게 하라. 학생들의 흥미에 한 걸음 다가서서 그들이 흥미를 가질 만한 도전적 과제를 학습목표와 연결 지으라.

다음 부분에서 우리는 두 개의 수학 학습목표가 학생들을 더 도전적이게 하고 몰입하게 만드는지를 조사해볼 것이다.

활동지를 넘어서라

"나는 기울기와 y절편을 확인할 수 있다."라는 학습목표에서 학생들은 단순히 방정식에서 답을 찾기보다 더 도전적이고 재미있는 많은 옵션 중 하나를 선택할 수 있다.

- 그래프가 그려질 때 디자인을 설계하는 일련의 방정식을 만들어보라.
- 이미 그래프 종이에 출력된 디자인에서 좌표가 나타난 몇몇 지점에서의 방정식을 만들어보라.
- 방정식을 세웠거나 계획을 수립하고 나면, 친구와 함께 그 계획을 교환하여 서로가 서로의 문제에 도전해보라.
- 건축이나 다른 과목에서 기울기의 중요성에 대한 예시를 찾아보라.

목표를 흥미와 연결 지으라

"나는 다양한 상황에서 그래프를 해석하고, 묘사하고 만들 수 있다."라는 학습목표를 위해 목표와 학생들을 개인적으로 관련지어줄 다음 활동을 시도해보라.

1. 학생들과 함께 그들의 흥미를 끄는 주제 목록에 대해 브레인스토밍하라. 예를 들어 휴대전화, 비디오 게임, 영화, 운전, 야외에서 놀기 등을 생각할 수 있다.

2. 주제에 대해 학습하고 싶은 질문의 목록을 브레인스토밍하라. 예를 들어
   - 학생 중 몇 퍼센트가 휴대전화를 가지고 있는가?
   - 매일 얼마 정도의 시간을 휴대전화에 소비하는가?
   - 학생들이 휴대전화를 사용하는 목적은 무엇인가?

3. 학생 개개인 또는 그룹을 지어 주제 질문에 대한 답을 찾아보게 하라. 학생들은 그들의 조사지를 계획하고 학교의 친구들에게 조사하거나 온라인과 미디어센터의 질문을 조사해볼 수도 있다.

4. 그래프나 학생들이 수학 시간의 활동에서 토론하고, 찾고, 활용한 다른 시각적 자료들을 학생들이 준비하도록 하라.

5. 그들이 찾은 자료를 바탕으로 결론을 도출하게 하는 수업을 진행하라. "이 자료들은 휴대전화 사용에 대해 무엇을 말하고 있나요?"와 같은 질문을 사용하라.

6. 학생들이 다음과 같은 예상을 하고 새로운 질문을 하게끔 지도하라.
   - 휴대전화 사용이 우리의 성적에 어떻게 영향을 미치는가?
   - 휴대전화 사용에 관해 우리는 부모님과 얼마나 논쟁을 벌이는가?
   - 내게 1주일간 휴대전화가 없다면 어떤 일이 일어날까?
   - 휴대전화를 갖지 않은 아이는 어떻게 느끼는가? 그들은 휴대전화를 갖고 싶어 하는가? 갖고 싶어 한다면 그 이유는 무엇이고 그렇지 않다면 그 이유는 무엇인가?
   - 휴대전화를 가지고 있는 학생과 그렇지 않은 학생들 간에 친구들과 의사소통을 하는 방법이나 빈도에 차이가 있는가?

만약 이와 같은 프로젝트를 여러 개의 반이 진행한다면, 학생들은 다른 반이나 그룹과 그들의 질문을 교류해보고 그래프를 만드는 두 번째 조사에 착수할 수 있을 것이다.

전략 9 : 관련성을 지으라

우리의 뇌는 우리가 이미 경험한 것과 새로 학습한 정보를 연결시킬 방법을 찾는다. 우리가 그 연결고리를 찾고 새로운 개념이나 교육 활동의 의미를 찾을 때 우리는 더 많이 배우고 기억하게 된다(Wolfe, 2001; Jensen, 2001; Sousa, 2006).

모든 이의 경험과 배경지식은 다르다. 그리고 우리가 새로운 정보를 학습할 때 우리의 뇌는 학습이 기억의 창고에 보관될 수 있도록 채워진 내부 보관함에서 연결고리를 샅샅이 조사한다. 뇌는 새로운 정보의 덩어리(chunk)가 있을 만한 적당한 장소를 찾고자 한다. 새로운 정보와 기저 지식 간의 연결고

리가 없을 경우, 새로운 정보는 장기 기억창고가 아닌 단기 기억창고에 머무른다. 스키마는 손가락 지문이나 발가락 지문처럼 뇌 내부의 지문이다. 모든 이의 스키마와 손가락 지문은 다르고, 그렇기에 연결고리는 개인적이고 저마다 다르다. 많은 정보가 빨리 잊히는 이유는 그것들이 장기 기억창고로 이동하지 않기 때문이다—우리의 개인적 스키마와 관련성이 없기 때문이다(Sousa, 2006). 학습은 선지식을 구성하고 이미 이해된 자료에 연결시키고, 흥미로운 경험과 관련지을 때 자연스럽게 이루어진다.

그러므로 학습은 매우 개인적이고 저마다 다른 경험이다. 새로운 정보에의 연결은 반짝이는 순간을 만든다. 그러면 학습자들은 개념을 꽉 움켜쥐고, 기능을 이해하고, 실현한다.

- "이해했어!"
- "필요한 것을 찾았어!"
- "관련성을 찾았어!"
- "연결고리를 찾았어!"
- "내가 어떻게 사용해야 할지 알았어!"

학생들이 숙고하고, 이야기하고, 과정을 진행시킬 시간을 주라. 방법을 설명하고 개인적 연결고리를 만들 시간을 주라. 연결고리가 없을 때 학생들이 새로운 방향으로 생각하고 그곳에서 연결고리를 찾아보게 하라. 당신은 말이 안 되는 메시지나 이야기를 담은 비디오 클립을 보거나 소설을 읽은 적이 있는가? 그럴 때는 대부분 비디오를 멈추거나 책을 덮어버린다. 이와 유사하게, 학생들이 연결고리를 찾지 못할 경우 그들은 학습을 멈추고, 포기하고 심지어 학습에 지장을 주는 행동을 보이게 된다.

내용은 반드시 관련성을 가져야 한다. 학습자들은 학습하는 정보에 대해 중요한 개인적 이유를 필요로 한다. 학생들은 스스로에게 묻는다. "내가 이 활동을 통해 무엇을 얻지? 이것이 내 미래에 어떤 도움이 되지? 이것은 내 선지식과 경험과 어떻게 조화를 이루지?" 만약 이에 대한 대답이 교사와 학생에게 있어 부정적이거나 명확하지 않다면, 학생들이 장래의 수업에 열심히 참여하고 무언가를 얻어 갈 가능성은 거의 없다. 학생들이 개인적 필요성과 연결고리를 발견한다면 그들은 더욱 학습에 참여하고 몰두하고자 할 것이다.

연결고리는 다양한 맥락에서 이루어질 수 있다. 교사들은 학습을 지원하기 위한 연결고리를 다양한 방법으로 찾아야 한다. 예시를 들자면 다음과 같다.

1. 개념을 설명하기 위해 개인적 경험을 사용하라.
   - 개인적 이야기는 관련성을 제공하고 현상을 설명하는 데 도움을 준다.
   - "~해본 적이 있나요?" 진술은 학생들이 주제와 관련된 그들의 경험에 한 걸음 더 다가서는 데 도움을 준다.

2. 학생들의 흥미와 연관성을 지으라.

- 학생들에게 (식료품점에 가는 등의) 시나리오, 영화, 유사한 주제나 개념이 적용된 노래를 제공하라. 그러면 학생들은 개인적으로 활동하거나 또는 그룹으로 활동하여 시나리오, 영화, 노래를 비교하고 대조하려고 할 것이다.
- 소설이나 사실을 다른 글을 읽고, 학생들이 글의 서두를 멋지게 장식할 만한 노래를 찾게 하라.

3. 비유를 만들거나, 학생들로 하여금 비유를 기억하게 할 만한 것을 생각해보게 하라.

4. 다음 질문을 하며 다른 매체, 사람들, 장소, 시간대와의 연관성을 만들라.

- "이 음악이 너로 하여금 무슨 생각을 하게 하니?"
- "왜 제작자들이 이 영화에 이 노래를 사용했다고 생각하니?"
- "어떤 장소를 방문해보았니?"
- "다른 시간대에 있었을 등장인물이 누구였을 것 같니?"
- "만약 이 등장인물이 가장 좋아하는 TV쇼를 고른다면, 무엇을 고를 것 같고 그 이유는 무엇이니?"
- "이 역사적 인물이 오늘날 살아 있다면, 그 사람이 어떤 직업을 가졌을 것 같니?"

학생들은 또한 새로운 내용과 개념을 이전에 배웠던 기능과 경험, 그들의 사회와 연결 지을 수 있다. 학생들이 연결 짓는 작업을 도와줄 다음 전략을 생각해보라.

- **자기와의 연결고리** : 학생들에게 새로운 학습기회를 제공할 때 다음의 질문을 사용하고, 연관성을 만들기 위해 그 대답들을 수업이나 평가 속에 삽입하라.
  - "왜 이것이 중요하지?"
  - "어떻게 이 주제가 연구, 사회, 우리에게 영향을 미치지?"
  - "이 개념이나 비슷한 것을 이전에 경험해본 적이 있니? 묘사하고 설명해봐."
- **사회와의 연결고리** : 관련성 있는 아이디어는 학교, 사회, 그리고 전 세계에 영향을 미친다. 학생들에게 다음을 반영한 질문을 해보라.
  - "이 아이디어나 학습목표가 다른 나라에서 실행된 사례는 무엇인가?"
  - "이 생각들은 어떻게 우리 사회에 영향을 미치는가? 그들은 어떻게 우리 사회를 지지하고 그에 공헌하는가? 어떤 사람이 이 아이디어를 이해하는 것이 중요한 이유는 무엇인가?"
  - "우리 학교사회가 이 개념이나 아이디어를 사용하는 방식이 존재하는가?" 예를 들어, 환경 조사가 몇몇 학교들로 하여금 그들의 식당에 거름을 주도록 유도해 왔다.

유용한 팁과 유의점

특히 학생들의 사기를 저하시키거나 그들을 압도할 만한 어려운 자료를 다룰 때 오늘날 세계와의 연결고리는 학생들이 과제에 더욱 몰입하게 하거나 학생들이 의미를 구성하는 것을 돕는 역할을 한다. 학생들이 좌절하고 포기하지 않도록 돕기 위해 연결고리를 사용하라. 정보를 반복해서 제시하거나 다양한 수업에서 나선형으로 반복적 수업을 할 것을 명심하라. 학습이 처음에는 연결되다가 학생들이 사용하지 않으면 그 연결고리는 이내 사라질 것이다.

동시에 쓸데없는 중복을 줄이라. 상투적인 방법은 학습자들의 사기를 저하시키고 학습의욕을 꺾는다. 학생들이 이해하면, 교사는 때때로 같은 단계에서 동시에 연결고리를 계속해서 반복한다. 그것은 다음과 같다. 수업이나 어떤 종류의 연결고리에 의해 학습이 발생한다. 그리고 나서 교사는 그와 같은 수준의 수업과 활동을 계속해서 반복한다—특히 늘 그러하듯—똑같은 활동지, 똑같은 과제, 똑같은 활동, 똑같은 개인지도. 새로운 것이 없을 때 학생들은 지루해하고 학습하지 않으려 한다. 그들로 하여금 계속 도전하게 하고 이해하기 위해 노력하도록 해야 한다.

모든 학생이 연결고리를 가지고 있음을 명심하라. 때때로 소수의 학생들이 이해할 때, 교사는 이해한 학생들에게는 그들이 더 심층적으로 이해하게 도와주고 연결고리를 찾지 못한 학생들에게는 새로운 전략을 사용하여 수준별 수업을 하는 대신 그저 다음 단계로 넘어가곤 한다. 가르칠 것이 너무 많아 교사들은 압박을 느끼고 넘어가버리는 것이다. 가장 필요한 기능을 선택하고 거기에 시간을 많이 투자하라.

단어와 연결고리를 지으라. 학생들에게 익숙한 정보나 그 개념에 대한 설명 경험 없이 교사가 새로운 학문적 단어를 제시할 때, 학생들은 어리둥절해하고 당황한다. 학생들이 새로운 언어와의 관련성을 갖도록 도와주라. 교사가 무언가에 대해 이야기하거나 제시할 때, 학생들이 그 용어나 개념에 대해 더 잘 이해할 수 있도록 정의와 예시, 동의어, 반의어를 사용하라(Chapman & King, 2009b).

학생들의 연령대, 그들의 관심사, 그들의 선지식에 대해 이해하라. 연결고리는 당신이 가르칠 학생들의 연령, 경험, 선지식과 반드시 연결되어야 한다. 학생들을 대상으로 그들에게 익숙하지 않은 1950년대 노래를 사용한다면, 연결고리는 없어져 의미 없는 단어나 개념이 되어 갈 곳을 잃고 단기기억고로 갈 것이다. 효과적인 교사는 학생들이 연관성을 만들어야 할 때를 알고, 학생들이 그들 각자의 연결고리를 만들 시간을 충분히 제공할 때가 언제인지를 아는 교사이다.

여러 학문 분야가 관련된 통합 단원은 주제 간 연결성을 위한 좋은 기회를 제공한다. 가능하다면 다른 과정이나 내용을 배열하여 주제와 개념이 동시에 제시되도록 하라. 단원 간의 어려운 학습목표를 보고 자연스러운 연결고리를 찾으라. 과학, 수학, 사회, 그리고 읽기에서 발생하는 결론을 도출하는 것을 예로 들 수 있다.

실행에 옮기기

영화, 소설, 아이들의 이야기, 그리고 여러 학문 분야가 관련된 통합 단원은 학생들이 내용을 이해하고 몰두하도록 학습을 기술하고 계획하는 데 유용한 수단이 된다.

영화와 소설

요즘의 영화와 소설은 수업과 과거와의 연관성을 제시한다. 좋은 이야기는 주제를 가지는데, 그것이 오늘날의 영화와 소설에서도 나타난다. 예를 들어, 웨스트사이드 스토리(미국의 뮤지컬 영화)와 셰익스피어의 로미오와 줄리엣은 비슷한 등장인물과 주제를 가진다. 연결고리나 훅(hook)으로서 영화나 소설의 한 부분을 선택하여 학생들이 미디어를 통해 내용에 대해 더 나은 이해를 하게끔 하라. 또한 시간을 들여 그날 학습할 주제와 관련되는 소설에서 하루분의 분량을 읽어주라.

아이들의 이야기

아이들의 이야기는 관점과 연결고리를 제시한다. Jon Scieszka와 Lane Smith가 집필한 수학의 저주(*Math Curse*, 1995)는 어떻게 수학이 등장하고 일상의 사람들에게 문제가 되는지에 대해 기술한 웃긴 이야기이다. 우리는 수학에서 벗어날 수 없어! 학생들은 수학이 '문제가 되었던' 각자의 예시를 적고 그 것을 모아 그 수업 버전의 수학의 저주를 만들 수 있다.

교사들은 연결고리를 만들고 친숙한 이야기나 다음과 같은 어려운 내용에 대해 새로운 관점을 제시해줄 많은 다른 아이들의 이야기를 사용할 수 있다.

- Jon Scieszka와 Lane Smith에 의한 **과학 동시**(*Science Verse*)
- Gregory Tang과 Harry Briggs의 **수학의 포도**(*The Grapes of Math*)

여러 학문 분야가 관련된 통합 단원

여러 학문 분야가 관련된 통합 단원은 또한 풍부한 연결고리와 관련성, 실제성 그리고 도전을 제공한다. 다음의 이야기는 학제 간 통합 프로젝트 사용을 기술하였다. 이와 유사한 것을 당신의 수업에도 계획해보는 것을 생각해보라.

부차적으로, 학생들은 수질을 공부한다. 과학 수업에서 학생들은 다양한 강물과 개울물에 대해 9가지 수질 테스트를 수행하고 결과를 분석하여 사회에 영향을 미치는 결론을 도출한다(예를 들어, 골프장이나 물 마시는 것 등). 수학 수업에서 학생들은 강바닥을 그래프화했고 수질의 증거가 되어줄 흙 샘플과 '생물' 샘플을 채취하기 위해 강바닥 부분을 사용했다. 국어 수업에서 학생들은 도시와 사업가, 비영리단체에게 결과를 기술하고 사회의 수질을 개선시킬 수 있는 긍정적인 자세를 취할 것을 당부하는 설득적인 편지를 썼다.

초등학교나 학년제로부터 독립된 수업에서는 주제를 뛰어넘은 연관성을 창조하라. 때때로 이 작업은 단원의 순서를 살펴보고 교과서의 순서와 다른 자연스러운 연결고리를 가지도록 재배열하는 것을 요구한다. 기준과 학습목표가 잘 조직될 때 다양한 주제가 연결되어 학생들이 내용의 경계를 넘어 상호보완적인 정보를 얻을 수 있다. 예를 들어, 역사 수업에서 독립 전쟁에 대해 학습할 때 학생들은 그 시기에 대한 짧은 이야기를 읽을 수 있다.

교육과정을 통합하는 또 다른 방법은 교육과정 전반에 걸쳐 있는 기능과 맥락을 중심으로 수업하는 것이다. 예를 들어, 모든 과목에서 인과관계를 다루라. 설득적 글쓰기를 지시문을 써서 계획하고, 과정과 내용 영역 경계를 넘어서 사용하라.

전략 10 : 준거와 활동을 함께 만들라

이 장에서는 앞서 기술했던 전략들이 얼마나 학생들의 사기를 고취시키고 그들을 과제에 몰입하게 하는지에 대해 보여준다. 학생들에게 학습목표를 말로 설명해주고 교실 게시판과 과제물, 평가에 그것을 나타내는 것은 멋진 첫 걸음이자 예상을 명확하게 하는 요소이다. 하지만 학생들이 학습목표를 어떻게 해석하는지는 다른 문제이다. 교사가 학생들에게 요구하는 것과는 상관없이 학생들은 자신들만의 의미를 구성한다. 학생들과 함께 무엇이 우수하고 성공인지에 대한 지식을 구성함으로써, 우리는 학생들에게 학습목표의 구체적 모습과 그들이 그것에 어떻게 도달하는지에 대한 방법을 제공한다. 그리고 이 활동을 함께 브레인스토밍하고 구성하여 학생들이 그들의 학습에 대해 생각해보는 연습을 한다(211쪽의 학생참여 전략 24 참조).

교사가 학생들의 브레인스토밍, 계획, 형성, 구성, 창조를 조금 도울 때마다 결과물에 훨씬 큰 투자를 하는 셈이 된다. 학생들과의 이러한 협력관계는 교사가 학습을 설계하고 학생들은 그것을 따라가는 관계에 비해 공유한 노력으로 교수와 학습의 책임감을 형성한다. 이 부분은 학생들이 그들의 학습과정을 소유하고 몰입하는 것을 돕는 전략과 아이디어를 제공한다. 학생들은 교사가 교실수업활동과 부분을 구성하는 것에 자신들을 포함시킬 때 학습과 몰입에 대한 동기가 형성된다.

학습활동을 함께 설계하기

학생들은 아직 개발되지 않은 창조성과 에너지를 가진 보고이다. 학습자는 학습활동에 영향을 미칠 수 있는 저마다의 흥미와 경험을 가지고 있다. 학습활동을 구성하고 특정한 학습주제를 제시하는 수업에 학생들을 끌어들이고 그들이 몰입하게 하라. 학생들이 더 확실히 몰입할 뿐만 아니라 학습활동의 계획 과정에서 더 학습할 것이다.

협력과정 전에 교사는 학습목표를 확인하고 활동의 시간표를 짜야 한다. 학생들과 함께 활동을 구성할 다음의 단계를 참고하라.

1. 학생들이 그들의 언어로 학습을 기술하게 하라. 학습에서의 정의나 기술에서 공통된 합의점에 도달하게 하라.
2. 목표를 학습하기 위해 학생들이 주제에 대해 브레인스토밍을 하게 하라(특히 목표가 지문 읽기나 독해, 문제해결, 설득적 글쓰기와 같은 과정이나 기능에 초점을 맞출 때는 더욱 그러하다).
3. 학생들이 목표를 학습하도록 도와줄 활동이나 과업에 대해 브레인스토밍하라.
4. 학생들의 토의, 직접적 활동 그리고 학습에서 발생된 아이디어를 활용하라. 또는 소그룹 활동이나 개인 활동으로 나누어 학생들이 학습목표를 계획하고 구성하는 것을 시작할 수 있도록 하라. 이 역할에서 협력 활동을 통해 교사는 학습을 촉진하고 학습을 위한 구조를 조직할 수 있다.

협력 활동 기준

학생들이 평가, 프로젝트, 활동의 성공에 대해 알고 이해할 때 학생들이 성공할 가능성이 훨씬 높아진다(Hattie, 2009). 학생들에게 기준표나 채점 리스트를 제공하는 것이 학생들의 예측을 시작하게 하는 하나의 방법이 될 수 있는 반면에, 기준을 학생들과 함께 설계하는 것은 학생들이 기준을 그들의 것으로 만들고, 과정에 대해 심층적 이해를 하게하며, 성공이 어떠할지를 시각화하는 것을 돕는다고 할 수 있다. 교실에서 기준을 구성하기 위해 다음의 단계를 참고하라.

1. 프로젝트, 서술형 과제, 발표, 목표 형가에 초점을 둔 기준이나 학습목표를 선택하라.
2. 이전 학습에서 예시를 가져온다면 학생 활동에서 6~8개를 선택하라.
3. 학생들이 개인적으로 예시를 읽고 비평하고 〈그림 3.3〉의 연속선에 따라 점수를 매겨보게 하라. 각각의 학생으로 하여금 그들의 점수에 대해 간단히 설명해보게 하라.
4. 학생들이 그들의 점수를 공유하게 하고, 발견한 점을 전체적으로 발표하게 하라.
   - **훌륭함, 좋음, 보통, 노력이 필요함**의 네 가지 선택지로 이루어진 기준표를 교실의 한쪽 벽면에 걸어두라. 학생들이 동시에 예시들을 이야기해보도록 하라. 학생들은 자신의 점수에 해당되는 곳으로 옮겨간다.
   - 학생들의 반응들을 옹호하는 교실 토론수업을 진행하라. 학생들이 처음에 전체적인 토론수업을 하기 전에 그들의 점수를 결정하기 위한 소집단 활동을 해보도록 할 수도 있다.
   - 학생들 과업 각각의 점수를 합산하라. 그래프를 활용하여 수업의 결과를 쉽게 나타낼 수 있다. 학생들은 칠판이나 차트 용지에 결과를 나타낼 수 있다.
5. 토론에 기반을 두어 서너 가지의 기준을 만들라. 학생들은 처음에 각각 브레인스토밍을 하고 난 뒤 공통된 기준을 얻기 위해 소집단 토론을 할 수 있다. 기준을 적어보는 것은 조직, 대회 또는 지원을 포함할 수 있다.

지시 : 학생들의 과제(문제해결 예시, 설명, 에세이, 시험 등) 중 3~8가지 예시를 제공하라. 다음 표에 학생들의 과제 각각을 점수화해보게 하라.

4	3	2	1
훌륭해!	**좋아!**	**보통이야!**	**노력 요함!**

학생 과제 중 최고부터 최악까지	등급에 대한 설명
1.	
2.	
3.	

학생들이 소집단 토론을 하고 등급에 대한 합의를 하게 하라. 합의점에 이르는 과정에 전체 학생들이 몰입하게 하라.

그림 3.3 협력하여 기준을 만드는 활동지의 예시

이 그림을 복사하여 사용하려면 go.solution-tree.com/instruction을 방문 바람.

6. 전체 학생들이 각각의 기준이 의미하는 바에 대해 기술해보게 하라. 학생들은 숙련도의 정도에 따라 각각의 과제를 조사해볼 수 있다. 이 기준표는 학생들의 실제 과제에서 추출한 예시뿐만 아니라 기준의 몇 구절을 포함할 수도 있다.

학생들이 〈표 3.5〉를 사용하여 과제에서 함께 만든 기준의 진보를 차트화하도록 하라. "작문의 수준은 어떠한가?"와 같은 질문에 학생들이 대답하여 목록을 작성했다. 그리고 나서 학생들은 각각의 기준의 단계를 다양하게 기술하기 시작했다.

유용한 팁과 유의점

학생들이 단지 수동적 방관자로서가 아니라 학습과정에 참여하게 함으로써 몰입도를 증가시키라. 학생들과 함께 과정을 구성하고 학생들이 몰입할 만한 계획을 세우라(104쪽의 전략 10). 처음에는 작은 학습목표를 형성하는 것부터 시작하고, 맞고 틀린 대답을 찾기보다 숙련도의 단계적 차이를 보여주는 학습목표를 설정하라.

학생들과 함께 브레인스토밍을 할 때 아이디어를 모으는 순간과 결정을 내리려고 노력하는 순간을 달리하라. 판단을 배제하고 아이디어를 모을 때 학생들은 '옳은 것'을 말하거나 교사가 의도하는 답을 해야 한다는 부담에서 벗어나 자유롭게 대답할 수 있다. 실현가능하고, 흥미롭고, 관련성 있는 지 여부와 상관없이 아이디어는 또 다른 아이디어와 훌륭한 통찰력으로 우리를 이끈다. 브레인스토밍 과정에

표 3.5 ●● 학생들이 협력해서 만든 기준표 견본

기준	훌륭해!	이해했어!	발전했어!	시작!
잘 정돈된 글	내 글의 서두가 독자들을 흥미롭게 하였다. 중반부는 서두의 토대 위에 형성되었고, 끝부분은 독자들로 하여금 사고하게 하였다.	내 글은 서두와 중반부, 후반부를 가지고 있으며, 독자는 내 글을 이해한다.	내 글은 서두를 가지고 있을지 모르나, 세부적인 중반부와 결말이 없어서 각각의 부분이 어떻게 연결되는지 알아보기 힘들다.	내 글은 독자의 이해를 돕기 위해 보다 조직적으로 정돈된 아이디어가 필요하다.
묘사와 재미있는 부분	내 글에는 독자가 내가 의미하는 바를 형상화해 보도록 돕는 많은 형용사가 사용되었다.	내 글에는 글의 의미를 돕기 위한 형용사와 묘사가 있다.	내 글에는 내가 전달하고자 하는 메시지를 제대로 묘사하는 것 대신 분위기를 산만하게 하는 형용사들이 몇 개 있다.	내 글에는 단순한 단어들만이 사용되었다.

이 표를 복사하여 사용하려면 go.solution-tree.com/instruction을 방문 바람.

서 이것은 중요한 과정이다.

학생들이 활동을 계획할 때 과제 수준에 대해 관찰하는 것은 중요하다. 학생들은 우수한 아이디어에 도달하기 위해 조사, 브레인스토밍, 초안 작성 등을 중요시해야 한다. 이 과정이 깊이가 없다면 활동들이 표면적 수준에 머물게 되고, 심층적 학습은 일어나지 않으며 학생들은 혼란스러운 상태로 남게 된다. 그리하여 학습동기가 유발되지 않은 학생들은 몰입하지 못하고 포기하게 될 가능성이 높다. 학생들의 지난 몇 년간의 과제에서 샘플을 찾아 과제의 강점과 약점을 수업에 활용하도록 많은 예시를 수집하라.

실행에 옮기기

다음의 예시에서 우리는 초등학교와 중학교에서 활동과 기준을 함께 구성하는 것에 대해 토론한다. 중학교 예시에서 설득적 주제에서 어떻게 기준을 형성하는지에 대해 묘사하였다. 초등학교 예시에서 어린 학습자들에게도 활동을 함께 형성하는 것이 사용될 수 있음에 대해 제시하였다. 각각의 사례에서 학생과 교사는 학습에 대한 설명과 계획의 과정을 함께 사용하였다.

설득적 주제를 선택하고 기준을 설정하라

일리노이 주 디케이터에 위치한 스티븐 디케이터 중학교의 8학년 국어 팀은 학생들이 설득적 글쓰기의 중요한 구성요소를 복습하는 것을 돕는 방법에 대해 토의하였다. 이 팀은 학생들이 흥미를 느끼고 글쓰기 주제에 적합한 설득적 주제를 결정하도록 도와줄 일련의 질문을 만들었다(Eldon Conn, Tasia Spencer-Burks, Crystal Eilers, Leslie Johnson, and Sandra Bell, 개인적 의사소통, 2009년 9월 29일). 여기에 제시하는, 활동을 구성하기 위해 우리가 계획한 것을 "나는 설득적 글쓰기의 구성요소를 확인할 수 있다" 학습목표에 대한 수업을 할 때 사용해볼 수 있다.

1. "설득적 글쓰기란 무엇인가?"에 대해 학생들에게 물어보고, 그들이 알고 있는 바와 알고 싶어 하는 바에 대해 글을 쓰게 하라.

2. 학생들에게 설득적 주제의 세 가지 예시를 들어주라. 각각의 주제에 대해 학생들이 찬성과 반대 입장을 확인하게 하라. 그러고 나서 짝을 지어 학생들이 다음 활동을 하게 하라.
   - 무엇이 좋은 설득적 글쓰기를 만드는지에 대해 토론하라.
   - 기준표를 사용하여 각각에 대해 점수를 매기라. 점수표를 벽에 걸어두고 학생들이 자신의 점수 쪽으로 움직이게 하라. 이 예시 작업이 끝나면 주제에 대해 합의점을 이끌어내기 위한 토의를 하도록 하라.

3. "무엇이 질 높은 에세이의 요소인가?"에 대해 학생들에게 물어보고, 다음의 3다리 의자 아이디어를 사용하여 답을 기술하라.
   - **입장을 견지하라** : 당신의 입장에 대해 진술하라.
   - **세 가지 다리를 주라** : 입장에 대한 세 가지 이유를 간단히 설명하라. 각각의 다리에 구체적인 세부사항을 발전시키라.
   - **세부사항을 점검하라** :
     - 약점을 늘어놓으라. 그러면 의자의 중심이 무너질 것이다.
     - 의자를 청소하는 담배 파이프 청소 도구(약한 반대 의견)는 세부 사항을 보다 강하게 할 것이다. 그러나 어떠한 바람(반대 의견)도 의자를 넘어뜨릴 수 있다.
     - 의자를 지탱하는 나무막대는 의견을 확실히 지지하기 위한 강한 설명이다.
     - 글쓰기 기술을 이용하여 세부사항이 어떻게 의자(입장이나 입장에 대한 의견)를 지탱하는지 설명하라.

4. 주제에 대해 브레인스토밍을 하여 옹호하거나 기술하라.

5. 청중을 설정하고 그에 대해 토의하라. 학생들에게 "누구를 위해 글을 쓰거나 누구에 대해 글을 쓸 것인가? 글의 주제는 무엇인가? 이 정보를 가지고 그들에게 하려는 바는 무엇인가? 너의 작문이 어떤 일을 가져다주기를 바라는가?"에 대해 질문하라.

6. 이 활동의 마지막에 설득적 글쓰기의 가장 중요한 점에 대해 기술하라.

학습목표와 연계된 활동 협력 구성

활동과 학습목표를 함께 계획하는 것은 내재적 동기와 몰입을 유발한다. 어린 학생들 또한 그들의 학습에서 주도적 역할을 할 수 있다. 조지아대학의 아동 발전 연구소에서 Phillip Baumgarner는 그의 서너 살 아이들이 놀이를 하는 동안 유심히 들어보았다. 그들의 성(castles), 해적, 우주, 자연에 초점을 맞춘 대화에 집중하다가, 그는 학생들이 이 주제에 관련된 대화에 몰입하도록 해보자고 결심하였다. 학생들은 다음 주에 그들이 선택한 주제에 대한 다수결 그래프 표를 만들었다. 해적이 가장 많은 표를 얻었다. 학생들이 해적에 대해 학습할 수 있는 모든 것에 몰입을 하고 난 후 Baumgarner는 그 주의 주제와 활동, 학습목표의 개요를 수립했다. 교육과정 지도(표 3.6)에서 부모를 초청하여 활동에 대해 기술하고 각각의 학생이 인지한 것을 기록하였다. 그는 의도된 학습결과와 각 활동에 연결된 목록을 포함하였다.

유년기 아동들을 위한 창의적 교육과정(*The Creative Curriculum for Early Childhood*)(Dodge & Colker, 2001)에서 아동들의 발전을 위해 Baumgarner가 그의 학생들과 함께 수립한 교육과정에 사용한 다음의 목표와 주제를 확인하라.

- **사회적/정서적 발달** : 자신, 자신과 타인에 대한 책임감, 그리고 친사회적 행동에 대해 묘사하라.
- **신체적 발달** : 총체적 운동 기능과 소근육 운동기능 모두를 드러내라.
- **인지적 발달** : 학습과 문제해결, 논리적 사고, 묘사, 상징적 사고를 나타내라.
- **언어적 발달** : 효과적으로 듣고, 말하고 읽고 쓸 수 있다.

함께 구성한 이 과정을 통해 Baumgarner는 몇몇 학생들이 개인적 기초 위에서 그들의 사고를 제공하는 것을 선호한다는 것을 알았고, 그는 다음에 그 부분에 조금 더 시간을 할애하기로 결심했다 (P. Baumgarner, 개인적 의사소통, 2009년 1월 5일).

표 3.6 ●● **함께 구성한 해적에 대한 유치원 교육과정 지도 예시**

주제 : 해적들		교실 : 유치원 2		주 : 9월 15일
활동	**월요일**	**화요일**	**수요일**	**목요일**	**금요일**
아침	구멍이 숭숭 난 블록으로 해적선을 만들어라. 학생들이 배의 그림을 그리고 제작에 사용될 블록의 물품 목록을 만들어라 (페이턴). 이 활동들은 발표와 상징적 생각, 소근육 운동 기능, 독해와 작문 기능을 촉진한다.	해적 지도를 만들어라(알렉스). 이 활동은 발표와 상징적 생각, 소근육 운동 기능, 독해와 작문 기능을 촉진한다.	수조에서 배를 가지고 놀아라(조슈아). 이 활동은 자신과 타인에 대한 책임감을 촉진한다.	보물을 숨기고 찾는 것에 대해 토론하라. 이 활동은 학습과 문제해결 능력을 촉진한다.	해적을 흔들리게 만들어라(앤드류). 이 활동은 논리적 사고기능을 촉진한다.
점심	해적 깃발을 설계하고 만들어라 (지니). 이 활동은 논리적 사고기능을 촉진한다.	해적 모자를 만들고 장식하여라 (노아). 이 활동은 소근육 운동 기능을 촉진한다.	망원경을 만들어라(샐리). 이 활동은 논리적 사고기능을 촉진한다.	큐브 지표를 만들어라. 이 활동은 논리적 사고기능을 촉진한다.	해적 콜라주를 만들어라. 이 활동은 소근육 운동 기능을 촉진한다.
그룹 시간	해적에 대해 이야기해봐! 종이에 반응을 적어라. 편지를 찾아보아라. 이 활동은 소근육 운동 기능과 독해와 작문 기능을 촉진한다.	해적 마라카스를 만들고(박을 사용하라)(샘), 해적 음악에 맞춰 춤을 춰라. 이 활동들은 총체적 기능과 소근육 운동 기능을 촉진한다.	괴혈병이 무엇인가? 감귤류 과일을 맛본 후 호불호를 차트화해볼 것이다. 이 활동은 논리적 사고기능을 촉진한다.	해초−김−를 맛보아라(호세). 김이 어떻게 만들어지는지에 대해 토론하라. 이 활동은 학습과 문제해결 능력 그리고 논리적 사고기능을 촉진한다.	해적 지도를 이용하여 우리 학교 어딘가에 있는 보물을 찾아볼 것이다(게리). 이 활동은 독해와 작문 기능을 촉진한다.

(계속)

활동	월요일	화요일	수요일	목요일	금요일
이야기 시간	나를 감동시킬 편지 이 활동은 독해와 작문 기능을 촉진한다.	잘못된 세계의 해적 루퍼트 이 활동은 독해와 작문 기능을 촉진한다.	해적들은 기저귀를 갈지 않아 이 활동은 독해와 작문 기능을 촉진한다.	어떻게 하면 해적이 되는지 목록화해라. 이 활동은 독해와 작문 기능을 촉진한다.	다음 주 학습주제가 선정되고 난 뒤 책이 선택될 것이다(도입으로 사용됨). 이 활동은 독해와 작문 기능을 촉진한다.
야외 활동	보물을 파라(존). 이 활동은 자신과 타인에 대한 책임감과 친사회적 행동, 총체적 기능과 소근육 운동 기능을 촉진한다.	보물을 파라. 이 활동은 자신과 타인에 대한 책임감과 친사회적 행동, 총체적 기능과 소근육 운동 기능을 촉진한다.	널빤지 위를 걸어라(이안). 이 활동은 자신과 친사회적 행동, 총체적 기능과 소근육 운동 기능, 표현력과 상징적 사고를 촉진한다.	해적선 위에서 드라마 같은 연극을 보여주어라. 이 활동은 표현력과 상징적 사고를 촉진한다.	낙하산 놀이를 하여라. 이 활동은 자신과 타인에 대한 책임감을 촉진한다.

허락받고 게재함. ⓒ 2009 Phillip Baumgarner. University of Georgia, Child Development Lab.

제3장 | 캠프파이어 토크

이 장에서는 학습을 기술하고 설계하는 전략에 대해 설명하였다. 당신이 이해한 것과 인지한 것, 그리고 학생들이 그들의 학습을 이해하게 하도록 도와주었던 경험에 대해 생각해보라. 당신의 소속 연구회, 교과 모임, 동학년 모임, 혹은 전체 교직원 모임에서 다음과 같은 질문과 활동에 대해서 토의해보라.

1. 당신의 학습목표는 얼마나 명확한가? 그 목표들은 기준에서 가장 중요한 부분을 반영하고 있는가?

2. 당신은 이 학습목표들에 대해 학생들과 어떻게 의사소통하는가? 학습목표는 활동, 학습자료, 과제, 그리고 평가에 잘 나타나는가? 그리고 그것은 교실의 벽면에 게시되어 있는가?

3. 당신은 학생들이 학습하는 동안 그들의 이해를 돕기 위해 무엇을 할 수 있었는가?

4. 학생들은 어떻게 그들의 평가를 예상할 수 있는가? 작문 프로젝트를 통해서? 문제해결을 통해서? 학생들로 하여금 평가를 예상하게 할 만한 다른 방법에는 어떤 것이 있었는가?

5. 당신의 평가들은 학습목표와 어떻게 일치하는가? 당신이 평가하는 것이 당신이 가르쳤던 기준을 반영하고 있다고 자신 있게 말할 수 있는가?

6. 학생들이 시험과 프로젝트, 총괄평가를 수행하기 전에 얼마나 많은 연습을 하는가? 그 연습은 학생들이 총괄평가에서 좋은 점수를 거두기 위한 학습목표에 초점이 맞춰진 것인가? 연습은 위험성이 적은 것인가?

7. 학생들이 총괄평가에 자신감을 가지고 접근하는가? 당신은 그것을 어떻게 아는가?

8. 학생들이 그들의 학습에 대해 어떻게 생각하는지 물어보라. 학생들의 반응이 학생들이 학습을 인식하고 있는 것과 관련한 정보를 제공해줄 것이다.

9. 학생의 동기를 증진시키기 위해 발견하고, 조사하고, 학습할 의욕이 없는 학생들이 학습을 설계하고 계획을 세우도록 각각의 필요에 대해 고민하는 계획을 사용하라.

학생의 동기부여를 위한 계획

전략	필요한 전략에서 동기부여가 되지 않은 학생들의 이름을 적으라	학생들이 가지고 있는 안 좋은 학습습관을 확인하라	관찰 가능한 증거, 행동, 습관, 특성의 목록을 만들라	필요를 충족할 만한 활동을 개발하라	실행에 대해 고심하고 그것을 반영하라	추가적 제언
6. 학습을 명료화하라. (77쪽)						
7. 평가가 수반된 수업을 실시하라. (84쪽)						
8. 도전적인 학습기회를 제공하라. (94쪽)						
9. 관련성을 지으라. (99쪽)						
10. 준거와 활동을 함께 만들라. (104쪽)						

국어 수업에서의 학생 자취 평가서 견본

학습목표	글쓰기 과제 1		글쓰기 과제 2		글쓰기 과제 3	
	자기평가	수정 점수	자기평가	수정 점수	자기평가	수정 점수
내 용						
나는 효과적인 주제 문장을 작성할 수 있다.						
나는 효과적인 세부 문장을 작성할 수 있다.						
나는 세부 문장이 어떻게 주제와 연관되어 있는지 설명할 수 있다.						
나는 눈이 휘둥그레질 만한 단어를 사용할 수 있다. 내가 사용한 단어가 구체적이고 묘사적이라는 의미이다.						
기 법						
나는 작문에서 대문자 사용 규칙을 정확하게 적용할 수 있다.						
나는 작문에서 맞춤법을 정확하게 사용할 수 있다.						
나는 작문에서 구두점을 제대로 사용할 수 있다.						

모험 발견하기

초등학교 4학년인 알리사는 활동적이고 창의적인 아이였다. 학교생활이 다 즐거웠지만 특히 창의성을 요하는 활동에 재미를 붙였다. 사회과 수업의 미국 인디언 단원에서 그 능력이 더욱 두드러졌다. 부족을 하나 선택해서 발표하는 시간이 있었다. 알리사는 부족에 대한 정보를 모으고, 온갖 색깔과 사진과 글로 파워포인트를 준비했다. 부모님은 프로젝트 자료를 만드는 알리사를 보며 그 아이가 진심으로 주인의식을 갖고 몰입하고 있는 모습에 매우 놀랐다. 알리사는 발표문을 만들 때도 쉴 새 없이 세심하게 문장을 다듬었다. 알리사가 학교에 다니는 지금까지 그 누구도 알리사가 이렇게 활동준비에 집중하는 모습을 보지 못했었다. 예전에는 과제를 완성하는 것이 목표였지 지금처럼 무언가를 배우려 하거나 발표문을 세심하게 만들어 친구들에게 전해주는 것에는 관심이 없었기 때문이다.

동기와 몰입은 전염성이 있어서 한 번 흥미가 생기기 시작하면 학습에 탄력이 붙는다. Wendy Yount는 조지아 주 보가트 시에 위치한 로키 브랜치 초등학교의 4학년 교사로 알리사의 담임선생님이다. 다음은 Yount 선생님이 블로그에 올린 글인데 알리사가 했던 활동을 설명하면서 아이들이 이 활동을 하면서 얼마나 열의를 보였는지를 보여준다.

미국 원주민(인디언) 활동을 하는 친구들은 보세요. 이번 학기에 우리는 여러 가지 지도와 미국의 여러 지역과 아메리칸 원주민에 대해 배웠어요. 학교 안에서는 정보를 많이 찾을 수 없기 때문에 여러 가지 활동을 하라고 한 것이에요. 우리가 공부했던 부족들 중 하나를 골라서 포스터로 만들거나 파워포인트로 발표하라고 했어요. 사실 학생들 중에는 집에서 뭘 만들어 오는 숙제를 내주기를 바란 학생도 있어요. 집에서 무엇인가를 만들어 온 학생들은 내가 그런 숙제를 내준 것이 아니라 그 학생 스스로가 그렇게 하기를 원했던 거예요. 내가 활동거리를 내어줄 때는 활동을 하는 방법과, 성취기준표(grading rubric)를 줄 거예요. 여러분은 표에 반드시 서명을 해야 합니다. 이 말을 전하고 싶었어요.

말이 나왔으니까 계속 말할게요. 여러분이 직접 선택한 활동에 빠져들 때의 그 열의를 보고 있으면 선생님은 매우 기뻐요. 어떤 어머니가 말했어요. 자기 아이가 예전에는 과제를 했던 이유가 성적을 받기 위해서였다고 해요. 그런데 그때에 비하면 지금은 자기 아이가 시간과 노력을 더 많이 투자한다고요. 우리 4학년 친구들, 다음 단원에서도 여러분이 직접 선택한 활동을 하게 될 거예요. 계속 열의를 가지자고요!(Yount 선생님 허락 후 인용, 2009)

주체할 수 없을 정도로 몰입하고 있는 아이들, 어찌 이보다 더 멋진 교실을 만들 수 있을까? 학습에 대한 열정, 내용과 주제는 학생들이 모험으로 나아가는 바탕이 된다. 아이들이 학습주제에 꽂히고 사람들이 왜 공부하고, 일하고, 배우려 하는지를 바로 눈앞에서 이해하게 될 때 몰입의 불꽃은 타오른다. 직접 실험을 해보고, 주제로부터 나름대로의 의미를 찾을 때 모험은 지속된다. 더 알아보고 싶고, 배우고 싶기 때문이다. 결국 열정이 수면 위로 떠오른다.

기준(standards)과 평가, 학생으로서의 책무, 성적, 교수계획 앞에서 배움에 대한 설렘은 사그라지기 십상이다. 교사의 열정과 설렘이 학생들의 동기에 큰 영향을 미친다. 시험과 기준의 학교현실 속에서도 교사는 아이들의 생각과 교과의 학습목표를 시험 밖의 삶과 연결시킬 수 있게 만들 수 있다. 그러나 교사에게 설렘이 없다면 그런 도약은 힘들어진다. 아이들은 교사의 영향을 받는다. 활동주제 속에서 설렘과 열정을 느끼려고 노력하고, 그 속에서 아이들 삶과의 연관성을 찾으려는 교사라면 그 교실의 아이들 역시 교사와 같은 마음이 된다. 열정 없는 수업을 단지 넘어야 할 산으로 치부하거나 활동을 단순히 시험을 잘 보기 위한 수단으로 볼 것이다.

학습을 거부할 수 없게 만들라. 매력적인 등장인물과 이야기와 사실들을 통해 아이들 자신의 삶과 관련이 있음을 예시로 확실하게 보여주라. 매일매일이 모험인 일상을 만들라. 강직함과 열정을 통해서 학습내용을 생동감 있게 하라. 매일매일이 모험인 교실은 아이들의 마음에 불을 지피는 활동과 수업으로 가득 차 있다. 이 공간 속으로 들어올 때 아이들은 설레고, 호기심에 찬 눈으로 그날의 모험을 기대한다.

깊은 몰입감(quality engagement)을 느끼게 하려는 목적은 단순히 즐거움을 주기 위함이 아니다. 좋아하는 영화를 보는 것은 수동적인 즐거움이다. 몰입은 학생들과 관계를 맺는 하나의 방식으로서 경험으로부터 학습을 하게 해주고 동기를 유발한다. 활동이 수동적으로 즐기는 행위라면 몰입은 교과와 아이들을 연결하는 것이며, 활동을 하고 경험으로부터 배우고자 하는 동기를 유발하는 방식이다. 이 장에서 언급하고 있는 모험이란 아이들을 학습에 참여시키는 동시에 능동적인 상호작용을 유발하는 개념이다. 모험이 있는 배움을 끌어내려면 즐거움 이상의 것이 필요하다. Jackson Brown Jr.의 말을 빌리자면 "즐거움만으로 15분 동안은 버틸 수 있다. 곧 그게 아니라는 것을 알게 될 것이다"(Simple Truths, 2008, p.33).

모험으로 가득한 교실에서 아이들이 몰입한다. 이 장에서는 학습을 동기유발하는 모험으로 만드는 전략을 보여줄 것이다.

전략 11 : 흥미로운 활동과 지혜로운 수업 마무리를 잘하라
전략 12 : 테크놀로지를 활용하라
전략 13 : 게임으로 배우고 복습하고 기억하라
전략 14 : 향미를 더하라
전략 15 : 낙관성을 장려하고 축하하라

전략 11 : 흥미로운 활동과 지혜로운 수업 마무리를 잘하라

궁금증을 유발하고, 질문을 하고, 즐겁게 웃고, 현재와 미래의 삶과의 연관성을 짓게 만들어서 빠져나올 수 없게 만드는 흥미로운 활동과 지혜로운 수업 마무리를 하기 위해서는 아이들의 관심을 끄는 새로운 것에 대한 감각을 가져야 한다. 아이들에게 새로운 것은 뇌를 활성화시키고 새로운 정보를 탐구하게 하고, 그렇게 얻은 정보는 삶과 연결된다. 이는 학생들의 학습준비도에 긍정적인 영향을 미치는 힘찬 정서를 만들어준다(Wolfe, 2001).

사람들이 1년 내내 주인공의 무용담을 보여주는 텔레비전 드라마에 중독되는 이유가 있다. 매회 마지막에 항상 손에 땀을 쥐게 만드는 예고편을 넣어 궁금증을 유발하기 때문이다. 바로 지혜로운 마무리의 활용이다.

이 전략은 앞으로 교실에서 어떤 모험이 펼쳐질지 궁금하게 만들어 주제와 학습목표에 흥미를 느끼게 하는 방법이다. 수업계획 단계에 활용하면 교실 전체 아이들을 몰입시킬 수 있다. 그러나 수업이 진행되면서 점차 흥미를 잃는 아이가 생기면 그 아이들의 관심사와 사전지식, 경험을 중심으로 전략을 다시 짜야 할 때도 있다.

빠져나올 수 없게 만드는 흥미로운 활동은 수업에 시동을 걸면서 기대감도 높인다. 교사가 수업의 틀을 어떻게 구성할지에 따라 학생들이 느끼는 흥미와 두려움과 공포심은 달라진다. 수업을 하고, 단원을 구성하고, 수업 시간표를 짤 때는 아이들이 적극적으로 몰입할 수 있고 수업주제에 궁금증을 가지게 만드는 흥미로운 활동을 활용한다. 아이들은 교사가 묻는 질문에, 교사가 사용하는 예시에, 교사가 전해주는 이야기를 통해 배움의 가능성을 알게 되고 배움의 재미와 설렘을 느끼기 시작한다.

다음과 같은 빠져나올 수 없게 만드는 흥미로운 활동의 예를 고려해보라.

- 주제는 예상하기 어려운 동작, 무언극, 역할놀이로 소개한다.
- 등장인물의 특성을 이야기할 때는 그 등장인물의 모습으로 분장한다.
- 여러 동작으로 개념을 제시한다. 예를 들어, 음악 활동에서 스타카토를 가르칠 때는 빠르고 짧은 스텝 동작을 하고, 음수(-)를 가르칠 때는 뒷걸음질로 교실을 걸어 다닌다.
- 칠판에 스케치를 그리거나 단어를 쓰고 무엇에 대한 것일지 추측케 한다.
- 칠판에 단어, 공식, 문장을 쓰고 아이들에게 토론을 통해 그 의미와 연관성을 찾게 한다.

다음의 예시를 참고한다.

- 교실활동은 유쾌함(jollity)으로 가득했다. 이 단어의 의미는? _____
- 화남(indignation)은 _____을 잘 설명하는 단어이다.
- _____할 때는 대문자를 쓴다.

- 그림 단서를 활용하여 단어의 뜻, 수학 공식, 중요한 정보를 소개하고 이해시킨다.
- 수업이 있기 며칠 전에 한 가지 단어나 어떤 사실, 한 가지 질문을 써서 벽에 걸어둔다. 아이들에게 그 단어의 의미를 찾아오게 하고, 그것에 덧붙일 내용을 찾고, 질문에 대한 답을 생각하게 한다.
- 수업에서 배운 내용으로 풀 수 있는 문제를 내준다. 예를 들어, 경제를 공부 중이라면 현재의 경제와 관련된 이야기—가라앉은 주식시장이나 플로리다를 강타한 허리케인—를 제시하고 그것이 국가 경제에 미치는 영향을 예측하게 하는 것도 한 방법이다.
- 퍼즐을 준다.
- 다양하게 질문한다. '왜', '어떻게'를 시작으로 할 수 있는 질문을 주고 생각하게 만든다.
- 주제와 관련된 상황을 제시하고 "이 상황에서 어떻게 할 것인가?", "학생이 책임자라면 어떻게 이 상황을 극복할 것인가?"와 같은 질문을 한다.
- 원인과 결과를 다룬 신문기사를 활용한다.
- 답이 아닌 실마리를 제공한다.
- 단원이나 주제에 등장하는 소도구나 인공물을 보여주고, 그것들이 왜 중요한지 생각하게 한다.
- 다음 활동이 왜 중요한지, 그 활동이 어떤 도움이 될지 아이들끼리 브레인스토밍을 하게 한다.

지혜로운 수업 마무리는 다음 수업에 대한 기대감을 유발하고 배움의 재미를 키우는 해피엔딩 분위기를 만든다. 아이들은 행복해하며 교실을 떠날 것이다. 교사가 아이들로부터 열정을 자아내고 호기심과 흥미의 씨앗을 심으려 할 때 아이들은 앞으로 펼쳐질 이야기와 활동을 기대하며 다음 날 아침 교실을 들어선다.

다음의 수업 마무리 방법의 예를 고려해보라.

- 환호와 노래와 랩으로 그날의 배움을 축하하자(151쪽의 전략 16 참조).
- 정리 티켓(exit tickets, 학생들에게 그날의 학습주제에 주의를 기울이게 하거나 그날의 수업과 관련된 배경지식을 상기하도록 질문하는 티켓)을 활용하여 그날 하루의 학습목표에 대한 학생들의 반응을 모은다. 하교 직전이나 수업시간에 몇 분 정도를 활용하여 질문에 답하게 한다. 예를 들어 "형용사를 활용하면 글을 쓰는 데 어떤 도움이 될까?" 아이들은 그날 배운 것이나 궁금증이 풀리지 않은 것에 대해 글을 쓰거나 그림을 그릴 수도 있다. 정리 티켓을 활용하면 그날 배운 것 중 무엇을 알고 무엇을 모르는지 보다 구체적으로 알 수 있다.

- 그날의 활동과 학습 중에 일어났던 것이나 학습의 진보 등을 반성하는 일기를 쓰게 한다.
- 짝이나 소집단을 이루어 수업내용 중 중요했던 것에 대해 논의하게 한다.
- 스티커 메모지에 그날 수업 중 가장 중요한 내용을 적고 눈에 띄는 곳, 개인 메모장, 서류철, 알림장 등에 붙여두게 한다. 스티커 메모지에 쓴 내용을 범주화하고, 그 수업의 효과에 대해 이야기하게 한다.
- 작은 원형 대화 집단을 구성하여 그날의 아이디어나 의견을 서로 공유한다.
- 소집단이나 두 명 정도로 이루어진 집단을 만들어 그날의 가장 중요한 아이디어를 상징하는 기호를 만들게 한다.
- 학습한 개념의 예시를 신문이나 학교 밖의 상황에서 찾게 한다. 예를 들면 초등학생에게 하루 동안에 보았던 수많은 서로 다른 패턴의 상황을 나열하게 한다.
- 재미있는 문제를 제시한다. 이야기 속 등장인물이 다른 행동을 취했다면 어떻게 되었을까? 아니면 뉴스 머리기사에서 따온 실생활 문제를 제시하고 해결책을 물어볼 수 있다.
- 아이들이 관심을 가질 만한 사물을 한 사람씩 돌려 가며 보고 자기 손에 들어오면 그 사물에 대한 이야기를 한다. 이 활동을 하면 모든 학생이 서로를 마주 보고 말하고 들을 수 있다. 예를 들면 이런 것이다.
  - 공을 옆 사람에게 넘겨주며 '공'이라고 말을 한다. 공이 무엇인지 직접 경험할 수 있다.
  - 전구를 손에 든 아이에게 좋은 아이디이가 떠오르면 친구들에게 이야기하고, 친구들은 그 아이디어를 공유한다.
  - 주제와 관련된 사물을 옆 사람에게 넘겨주며 그 수업에서 배운 것들을 말한다.

다음 수업 때 배울 내용을 예상해보는 방법은 다음과 같다.

- "내일 우리가 어떤 활동을 할지 알면 놀랄 거야.", "내일 할 것을 빨리 보여주고 싶어."와 같은 말로 수업 마무리를 한다.
- 활동에 사용할 물건을 집에서 가지고 오게 한다. "내일은 _____을 꼭 가지고 오세요. 그걸로 정말 재미있는 활동을 할 거예요."라고 말한다.
- 특별한 활동을 할 것임을 공지한다. "월요일은 특별한 날이 될 거예요. 왜냐하면…."
- "내일 우리는…."이라고 말한다.
- 기대감을 심어준다. "다음 수업에서 우리는…."

빠져나올 수 없게 만드는 흥미로운 활동과 지혜로운 수업 마무리를 활용한 수업으로 모험심을 길러주기 위한 네 가지 절차는 다음과 같다.

1. 수업주제와 학습목표를 설정한 후 다음 질문을 한다.

- 이 내용은 앞으로 아이들이 배울 수업내용과 아이들의 삶에 얼마나 도움이 될까?
- 이 내용과 기능은 왜 중요한가?
- 가정과 지역사회, 온라인, 학교에서 또는 기업에서 이 내용은 어떤 역할을 할까?
- 누가 이 정보와 기능을 활용할 것이며, 어떻게 활용할 것인가?
- 만약 누군가가 이런 기능이나 지식을 갖지 못한다면 어떤 일이 일어날까?

2. 아래 표(147쪽 참조)를 사용하여 활동 목적을 선택하고, 빠져나올 수 없게 만드는 흥미로운 활동과 지혜로운 수업 마무리를 위해서 가능한 아이디어를 적는다.

표 4.1 ●● 빠져나올 수 없게 만드는 흥미로운 활동과 지혜로운 수업 마무리 계획하기

목적	설 명	흥미로운 활동과 수업 마무리 아이디어
연결하기	주제와 학습을 아이들의 사전지식, 경험, 이전 수업이나 학습목표, 학생의 배경과 연결한다.	
신나게 하기	주제에 관하여 학생들의 흥을 돋우기 위해서 활동과 토론을 조장한다.	
축하하기	성공적인 학습경험과 몰입활동을 축하한다.	
기억하기	학생들의 지식을 유발하는 활동과 교수를 사용하고 기억하도록 돕는다.	

3. 흥미로운 활동과 수업 마무리를 실행하는 데 있어 집단을 어떻게 구성할지 생각한다.
- 전체 학급
- 소집단, 두 명 집단, 세 명 집단
- 서서 활동할 것인가 앉아서 할 것인가
- 원형, 동심원, 일렬, 집단

4. 집단을 구성할 때는 무작위로 구성해도 되고, 스스로 집단을 구성하거나 자신이 선택되는 것을 싫어하는 아이들은 조심스럽게 집단에 들어오게 해야 한다.
- 아이들에게 번호를 부여하여 한 집단에 세 명 정도로 구성되도록 한다. 예를 들어, 학급 인원이 30명일 때 열 명씩 나누면 세 집단이 되고 각 집단의 아이들에게 1부터 10까지 번호를 붙인다. 그런 후 1번끼리 한 집단, 2번끼리 한 집단 식으로 10개의 새 집단을 만든다.
- 각 아이들에게 트럼프 카드를 한 장씩 나누어준다. 만들고자 하는 집단의 크기에 따라 같은 카드의 색깔, 숫자, 문양별로 집단을 구성할 수도 있다.

유용한 팁과 유의점

흥미로운 활동과 수업 마무리도 지나치게 자주 사용하면 효력이 떨어진다. 변화를 주라.

지나치게 간단하거나 예측하기 쉬운 흥미로운 활동과 수업 마무리 역시 효력이 없다. 반대로 이 둘 사이의 연관성이 너무 없어도 의미가 줄어든다. 억지스러운 연관도 아이들의 몰입을 방해한다. 적절치 못한 흥미로운 활동은 실패로 끝나거나 역효과만 가져온다. 아이들이 주제에서 벗어난 이야기를 할 수도 있다.

다음 날의 흥미로운 활동를 계획하기 위해서 그날 마지막 수업 때 엑시트 슬립(exit slip, 한 차시를 마무리할 때 교사의 질문에 학생들이 답변하거나 학생이 궁금한 점을 적는 종이 – 역주)에 등장한 학생들의 반응과 질문을 활용한다. 이 질문과 반응을 반드시 다음 수업시간에 언급을 해야만 학생들의 기대감도 높아진다.

실행에 옮기기

빠져나올 수 없게 만드는 흥미로운 활동과 지혜로운 수업 마무리로 사용하기 좋은 몇 가지 활동을 살펴보자. "나는 궁금해"로 시작하는 말, 음악, 짧은 글, 유머, 예상하기야말로 흥미로운 활동과 수업 마무리로 아이들의 동기와 몰입을 높이는 방법이다.

인용하기!

인용문을 주고 그 글이 수업주제, 교재, 조사 중인 내용과 어떤 연관성이 있는지 말하고, 그림으로 그리고, 글로 적게 한다. 예를 들어, 수업내용이 전쟁이라면 다음과 같은 인용문을 제시할 수 있다 (BrainyMedia, 2010).

- "모든 전쟁은 사기다." –Sun Tzu
- "부당한 평화가 정당한 전쟁보다 낫다." –Marcus Tullius Cicero

기하학에 대해 배우는 중이라면

- "건축이나 조경이나 원예나 모두 같다. 나에게 이것은 하나다." –Luis Barragán
- "건축가에게 중요한 것은 세상을 어떻게 바라보는가이다. 이성적 분석의 시각에 매몰되지 말라는 말이다." –Luis Barragán

'궁금해' 진술문 만들기

아이들에게 주제를 제시한 후 열 가지의 '궁금해' 리스트를 작성하게 한다. 방법을 알려주는 차원에서 반드시 예시를 보여주어야 한다. 이 활동은 수업 전후에 활용할 수 있다. 주제가 식물이라면 이런 예시를 보여준다.

- 식물은 물 없이 얼마나 오래 살 수 있는지 궁금해.
- 폴란드에는 어떤 식물이 사는지 궁금해.
- 내가 기르는 식물에 사과주스를 주면 어떻게 될지 궁금해.
- 식물도 사람을 웃게 만들 수 있을지 궁금해.
- 눈 속에도 식물이 사는지 궁금해.

별에 관한 이야기를 읽은 후 '궁금해' 활동을 한 예이다.

- 하늘에는 얼마나 많은 별들이 있을까 궁금해.
- 낮에도 하늘에 별이 떠 있을지 궁금해.
- 별은 뜨거울까 궁금해.
- 별이 지구로 올 수 있을지 궁금해.
- 태양열 에너지를 사용하는 집에서 살면 어떨지 궁금해.

음악 활용하기

음악을 활용하여 음정, 분위기, 느낌, 배경을 표현한다.

- 아이들이 들어보지 못한 옛 음악을 선택하고 선생님이 가장 좋아하는 노래라고 하면서 들려 준다. 이 노래가 수업과 어떤 연관성이 있는지 이야기 나누기를 하고 교사가 왜 이 노래를 선택했는지 말해보게 한다.
- 주제를 제시한 뒤, 학생들이 좋아하는 노래 중에서 주제와 맞거나 주제를 전달하는 분위기의 노래를 소개받는다. 그 노래를 들어주거나 노래 제목을 말하게 한다. 다음 날 반 전체나 소집 단으로 학생 스스로 선택한 노래와 학습주제의 연관성에 대해 논의한다.
- 그날 학습내용과 잘 맞는 노래를 들려준다. 그 노래는 해당 수업의 '사운드트랙'이라 이름 붙인다.

짧은 글 활용하기

글을 읽어준다. 동화, 신문기사 등의 일부나 전체를 인용해도 된다. 이 방법은 수업의 시작을 준비하는 과정이면서도 글을 들으면서 받는 느낌이나 감성, 글의 내용을 주제와 연결시킬 수 있는 방법이다. 예를 들어, 주제가 인생일 때 이 주제를 시작하기 전에 **몹시 배고픈 애벌레**(*A Very Hungry Caterpillar*) (Carle, 1969) 책을 읽어준다. (수업시간에 활용할 책을 찾고 있다면 www.hbook.com/resources/ books/concept.asp 참조.) 주제와 관련된 신문기사를 인터넷에서 검색해 오라고 할 수도 있다. 예를 들면, 주제가 유전학이라면 신문기사에서 '연구결과 유전인자로는 심장병 예측 못해'(Inman, 2010)라는 제목의 기사를 찾아 활용하면 열띤 토론을 이끌어낼 수 있다. 전쟁에 대한 수업을 시작하기 전에는 아프가니스탄 전쟁에서 훈장을 받은 한 군인의 이야기를 다룬 속보기사를 읽어준다.

유머 활용하기

수업에서 유머는 몰입을 이끌어내고, 배운 내용에 대한 기억을 높이는 정서적 경험이다. 유머는 웃음으로 교실을 하나로 만들어낸다. 비꼬는 유머를 피하고 학생들에게도 그런 유머를 사용하지 않게 한다. 악의가 없더라도 비꼬는 식의 유머는 교실의 모험적인 분위기를 바꾸어 신뢰를 낮추고 배움의 의지를 약하게 만든다.

다음은 유머를 효과적으로 활용할 수 있는 방법이다.

- 경험했던 재미있는 에피소드를 예로 든다.
- 주제와 관련된 만화, 농담, 수수께끼를 활용한다.
- 주제를 가지고 웃긴 시를 지을 수 있다.

우스운 행동이나 아무도 예상치 못했던 뭔가를 하라! 앞서 수학 선생님이 수업을 시작하고 몇 분 동안 뒷걸음질로 교실을 돌아다녔던 예도 들었다. 학생들은 그게 뭔지는 모르지만 조용히 키득거렸다. 교사는 뒷걸음질을 치다가 그날 수학 주제가 음수였음을 알렸다. 그러면 학생들은 선생님의 뒷걸음질과 음수의 개념을 떠올리며 크게 웃음을 터트렸다. 수업 종료 시점에 학생들이 직접 뒷걸음질하면서 그날 배웠던 내용을 체화한다. 앞으로 음수를 다루는 문제를 풀 때면 뒷걸음질하던 것이 떠오를 것이다.

예상해보기

소설이나 만화 같은 허구의 이야기를 예시로 제시할 때는 아이들에게 그 이야기의 결과를 예상하게 만든다. 역사나 신문기사의 경우는 학생들에게 "이 글을 읽고 난 다음 우리 경제 문제를 생각해보세요." 혹은 "중산층 가족에게는 어떤 일이 생길지, 집이 없는 사람들에게는 어떤 일이 생길지 생각해보세요." 같은 질문을 던져준다.

전략 12 : 테크놀로지를 활용하라

언제 어느 곳에서든 수많은 사람들이 미디어를 접하고 있다. 텔레비전, 인터넷 등 상호연결을 도모하는 테크놀로지를 제공하는 휴대전화의 출현으로 우리가 전기통신에 의존하는 시간은 매우 빠르게 늘어나게 되었다. 초등학생, 중·고등학생 할 것 없이 모두에게 해당되는 사실이다. 사실 최근 Victoria Rideout, Ulla Foehr, Donald Roberts(2010)가 보고한 카이저 가족 재단(Kaiser Family Foundation)

보고서에 따르면 우리 아이들이 요즘만큼 테크놀로지에 의존했던 적은 없었다.

지금껏 봐 왔듯이 미디어는 오늘날 우리 아이들의 삶에 가장 강력한 힘을 가지고 있다. 8~18세 사이의 아이들은 잠잘 때를 제외하고, 다른 어떤 활동보다도 미디어를 사용하는 시간에 많은 시간을 보낸다.(이 아이들은 하루 평균 일곱 시간 반을 자는데, 보고서의 다른 아이들보다 수면시간이 짧다.) 텔레비전을 보고, 게임을 하고, 노래를 듣고, 책을 읽고, 웹서핑을 하는 데 자기 삶의 어마어마한 시간을 보내고 있다. 이런 활동은 가족, 친구, 관계, 성역할, 섹스, 폭력, 음식, 가치관, 패션에 대한 것들과 셀 수도 없을 만큼 많은 다른 주제에 관한 끊임없는 메시지를 제공해준다(Rideout et al., 2010).

2004년과 2009년의 자료를 비교하면 8~18세 사이의 아이들이 미디어에 노출된 시간은 2004년 8시간 34분에서, 2009년 10시간 45분으로 증가하였다(Rideout et al., 2010). 이 말은 학생들이 미디어 사용에 일주일 평균 70시간을 소모한다는 의미이다. SNS와 문자메시지로 친구들과 이야기를 나누고 집에서 인터넷으로 전 세계의 친구들과 함께 게임을 즐기고, 음악을 듣고, 영화와 텔레비전을 본다 (Rideout et al., 2010).

이것은 새롭게 등장한 미디어가 점점 더 학생들의 시간 속으로 들어오고 있음을 보여주는 연구이다. 〈표 4.2〉는 8~18세 학생들이 하루 동안 사용하는 미디어의 유형을 연구한 2000년도 카이저 보고서의 결과(Rideout et al., 2010)이다.

학생들은 잡지를 펼쳐놓은 채 TV를 보거나 컴퓨터를 하면서 노래를 듣는 다중과업화(멀티태스킹)에 2009년 하루 평균 7시간 38분을 소비했다. 이는 2004년의 6시간 21분에서 평균 시간이 높아진 것이다.

오늘날의 기계와 전자장비, 테크놀로지의 세계에서 학생들의 뇌는 쉴 틈 없이 활동한다. 그러나

표 4.2 ●● 8~18세 학생들의 하루 평균 미디어 사용시간

미디어 유형	2004년 평균 사용시간	2009년 평균 사용시간	사용시간 차이
TV 시청	3시간 51분	4시간 29분	38분 상승
음악 듣기	1시간 44분	2시간 31분	47분 상승
컴퓨터하기	1시간 2분	1시간 29분	27분 상승
게임	49분	1시간 13분	24분 상승
프린트	43분	38분	5분 하락
영화감상	25분	25분	0
시간 총합	8시간 34분	10시간 45분	2시간 11분 상승

출처 : Rideout et al., 2010

게임이나 터치스크린, 휴대전화나 동영상이 없는 학교에서만큼은 뇌를 꺼야 한다. 대부분의 교실에서 마이스페이스(카카오톡 등)나 페이스북 혹은 블로그는 금지되어 있다. 학생들은 하루 동안 얼마나 오랜 시간을 가만히 앉아서 선생님 말씀을 듣고, 다른 수동적 활동을 할까? 가만히 앉아서 선생님 말씀을 듣는 시간과 직접 말하고 활동하는 시간을 대비하여 계산을 해보자. 어떻게 비교할 수 있을까? 하루 동안 학생 뒤를 따라다니면서 그 학생이 몇 개의 활동에 몰입하는지 그 수를 헤아려보면 된다.

교실 안에서 테크놀로지 사용을 허가하는 시도는 학교 밖에서나 알 수 있었던 학생들의 미디어 사용 패턴을 볼 수 있고, 이들의 대화 스타일이나 무엇을 필요로 하고 무엇에 관심이 있는지 직접 볼 수 있는 기회가 될 수 있다. 학생들과 테크놀로지의 현실적 관계를 놓고 볼 때 교육자로서 어떻게 인터넷을 활용하고 우리 학생들의 삶에 큰 영향을 미치는 미디어를 교육적으로 활용할 수 있을까?

동기 욕구를 보이지 않는 학생들이 학습에 재몰입하게 하고 모든 i-세대들이 학습에 선제적으로 몰입할 수 있도록 테크놀로지를 활용하자. 그러나 적합한 테크놀로지를 찾는 일과 교실을 온라인상으로 구축하는 데 시간이 좀 걸린다. 많은 학교에서 학습용으로 테크놀로지를 효과적으로 활용하기 위해 고군분투하고 있다. 휴대전화, 컴퓨터, 아이팟, 아이패드, MP3 플레이어가 학생들을 산만하게 만들고 있고 이를 방지하기 위한 학교 정책도 많이 있다. i-세대 아이들이 미디어를 통해 대화하고 상호작용하고 있음을 인정하면서 미디어 파워를 통합적으로 활용하는 것이야말로 우리의 에너지를 보다 효율적으로 사용할 수 있는 방법일지도 모른다. 컴퓨터를 교육에 활용하면 많은 학생들의 잠재력을 열 수 있다. 컴퓨터나 다른 전자기기를 다루는 일에는 학생들이 교사보다 나을 수 있다. 테크놀로지가 학생들의 시선을 끌고, 어려운 기술을 가르치고, 연구와 발견할 기회를 제공해주고, 독특한 쌍방향 의사소통에 대한 잠재 가능성을 열어준다.

온라인 커뮤니티 구축하기

학생들에게 온라인 공간을 마련해주면 학생들은 낮이고 밤이고 언제든 그곳에 접속할 수 있다. 이런 역동적인 커뮤니티 공간 안에서 학생들은 교사나 다른 친구들이 공유하고자 올려놓은 정보, 다른 사이트로의 링크, 미디어를 볼 수 있다. 이곳에서 숙제도 확인하고 프로젝트 내용도 알 수 있다. 게다가 당일 수업내용을 촬영한 영상도 볼 수 있다. 학생들은 온라인 교실에 들어와 오프라인 수업 전과 후의 학습내용을 복습하고, 공유하고, 그것에 대해 이야기를 나누고 평가할 수 있다. Web 2.0 도구가 그 좋은 예이며 학생들에게 학습내용을 즉각 전달할 수 있는 프로그램이다.

어떤 학교에서는 일부 온라인 수업이나 콜래보레이션 소프트웨어나 툴에 접근하고 있다. Moodle 이라는 프로그램은 사용도가 매우 높은 무료 수업 매니지먼트 소프트웨어이다. 어떤 학교에서는 Moodle이나 Blackboard, WebCT나 다른 소프트웨어에 접근하고 있다. 일반적으로는 대체로 모두 유사한 프로그램들이다. 원래의 수업방식과 온라인 수업 소프트웨어를 함께 활용하면 학생들은 Web 2.0의 사용방법과 특정 내용을 배울 수 있다. 학생마다 아이디와 비밀번호가 부여되기 때문에 접근이

제한적이다. 확실한 학습공간이 되는 것이다.

이용 가능한 다양한 테크놀로지를 탐구하는 것이 첫 번째 단계이다. 〈표 4.3〉은 이용 가능한 도구를 설명해준다. 더 많은 프로그램과 실제 활용 방법을 알고 싶다면 i-세대 가르치기(*Teaching the iGeneration*)(Ferriter & Garry, 2010)와 디지털이 풍부한 교실 만들기(*Creating a Digital-Rich Classroom*)(Ormiston, 2011)를 참고한다.

유용한 팁과 유의점

온라인 수업을 시작하기 전에 우선 컴퓨터와 소프트웨어의 용량을 체크하고 인터넷 속도를 확인한다.

교실 밖이나 집에서는 컴퓨터를 사용하지 못하는 학생들이 있다. 모든 학생이 온라인 수업에 참여할 수 없다면 몰입력은 곧바로 떨어진다. 모든 학생이 온라인 수업에 참여할 수 있는지 확인한다. 동네 도서관이나 센터, 방과후교실에 있는 컴퓨터를 사용할 수도 있다.

기억하라. 온라인 공간은 사교 공간이 아니다. 수업 공간으로 지정된 곳이다. 교실에서와 마찬가지로 전문적인 교사의 모습으로 임하라.

실행에 옮기기

테크놀로지는 학생들을 수업내용에 몰입하게 만드는 유용하고도 손쉬운 방법이다. 테크놀로지의 역동적이고 상호 활동적인 속성 속에는 모험을 할 때 느껴지는 기대와 신비함이 들어 있다. 학생들의 몰입도를 높이기 위해서 온라인 수업을 개설하고, 수업시간 동안 댓글달기 기능을 활용하고, 지루하지 않아야 하고, 게임을 좋아하는 학생들의 성향을 이용한다. 이 방법은 모든 학생을 몰입하게 만들지만 특히 "다 배웠던 건데요."라는 말로 일관하는 학생들에게 효과적이다.

온라인 수업 개설하기

온라인으로 수업을 하면 학생들이 집에 가서 여러 웹사이트나 동영상 링크, 온라인 교과서에 접속할 수 있고 학생들이 직접 만들거나 이미 만들어진 동영상을 볼 수 있다. 이것을 활용하면 학교 수업에서 유발된 토론이 온라인에서 계속되고, 온라인 여론조사가 가능하다. 그리고 그날 배운 개념의 정의를 용어사전에서 확인할 수 있고, 숙제를 확인하고, 오늘 배운 주제에 대해 더 많은 것을 알 수 있다. 21세기 교육상황에서 인터넷을 활용하지 않는다는 말은 일차원적이고 재미없는 수업을 한다는 말과도 같다. 인터넷 수업은 개별화(differentiation), 학습가속화(acceleration), 교사-학생/학생-학생 중재(intervention), 치료교육(remediation)의 효과가 있다. 학교 웹사이트에 수업 사이트가 개설되어 있지 않다면 다음 웹사이트를 고려해본다.

→ http://docs.moodle.org/en/Teaching_with_Moodle

> http://teacher.pageflakes.com

표 4.3 ●● Web 2.0 도구

도구	설 명	참고 웹사이트
Social Bookmarking	학습내용을 공유한다. 태그를 이용해서 학생들의 검색 시간을 줄이고 그 시간에 유용한 자료를 읽을 수 있다. 교사는 학생들의 읽기 수준에 맞는 내용중심적인 글을 올린다. 학생들이 직접 검색한 사이트를 올리되 사이트의 질적 보장을 위해 교사 필터링이 필요하다.	http://delicious.com http://digg.com www.diigo.com/education
Discussion Boards	학습하는 데 시간이 더 필요한 학생이나 언어나 발표에 어려움이 있는 학생도 의견을 개진할 수 있도록 온라인 공간에 토론 게시판을 개설한다. 온라인 공간은 자존감을 높이고 말수가 적은 학생들의 현 상태(언어나 발표력)를 보여준다. 교실에서 온라인식 토론을 해보는 것으로 토론의 시작을 예행한다.	http://moodle.org/forums www.ning.com http://wave.google.com
Polls and Surveys	여론조사는 토론을 하기 전에 특정 이슈에 대해 아이들이 어떤 입장을 취하고 있는지 감을 잡을 수 있는 방법이다. 학생들이 숙제에 대해 어떤 생각을 가지고 있고, 특정 수업 단위에 대해 어떤 학생들이 기대를 하고 있고, 그 학생들이 어떤 생각을 가지고 있는지 보여준다. 평가 전 단계로 매우 좋은 방법이다.	www.micropoll.com http://quizilla.teennick.com/polls www.stellarsurvey.com http://zohopolls.com
Blogs	특정 시대의 역사적 인물이나 이야기 속 등장인물의 입장에서 글을 써보게 한다. Web 2.0에서 역사적 사건과 인물을 검색해보면 그 인물들을 더 깊이 있게 이해할 수 있다.	http://21classes.com http://edublogs.org www.plurk.com
Wikis	위키를 활용하여 수업노트를 만들 수 있다. 여기에서 학습목표를 설정하고, 수업노트와 활동을 활용하여 온라인 교과서를 만들게 한다. 이런 상호작용적 소통은 진도가 나가는 과정에서 학생들의 이해 정도를 알려주기도 한다. 수업내용을 출간물이나 인터넷 검색물과 연관시킨다. 학생들은 직접 검색도 하고 교사가 제공한 학습물과 연관시키기도 한다.	http://pbworks.com www.wikispaces.com www.wetpaint.com

(계속)

툴	설 명	참고 웹사이트
Online Assessments	온라인 공간에서 자기평가를 하면 학습을 얼마나 잘 따라가고 있는지 자신의 학습 상태를 알 수 있다. 하루 동안의 학습주제에 대해 설명할 때 평가에 대한 언급을 한다. 교실 안에서 교사와 학생 간 의미 있는 상호작용 시간을 최대화하기 위해 온라인 퀴즈를 낸다. 온라인 자료를 활용하는 숙제를 내주면 즐겁게 숙제를 할 수 있다. 온라인을 활용한 활동으로 배움에 몰두하고 동기를 부여한다. 온라인 평가방법을 자기발전을 위해 활용하는 방법을 학생들에게 알려준다.	www.arcademicskillbuilders.com http://persuadestar.4teachers.org http://quizstar.4teachers.org
Lessons	온라인 학습사이트를 기반으로 수업 차시를 구성하여 자기 페이스에 맞는 학습을 하고, 그것을 교실로 이어지게 만든다. 이 활동들은 의사결정적 시뮬레이션으로 한두 번 혹은 원할 때마다 수시로 할 수 있는 활동이다. 온라인 학습은 기술을 요하는 내용을 해결하는 생산적 치료 교육(교정) 도구이다. 사이트에 팟캐스트를 올려서 학생들이 수업내용을 복습하고, 문제를 풀고, 개념을 설명할 수 있게 한다.	http://kidsvid.4teachers.org http://moodle.org www.thinkquest.org/en http://trackstar.4teacher.org/trackstar
Assignments	이제 전자방식을 활용하자. 과제도 온라인으로 받는다. 온라인 방식으로 하면 과제 제출 기록이 남아 프로젝트 과정을 보다 쉽게 볼 수 있다. 학생에 따라 과제를 직접 제출하는 것보다 온라인으로 제출하는 것이 더 편한 학생들이 있다. 출력물이 아닌 온라인 제출을 요구하면 학생들은 놀라기도 하겠지만 과제를 완성하고 제출일을 지키려는 생각이 들 것이다.	www.blackboard.com http://poster.4teachers.org http://schooltown.net http://turnitin.com
RSS Feeds	RSS feed는 인터넷 사이트나 블로그, 신문에서 다른 이야기와 링크된 헤드라인 모음이다. 신문이나 뉴스사이트로 링크해서 생생한 삶의 현장을 교실로 끌어들이자. 지금 배우고 있는 제2언어로 된 외국 사이트로 링크될 수도 있다. 온라인으로 언제든 방문이 가능한 신문기사를 링크한다. 분류 기능을 이용해 필요한 기사를 찾을 수 있다. 예를 들어 학생들이 교과서에 소개된 역사보다는 최근의 입법 내용이나 최근의 상황에 대해 알고 싶다면 정부 관련 수업을 시도하는 것도 좋다.	http://friendfeed.com www.google.com/reader www.newsgator.com

(계속)

툴	설 명	참고 웹사이트
Glossaries	학생들이 이해한 주제나 단어를 목록화한 단어사전을 학생들이 직접 만들고 언제든 들어가볼 수 있게 한다. 로그인을 할 때마다 단어를 떠올리게 하는 시각적 암시물을 학생들이 만들어놓는다.	http://docs.moodle.org/en/Glossaries http://glossworld.biz www.studystack.com

출처 : Jennifer Nelson, Eden Prairie Schools, February 15, 2010.

댓글달기 기능 활용하기

댓글달기 기능을 활용하면 교사가 제시한 질문에 학생들이 동시에 답변을 할 수 있다. 아이들의 답변은 컴퓨터로 전송되어 교사와 다른 학생들이 보고 의견을 나눌 수 있다. 한 중학교의 영어 수업시간에 그래프를 해석하는 방법을 공부하고 있다고 하자. 학생들의 그래프에 대한 이해도를 알아보기 위해 교사가 질문을 하면 각 학생들은 댓글달기 기능을 통해 답변을 하고 답변은 교사의 컴퓨터로 전송된다. 교사가 버튼을 클릭하면 학생들의 답변을 그래프로 보여준다. 학생들은 그래프 읽는 법을 계속 연습하고 점차 보다 쉽게 읽을 수 있게 된다. 이제 교사가 질문을 한다. "너희들이 사장이고 직원에게 제품의 소비자 트렌드를 보고서로 작성하라고 했어. 너희는 세 장짜리 보고서를 읽고 싶어, 아니면 그래프로 한눈에 보고 싶어?" 학생들 사이에 토론이 일어나고 그 토론은 그래프를 읽는 방법뿐만 아니라 정보를 가장 잘 보여줄 수 있는 방법에 대한 토론으로 확장된다. 이제 학생들은 자신들이 배운 것을 더 깊이 있게 생각하게 되고, 보고서에 맞는 적절한 그래프를 나름대로 그릴 수 있고, 친구들과 그 방법에 대한 이야기를 나누게 된다.

지루함 떨쳐버리기

흥미를 못 느껴 학습동기를 잃은 아이들("다 배운 건데요."가 입에 붙은 아이들)이라도, 테크놀로지를 통해 다시 몰입시킬 수 있다. "모르겠는데요."로 일관하는 학생들 중에서도 테크놀로지에 익숙한 학생들이라면 Web 2.0을 활용하면 수업내용에 대한 그 아이들의 생각이나 아이디어를 끄집어낼 수 있다. 또한 개별 학생들이 생각해내는 어떤 것이라도 다른 학생들의 이해력을 높이는 데 도움이 된다. 서로에게 자극이 되는 프레젠테이션, 글 등을 토론이나 활동의 쟁점으로 활용하여 다른 학생들을 참여시킬 수 있다.

　　수업을 못 따라오는 학생들에게 숙제를 내줄 때는 그 아이들에게 웹사이트를 만들어 글을 쓰게 해도 되고 트위터에 글을 쓰게 해도 된다. 이 학생들이 좋아하는 미디어에 대해 알고 그것을 활용하여 학습동기를 유발하는 방법을 고민해보자.

　　　➤　엉뚱한 짓을 하는 아이나 "몰라도 돼요."로 일관하는 수업태도가 나쁘거나 수업을 지루해하

는 학생을 위해 수업내용과 관련된 블로그를 만드는 숙제를 내준다. 그리고 수업시간에 나누었던 토론의 핵심 내용을 블로그에 올리거나 다른 학생들이 문제를 해결하거나 숙제를 완성하는 데 있어서 궁금해하는 질문을 모으는 역할을 맡긴다.

➤ 수업내용에 대한 지식은 있지만 지루해하는 학생들에게는 파워포인트나 동영상을 활용하여 현재 배우고 있는 개념을 다른 학생들에게 알려주는 숙제를 내줄 수도 있다.

➤ 전반적으로 지루해하는 학생들에게는 테크놀로지를 이용하여 자신의 진도 상황을 그려보게 한다. 예를 들어 컴퓨터상에서 자신의 읽기 실력을 기록하고 실력의 변화과정을 그래프로 그리게 한다.

게임에 빠지는 성향을 활용하기

학생들은 높은 흥미를 이끌어내는 온라인 비디오 게임에 심취한다. 게임은 학생들을 매혹시키고 단계별로 수준을 높여 나가는 도전을 하게 만든다. 학생들이 좋아하고, 몰두하고 간혹 중독되게 만드는 비디오 게임의 힘은 무엇일까? 우리 학생들이 교실에서조차 비디오 게임에 몰두하는 것처럼 학습에 몰두한다면 어떨까? 학생들을 몰두시키는 비디오 게임의 핵심적인 특성을 몇 가지 살펴보자.

➤ **명확한 목적과 게임 진행 방법** : 게임은 다음 단계로 이어지고 이전 점수를 넘어선다는 명확한 목표가 있다.

➤ **즉각적인 피드백** : 게임에서 실수를 하거나 단계를 넘어서지 못하면 왜 그런 결과가 일어났는지 알려준다. 학생들은 보통 더 높은 레벨로 올라가기 위해 몇 번이고 게임을 계속한다.

➤ **선택과 경쟁** : 플레이어가 경쟁자의 수준을 선택할 수 있어서 온라인상에서 혼자 혹은 친구나 다른 플레이어들과 경쟁한다.

➤ **멀티미디어** : 소통방식이 다양하다. 게임에서 이기고 계속 피드백을 받기 위해 그림, 비디오, 음악, 단어를 활용한다.

게임에 관한 한 최고의 자원은 학생들이다. 학생들에게 유명한 게임을 소개해달라고 한다. 이 게임들이 수업에서 어떻게 활용될 수 있을지 토론한다. 교사인 Jarrod Robinson(2008)은 자신의 블로그에서 닌텐도 DS 게임이 수학, 뇌, 시야 훈련에서 어떻게 학습을 향상시키고 학생들을 몰입시키는지에 대해 다음과 같이 설명하고 있다.

우리는 매주 지역사회나 학교와 관련된 프로젝트에 두 차시를 사용하기도 하고 다양한 주제를 학습하는 시간을 따로 둡니다. 이 시간에는 숙제를 못 따라가는 아이들을 위한 보충시간과 학습기술을 높이는 시간이 포함됩니다. 1년 동안의 수업에서 학생들의 자존감과 자신감도 놀랄 만큼 상승합니다.

닌테도 DS는 몰입과 재미를 부여하면서도 학습기술을 훈련시키는 게임기입니다. 이전에는 교실에서 아이들을 앉혀놓고 뭔가를 하게 만드는 일이 거의 불가능했지만 지금은 수업시간 내내 가만히 앉아서 완전히 수업에 열중합니다. 아이들이 몰입하냐고요? 확실히 그렇습니다.

전략 13 : 게임으로 배우고 복습하고 기억하라

어렵고 지루한 수업을 재미있고 동기가 유발되는 수업으로 바꾸는 방법을 알고 싶은가? 게임이나 구체물을 활용하면 학생들의 학습욕구가 높아진다. 이런 몰입활동으로 새로운 정보를 가르치고 지난 수업을 복습할 수 있다. 게임은 재미만을 추구하는 것은 아니다. 성취감도 높인다. "교사가 특정한 목적과 의도를 가지고 활용한다면 게임은 학생들의 성취도에 큰 영향을 미칠 수 있다는 사실이 현직 교사들의 연구를 통해 밝혀졌다"(Marzano, 2010. p.71).

게임을 할 때 학생들은 능동적으로 몰입하고 수업에 임한다. 게임 종료 시에 학생들은 새롭게 통찰하고, 그 목적과 다음 수업을 생각한다. 시간을 생산적으로 사용하는 기회가 된다. Marzano (2010)는 적절한 게임 활용의 힘을 설명하며 학생들의 성취도에 가장 큰 영향을 미치는 네 가지 게임 요소를 보여준다.

1. 격앙되지 않을 정도의 경쟁심을 유도한다.
2. 수업내용 중 필수적인 부분을 학습하게 한다.
3. 배운 내용이나 불현듯 떠오른 질문에 대해 다시 생각하게 만든다.
4. 게임 후에는 메모를 적절하게 수정하게 한다.

정보 탐색하기(debriefing), 되돌아보기(reflecting), 학습도구와 자료에 대한 이해를 높이는 이 방법 속에는 필수적인 요소가 들어 있음을 알아야 한다. 교실에서 게임을 활용한 수업을 계획해보자.

1. 새로운 개념 배우기, 이전 수업내용 복습하기 혹은 연습하기와 같이 게임의 목적을 명확하게 설정한다.
2. 게임과 연관시킬 학습목표와 개념을 선별한다. 학생들이 무엇을 알고, 무엇을 모르는지 알아본다.
3. 수업활동으로 가장 적합한 활동을 찾는다. 학생들의 학습유형, 수업의 목적, 학습목표를 고려한다.
4. 게임을 혼자 할지, 두 명이 할지, 소그룹으로 할지 반 대항 게임으로 할지 결정한다.
5. 탐색적 질문과 사실을 제시한다. 짧은 시간 안에 답 쓰기, 이전 퀴즈 문제, 작년 학생들이 했던 과제물을 활용하면 더 의미 있고 효과적인 게임을 만들 수 있다.

6. 게임의 구성방식을 결정한다.

7. 게임을 하기에 가장 좋은 시간을 선택한다.
   - 학습계획상 게임은 어느 시점에 하는 것이 가장 좋은지
   - 게임에 어느 정도로 시간을 할당할지

8. 게임의 목적, 절차, 규칙을 설명한다.

9. 게임을 시작한다.

10. 깨닫게 한다. 게임을 통해 알게 된 사실이나 정보 중 기억할 필요가 있는 것들에 대해 토론하게 한다.

유용한 팁과 유의점

수업목표를 설정하고 게임을 선택하여 게임 규칙과 기술, 개념을 익히고 복습하게 한다. 게임이 학습의 목적으로 활용됨을 잊어서는 안 된다. 반복적으로 공부만 하는 방식으로 수업을 채우지 않기 위해 중간에 자투리 활동을 넣는다. 자투리 활동은 재미는 보장되어야 하지만 활동규칙을 습득시키기 위해 종종 학습과 관련이 없어도 된다. Marzano(2010)에 따르면 자투리 시간 활동은 학습 정도를 높이는 데는 효과가 있지 않았으나 강도가 높은 수업을 한 뒤의 자투리 시간 활동은 학생들에게 활기를 주기도 한다. 자투리 시간 활동의 예를 들자면 스트레칭, 짧은 시간 운동하기, 노래에 맞춰 춤추기, 재미있는 이야기 나누기, 보여주고 말하기, 산책하기 등이 있다.

현재 활용되고 있는 게임을 그대로 사용하거나 수정해서 사용하면 시간을 절약할 수 있고 내용 면에 더 많은 시간을 쏟을 수 있다. 행맨(hangman, 단어 맞추기 게임으로 한 팀이 영어 단어를 정한 뒤 단어의 철자 수만큼 밑줄을 긋는다. 다른 팀은 철자를 하나씩 말한다. 그 철자가 단어에 포함되어 있으면 밑줄 위에 철자를 적고, 포함되어 있지 않으면 교수대에 사람의 머리, 팔, 다리를 그려 나간다. 사람이 완성되기 전에 단어를 맞히면 이긴다. – 역주), 보글(Boggle, 각 면에 알파벳이 적힌 주사위 16개를 16의 칸이 있는 정사각형 상자에 담고 흔들어 주사위를 섞는다. 16개의 철자를 가지고 만들 수 있는 단어를 모두 적는 게임이다. – 역주), 스크레블(Scrabble, 가로세로로 이어지는 영어단어 만들기 게임이다. 가로세로 낱말 맞추기와과 유사한 게임이다. – 역주), 가로세로 낱말 맞추기, 경주하기 [competitive race, 예로, 이어달리기, 한 사람이 다른 사람의 두 다리를 잡고, 다른 사람은 팔을 땅에 짚고 달리는 휠바로우 경주(Wheelbarrow race) 등이 있다. – 역주], 재퍼디(Jeopardy, 퀴즈게임으로 역사, 과학, 영어 등 범주별, 난이도별로 문제가 출제되고, 한 팀이 원하는 범주와 난이도를 선택하면 나오는 문제를 푸는 게임이다. – 역주), 행운의 수레바퀴(Wheel of Fortune, 원형의 종이 위에 다양한 금액과 꽝 등이 적혀 있고 종이를 돌린 뒤 멈춘 곳의 금액을 따는 게임인데 영어단어 맞히기와 연동된 게임이다. – 역주), 픽셔너리(Pictionary, 게임 구성원이 그린 그림을 보고 단어를 맞히는 게임. 한 사람이 카드 한 장을 고르고 거기에 쓰인 단어가 연상되는 그림을 그린 후 다른 사람들이 그 그림을

보고 어떤 단어를 말하고자 한 것인지 추측하는 게임이다. – 역주) 같은 게임을 활용한다. 중요한 수업 내용을 배우고 복습시키는 게임에 시간을 더 할애해도 된다. 그리고 다른 단위의 수업이라도 이전에 활용했던 게임을 적용한다.

반 전체 학생들과 게임을 해본 뒤에 한두 명 학생들이 해당 개념을 완전히 이해하지 못했을 경우에 소집단이나 한 쌍으로 팀을 만들어 게임을 해볼 수도 있다. 학생들은 게임을 통해 학습 과제물을 지속적으로 복습한다. 학습할 개념을 완전히 이해하지 못한 몇몇 학생에게는 컴퓨터 게임이나 미리 제작된 게임 중 적절한 게임을 찾아준다.

팀을 나누어 경쟁시킨다. 정답을 말한 팀은 다음 단계로 올라간다. 하기 싫어하는 학생이나 팀원이 되기를 거부당한 학생에게는 점수를 기록하는 역할을 맡긴다.

참여의지가 없는 학생들에게는 학습활동의 일환으로 게임을 구성하는 역할을 맡길 것을 고려해본다. 게임을 만들 때 질문을 만들어 다듬고 게임 포맷을 선택하게 한다.

게임 계획 시 학생들을 참여시킨다. 소집단을 구성하여 게임에 활용할 과제나 질문을 만들게 할 수도 있다. 게임을 준비하고 고안하는 일 역시 실제 게임을 하는 것만큼이나 몰입과 학습을 불러온다.

게임을 마친 뒤에는 학생들을 칭찬하고 모든 학생과 함께 환호를 지른다. 반성하는 시간도 필요함을 잊으면 안 된다. 반성하기는 학습에 있어 필수적이다. 시간이 금방 가버리기 때문에 반성해볼 시간을 충분히 남겨두어야 한다.

실행에 옮기기

여기에서는 게임을 활용한 수업에 학생들을 몰입시키는 방법에 대해 논의할 것이다. 재퍼디 게임, 학생이 직접 고안한 게임, 퀴즈 보울 게임, 미스터리 퀘스트 같은 것들이 효과적인 학습을 위한 게임 중 질적 수준이 높은 것들이다.

재퍼디 게임

재퍼디 게임은 내용을 복습하기에 좋은 활동으로 우리에게 익숙한 게임이다. 이것은 유명 TV 프로그램 쇼 게임과 유사한 것으로 6~8개의 범주화된 학습주제를 복습하거나 공부한다. 각 범주를 덮고 있는 1달러를 젖히면 정답이 보인다. 금액이 클수록 답을 맞히기 어렵다. 한 명이 혹은 팀으로 하던 학생들이 돌아가며 범주와 수준의 이름을 정한다. 답이 공개되면 개별 학생이나 팀은 그 답에 해당하는 질문을 말해야 한다. 답이 공개될 때마다 학생들은 누가 그 답에 대한 질문을 정확하게 말하는지로 겨루게 된다. 질문의 정확성은 교사가 판단한다. 정확한 질문을 말한 팀이 다음 범주를 선택하면서 게임이 진행된다.

고등학교 수학선생님인 Rami Hoaglin은 실행연구를 하고 학생들의 반응을 수집한 뒤에 재퍼디 게임의 효과를 이렇게 설명한다.

기하학 시간에 지오퍼디(geopardy, geometry와 jeopardy의 합성어) 게임을 했는데 보통은 교실토론에 참여하지 않던 아이들이 이 게임을 할 때는 활기를 띠면서 열정적으로 참여하는 거예요. 학생들이 게임에 대해 이렇게 코멘트를 했어요. "재밌어요!" "이번에는 답을 맞힐래요." "조, 힘내!" "아 이제 알겠다." "시험 치기 전에 복습할 때 공부를 재미있게 할 수 있어요."(1999, p.106)

학생이 직접 고안한 게임

학생들은 학습목표와 관련된 게임을 스스로 만들면서 주제에 몰두한다. 개별 혹은 소집단으로 게임을 구성하게 한다. 집단별로 각각의 학습목표를 담당하게 한다. 게임을 계획할 때는 다음의 네 가지 절차를 제시하고 따르게 한다.

1. 학습목표를 명확히 한다.
2. 어떤 유형의 질문을 할 것인지 결정한다. 질문은 학습목표와 관련이 있는 것이어야 한다. 교실의 다른 친구들에게 다음을 요구한다.
   - 사실, 사건, 중요인물을 떠올리게 하는 질문을 하라.
   - 메인 플레이어나 게임 멤버에 대해 묻는 질문을 하라.
   - 문제를 풀라.
   - 선택하라.
3. 게임 구성 방식을 결정한다. 보드게임일 때는
   - 게임의 시작과 끝은 명확하게 한다.
   - 게임에 사용할 것들을 만들거나 다른 곳에서 가져온다.
   - 보드 위에서 사용할 주사위, 스피너(돌릴 수 있는 원판) 혹은 다른 도구를 만들거나 찾는다.
   - 질문과 답 카드를 만든다.
   - 게임 방법을 만든다.
   - 게임 절차를 적는다.
   - 찰흙(플레이도우)이나 그림으로 게임 관련 심볼이나 사람형태의 말을 만든다.
4. 게임 방법을 구체적으로 개발한다.
   - 게임에 참여할 플레이어의 수를 파악한다.
   - 게임을 팀으로 할지 개별로 할지 결정한다.
   - 게임에 필요한 물건들을 만든다.
   - 플레이어의 행동 방침을 명확히 한다.
   - 규칙을 만든다.

퀴즈 보울

퀴즈 보울은 학생들에게 학습주제에 흥미와 동기를 부여하기 위해 개발된 게임이다. 퀴즈를 통해 학생들은 주제에 대해 서로 대화를 나누고 생각을 하게 된다. 교사들에게 있어 퀴즈 보울은 학생의 수업에 대한 이해 정도와 다음 수업계획에 대한 힌트를 주기 때문에 혁신적인 평가방법이다. 팀으로 이 게임을 하면 질문에 대한 학생들의 반응이나, 학생들이 문제에 대해 어떤 해결책을 구사하는지가 드러난다. 예를 들어, 한 중학교 수학연구팀은 동교 7학년 교실 학생들의 퀴즈 결과를 분석했고 틀린 답안 유형별로 학생들을 나누었다. 그렇게 나눈 집단별로 한 집단은 일차 방정식을, 다른 집단은 이차 방정식을 공부했다. 세 번째 집단은 방정식을 구성하는 방법을 공부했다. 교실에서 교사의 지도 아래 하는 활동으로써 이 집단들은 퀴즈에서 틀린 문제를 다시 공부하여 잘못 알고 있었던 사실을 명확하게 배울 수 있었다. 그런 후 학생들은 공부했던 문제와 유사한 문제를 직접 만들어 다른 친구들에게 보여주어야 한다. 각 집단은 퀴즈 보울 게임에서 그 문제를 친구들에게 보여주었다.

미스터리 게임

수업내용을 미스터리화하는 작업은 모험심을 가지게 하고 호기심 많은 학생들의 심리를 이용하는 방법이다. 학생들을 설레게 하고 학습을 유발하는 게임을 만드는 것이다.

- 사실, 특성, 통계 등의 자료를 가지고 여러 가지 실마리를 구성하여 제시하고 사물이나 동물, 주제를 맞히게 한다.
- 스캐빈저 헌트(scavenger hunt, 일종의 미션수행게임으로 리스트에 있는 미션을 하나씩 수행한다. 예를 들어 미션 리스트에 있는 문제를 풀기 위해 그 실마리를 인터넷으로 검색하여 풀거나, 사물을 사진으로 찍어서 리스트의 문제들을 하나씩 풀어 나가고 모든 문제를 먼저 해결한 팀이 승리한다. – 역주) 게임을 통해 문제에 대한 답이나 해결책을 찾는다.
  - 우선 핵심 주제를 선택하고 이 주제의 목적이 무엇인지 명확해야 한다.
  - 정보의 범위를 정한다. 교과서, 웹사이트, 책, 학교 운동장, 교실, 길거리 등.
  - 찾아야 할 것을 설명하고, 한 쌍 혹은 소집단으로 움직이게 한다.
  - 학생들이 돌아왔을 때 찾아온 정보를 활용하여 근거 있는 결론을 도출하게 한다.
- 교사는 사설탐정이 되어 학습주제나 역사적 사건이나 과학적 발견에서의 가장 중요한 특성들을 찾아낸다.
- 영화나 TV 캐릭터를 활용한다. 예를 들면, 영화 내셔널 트레져의 한 장면을 각색해서 어린 학생들용으로는 방 전체에 파란색 발자국을 여러 개 놓아두고 블루즈 클루(Blue's Clue, 사라진 '블루'라는 강아지를 찾는 게임 – 역주) 게임을 한다. 미스터리를 푸는 실마리로 발자국을 함께 제공한다.

전략 14 : 향미를 더하라

수업 초반이나 활동 중, 혹은 수업 막바지에 말 그대로 양념을 뿌려야 한다. 이것은 학생들의 기억에 오래 남도록 아이디어를 연결시켜주고, 재미와 호기심을 불러일으키고 생각을 확장시키는 피드백을 제공하며 잠재력을 발휘할 수 있도록 하기 위함이다.

양념 뿌리기란 수업방법과 지도방법에 혁신과 협력, 정보 수집, 문제해결을 통합하여 학생들의 기능을 확장시키는 것이다. 학생들은 앞으로의 학습과 성공적인 결과를 위해 창의적이고 혁신적이어야 할 필요가 있다.

정체(mundane)와 지루함을 도전과 설렘과 기대로 바꾸는 기회가 되기 위해서 학습에 양념을 뿌려야 한다. 학생들의 열정과 흥미를 학습기회 그 이상의 것으로 바꾸기 위해 수업과 수업주제를 비틀어도 된다. 학생들의 태도를 긍정적으로 바꾸기 위해서 학생과 교사의 상호작용 정도도 높여야 한다. 협동하고, 참여하고, 배우고자 갈구하게 만들라.

유용한 팁과 유의점

계획 단계에서 지루한 부분은 선별적으로 잘라내는 연습을 한다. 학생들의 눈을 사로잡는 방식으로, 성장에 적합한 수준으로 가르치라. 과제를 추가하는 방법을 소개한다.

- 주제를 소개할 때 동영상 클립, 인용구, 노래가사, TV 쇼를 활용한다.
- 동영상, 음악, TV, 경험과 연관된 학습주제나 이런 연관성을 짓는 기술에 대해 이야기 모으기를 하게 한다.
- 향미 더하기를 계획하기 위해서 학생들이 흥미 있는 주제를 활용한다. 학생들이 어떤 영역에서 열성을 보이는지 알고 싶다면 제3장(75쪽)을 참조한다. 학생들에 대해 다 안다고 생각하지 말라.
- 개방적 집단 구성이 용이한 활동을 계획한다. 활동 시에는 소집단, 대집단, 개별 활동, 한두 쌍 집단으로 골고루 구성한다. 학생들의 학습유형에 대한 정보는 제3장(75쪽)을 참조한다.
- 전자책과 네트워크, 인터넷 검색, 토론 게시판, 온라인 포트폴리오, 블로그 같은 테크놀로지를 활용한다. 더 많은 정보는 전략 12(124쪽)를 참조하라.
- '향미를 더한' 수업을 할 때 평소와는 다른 색다른 방식으로 할 수 있는 방법에 대해 이야기 모으기를 하게 한다.

기억하라. 향미를 더하라고 해서 이것저것 끼워넣으라는 말이 아니다. 겉만 번지르한 수업으로는 마음을 움직이지 못한다. 처음에는 주의를 끌겠지만 깊이가 없으니 열정은 금방 사라진다. 학생들은 의미 없는 것들을 할 시간이 없다. 반드시 학습내용과 관련된 '향미'와 재미여야 한다.

활동은 단 한 명도 빼지 않고 모든 학생이 배우고 연습할 수 있도록 동기를 유발하는 것이어야 한다. 매우 높은 몰입감을 가져오는 활동을 할 때의 재미란 학습의 결과여야 하지 재미로서의 학습이어서는 안 된다. 이런 활동에 몰두할 때 학생들은 동기가 유발되어 탐구하고, 발견하고, 상상하고, 문제를 해결하고, 무엇인가를 알게 된다.

명확한 목적이 없는 역동적이지 않은 시간 때우기 활동이나 워크시트는 학생들을 지루하게 만들고 학교, 시간의 가치, 배움의 중요성에 대한 잘못된 메시지를 전달한다. 간혹 교사들은 워크시트를 의미 있는 수행으로 여기지만 학생들은 그것을 학습과 아무 관련이 없는 것으로 여기고 배움의 문을 닫아 버린다. 시간 때우기 활동, 지루한 워크시트와 수업은 빼버리라. 워크시트는 그 목적이 명확해야 하고 구체적인 학습목표가 있어야 한다. 필요한 것들로만 구성하라. 그래야 학생들은 할 만하다고 느낄 것이다.

실행에 옮기기

효과적인 소수업(lecturettes)과 새로운 활력을 주는 워크시트로 수업에 향미를 더하고 학생들을 몰입 시키라.

비효과적인 수업이 아닌 효과적인 소수업을 하자

학습으로 이어지는 진짜로 몰입을 불러일으키기 위해서는 학생들은 수업이 개인적으로 어떤 가치가 있는지 알아야 하고, 그 가치와 앞으로의 성공의 관련성을 알아야 하며, 수업내용에 흥미를 가져야 한다. 교사주도적인 수업, 학생의 흥미를 자극하지 못하는 수업은 효과도 없고 지루하기만 하다. 이런 유형의 수업에서는 교사들이 교과서만 따르게 되고 학생들은 수동적 청자의 역할만 하게 되고 이렇게 되면 학습자들은 수업내용을 내면화하지 못한다. 교과서를 읽고 열심히 과제를 하면서도 학생들은 배운 것을 완전히 자기 것으로 만들지 못하고 과제의 중요한 의미를 알지 못한 채 그저 과제에 쫓기고 있는 것이다. 수업을 마치는 종이 울리거나 교과서를 다 읽었을 때 수업은 끝나며, 내용을 얼마나 이해했는지는 상관이 없다. 우리 모두 겪은 이야기이지 않은가? 이에 대한 대안으로 소수업을 활용할 수 있는데 이것은 짧지만 학생들에게 개념을 소개하고, 학습내용에 대해 즉각적으로 생각하도록 만들기 위한 교사의 수업방식이다. 소수업(lecturette은 수업의 마지막 3~5분 정도를 할애하여 수업내용 중 중요한 개념, 어려운 내용, 다시 짚어야 할 부분을 다시 설명하거나 굵은 글씨, 색깔 글씨로 보여주는 일종의 짧은 복습시간이다. ─역주)은 교사주도의 수업과 학생의 수업에 대한 반성이 적절히 균형을 이룬다. 〈그림 4.1〉은 교실에서 효과적인 소수업을 계획하고, 소개하고, 평가하기 위한 체크리스트 이다.

지시 : 교실에서 효과적인 소수업을 계획, 소개, 평가하기 위한 체크리스트이다. 각 항목을 읽고, 하나씩 완성할 때마다 네모칸에 체크한다.

소수업 전 : 계획단계
☐ 프레젠테이션에 포함시킬 적절한 기준, 기능, 개념을 파악한다.
☐ 학생들의 기반 지식, 느낌, 흥미를 파악하기 위한 사전평가를 한다.
☐ 사전평가 결과를 활용한다.
☐ 정보를 관리가 용이한 범주로 나눈다.

소수업 중 : 소개 및 교수
☐ 기준, 목적, 소개해야 할 도달수준을 게시한다.
☐ 창의적이고 예상이 어려운 흥미 있는 활동을 한다.
☐ 수업의 목적을 설명한 뒤 앞에서 게시했던 기준을 보여주고 참조한다.
☐ 소개할 내용을 적절한 범주로 만들어 소개한다.
☐ 학생들을 능동적으로 활동에 참여하게 허용하고, 정보와 상호작용하게 한다.
☐ 시대, 문맥, 수업내용과 관련된 교사 자신의 이야기나 경험을 들려준다.
☐ 학생들의 개인적인 경험을 나누는 시간을 가졌고, 그것을 학습내용과 결부시킨다.
☐ 중요하고 유익한 주제의 범주를 의미 있는 순서로 가르친다.
☐ 학생들의 상호작용과 활동성을 높이기 위해 다양한 전략을 사용한다.
☐ 학생들이 정보를 효과적으로 이해하고, 공유하고, 처리하게 만들기 위해 전략적으로 잠시 진행을 멈추는 시점을 계획에 포함시킨다.
☐ 교실 안을 거닐며 수업을 한다.
☐ 학생들은 교사의 도움하에 연습문제를 풀면서 개념을 공부한다.
☐ 다시 짚어봐야 할 중요한 개념들을 다시 보여주면서 소수업을 마쳤고, 소수업의 효과를 떨어뜨린 것은 무엇인지 생각한다.

소수업 후 : 전개 및 학습
☐ 소개된 정보를 활용하여 활동할 수 있도록 계획한다.
☐ 평가자료에 따라 개별 학생에 적합한 과제를 내준다.
☐ 수업 시 개별, 한 쌍 혹은 소집단으로 구성한다.
☐ 도움이 필요한 학생들을 개별이나 소집단으로 구성하여 교사가 함께 활동한다.
☐ 다음 단계를 계획하기 위해 사전평가를 실시한다.
☐ 모든 학생과 함께 활동이 마무리되었음을 축하한다.
부가적 의견 :

그림 4.1 몰입과 동기를 유발하는 소수업 체크리스트

워크시트에 생명을 불어넣자

사치는 어느 날 버스에서 내려 집으로 돌아와 엄마 옆에 앉아 숙제를 하려던 참이었다. 숙제를 확인하더니 울음을 터트렸다. 무엇을 어떻게 해야 할지 몰랐다. 사치의 첫마디는 "아무것도 안 가르쳐줘요. 그냥 워크시트를 내주면서 하라고만 해요. 내가 나를 가르쳐야만 해요."였다.

새로운 활력을 주는 워크시트 과제를 만든다면 그것은 어떤 모습이어야 할까? 다음은 워크시트 과제와 관련해서 고려할 사항이다.

- 워크시트의 학습목적은 무엇인가?
- 워크시트의 목표는 무엇인가?
  - 연습인가?
  - 흥미유발인가?
  - 이해도를 확인하기 위함인가?
  - 과제를 한 뒤의 추가 과제인가?
- 교실 전체 학생들을 위한 워크시트는 어떻게 구성할 것인가? 학생의 이해 정도에 따라 다르게 구성할 것인가? 예를 들어, 명사를 이해한 학생들에게는 추가로 명사의 의미를 공부하는 과제를 낼 것인지 아니면 지금까지 배운 명사를 활용하여 문장을 쓰게 할 것인지 결정한다.
- 워크시트에 어떤 칸을 마련해놓으면 학생들이 자신의 생각과 이야기를 적을까?

반드시 필수적이고 매우 구체적인 목적을 가진 워크시트를 제공하라. 수업에서 교과서를 활용하고 있다면 현재 학습 중인 규칙이나 개념과 관련 없는 질문은 건너뛰도록 허락한다. 여기에 반대할 학생은 없다! 학생들에게 이미 숙달된 내용을 묻는 질문도 역시 마찬가지이다.

보다 풍부하고 필수적인 정보 중심의 워크시트를 구성하고, 깊이 있는 사고를 유발할 수 있는 전략을 소개한다.

- 워크시트를 작게, 혹은 조각으로 만든다. 작게 만든 워크시트를 활용하면 특별히 열심히 하는 학생들을 동기유발하기 좋은데, 왜냐하면 워크시트가 작기 때문에 짧은 시간 안에 끝낼 수 있고 그렇게 하나씩 달성해 가는 과정을 볼 수 있기 때문이다. 학생들은 자신이 과제를 해낼 수 있다는 것을 알게 되고 자신감이 증진된다.
- 여러 개의 질문에 답할 필요 없이 한두 개의 질문에만 답을 하게 한다. 질문에 답을 한 뒤에 학생들은 자신의 사고과정과 답을 서로 공유한다.
- 수건돌리기처럼 원으로 둘러앉는다. 한 학생이 워크시트의 첫 번째 질문에 답을 하고 옆 사람에게 워크시트를 넘기면 그 학생이 두 번째 질문에 답을 한다. 자기 차례가 되면 이전 질문에 대한 답을 읽어보게 하고, 질문에 따라 다음 중 한 가지를 하게 한다.

- 더 세부적이거나 다른 관점을 제시하는 문장을 추가한다.
- 다른 학생이 쓴 답을 읽어보고 재미있거나 정밀한 아이디어를 찾아 적는다.
- 다른 학생이 쓴 답을 읽어보고 의문점 한 가지를 적는다.
- 아이디어나 반응을 묘사하는 심볼을 하나 만든다.
- 다른 학생이 답에 도달하기 위해 거쳤던 사고과정을 서술한다.
- 답을 학생들의 언어로 요약한다.
- 교사가 그만하라고 할 때까지 워크시트를 계속 옆 사람에게 넘긴다. 워크시트를 넘길 때마다 새로운 방식으로 질문에 대답한다.

전략 15 : 낙관성을 장려하고 축하하라

동기가 유발되기 위해서는 학생들이 성취감을 느껴야 한다. 매번 성취감을 느낄 수 있는 학습기회를 제공할 계획을 세운다. 학생들이 무엇을 통해 크고 작은 성취감을 느끼는지 알아내고, 어떤 점을 중점으로 축하할지 구체적으로 생각해둔다. 축하는 의미심장해야 한다. 그래야 학생들이 자신이 하고 있는 일과 배우고 있는 것을 연결시키기 시작하고 결과에는 노력이 뒤따른다는 것을 알기 시작한다. 이런 긍정감 안에서 학생들은 성취를 향한 진일보에 기뻐한다. 축하는 성취를 이끌고, 성취에 따른 정서적 반응에도 영향을 미친다. 이 모든 것이 학생들의 자기존중감을 높인다(Linnenbrink & Pintrich, 2003).

어떤 교사들은 따로 축하를 할 시간이 없다고 생각한다. 솔직히 말하자면 축하할 시간이 없는 것이 아니고, 학생이 발전하는 모습을 관찰할 시간이 없는 것이다. 학생들로 하여금 성취가 무엇인지 알고 성취를 내면화하는 일은 필수적으로 필요한 일이다. 성취감을 칭찬하는 일은 자신에 대한 기대와 확신을 세우는 데 도움이 된다. 희망을 가진다는 것은 가능성을 본다는 말이다. 가능성이 보일 때 노력이 일어난다. 학생들의 작은 노력이 빛을 발할 때 자신감이 생긴다. 그리고 그 자신감으로 학생들은 더 많은 시도를 하고 실수를 하고 더 많은 것을 배운다! 학생들의 성취를 축하하자. 그래서 교사가 자신들을 배려하고 있음을 느끼게 한다. 학생들이 성취하고 진일보하는 것을 인정해주자.

학생들의 성취, 태도, 노력, 활동을 평가할 때 하지 말아야 할 것들이 있다. 문제점은 두 가지이다. 하나는 학생들은 아주 작은 부정적 피드백에도 당황하고 무력해진다. 어디서부터 시작해야 할지 모른다는 점이고, 두 번째, 부정적 피드백에는 어떤 실수를 했고, 무엇을 이해하지 못하고 있으며 어떤 태도를 길러야 할지에 대한 내용이 들어 있지 않다는 점이다. 학생들이 무엇을 해야 할지 모를 때 몰입은 사라진다. 그 결과는 파행적인 행동으로 이어지거나 장난이 심해지거나 무기력으로 이어진다. 이후에는 눈에 보이지 않는 더 큰 문제로 번져 갈 수 있다. 학생들은 자신에게 문제가 있다고 생각하고 그 문제를 해결하고 다음 문제로 나아갈 방법이 없다고 생각한다(Hattie & Timperley, 2007). 바로 학생들이 손사래를 치며 "난 괜찮아요.", "그런 거 알아서 뭐해요.", "바보 같은 문제예요.", "난 안

할래요.”라고 말하는 시점이다. 이때의 감정은 창피함과 자포자기이다. 한 시간, 하루, 1주일, 한 달, 1년, 학교생활 내내 '아 그렇구나'라고 느끼는 때가 얼마나 있을까? 이런 느낌을 거의 받지 못하는 아이들은 학교에 있을 필요가 없다고 생각하게 된다. 몸은 학교에 있지만 정신과 감정은 그렇지 않다. 우리가 잃어버린 아이들이다.

학생들의 강점을 찾으라. 그리고 그와 관련된 활동을 하게 하라. 학생들이 무엇을 알고 있는지 찾아내라. 그리고 스스로에게 물어본다. 나는 학생들의 강점을 키워주고 있는가, 아니면 약점에만 집중하고 힘든 문제를 내주는가. 성취감은 전염성이 있다. 성취감은 자신감을 낳고 기대를 낳는다. 그런 후 학생들은 더 어려운 과제에 도전할 것이다. 학생들이 수업내용을 이해하고, “아 그렇구나.”라는 말이 나오는 이해의 경험을 할 때 학생뿐만 아니라 교사에게도 교실은 모험의 장이 되는 것이다. 사실 이것이야말로 우리가 아이들을 가르치는 기쁨 중 가장 많은 부분을 차지한다.

유용한 팁과 유의점

학급토의를 훌륭하게 마쳤을 때, 성공적으로 활동을 했을 때, 개별 학생의 성취를 축하해주라. 축하의식을 계획하고 준비할 때 학생들의 도움을 받으라. 예를 들면, 학생 개인별 성취 내용을 명시한 상장을 만든다. 아이디어를 모을 때 학생들로부터 도움을 받아도 된다.

명확한 이유와 근거가 없는 의미 없는 축하의식이나 파티, 피드백, 감탄의 말을 경계하라.

교사 자신의 스타일로 축하의식을 계획하는 것이 좋다. 학생들 사이에 사기를 높이려 한다면 그 일을 담당할 사람을 뽑아도 좋고, 축하의식을 다른 방식으로 하는 것도 좋다.

실행에 옮기기

교실은 가슴 설레는 체험의 장소로, 축하와 노래와 환호와 시각적으로 동기유발하는 것들로 교실 안을 긍정감으로 채워넣으라. 춤을 추어도 좋다.

노래하고 환호하기

노래와 환호로 성취를 축하하고, 사기를 높이고 배움에 빠져들게 만들라. 좋은 아이디어에도, '이제 알겠다'라고 느끼는 순간에도 칭찬을 하라. 다음의 내용을 당신과 학생들의 스타일로 시도해본다.

- ‘우리가 해냈어. 우리가 해냈다고. 그래!’
- ‘네가 해냈어. 네가 해냈다고. 그래!’
- ‘끝내준다, 야호!’
- ‘우리 팀, 우리 팀, 야야야’
- ‘넌 최고야, 최고 중의 최고’

- ➤ '멋진 하루가 되겠는 걸!'
- ➤ '우리가 최고야!'
- ➤ '잘했어!'
- ➤ '좋았어!'
- ➤ '유 고 걸'
- ➤ '좋았어. 훌륭해'
- ➤ '계속 그렇게 하는 거야!'
- ➤ '아자!'
- ➤ '어 어 어 어!'
- ➤ '해냈어, 오오오'
- ➤ '그래 그래 그래!'

학생들에게 이런 칭찬 방법을 만들어보라고 한다.

하이파이브나 기립박수처럼 신체를 활용한 칭찬도 있다. 학생들이 할 수 있는 몸동작을 만들거나 '칭찬의 시간'이라는 신호를 만들 수도 있다.

칭찬박수와 몸동작의 예를 소개한다(Chapman & King, 2009a).

- ➤ **물고기 박수** : 왼손을 펴고 오른손 바닥과 등을 앞뒤로 여러 차례 친다. 물고기가 퍼덕거리는 형상이 된다.
- ➤ **케첩병 박수** : 오른손을 주먹 쥐어 케첩병 모양을 만든다. 왼손으로 주먹을 치면 케첩을 빼내는 형상이 된다.
- ➤ **책상치기 박수** : "책상치기"라고 말하며 책상을 두 번 친다. 그리고 "박수"라고 말하며 손바닥 박수를 친다.
- ➤ **멋진 기타** : 기타 치는 흉내를 내다가 모두가 "멋져!"라고 외친다. 이것을 한 번 더 한 뒤 엘비스 프레슬리 포즈를 취하면서 "감사합니다!"라고 말한다.
- ➤ **아나운서 칭찬** : 마이크에 말하듯이 손은 입에 대고 "잘했어, 훌륭해"라고 말한다.
- ➤ **행복한 평온** : 손가락 두 개를 입가에 대고 미소를 만든다.
- ➤ **마이크로웨이브** : 새끼손가락으로 웨이브를 한다.
- ➤ **롤러코스터** : 양손을 점점 위로 올리다가 재빠르게 아래로 내리고 다시 반복한다.

경구와 동기유발 포스터 걸기

동기를 유발하는 경구와 포스터도 학생들은 몰입시키고 고무시킬 수 있다. 학생들에게 메시지를 제시할 때 교실과 학교의 풍경과 문화를 담고 있는 사진이나 영상물을 함께 제시하라. 경구를 만들 때나 교실이나 학교 안에서 영감을 느꼈던 순간을 사진에 담을 때 학생들의 도움을 받을 수 있다. 사진 아래에 동기부여의 주문을 학생들에게 직접 적게 한다.

다음은 목표 설정을 증진하는 경구의 예이다.

- 여러분 자신을 믿어요!
- 내일에 당신의 꿈이 있다.
- 꿈꾸는 것을 포기하지 마라!
- 오늘의 목표가 내일의 성공이다!
- 불가능한 것은 없다!
- 꿈을 가져라.

다음은 활동과 인내력을 높이는 경구의 예이다.

- 도전해라!
- 여러분은 할 수 있다!
- 열심히 해라.
- 너의 안에는 삶의 도전을 맞아들일 강인함이 있다.
- 매일매일 성장하는구나!
- 최선을 다해라!

일어나서 춤추기

방송국 세트장에서 춤을 추고 있는 토크쇼 사회자인 엘렌 드제너러스의 사진을 찍어둔다. 엘렌은 세트장에서는 모든 청중의 흥을 돋우고, 집에서는 음악에 맞춰 춤을 추며, 일을 할 때는 즐거운 미소를 짓는다. 그 유명한 '엘렌 타임'이 아니라 '댄스 타임'이라고 불러도 될 정도다. 당신과 학생들에게 알맞은 음악을 선택한다. 예를 들면 Aly and AJ의 "Walking on Sunshine"이나 Reel 2 Real의 "I Like to Move It"이나 ABBA의 "Dancing Queen"이 있다. 학생들도 처음에는 킥킥거리고 웃으며 불편해하지만 나중에는 모두 즐거워할 것이다. 학생들이 앉아서 다음 주제에 매달려야 할 때 학생들의 마음은 열리고 새로워질 것이다.

제4장	캠프파이어 토크

이 장에서는 학습에서 모험 발견하기에 대한 전략에 대해서 기술했다. 배움이 즐겁고 기대되는 것임을 학생들이 느낄 수 있게 하기 위해 여러분 자신이 알게 된 것, 경험했던 것을 생각해보라. 당신의 소속 연구회, 교과 모임, 동학년 모임, 혹은 전체 교직원 모임에서 다음과 같은 질문과 활동에 대해서 토의해보라.

1. 학생일 때의 가장 기억날 만한 교실 경험은 무엇이었는가? 말해보자. 교실에서 당신은 무엇을 하고 있었나? 선생님은 무엇을 하고 있었나? 어떤 기분이었나? 이런 것들을 지금 당신의 교실에 어떻게 적용할 수 있을까?

2. 학생들이 교실을 어떻게 생각하기를 바라는가? 학생들이 바라는 교실을 만들기 위해서는 어떤 전략이 필요할까?

3. 이 장에 소개된 전략 중 한 가지를 선택하여 개별 학생이나 전체 학생들과 함께 해본다. 동료교사들을 모아서 그 전략에 대한 피드백을 받는다.
   - 전략이 통했는가? 목표한 대로 학생들의 행동과 결과가 나왔는가?
   - 학생들의 태도는 어떻게 바뀌었는가?
   - 학생들은 주어진 과제를 마쳤는가? 어떻게 마칠 수 있었는가? 어떻게 마치지 못했는가?
   - 무엇이 통했는가? 그것이 통했다는 것을 어떻게 알 수 있는가?
   - 무엇이 통하지 않았는가? 왜 그런가?
   - 다음에 더 나은 효과를 보기 위해서 전략을 어떻게 수정해야 하는가?

4. 현재 학생들의 성공을 어떤 방식으로 칭찬하고 있는가?

5. 당신만의 축하 방식에는 어떤 것들이 있었는지 적어보자.

6. 148쪽에 소개된 교실규정과 관습을 보고, 현재 당신 교실의 규정과 관습들을 나열해보자. 이 규칙이 어떻게 학생들에게 기대와 가능성의 메시지를 전달하고 있는가? 의도적으로 효과적인 메시지를 전달하기 위해 교실분위기를 바꿀 방법이 있는가?

7. 146쪽의 동기부여 계획을 활용하여 학습에서 모험 발견하기를 통해 동기가 없는 학생들에게 필요한 것을 찾고, 진단하고 계획하자.

학생의 동기부여를 위한 계획

전략	필요한 전략에서 동기부여가 되지 않은 학생들의 이름을 적으라	학생들이 가지고 있는 안 좋은 학습습관을 확인하라	관찰 가능한 증거, 행동, 습관, 특성의 목록을 만들라	필요를 충족할 만한 활동을 개발하라	실행에 대해 고심하고 그것을 반영하라	추가적 제언
11. 흥미로운 활동과 지혜로운 수업 마무리를 잘하라. (117쪽)						
12. 테크놀로지를 활용하라. (123쪽)						
13. 게임으로 배우고 복습하고 기억하라. (131쪽)						
14. 향미를 더하라. (136쪽)						
15. 낙관성을 장려하고 축하하라. (140쪽)						

빠져나올 수 없게 만드는 흥미로운 활동과 지혜로운 수업 마무리 계획

다음 표를 이용해서 활동 목적을 선택하고 관련되는 흥미 있는 활동과 수업 마무리를 적으라.

목적	설 명	흥미 있는 활동과 수업 마무리 아이디어
연결하기	학생들의 경험, 이전 수업, 배경, 이미 배우거나 알고 있는 것을 학습주제와 연결한다.	
신나게 하기	학습주제에 대한 기대를 높일 수 있는 활동과 토론을 조장한다.	
축하하기	성공적인 학습 경험과 몰입활동에 대해 축하한다.	
기억하기	학생들의 지식을 촉발할 수 있고, 기억하기 위한 활동과 교육을 한다.	

교실규정과 관습

교실의 규정과 관습을 목록화한 표를 사용한다. 이 규정이 학생들에게 어떻게 기대와 가능성의 메시지를 전달하는가? 기대와 가능성의 메시지를 의도적으로 전달하기 위해 관습을 어떻게 수정할 수 있는가?

교실규정과 관습	학생들에 대한 명시적, 암묵적 메시지	기대감과 자기효능감 고취를 위한 변화
늦은 과제물 제출에 대한 규정		
지각에 대한 규정		
축하에 대한 규정		
숙제에 대한 규정		
평가에 대한 규정과 관습		
학급 내 토론에 대한 관습		
좋지 않은 언행 관리 관습		

선택과 통제의 증진

안드레는 조용하면서도 소심한 10학년생이다. 소그룹 토론에서든 전체학급 토론에서든 안드레는 대개 조용한 편이다. 그의 어머니는, "안드레는 수업에 보다 적극 참여할 필요가 있어요."라는 얘기를 교육 간담회 때 여러 차례 들은 바 있다. 그 어떤 설득과 달램도 안드레의 수업참여 방식을 바꾸지 못했다.

어느 날 안드레의 선생님은 그가 쓴 필기 노트를 주목했다. 그의 노트는 수업에서 급우들과 함께 상호작용한 부분을 섬세하고도 아름다운 그림이 가득 그려져 있으며, 토론 과정이나 수업의 내용과 관련된 낱말과 어휘로 가득 메워져 있었다. 안드레 선생님은 학생들에게 수업내용을 어떻게 반영했는지 그리고 토론에 어떻게 참여했는지 선택의 기회를 제공해주기 시작했다. 선생님은 안드레의 그림을 학생들과 함께 공유하면서 그림들이 어떻게 수업내용과 연관됐는지 안드레에게 물었다. 32명의 학생들은 조용한 안드레가 그랬던 것처럼, 제2차 세계대전 때 캘리포니아 시골의 한 가족 생활의 참상에 관한 깊은 통찰을 함께 공감한 듯, 숨죽여 듣고 있었다. 그림 이미지는 그 시대의 고통뿐만 아니라 그 시대의 가족들이 겪었을 정서적 상처와 눈물 또한 잘 보여주고 있었다. 수업은 박수가 터져 나왔다. 그날 이후로 안드레는 자신의 의자에 곧게 선 채로 토론 시간에 제 생각을 더 빈번히 표현하는 학생이 되었다.

학생들은 학교에서 무엇을 선택하는가? 학생들은 학습에 어떤 통제가 필요한가? 학생들은 끈질긴 노력을 통해 그들의 성공에 다다를 수 있는가? 학생들을 위해 학습을 선택하고 통제할 수 있는 어떤 기회가 제공되는가? 교사는 이 같은 질문들을 연상할 때, 종종 학생들이 경험하는 학교의 수동적인 환경으로 인해 위축된다.

삶은 선택으로 가득하다. 우리가 하게 되는 일상의 결정은 우리가 되고자 하는 사람을 염두에 둔다. 우리가 친구로 선택하는 사람, 우리가 시간을 할애하는 취미 활동, 우리가 추구하고자 선택하는 직업 등과 같이 삶 전반에서 선택이 이루어진다. 그러나 많은 교실에서 학습자들에게 결정할 선택과 기회가 제공되지 않는다. 결과적으로, 교사가 항상 통제하기 때문에 학생들은 종종 반감을 가진다.

숙제를 하지 않는 것이나, 참여하지 않는 결정은 학생들이 유일하게 행할 수 있는 통제일지도 모른다. 교사가 선택을 제공할 때 학습자는 통제된다. 학생들은 과제를 수행할 때나 활동적일 때 더 열성적이게 된다. 이 같은 현상은 자신이 좋아하는 방식으로 본인을 통제하기 위해 과제를 완벽하게 수행할 때 일어난다.

교사 혹은 학생들이 그들의 통제 밖에 있는 것에 집중하는 데 너무 많은 시간을 할애하면, 사기는 떨어지고, 신뢰감이 흔들리고, 동기유발은 사라진다. 학교에서 보내는 시간은 구름 낀 흐린 날의 연속인 듯 보인다. 그러나 우리가 우리의 통제 밖에 있는 것에 적은 시간을 할애하고 우리가 통제할 수 있는 것들에 대부분의 시간을 보낸다면, 오히려 우리의 사기는 증진되고 가능성과 자극이 증진된다. 비록 날씨 변화와 같은 것은 우리가 어찌할 수 없는 사안이지만 그러나 이는 종종 우리의 삶에 상당한 영향을 미치기 때문에 그것들에 대해 '통제 밖에 있는' 문제들이라고 말할 수 있다. 우리는 그로부터 배울 수 있다. 비가 그치고 다시 해가 뜰 때 날은 밝아 보이고, 희망으로 충만하며, 그리고 가능성으로 가득 차 보인다.

학습자가 학교 밖에서 경험하는 것—활동, 가정생활, 개인적 믿음, 친구, 습관, 음식, 그리고 행동—은 교육자의 통제 밖에 있다. 학습자의 개인적인 경험, 선택, 그리고 영향은 그들의 동기, 태도, 그리고 행동에 영향을 미친다. 학교 교사는 방과 전, 방과 후에 일어나는 일에 대해서는 어떤 것도 할 수 없다, 하지만 그들은 수업 시간 중에 발생하는 일에 대해서는 사전 계획을 세우거나 책임져야 한다. 예를 들어, 교육자들은 분명히 긍정적인 롤 모델이다. 옳은 것과 그른 것 사이의 차이뿐만 아니라 긍정적이고 부정적인 태도를 설명하고 가르쳐야 한다. 학생들은 학교에서 성인이 원하는 것에 동기화될 수도, 아니면 성인이 제시한 방향과 기회, 과업과 과제에 대해 반감을 지닐 수도 있다. 그것은 그들의 몫이다.

Tracy Kidder(2010)는 교사들이 어느 정도 갖는 자율성의 공간으로서의 교실수업을 강조하면서, 대개 그들의 통제권 밖에 있는 교사들의 활동에 대해 아래와 같이 언급한다.

> 대부분의 교사들은 학교 규율 또는 커리큘럼 또는 교재 채택, 학생들의 특별 배치에 대해 거의 통제권을 갖지 않는다. 그러나 대부분 수업교실 내에서는 자율성을 많이 갖는다. 치안활동과 같은 몇몇 타 직종이 그러하듯, 공교육은 제도적 피라미드 기관의 맨 아래에 있는 사람들의 능력이나 인격에 불안정하게나마 의존한다.

학급은 교사가 학생들의 동기와 참여에 영향을 주는 큰 힘을 가지는 장소이다.

우리가 우리 결정권 밖의 걱정거리를 일상적으로 받아들일 때 어떤 일이 일어날까? 〈그림 5.1〉을 이용하여 자신의 경험을 신속하게 조사해보자(재현을 위해 173쪽 참조). 당신은 아마도 동료들과 이 활동을 하는 동안 탐구 결과를 토론하기에 유용할 것이라 사료된다.

교사는 그들의 통제권 안과 통제권 밖의 렌즈를 통해 교육활동을 고려할 때 학생들을 성원하여 잠재적인 특별한 행동을 이끌어내야 한다. 학습자의 동기부여 활동은 우리의 통제권 안에 있는 것들로 출발해야 한다. 우리의 희망과 가능성은 학습과 동기부여를 촉진하기 위해 어떻게 해야 할지 우리가 토론하고 계획을 세울 때 존재할 수 있다.

같은 맥락으로, 학생들은 그들이 통제할 수 있는 것과 통제할 수 없는 것이 무엇인지를 확인하는 데 도움을 얻는다. 학생들이 통제권 밖에 있다고 느낄 때, 그들은 아마 입을 다물고, 불평을 하고, 화를 내거나 포기할 것이다. 우리가 선택권을 주든 주지 않든, 학생들은 시도를 하든 그렇지 않든 불가피하게 가장 중요한 결정을 내린다. 우리가 학생에게 결정을 내리는 기회와 선택을 제공할 때 그들은 그 내용과 일에 관하여 흥미를 가질 뿐 아니라 책임 있게 받아들이고, 더 열정을 보이며, 그리고 더욱더 그 일을 기꺼이 수행해내고자 한다. 성인들과 같이 학생들은 열악한 상황으로부터 배울 수 있다. 그들이 결정권 밖에 있다고 느낄 때 이것은 그들이 어떤 것과 싸워 이겨내고자 하는 신호이자 그들이 성공을 향해 다음 단계가 무엇인지 길을 안내해줄 교사를 필요로 한다는 신호이다.

학생들은 또한 자신의 통제권 안에 있는 것과 밖에 있는 것을 검토하고 이를 나열하기 위해 〈그림 5.1〉을 완성해볼 수 있다. 이 활동은 그들의 학교생활에서 더 많은 결정과 선택을 가지게 하는 데 가치 있는 과정이 될 것이다. 이것은 또한 통제권 밖에 있는 상황 반응에 전환의 동력이 됨으로써 힘든 상황을 극복할 수 있도록 돕고 학생들이 소망하는 바를 재인식할 수 있도록 돕는 메타인지적 도구로 작용한다.

학생들이 보다 자기주도적일 때 학생들은 실천하지 않은 내용을 인식하여 새로운 계획을 세울 수 있다. 아마 이 새로운 계획 속에는 학습목적을 돕는 교사, 동료, 부모님이 포함되어 있다. 자기주도적 학습자는 그들이 도전하고자 하는 학습에 보다 더 꾸준히 참여한다. 이러한 행동을 나타내는 학생들은 동기유발이 촉진되고 더 높은 학업성취를 한다(Zimmerman, 2008).

따라서 이 장의 전략들은 학생들에게 어느 정도 통제와 선택의 방식을 제시하여 그들이 학습과 활동에 더 많은 주도권을 갖도록 한다.

전략 16 : 질 높은 선택의 기회를 제공하라
전략 17 : 목표를 설정하고 협상하라
전략 18 : 예술을 활용하라

전략 16 : 질 높은 선택의 기회를 제공하라

우리가 선택하게 될 때 우리는 우리의 삶, 성공 그리고 일상에 통제감을 어느 정도 느낄 수 있다. 교실에서의 선택은 다양한 방식으로 망라될 수 있는 바, 학생들이 앉는 장소에서부터 완성하게 될

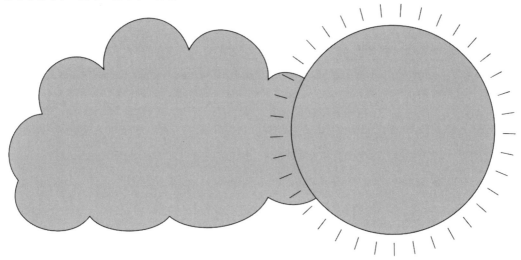

1. 아래 〈구름 그림〉 안에는 자신의 통제권 밖에 있는 것들을 나열한다.

2. 아래 〈해 그림〉 안에는 자신의 통제권 안에 있는 것들을 나열한다.

3. 자신의 통제권 안과 밖에서 몇 퍼센트의 시간을 생각하고 말하고 일하는 데 보내는지 상기한다. 그 비율을 밑줄 친 빈 곳에 적는다.

나는 약 _____%의 시간을 내 통제권
밖에서 생각하고 말하고 일하며 보낸다.

나는 약_____ %의 시간을 내 통제권
안에서 생각하고, 일하고, 말하는 데 보낸다.

4. 개인적으로 또는 동료들과 함께 생각해보자. 자신의 통제권 안에서 보내는 시간과 통제권 밖에 있는 시간을 비교해 볼 때 둘 사이의 균형이 생기는 곳은 어느 곳인가?

자신의 통제권 밖에 있는 것들에 대한 얘기로 너무 많은 시간을 보내지는 않는가? 만약 그렇다면, 그러한 행동이 자신의 일에 어떤 영향을 미치는가?

자신의 통제권 안에 있는 것들에 시간을 보낼 때 얼마나 생산적인가?

그림 5.1 통제에 관한 조사

과제에 이르기까지 그 범위가 넓다. 빈번치는 않지만, 학습자들은 귀를 닫고 할당된 과제를 하지 않는 개인적 결정을 내려버리기도 한다. 이로 인해 학생과 교사 사이에 심각한 갈등을 빚기도 한다. 그것은 학습진전을 방해한다. 학습자가 거절하거나 또는 무엇을 하지 않으려는 이유는 다양하다. 교육자에 대한 학생들의 거부감은 어른 또는 권위에 대한 불신으로부터 비롯된 것으로 성급히 결론지어서는 안 된다는 점은 중요한 것이다. 학생들의 불이행을 야기하는 그 근본을 검토하는 것은 더 효과적인 응답들로 이끌 수 있다.

선택을 제공하는 것은 갈등으로부터 벗어날 수 있고 학생들에게 그들의 학습에 있어서 생각과 통제를 제공할 수 있다. 선택들은 학습자들에게 그들이 아는 것을 보여줄 방법과 도전적인 자세로 공부하는 것을 제공한다. 우리가 선택들을 제안할 때 우리는 믿음과 존경으로 의사소통한다. 예를 들면 "나는 네가 결정하는 것이 가장 좋을 것이라고 믿는다. 나는 너희들이 다르게 학습하고 우리는 모두 다른 방법으로 상호작용함을 좋아한다는 것을 이해한다."라고 말하는 것이 있다. 이 활동들에서 주도권을 갖는 것은 학습이행과 동기부여가 되도록 한다.

과제를 위한 선택들의 목록을 개발할 때 각각에게 확실한 선택사항들을 검토하는 것은 질 높은 선택의 기회를 갖는 것이다. 당신의 교실에서 효과적인 선택들을 계획할 때 다음 목록을 고려하라.

- 학생들의 기준과 과제의 목적을 충족시키기 위해 반드시 무엇을 해야 하는지 정보를 제공하고, 예측된 결과를 성취하라. 과제에 관한 교수활동이 설명된 후 학생들은 선택을 할 수 있어야 하고 과제를 약간의 도움 또는 도움 없이 완성하여야 한다.
- 대략적으로 동일한 양의 시간을 사용하도록 각각의 선택을 계획한다.
- 각각의 선택에 같은 유형의 추론과 생각을 요구하라. 예를 들면, 만약 네가 학생들에게 네 개의 쉬운 문제를 주고 그들이 그중 두 개를 완성하기로 결정할 수 있을 때 모든 문제가 비슷한 생각을 요구하도록 확실히 하라. 만약 두 개가 지식 중심 문제이고 다른 두 개가 고차원적 추론을 요구한다면 학생들은 아마 지식을 묻는 문제에만 답하려고 할 것이다. 그들의 논평은 그들의 지식 목적에 대한 이해를 반영할 것이다. 하지만 논평 또한 측정하려고 의도된 고차원적인 사고에서는 학생들의 능숙함이 거의 드러나지 않는다. 확인된 어떤 점수라도 만약 모든 내용 목적에서의 성취로 제시된다면 오해될 수 있다.

유용한 팁과 유의점

선택을 할 때 시각자료와 재밌고 흥미로운 선택활동을 사용하라. 예를 들면 주제와 계절 또는 과제에 맞는 형식 위에 그것들을 나열할 수 있다.

- 주제에 맞는 형식으로 프로젝트 선택을 칠판 위에 나열하기
- 오픈북 형식으로 항목 선택을 나열하기
- 숙제 또는 과제에 관한 문제들 위에 커다란 물음표 적기
- 과제 선택을 3×3 격자판 위에서 하고 학생들이 세 개의 과제를 수직, 수평 또는 대각선이든 한 줄로 선택하기
- 퀴즈와 시험 끝에 개방형 문제를 선택하게 하기

실행에 옮기기

선택은 다양한 양식으로 제시될 수 있다. 〈표 5.1〉을 당신 계획에 고려하라. 〈표 5.1〉은 보편적인 교실 과제들을 나열하고 선택에서 학생들이 어떻게 요구들을 충족시킬지 돕기 위해 다른 방법을 제시

표 5.1 ●● 교실에서의 선택

과제 또는 과업	학생 선택
프레젠테이션하기	설명해주기, 인터뷰 수행하기, 음악적 비트, 재연, 포스터, 파워포인트 또는 게임쇼 만들기
지식 설명하기	조작기 사용하기, 단계별 생각 설명하기, 그리기, 활동으로 표현하기, 설명하기
네가 어떻게 수행할 것인지 선택하기	혼자 수행하기, 파트너와 함께 수행하기, 모둠별로 수행하기
과제를 하고 시험을 보기	질문 목록으로부터 선택하기 그림을 그려 질문에 답하기, 단락으로 쓰기, 목록 만들기, 도식조직자로 생각 구성하기
어떻게 응답할지 선택하기	목록 안에 답을 적기, 시, 노래, 이야기, 편지
읽기 과제 완성하기	책 선택하기, 항목, 공부할 목록으로부터의 한 부분
프로젝트 완성하기, 연구나 과학조사 프로젝트	프로젝트의 초점을 위한 목록으로부터 주제 고르기
수행할 장소 선택하기	바닥, 의자, 책상 위
학생에 초점을 둔 과제 완성하기	과제를 끝내기 위해 활동 목록으로부터 두 항목 선택하기

한다.

이어지는 절에서는 당신의 교실에서 특성 선택을 제공하기 위한 몇몇 방법에 관해 논의할 것이다. 다양한 창의적인 자료, 도식조직자, 종이접기 자료, 학습정거장을 사용하고 학생들에게 책임감을 부여한다.

창의적인 자료의 다양한 사용

학생들이 과제를 완성하기 위해 쓸 자료를 선택하게 허락하는 것은 다양성을 제공할 수 있고 학습자들이 행동하도록 동기부여할 수 있다. 예를 들어 한 퀴즈는 학생이 귀를 닫고 반항아가 되도록 야기했기 때문에 학습자에게 불쾌한 경험일 수 있다. 노트의 종이 1/4 정도같이 작은 종이 한 장을 사용하여 그 불안감을 떨쳐낼 수 있도록 도우라. 그러면 학생은 '만약 이 내용을 많이 적어야 한다면(종이가 작은데 왜 많이 적어야 하나요?) 나도 할 수 있을지도 몰라.'라고 생각할 것이다.

과제에 더 끌리는 경험을 만들어주기 위해 기쁘게 하는 색이나 질감의 종이를 사용하는 것을 고려하라. 게다가 크기, 색깔, 질감이 다른 종류의 펜과 연필, 마카, 색연필 그리고 크레용을 제공하라.

학생들은 학습이 재미있다는 것을 발견할 것이고 그들이 좋아하는 재료를 사용할 때 몰입하게 될 것이다. 학생들이 좋아하는 것을 선택할 수 있도록 하기 위해 방 주위에 전략적 장소에 각기 다른 쓰기 도구들을 놓아둔다.

도식조직자의 사용

도식조직자(graphic organizers)는 학습자들이 그들의 사고와 정보 흐름을 조직하기 위해 사용하는 사진, 표, 도표 또는 격자판들이다. 도식조직자는 생각과 개념 사이의 관계, 역사적 사건의 순서를 보여줄 수 있고, 이야기의 줄거리를 조직하고, 또는 주요 수치들의 영향을 예증한다. 학습자는 그들의 도식조직자를 설계하거나 그들이 얼마나 많은 경험을 가져야 하는가를 보여주는 목록으로부터 도식조직자를 고른다. 어떠한 경우라도 도식조직자를 하나의 선택지로서 제공하기 전에 학생들이 어떻게 각각의 도식조직자를 사용하는지 증명하고 가르치는 것은 중요한 것이다.

다음 목록은 내용 영역과 취학 정도를 넘어서 사용하기 위해 조직자에 몇몇 선택을 제공한 것이다.

- 단원 주제를 제시하는 모양을 선택하거나 잘라내기. 배운 중요한 사실을 토론하는 동안 모양 위에 붙이기
- 사다리의 단계, 숫자가 적힌 목록 또는 직사각형 틀을 각각의 과정 또는 순서의 단계와 소통하기 위해 사용하기
- 두 범주를 비교 대조하기 위해 T-표 또는 벤다이어그램 사용하기
- 자료, 사건, 조사 결과를 나타내기 위해 연대표 또는 막대그래프를 사용하고 그 조직을 설명하기
- 두 개 이상의 수치를 사용하는 자신만의 도식조직자를 만들기 위해 다른 모양을 사용하기

예를 들면, 학생들이 에너지를 배워왔다고 말해보자. 그들은 다른 유형의 에너지를 정의 내리고, 설명하고, 확인하는 것에 초점을 맞춘다. 게다가 그들은 다른 유형의 에너지가 환경에 어떻게 영향을 미치는지도 탐구한다. 학생들은 다양한 에너지 자원과 각 환경에의 영향을 묘사하는 도식조직자를 만들기 위해 노트를 사용할 것이다. 그들은 자신만의 도식조직자를 만들기 위해 다양한 모양에서 고를 수 있다.

도식조직자에 대한 더 많은 정보는 Carolyn Chapman과 Rita King(2009b)의 책 **내용영역에서의 읽기를 위한 다양화된 교육적인 전략**(*Differentiated Instructional Strategies for Reading in the Content Areas*)을 참조하라.

폴더자료 사용하기

폴더자료는 정보를 학생들에게 조직하고, 기억하고, 복습하기 위한 또 다른 독특한 방법을 제공한다.

학생들은 교사의 지도에 따라 폴더자료화한다. 다양성을 만들어내기 위해, 그리고 선택을 제시하기 위해, 또는 주제를 이끌어내기 위해 다른 크기, 색, 질감의 종이를 사용하라. 학생들은 아마 배운 개념에 기반을 둔 그들만의 패턴 또는 주제를 만들어낼 것이다. 과제를 할당하거나 종이접기 자료의 각 부분에 질문을 하고, 그것을 설명하기 위해 그림이나 단어를 고르도록 한다. 다음 예시를 생각해 보자.

- 과정과 절차를 가르칠 때 학생들이 종이를 접도록 하여 생긴 주름이 종이를 대략 몇 개의 구획으로 나뉘게 만든다. 각 구획에 하나의 부분을 적는다. 예를 들면 글쓰기 과정을 가르칠 때 종이는 집필 전 생각정리, 조직하기, 초안쓰기, 수정하기, 편집하기, 그리고 마무리하기의 6개 구획을 포함할 것이다. 과정들을 짜기 위해 당신만의 전문용어를 사용하라. 그러면 학생들은 단계의 설명을 적거나, 각각의 단계를 나타내기 위한 상징들을 그린다. 이것은 그들이 그 과정을 실행할 때 참조하는 하나의 도구가 된다.

- 개념을 가르칠 때 종이 장수도 포함하여 만들기 위해 종이를 접고 자르는 것을 고려한다. 학생들은 단어를 낱장 위에 적고 아래에 정의를 적으면서 이 종이접기 자료를 어휘용어를 공부하기 위해 사용할 것이다. 학생들은 또한 픽션과 논픽션에서의 인과관계를 나타내기 위해 이러한 창의적인 자료 유형을 사용할 것이다.

- 사건의 순서와 사람들의 관계를 가르칠 때 개념, 사건, 사람들의 관계를 묘사할 많은 장수를 만들기 위해 종이접기를 한다. 예를 들면 문학 교재로부터 사건의 연대기를 구조화할 때 학생들은 아마 종이를 아코디언 모양처럼 접어 각 장에 사건들의 과정을 적을 것이다.

- 개념들 사이의 관계를 가르칠 때 학생들이 다양한 모양을 접도록 하고, 개념의 부분을 나타내는 부분들을 만든다. 예를 들면, 학생들이 종이비행기를 접도록 한다. 다양한 연설의 내용과 문학교재의 인물들의 역할, 또는 주요한 세계의 사건에서 나타난 상당히 역사적인 인물을 나타내기 위해 각각의 부분을 사용한다.

종이접기 자료의 몇몇 다른 유형을 가르친 후에 학생들이 좋아하는 것을 골라 할당된 정보를 쓰고 그리도록 허락한다.

이 재미있고 창의적인 활동의 더 많은 정보를 보려면 다음 웹사이트에서 상담을 받는다.

- http://foldables.wikispaces.com
- www.catawba.k12.nc.us/c_i_resources/foldables.htm
- www.dinah.com

학습부서의 제공

학습부서는 학생들이 어떻게 그들의 학습을 발달시키는지 그리고 어떻게 그들이 아는 것을 설명하는지에 관한 선택을 모든 취학 정도, 어떠한 과목에서든지 제공하기 위해 사용된다. 학습부서는 생각을 소개하거나 또는 학생들이 학습목표에 좀 더 깊이 빠질 수 있도록 돕기 위해 세워질 수 있다. 이런 경우에 모든 학생은 모든 학습부서에 참여하게 된다. 만약 이 작업 구역이 학생들이 그들의 발달에 기초하여 더 많이 배우도록 또는 형식적 평가에 따른 이해의 부족을 돕기 위해 고안된 것이라면, 학생들은 단지 그들이 필요한 부서에서만 공부할 것이다. 이것은 앞선 지식을 세우기 위해 시간이 필요한 이들에게 그리고 더 깊은 도전을 필요로 하는 이들에게 생산적인 중재를 제공하는데 그 이유는 그들은 그 정보를 이미 배웠기 때문이다.

학생들에게 선택을 제공하는 것으로부터 한 발짝 떨어지라. 학습부서는 다음과 같은 요건을 갖추었을 때 더욱 가치 있는 방법이 될 수 있다.

- 개인이 필요한 것을 충족시키기 위해 다양화하기
- 단원 기준, 기술, 그리고 학생에 중점을 둔 과제의 개념 제시하기
- 탐험하고, 다시 가르치고, 강화하고, 그리고 내용을 복습하는 학습 경험을 제공하기. 즉 학생들이 발견하고, 배우고, 창조하고, 정보를 조직하도록 도와주기
- 다양한 학습 양상, 방식, 지능 제시하기
- 수준별 과제(수준별 과제를 계획할 기준을 정하지 않았을 때 확인된 간단하고 복잡한 학습목표 사용하기. 77쪽의 전략 6 참조)
- 학습을 모험으로 만들기
- 다양한 자료 사용하기
- 중요하고 창의적인 학습기회 제공하기
- 자발적 학습 제공하기
- 다양하고 동시적인 학습기회 제공하기
- 완료 시간, 주의 지속 시간, 개인적 공간 요구에 대한 차이 존중하기

질 높은 학습부서와 학습센터를 계획하고 설립하는 데는 많은 시간이 걸리지만 학생들이 더 많이 참여하고 학습한다면 그 노력은 가치가 있다. 〈표 5.2〉는 눈에 띄는 이름들의 몇몇 학습부서 샘플을 제시한다.

학생에게 책임감을 부여하라

동기를 부여받지 못하거나 활동에 참여하지 않는 학생들은 책임감을 부여받기를 기대하지 않을 것이다. 종종 그들은 교실공동체로부터 소외된 느낌을 받고, 그들 자신을 공동체에 기여하는 멤버로 보지 않는다. 당신이 학생들에게 책임감을 부여한다면 당신이 그들(학생들)을 믿고 그들을 교실공동체의 중요한 부분으로 인식한다는 메시지를 그들에게 전달함으로써 관계를 형성할 수 있다. 그 학생들은

이렇게 생각할 것이다. '만약 선생님이 내가 이것을 해낼 것이라고 믿어주신다면, 나는 학급에서 성공할 수 있을 거야.'

학급 절차가 순조롭게 운영되도록 돕기 위해 역할을 부여하라. 학생들에게 책임감을 부여하고 그들이 그들 자신의 학습을 스스로 관리하고 있다는 느낌을 받도록 하기 위하여 다음 방법을 고려한다.

- 학생들에게 다음 수업을 준비하기 위해 조 발표를 해야 한다는 것을 상기시키는 것과 같이 완성되어야 할 구체적인 과제 제공하기
- 얼마나 많이 맞혔는지 알아내고 또 그들의 실수를 교정하기 위해서 그들로 하여금 정답에 대한 단서에 대해 즉각적인 피드백을 통해서 그들 자신의 시험지 확인하게 하기
- 그들로 하여금 어떤 문제나 예제를 칠판에 적게 하고, 학급 학생들에게 그들의 생각 과정 설명하기
- 학습지를 배부하거나 누가 숙제를 했는지 확인하는 것과 같은 일 위임하기

전략 17 : 목표를 설정하고 협상하라

목표를 설정하기 위해서는, 큰 그림을 부분으로 나누고 학생들로 하여금 어떻게 그리고 언제 그들이 목표를 충족시킬지 조종할 수 있도록 해야 한다. 스스로 성취 가능한 목표를 세우고 그들의 진보에 기뻐할 수 있다. 이러한 과정은 자신감을 형성하고 결과를 얻게끔 한다.

목표는 종종 협상을 한다는 용어로 쓰인다. "당신이 X를 하면, Y를 보상으로 받을 것이다." 예를 들면, 당신이 숙제를 할 때 당신은 자유시간을 갖게 될 것이다. 우리는 그다지 하고 싶지 않음에도 불구하고 우리가 반드시 해야 할 몇몇 과제들이 있다. 그러나 학생들이 재미없는 일을 한 후 그들에게 그들이 하고 싶어 하는 무언가를 줌으로써 우리는 그들이 힘든 일을 강행하도록 유도한다. 그들이 받는 보상은 개인과 상황에 따라서 내재적 혹은 외재적 보상이 될 수 있다.

효과적인 목표 설정은 계획을 요구한다. 〈그림 5.2〉(복사물은 174쪽 참조)는 교사들이 목표 설정을 시행할 때 사용하는 안내서이다. 목표를 계획하기 위해서 학생들에게 맨 위 칸을 기입하도록 한다. 그리고 얼마간의 시간이 지난 후 그들에게 맨 밑 칸을 완성하도록 한다.

교사는 개인, 소그룹, 혹은 학급 전체를 위해 이 견본을 사용할 수 있다. 몇 가지 중요한 계획 요소들을 조사해보도록 한다.

- **목표** : 예상되는 일 혹은 행위를 확인한다. 몇 가지 예를 들면 아래와 같다. 교사에게 묻기 전에 독립적으로 질문에 답하려고 노력하는 것과 계속해서 수업을 열심히 듣는 것, 편향된 대화를 피하는 것과 부적절한 때에 연필 깎지 않기, 누군가를 도와주기, 숙제 제출하기, 글 수정하기, 화났을 때에도 어른에게 공손하게 말하기 등을 포함한다.

표 5.2 ●● 학습부서 참여의 예시

부서 또는 센터	사용과 목적	추천 자료	화려한 이름
읽기 자료 센터	선택 자료 읽기	참고 자료 다른 장르의 인쇄 자료 재미로 선정자료 읽거나 참고자료 읽기	책 장소 공부 코너 장소를 발견하라!
쓰기 부서	실제 혹은 허구과제 쓰기 생각을 비판적으로 표현하고 창의적으로 글쓰기	필기구의 다른 크기, 모양, 색깔과 페이퍼 주제와 형성 선택 컴퓨터와 도구	작가의 책상 쓰는 장소 작가의 장소가 궁금하다
숙고 센터	일기 쓰기 생각 처리하기 느낌과 감정 표현하기 학습과 요구 평가하기	일기 필기구들의 다양한 크기, 모양, 색깔과 종이 그래픽을 구성하는 선택사항들	현명한 말 숙고 축제 표현하라!
기술 부서	탐험하고, 배우고, 창조하기 위해 기술 사용하기	참고와 설명을 위한 인터넷 검색을 위한 컴퓨터 학습을 강화하기 위한 다양한 프로그램과 게임들 계산기, 전자책, 카메라, 스캐너 등	장치 부서 컴퓨터실 컴퓨터 전문가의 장소
조작 실험실	실제 학습을 위한 학습교구 사용하기	수학 기술과 과제 선택을 위한 장난감 돈, 나무 블록, 혹은 기하학 모형과 같은 학습교구 자료들	기술 센터 Play It 부서
뉴스 센터	지역적, 국가적, 세계적 뉴스 배우기 참고 자료와 도구 사용하기	온도계, 우량계, 예측기구 사전과 시소러스 벽보 지구본, 지도, 소책자	참고 센터 자료 선반 무슨 일인가요 부서
창의 부서	배우고, 만들어내고, 발견하고, 발명하기 위해 다양한 예술 미디어 사용하기	오래된 잡지, 막대 사탕, 펜, 연필, 사무실 용품, 기부된 시리얼 박스, 빈 휴지 두루마리를 포함한 정크 박스 그림판 실험을 위한 책상 필기구와 미술용품	발견 부서 발명 관습 미술 장소 프로젝트 센터
문제해결 부서	미스테리를 해결하고, 데이터를 처리 및 해석하기	브레인 퍼즐 해결할 문제들 그래픽 조직자의 순서와 처리 데이터, 차트, 그래프 기록할 곳과 로그 발견사항이나 점수	브레인 테이블 싱크탱크

이름 : _____   날짜 : _____

목표(예상되는 일 혹은 행동) : _____

기간 : _____   보상 : _____   확인 날짜 : _____

이 목표를 이루기 위해 필요한 전략 :

전략이 제대로 작용했는가? 왜 혹은 왜 그렇지 않은가?

무엇을 배웠는가? 목표를 정하며 무엇을 느꼈는가?

다음 단계(있다면) :

학생 생각 :

교사 생각 :

그림 5.2 목표 설정의 견본

- **시간** : 시간을 정한다. 이것은 일시적 과제인가? 그 행동이 어느 기간 동안 일관성 있게 보여야 하는가? 얼마나 오랫동안 학생들이 과제를 완성하거나 그들의 행동을 변화시켜야 하는지 결정한다. 시간이 중요하다. 왜냐하면 이 목표가 이루어지도록 하는 요소가 그 목표를 구체적인 것으로 분해하는 것을 포함하고 그렇기 때문에 학생들은 그것이 가능하다는 것을 믿기 때문이다.

- **보상** : 완성될 혹은 예상되는 과제나 행동의 일관된 증거가 있는 보상을 확인한다. 항상 외재적 보상을 줄 필요는 없다. 자기만족과 목표 달성에 대한 칭찬 정도면 충분하다. 〈표 5.3〉은 외적 보상이 필요할 때 교사가 개인 학생 혹은 학급 전체에게 줄 수 있는 보상에 관한 몇몇 예시들을 보여준다. 리스트에 적혀 있는 보상들은 비용이 들지 않는다는 것을 주목한다. 가끔은 학생들이 그들의 보상 혹은 성취 축하 유형을 선택할 수 있다.(학급에 힘을 주기 위해 사용되는 것들의 예시는 140쪽의 전략 15 참조.) 외적 보상을 신중히 사용한다. 왜냐하면 그들은 가끔 짧은 기간에 동기부여를 받을 수는 있지만 긴 기간으로는 역효과를 낳을 수 있기 때문이다. 학생들은 그들이 목표를 정하는 이유에 대해 지각할 필요가 있고, 그들이 학습과 성공을 통제한다는 느낌을 받게끔 그들 자신이 과정의 일부분이 되어야 할 필요가 있다. 이러한 통제를 성공과 연결 짓는 것은 학생들로 하여금 장기간의 동기부여를 경험할 수 있게 만들 수 있다.

- **확인 날짜** : 학생들과 거래 혹은 목표의 효과성에 대하여 확인할 수 있는 시간과 날짜를 정한

표 5.3 ●● 보상과 표창의 예

학생 개인	학급 전체
숙제 면제 짝과 함께 수행할 시간 쿠폰 가벼운 등 두드림 언어적인 칭찬 언어적인 구체적 칭찬과 찬사 비언어적인 신호, 얼굴표정과 몸짓 선생님의 관심 특별한 장소에 작품 게시하기 주변 상점에서 사용할 수 있는 쿠폰 이어폰을 사용할 수 있는 기회 상과 상장 어른(교장선생님, 상담사, 교사 등)과 점심을 먹을 　수 있는 티켓 성취에 대한 부모님의 요구 미디어 센터를 가거나 프로젝트를 수행하거나 컴퓨 　터를 할 수 있는 자유 시간 자유로운 대화 시간 교사 도우미, 회사 우두머리, 물건 배분자가 될 수 　있는 기회 분단 통솔자 선호하는 자리에 앉기 교사가 정해준 자리에 앉기 그룹의 장	학급이나 작은 모둠의 칭찬의 격려 게시판, 문, 혹은 교실이나 복도에 할당된 곳에 알림 추가적인 무대시간 게시판이나 문을 꾸미는 시간 교사가 제공한 목록에서의 과제 선택 교사가 이야기나 글을 아이들이 혼자 읽도록 하는 　선택 상점 주기 피자나 아이스크림 파티(가끔 지역 음식점이 이러한 　상품을 기부할 수도 있다) 학습시간의 부분 활동 시간－게임이나 친구와 이야 　기하는 시간 짧은 자유 시간 학교나 밖을 걷는 시간 좋아하는 음악에 맞추어 그룹으로 춤추기 야외 수업 경험에서 공유할 수 있는 개인적인 시간 미래의 목표나 꿈, 비전을 위한 활동 스트레칭이나 운동 시간 칭찬이나 축하할 일을 소리 내어 읽기

다. 이것은 형성적으로 피드백된 자료를 모으기 위한 체크포인트, 혹은 심사숙고해 쓰인 글 혹은 그림자료이다. 이러한 데이터들은 학습내용을 복습하는 데 긴요하다.

- **이 목표를 이루기 위해 필요한 전략** : 학생이 목표에 도달하기 위해 취할 수 있는 단계들을 명확하게 하라. 때때로 학생들은 그들이 어떠한지 모르거나, 그들의 감정을 통제하는 데 어려움이 있고 자신의 의견이 부족하기 때문에 무엇인가를 하려고 애쓴다. 이 구성요소는 학생이 정확하게 과제나 행동을 성취하는 방법을 알도록 돕는 어떤 구체적인 계획을 허락한다.

- **전략이 제대로 작용했는가? 그러하다면 그 이유는? 그렇지 않다면 그 이유는?** : 학생들이 그들을 성공으로 이끌거나 실패로 이끌었던 혹은 혼란스럽게 했던 전략들을 확인하도록 한다. 왜 이런 일이 일어났는지, 무엇이 그것을 더 쉽게 만들었는지, 그리고 어떤 도움이 요구되는지 브레인스토밍을 한다.

- **무엇을 배웠는가? 목표를 정하며 무엇을 느꼈는가?** : 피자나 상과 같은 비본질적인 보상은 재미있거나 흥미로울지 모르지만 과제를 완성하는 것은 학생들에게 본질적인 성취감을 준다. 이 문제는 학생들이 과제를 완성하는 것을 어떻게 느꼈고 그것이 자신의 미래에 어떤 영향을 끼칠 것인지 생각하도록 요구한다.

- **다음 단계들** : 만약 목표를 설정하는 과정이 잘 이루어졌다면, 이것은 새로운 목표를 설정하기 위한 기회일 수 있다. 만약 잘 이루어지지 않았다면, 다음 단계들은 이전에 무엇이 왜 잘못되었었는지, 새로운 계획은 무엇인지 개요를 잡아야만 한다. 그 새로운 계획은 왜 그전 계획이 잘 이루어지지 않았는지 이유를 고려하여 새로운 목표와 새로운 전략을 포함해야만 한다.

- **학생/교사의 생각** : 목표와 관련된 생각을 분명히 표현한다. 학생들은 교사가 그들의 계획에 대해 무엇을 말하는지 말하거나 그들 자신의 생각을 공유할 수 있다.

목표를 설정하는 표는 다양한 방법으로 사용될 수 있다.

- **교사의 지도** : 교사는 목표 구성요소들을 완성하고 과제로 그들을 학습자, 소그룹, 반 전체로 나타낸다.

- **교사와 학습자 사이의 파트너십** : 교사는 목표를 설정하기 위해 학생과 함께 의논한다.

- **학생의 지도** : 학생은 개인적인 목표를 설정하고 전략을 기록하고 성취를 위한 계획표를 만든다. 이 자료는 승인을 위해 계획 이행 전에 교사에게 제출되어야 한다. 이 의견의 예시인 〈그림 5.3〉을 참조한다.

계획을 공유하는 학생과 교사의 화합은 효율적일 수 있다. 학생들이 계획을 이행하는 데 책임감을 가질수록 그들이 목표를 완성하는 데 도움을 받을 것이다. 계획과 실행과정에 학생을 포함함으로써 우리는 그들에게 성공에 넘어서는 선택과 통제를 제공한다.

유용한 팁과 유의점

학생들에게 계획과 목표를 설정할 때 "만약에"라는 말 대신에 "~할 때"라는 언어를 사용한다. 미묘한 뉘앙스 차이이지만 그 메시지는 사뭇 다르다. "만약에"는 학생들이 행동하는 데 선택권을 가진다는 것을 나타내지만 "~할 때"는 그 행동이 기대되고 조절하는 것이 학생의 통제하에 있다는 것을 의미한다. 학생들이 하도록 요청한 일은 명백해야만 하고 학생들이 배우기를 원하는 것이 무엇인지 또는 어떻게 행동하기를 기대하는지 일관성이 있어야 한다. 학생들이 그 일이 중요하고 그것이 그들이 무엇을 하도록 돕는지 브레인스토밍하도록 하는 것을 고려한다. 이 정보는 계획표의 목표 부분에 쓰일 수 있다. 특히 어린 학생들에게는 그들이 활동을 분명히 인식할 수 있도록 하기 위해 언어를 사용하는 대신 그림과 적절한 보상을 사용하는 것이 좋다.

이름: 샘   **날짜**: 9월 28일

목표(기대되는 과제나 행동): 나는 제시간에 나의 숙제를 제출할 것이다.

기간: 2주   **보상**: 성취에 대한 부모님의 요구   **확인 날짜**: 10월 5일

이 목표를 이루기 위해 필요한 전략 :

때때로 나는 이해할 수 없거나 다른 것들에 의해 산만해지기 때문에 집에서 숙제를 하는 것을 어려워한다. 그래서 나는 내가 할 일이 무엇인지 알고 학교를 마치기 전에 숙제를 시작할 것이다. 나는 또한 아침에 반으로 바로 올 것이고 숙제를 끝낼 것이다.

전략이 제대로 작용했는가? 그렇다면 그 이유는? 그렇지 않다면 그 이유는?

내가 학교를 마치기 전에 숙제를 시작하는 것은 잘 이루어졌다. 나는 결국 대부분 내가 집에 가기 전에 숙제를 마쳤다. 비록 내가 학교에서 숙제를 끝내지 못했더라도, 내가 이미 시작했을 때 집에서 그것을 하는 것이 더 쉬웠다.

내가 친구들과 함께 이야기하기를 원했기 때문에 일찍 오는 것은 잘 이루어지지 않았다. 하지만 내가 주로 학교를 마치기 전에 숙제를 끝냈기 때문에 나는 이것을 할 필요가 없었다.

무엇을 배웠는가? 목표를 정하며 무엇을 느꼈는가?

나는 내가 무엇을 할지 알 때 제시간에 숙제를 하는 것이 더 쉽다는 것을 배웠다.
내가 학교에서 숙제를 시작했을 때 스트레스로 느껴지지 않는다는 것을 배웠다.

다음 단계 :

나는 방과 후에 당장 숙제를 시작하는 것을 계속 할 것이다.

학생 생각 :

나는 선생님이 이것이 잘 이루어졌다고 생각했고 내가 나의 숙제를 하는 것을 도왔을 뿐만 아니라 내가 수업에서 더 편안하게 느끼도록 도왔다고 생각한다.

교사 생각 :

나는 네가 자랑스러워 샘! 너의 일을 잘할 수 있는 전략을 찾았구나. 하지만 더 많은 중요한 사실들을 배웠어. 나는 네가 너의 숙제를 학교생활 동안 시작했을 때 수업시간에 나에게 더 많은 질문을 했다는 것을 발견했어. 사실 시간이 지나면서 너는 학교에서 숙제를 시작했을 때 너의 숙제에 대해 더 자신감을 보였어.

그림 5.3 학생 목표 설정의 활동지 예시

그 일을 학생들이 이해하는 전략으로 분석한다. 만약 일과 행동이 너무 복잡하거나 어렵다면 만약 학생들이 어떻게 그것을 할지 이해하지 못한다면, 그들이 원하지 않아서가 아니라 그들이 어디서부터 시작해야 할지 모르기 때문에 변화하는 것을 실패할지도 모른다. 그 일은 학생들이 어떻게 하는 것인지를 분명하게 아는 것이어야만 한다. 이 발견들은 질적 형성에 중요한 평가 이전에 자료를 사용해 만들어진다.

만약 당신이 그 일이 정확한 시간 안에 행해지기를 원한다면 학생들과 함께 브레인스토밍을 한다.

그들이 최종기한을 충족시킬 것을 적도록 하고 시간표를 짜도록 한다. 우리는 때때로 하룻밤에 변하기를 기대한다. 시간표가 타당하고 이행할 수 있는지 확인한다. 너무 적은 시간은 변화를 어렵게 만든다. 너무 많은 시간은 자기도취의 결과를 초래할 수도 있다. 학생들의 의견을 받아들이되 마지막 결정은 교사가 하도록 한다.

축하와 상을 활용해 일관성 있고 즉각적으로 끝까지 노력을 계속한다. 학생들이 그들이 목표를 잘 수행한다면 그들이 확실히 보장을 얻을 것이라는 것을 믿지 않을 수 있기 때문에 어떤 지연이나 변화는 미래에 유용하지 않은 전략을 만들 것이다. 당신이 수행할 준비가 되지 않은 계획은 절대로 만들지 않는다.

목표를 설정하는 전략은 학생들이 함께 계획한 목표와 함께 정한 보상을 포함할 수 있다. 이것은 주인의식과 흥미를 증진시키고 또한 약간의 재미를 위한 여지를 남긴다. 만약 학생들이 계획에 참여하지 않고 과정을 복습한다면, 그들 자신의 생각을 비판적으로 논평할 수 없을 것이다. 과제의 마지막에 학생들이 어떠한 경험을 했고 그들의 다음 단계에 대해 자기성찰을 하도록 한다. 계획 부분은 구체적으로 계획과 효율적인 목표 설정의 이행과정의 부분으로서의 구성요소들로 개요를 짜야 한다.

만약 목표가 충족되지 못했다면, 왜 그것이 잘 이루어지지 않았는지에 대해 반성하는 효과적인 수업이 될 수 있다. 학생들에게 표에 대한 생각을 묻는 단계를 생략하지 말라. 그리고 과정과 전략을 가지고 당신 자신의 만족을 평가하는 것을 기억하라. 만약 계획이 잘 이루어지지 않았다면, 교사는 과정을 바꾸거나 새로운 전략을 세울 필요가 있을 수도 있다. 당신의 평가를 이끄는 아래의 질문을 유념한다.

- 목표가 잘 이루어졌는가? 잘 이루어졌다면 그 이유는? 그렇지 않다면 그 이유는? 그것은 당신이 영향을 미치려고 노력한 행동이나 일에 영향을 미쳤는가?
- 목표를 설정하는 것에 있어서 무엇이 효과가 있었는가? 당신은 어떻게 생각하는가?
- 무엇이 작동하지 않았는가? 당신은 어떻게 알았는가?
- 어떻게 학생들의 태도를 변하게 했는가?
- 차후에 더 효과적인 결과를 위해서 당신은 어떻게 과정을 변화시킬 것인가? 처음에 무언가 혹은 다른 타임라인, 학생 계획, 교수가 중재하는 것과 같이 다른 결과를 보장하기 위해서 다르게 행해질 수 있는 목표달성이 있었는가?

너무 많은 거래를 만드는 것은 학생들이 그들이 하는 것에 대해, 결국 그들이 얻을 수 있는 것에 대해 항상 묻는 상황을 초래한다. Linda Lambert는 학생은 외부의 칭찬과 보상과 같은 동기부여에 의존적이 될 것이라고 경고했다(Lambert, 2003).

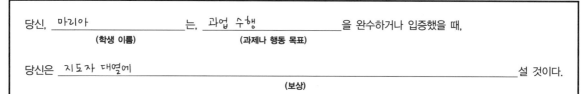

당신, ___마리아___ 는, ___과업 수행___ 을 완수하거나 입증했을 때,
　　　(학생 이름)　　　　　　　　　　(과제나 행동 목표)

당신은 ___지도자 대열에___ 설 것이다.
　　　　　　　　　　　　　　(보상)

당신이 느끼는 진행 상황을 가장 잘 드러내는 아이콘을 찾아 동그라미표 하라.

해냈어요!	아직 멀었어요!	질문 있어요!

위 표에 표식한 바에 따라 어떻게 해냈는지, 왜 아직 못했는지, 혹은 질문이 있으면 질문을 쓰시오.

나는 쉽게 지루해하기에 내 과업을 수행하기가 어렵다. 나는 진실로 지도자 대열에 서기를 원하기에 관심을 기울여 학업에 열중할 것이다.

그림 5.4 즉답 과제나 행동의 목표 성취 템플릿

실행에 옮기기

목표지향적 견본과 과정은 오랜 기간 수정할 때 필요하지만 빠른 수정기간은 〈그림 5.4〉에서의 예와 비슷하게 짧은 형태의 목표지향 견본이 사용된다. 예를 들어 만약 목표가 수업시간 동안 할 일이라면 그 일과 목표는 다음과 같다. "내가 휴식이 없다고 느낄 때 내 옆 사람과 얘기하는 대신에 종이에 끄적거릴 것이다."

학문적인 목표를 세우는 것은 선택과 조절을 통해 더 많은 목표지향적인 과정을 겪는 데 도움이 되는 도구이다.

보물상자 만들기

기부받거나 재활용한 보물상자는 개인이나 전체 반에 동기부여하는데 사용될 수 있다. 예를 들어 초등학교 교실은 교실규칙을 협력하여 만들 수 있고(104쪽의 전략 10 참조) 학생들은 보상으로서 보물상자를 사용할 수 있는 교육 규칙을 만들어낼 수 있다. 학생이 규칙을 따를 때 그들은 금요일마다 보물상자에 가서 간단한 장난감, 스티커, 연필, 또는 부모님이나 사회, 다른 사람들이 기증한 다른 보물을 선택할 수 있다. 만약 보물상자에 대한 학생들의 관심이 지속되지 않는다면 교사는 학생과 더불어 기대되는 행동을 상상하면서 계획을 다시 세울 수 있다.

학습목표를 세우라

전체 학급의 목표를 세우는 것은 학급 사회의 강한 느낌과 통제를 세울 수 있다. 교사뿐만 아니라 학급 전체를 대상으로 할 때 학생들의 자신감은 증가한다. 학급 사회가 신뢰로울 때, 학생 각자는 선택권을 가지고 있다는 것을 알게 된다. 그것은 더 이상 교사가 지휘하지 않는다. 전체로서 학급은 배움과 성공에 대한 지원을 제공한다. 이 자신감은 자신의 성취, 성공, 환경에 대해 스스로 조절하고자 하는 의지로 충만된다.

예를 들어 7학년 국어교사는 그의 학생이 표준어를 사용하여 그들이 성취할 배움을 묘사하게 했다. 학급은 더불어 목표(기말시험에서 85퍼센트 이상을 성취하는 것)를 세우고 학생들이 그들의 목표를 성취할 수 있는 전략을 세웠다(연습하기, 최선을 다하기, 약점을 강점으로 만들기, 강점을 성장시키기 등). 그 목표는 시간 계획(2주)을 세우는 것과 보상(피자 파티)을 세우는 것을 포함했다.

전략 18 : 예술을 활용하라

예술은 학생에게 그들의 생각과 학습을 표현하는 특별한 방법을 제공한다. 그리고 교사에게 학생이 개념을 이해하고, 그들이 이미 알고 있던 것과 그들을 연결하도록 도와주는 선택권을 제공한다. 음악, 영상, 드라마, 역할놀이, 시, 그래픽 미술, 나무놀이, 그리고 학생들이 그들의 학습을 선택하고 조절하는 기회를 제공한다.

Jensen(2001)은 비주얼 아트 활동을 하는 학생들이 더 자기주도적 성향을 보이는지를 조사했다. 학생들은 예술 프로그램에 흥미를 보였다. 학생들은 그들의 손으로 하는 활동으로 특히 예술에 재능 있는 학생들은 포함하고 관련시키고 싶어 한다. 창의적인 드라마 활동과 움직임은 특히 어린 학생들에게서 성취를 증가시키는 것으로 보인다(Conrad, 1992; Kardash & Wright, 1987; Hattie, 2009).

음악은 학생들에게 계획이 실행될 때 선택과 조절을 제공할 수 있는 학습도구이다. 학습자들은 관련된 주제에 관한 노래, 시, 랩, 응원들을 만들어낼지도 모른다. 이 선택은 학생들의 관심과 열정에 근거하여 이루어진다. 예를 들어 유사분열과 감수분열에 대하여 어떤 학생은 게임이나 파워포인트를 만드는 것을 좋아하는 반면 또 다른 학생은 그 개념에 관한 노래를 쓴다. 뮤지컬적인 옵션을 포함하는 것은 더욱 창의적인 경향을 가지는 학생이 되게 한다. 그들은 음악이나 드라마 같은 것에 더 관심을 가지고 있기 때문에 자신의 학습사항을 증명하고 보여주기 위한 방법에 대한 통제감을 더욱 느낄 뿐만 아니라 과제에 더 오래 매달리는 경향이 있다.

음악은 또한 소음수준을 통제할 수 있다. 몇몇 학급은 학습하는 시간 동안 음악을 틀어놓는다. 만약 학급 친구들이 더 이상 음악을 들을 수 없다면 그들은 더 고요한 가운데 학습한다.

예술을 효과적으로 사용하는 첫 번째 방법은 학생이 배워야 하는 것을 교사가 완벽하게 숙지하는 것이다. 기준이나 배우는 대상은 교사가 학생에게 바라는 것을 생각하도록 하기 때문에 정말 중요하다. 이것은 학생들이 이해하는 활동으로 묘사를 할 수 있도록 도와준다. "학생들은 지리학의 다섯 가지 테마를 설명할 것이다"는 배우는 대상에 관한 예시이다. 설명한다는 것은 학생들이 지리학의 다섯 가지 테마를 묘사해야 한다는 것을 의미한다. 예술이 중심이 되어 있는 교육적인 활동은 학습자가 각각의 다섯 가지 테마를 표현할 상징을 만들게 한다. "학생들은 지리학의 다섯 가지 테마를 사용하는 문제를 만들고, 해결할 것이다"는 또 다른 배우는 대상이다. 그러나 해결한다는 것은 교육적인 활동이나 과정이 단지 정보를 설명할 뿐만 아니라 그것을 실제 삶의 상황과 연결시킨다는 것을 의미한다. 예를 들어 예술 중심 활동은 휴대전화회사와 시 의회의 가상 미팅에서 타워의 가장 좋은 자리를 결정하는 소그룹의 학생들을 포함한다. 이 가상 미팅은 어떻게 지리학의 다섯 가지 테마가 이 결정에 영향을 줄 수 있는지에 관한 정보를 포함해야 한다. 예를 들어 지리는 거대하다. 흔적은 없어질 수 있고 타워의 지리를 바꿀 수 있다.

다음 방법은 어떻게 학생들이 지식을 배우는 데 사용하는지 정의 내리는 것이다. 당신의 시간, 수업목적, 학습목적에 의존하여 학생에게 배움과 과정을 제공하기 위하여 다른 형태의 예술을 사용한다. 예술의 특성을 고려해보아야 한다.

- 개념을 이해하는 과정 속에 있는 학생을 도우라. 예를 들어 역사 시간에 부분적인 시간에 대해서 배울 때 그림이나 시간에 대한 작품을 탐험해보는 것이 가치 있을 것이다. 같은 방법으로 음악은 느낌을 표현하고 사건을 기억하는 방법이다. 음악을 발견하는 것은 더 깊은 의미를 추가할 수 있고 학생들이 몇몇 중요한 테마를 회상하는 데 도움을 준다. 역사적인 시간, 중요한 개념, 텍스트를 탐험할 때 이러한 선택안을 제공하라. 또 때때로 학급에서 이것들을 연결짓는 것을 하도록 하라. 학생들은 활동이나 프로젝트를 그들의 얻어진 안목과 만들어진 연결고리를 공유함으로써 끝낸다.

- 실제 생활과 연결하도록 하라. 학생들이 개념, 테마, 예시에 관한 증거를 찾도록 하라. 예술은 우리 주변에 있다! 라디오, 인터넷, 아이패드, 휴대전화, 신문, 빌보드, 쇼핑몰, 박물관, 레스토랑, 집은 모두 분위기를 만들기 위해, 메시지를 보내기 위해 예술을 사용한다. 이야기로서 텍스트를 공부할 때 학생들이 음악, 예술, 잡지, 텔레비전 광고에서 예시를 찾도록 하라. 학생들은 인터넷을 탐험하는 것을 선택할지도 모른다. 예를 들어 음악인들은 그들의 노래로 이야기를 말할지도 모른다. 낙서는 이미지와 어구 속에서 이야기를 나타낸다. 옵션과 연결을 제공하는 것은 학생들에게 재료와 내용을 연결하는 길을 제공하는 것이다.

- 학생들에게 이해 정도를 보여주는 그들 자신의 생산물을 만들기 위해 다른 매체를 사용할 기회를 제공하라. 몇몇 학습자는 그들의 이해 정도를 보여주기 위해 파워포인트 프레젠테이션, 광고, 음악 또는 다른 것들을 만들지도 모른다. 학생들이 이해하고 나타내고 배우는 것을

선택할 수 있는 데 가능한 매체를 고려하라.

- **비주얼 아트** : 그림, 조각, 그래픽 디자인
- **뮤지컬 아트** : 노래, 랩, 챈트, 시 암송
- **움직이는 아트** : 역할놀이, 묘사하기, 마임

유용한 팁과 유의점

모든 학습과 더불어 예술은 학생들이 그들이 배울 필요가 있는 것이나 그들이 행동해야 하는 방법을 명확하게 한다. 당신의 학교에서 프로젝트나 확인을 설계하는 데 도움을 줄 수 있는 예술이 있는지 물어보라. 예술 교사는 그들 자신의 수업에서 프로젝트를 지원할 의지를 가지고 있을 것이다. 부모님, 지역사회, 기업에 예술의 예시를 제공할 수 있는지 물어보라.

예술은 학생이 지식을 이해할 수 있는 새롭고 흥미 있는 방법을 제공해준다. 만약 학생이 흥미로운 무언가, 학습목적으로부터 관련 없지만 의미 있는 것을 만든다면 그들에게 그들의 생각과 학습목적과의 연관을 묘사하도록 한다.

실행에 옮기기

교실에서 예술을 배움의 방안으로 사용하라. 그리고 학생들에게 선택과 통제를 제공하며, 학생의 동기를 부여하는 효과적인 방법으로 역할놀이와 음악을 사용한다.

역할놀이

역할놀이는 효과적으로 사용될 때 이해를 깊게 할 수 있다. 그것은 학생이 텍스트를 더 깊게 이해할 수 있도록 도와준다. 학생들을 소그룹으로 쪼개고 그들이 텍스트로부터 한 장면을 선택하게 하고 학급에서 연기하게 하라. 학생들은 캐릭터를 완벽하게 만들고 쇼를 보여주고 텍스트에 근거해서 간단한 대본을 쓸 것을 결정한다. 역할놀이는 학습자에게 이야기와 사건이 살이 있도록 만드는 동안 상황에 대한 감정을 경험할 기회를 제공한다.

다른 경우로, 역할놀이는 학생들이 응답하고 분석하고 내용을 합성하는 것을 도와준다. 만약 역사를 공부한다면 학생들은 다음 시간에 표현과 발음 같은 것이나 법을 세우는 것 같은 입법부의 과정을 연기할 것이다. 학생은 이슈에 대한 내용을 비우고 각각 변호사, 기자, 전문가와 같은 역할을 선택한다. 그들의 역할에 의존하여 학생은 그들의 변론이나 이슈를 나타내는 이야기를 쓴다. 유사하게 과학 시간에 유전자를 공부하는 학생들은 연구를 읽거나 짝을 지어 역할을 감독하는 역할놀이를 할지도 모른다.

더불어 역할놀이는 학생들이 효과적으로 편집과 수정, 그룹 일, 협동 문제해결과 같이 학급임무에 종사할 수 있도록 도와준다. 이러한 방식으로 역할놀이는 어떻게 과정에 종사할 것인지를 강화하는 무기로 사용될 수 있다. 예를 들어 학생들은 그룹끼리 적절하고 부적절한 행동을 연기할 수 있다.

이러한 역할놀이와 문제중심 상황은 학생들이 그들의 배움과 학급 참여를 더 많이 느낄 수 있도록 도와준다. 이러한 이슈들이 있을 때 학생들은 어떻게 응답하는지 선택권을 가진다. 더 중요하게는 그들이 학습과 그룹으로 있을 때의 효과에 대해 이야기할 수 있게 된다.

당신이 텍스트의 이해를 더 깊게 하려고 역할놀이를 사용하거나 학급 기대를 나타낸다면 이 과정은 선택과 통제를 나타내고 배움을 더 편안하고 효과적이고 모든 학생이 할 수 있도록 도와준다.

학생들은 브레인스토밍과 계획 속에서 몇 가지 가이드라인을 가지고 더 효과적인 역할놀이를 할 수 있다. 교사는 그것이 학생들과 한 가지 예시를 가지고 얘기하는 데 아주 이익이 된다는 것을 발견할 것이다.

이 모델은 학생들이 그들 토의의 논점을 찾는 것을 도와줄 것이다.

1. **청중을 결정하라** : 누구에게 말하고 있는 장면인가? 역할놀이를 할 때에는 학생들은 누구를 위해서 연기를 하는 것인지 결정해야 한다. 이야기 속의 장면을 연기할 때, 만약 청중이 이미 책을 읽은 교실 학생들이면 학생들은 특정 사항을 추정할 수 있다. 하지만 만약 청중이 대중이고 즐겁게 하는 것을 목적으로 하는 공연이라면 학생들은 그들의 장면을 만드는 데 있어서 더 많은 문맥을 설정해야 한다. 만약 학생들이 논쟁에 참여하고 있다면 확신을 주는 증거를 제시하기 위해서 학생들은 누구를 설득해야 하는지, 무엇이 중요한지 알고 있어야 한다.

2. **목표 대상을 분명하게 하라** : 목표 대상이 무엇인가? 이 질문은 학생들이 그들의 결과를 결정하는 것을 도와준다. 몇몇 역할놀이는 청중들에게 특정 주제, 이벤트, 인물, 과정을 설명하기 위해서 만들어진다. 다른 것들은 특정 사건을 묘사하거나 이야기하기 위해 만들어졌다. 또 다른 것들은 설득하거나 재미를 주기 위해 만들어졌다. 이러한 선행전제는 역할놀이에 더 집중할 수 있도록 해준다.

3. **쟁점, 사건, 주제, 관점, 특징을 묘사하라** : 이 과정은 가능한 많은 아이디어를 브레인스토밍하기 위해서 만들어졌다. 만약 목표가 어떤 사건, 인물, 쟁점을 알리기 위한 것이라면 학생들은 그것을 묘사하거나 설명하는 세부사항을 브레인스토밍할 것이다. 만약 역할놀이가 더 환경친화적인 건물을 짓거나 환경친화적 생각을 가지기 위해서 쓰레기나 에너지 재활용 습관을 가지는 것과 같이 타인을 설득하거나 또는 쟁점의 다양한 관점을 탐구하기 위한 것이라면, 학생들에게 다음 질문들에 대해 생각할 기회를 제공해야 한다. 다양한 관점에는 어떤 것이 있는가? 이 주제가 학생, 세계, 공동체, 학습에 끼칠 영향은 무엇인가?

4. **장면을 계획하라** : 이 과정에서 학생들은 인물, 행동, 역할을 장면에 맞게 명확하게 할 것이다. 다음으로, 그들은 주요 동작이나 사건들을 결정한다. 시간과 공간 배경을 토론한다. 그리고 마지막으로 역할놀이로부터 청중들이 배우고, 이해하고, 생각해야 할 것들을 기술한다.

5. **장면을 발전시키라** : 이 과정 동안에는 그룹에서 원고를 작성한다. 원고를 작성할 때 학생들은

처음, 중간, 끝을 포함시켜야 한다. 처음 부분에서는 학생들이 역할극을 구성하고 인물을 소개하고 그리고 청중들의 관심을 집중시킨다. 중간 부분에서는 중요한 사건, 가장 결정적인 증거, 위기, 갈등이 발생한다. 마지막에서는 역할놀이에서 문제를 해결하거나 관중들이 생각하게 만들도록 한다.

6. **관중 성찰 질문을 계획하라** : 학생들이 역할놀이가 끝나고 난 후에 청중이나 교실 학생들에게 할 질문들을 브레인스토밍하라. 예를 들어 다음과 같은 질문들을 하도록 아이들에게 조언해주어야 한다.

- 장면을 이해할 수 있도록 청중들을 지도해주기
- 장면 속 인물들의 감정을 이해할 수 있도록 도와주기
- 장면과 인물들이 내린 결정의 인과관계를 탐구하기
- 개인뿐만 아니라 공동체, 문화, 세계에 대해 함축적으로 선택하기
- 주제와 사건에 관련된 청중들의 성찰을 지도하기
- 그들의 경험과 선택에 관해서 성찰할 수 있도록 이끌어내기
- 청중들이 다음으로 취할 수 있는 가능한 단계들을 명시하도록 도와주기

176쪽에 있는 역할놀이 계획지는 학생들이 6단계를 취함으로써 역할놀이를 창조할 수 있도록 도와주는 템플렛을 제공해준다.

음악

음악은 학생들에게 개념을 탐색하고 그들의 이해를 증명할 매혹적인 수단을 제공한다. 음악적인 옵션을 제공하는 것은 학습에 매우 효과적일 수 있다. 특히 음악을 좋아하거나 음악에 대한 경향성을 가진 학생들에게 더욱 잘 적용된다. 텍스트를 읽고 난 후, 학생들이 이야기를 노래로 바꿀 수 있도록 그룹 활동을 하도록 하라. 아이들의 수준에 따라서 학생들은 단어를 친숙한 음이나 그들만의 노래를 창작할 것이다. 음악과 리듬을 학생들이 과정이나 개념을 기억하는 데 사용하라. 예를 들어, 작동 과정을 기억하도록 하기 위해 리듬을 만든다. 학생들은 또한 그들이 문제를 해결하기 위해 사용한 과정을 묘사하는 것을 노래로 만들 수도 있다.

제5장 | # 캠프파이어 토크

이 장에서는 선택과 통제를 증진시키기 위한 전략을 설명하고 있다. 교사의 어떤 작업이 학생들에게 학생들의 학습에 있어서 선택과 통제를 제공하는지 당신의 이해, 인식, 기대를 고려하라. 당신의 소속 연구회, 교과 모임, 동학년 모임, 혹은 전체 교직원 모임에서 다음과 같은 질문과 활동에 대해서 토의해보라.

1. 구름 긴 흐린 날과 해가 비치는 화창한 날을 되돌아보고, 개인적으로 또는 그룹으로 선택과 통제에 관한 당신의 활동을 토론하고 계획하기 위해 〈그림 5.1〉의 형판과 지시사항을 사용한다.

2. 학생들은 어떻게 그들의 선택과 통제의 수준을 인식하는가? 그들의 평가가 당신의 것과 일치하는가?
   - 학생들의 통제 속에 있다고 인식되는 경험, 활동, 역할을 열거해보라. 그들의 통제 밖에 있는 것들을 열거해보라.
   - 당신의 학생들이 설문을 완성하도록 하고, 학생들의 생각과 당신의 생각이나 결정을 비교해보라.

3. 교실에서 제공되는 선택의 양을 토론한다.
   - 학습자에게 주어지는 선택과 통제의 양이 너무 많은가? 너무 적은가? 적절한가?
   - 학생들에게 의미 있는 선택이 주어지는가?
   - 당신의 수업, 가르침, 평가에 포함되어야 하는 다른 기회가 있는가?

4. 동기화되지 않은 학생들을 발견하고, 진단하고, 그들을 바꾸기 위한 계획의 일환으로 학생 동기부여 계획을 활용한다.

학생의 동기부여를 위한 계획

전략	필요한 전략에서 동기부여가 되지 않은 학생들의 이름을 적으라	학생들이 가지고 있는 안 좋은 학습습관을 확인하라	관찰 가능한 증거, 행동, 습관, 특성의 목록을 만들라	필요를 충족할 만한 활동을 개발하라	실행에 대해 고심하고 그것을 반영하라	추가적 제언
16. 질 높은 선택의 기회를 제공하라. (151쪽)						
17. 목표를 설정하고 협상하라. (158쪽)						
18. 예술을 활용하라. (166쪽)						

통제에 관한 조사

1. 아래 〈구름 그림〉 안에는 자신의 통제권 밖에 있는 것들을 나열한다.

2. 아래 〈해 그림〉 안에는 자신의 통제권 안에 있는 것들을 나열한다.

3. 자신의 통제권 안과 밖에서 몇 퍼센트의 시간을 생각하고 말하고 일하는 데 보내는지 상기한다. 그 비율을 밑줄 친 빈 곳에 적는다.

나는 약 _____%의 시간을 내 통제권
밖에서 생각하고 말하고 일하며 보낸다.

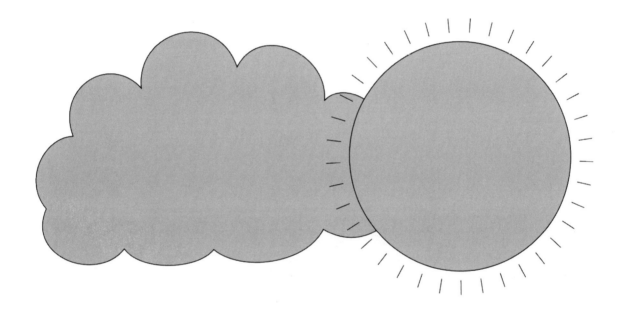

나는 약 _____%의 시간을 내 통제권
안에서 생각하고, 일하고, 말하는 데 보낸다.

4. 개인적으로 또는 동료들과 함께 생각해보자. 자신의 통제권 안에서 보내는 시간과 통제권 밖에 있는 시간을 비교해볼 때 둘 사이의 균형이 생기는 곳은 어느 곳인가?

자신의 통제권 밖에 있는 것들에 대한 얘기로 너무 많은 시간을 보내지는 않는가? 만약 그렇다면 그러한 행동이 자신의 일에 어떤 영향을 미치는가?

자신의 통제권 안에 있는 것들에 시간을 보낼 때 얼마나 생산적인가?

목표 설정 템플릿

이름 : _____ 날짜 : _____

목표(기대되는 과제나 행동) : _____

기간 : _____ 보상 : _____ 확인 날짜 : _____

이 목표를 달성하기 위해서 필요한 전략 :

전략이 제대로 작용했는가? 그렇다면 그 이유는? 그렇지 않다면 그 이유는?

무엇을 배웠는가? 목표를 정하며 무엇을 느꼈는가?

다음 단계 :

학생 생각 :

교사 생각 :

즉답 과제나 행동의 목표 성취 템플릿

당신 _____이(가), _____을(를) 완수하거나 입증했을 때,
　　　　　(학생 이름)　　　　　　　　　　　**(과제나 행동 목표)**

당신은 _____을(를) 줄 것이다.
　　　　　　　　　　　　　　　　　(보상)

당신이 느끼는 당신의 진행 상황을 가장 잘 드러내는 아이콘을 찾아 동그라미표 하라.

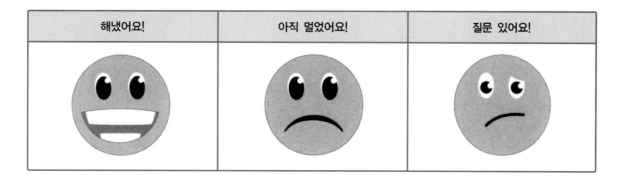

해냈어요!	아직 멀었어요!	질문 있어요!

위 표의 구분에 따라 어떻게 해냈는지, 왜 아직 못했는지, 혹은 질문이 있으면 질문 내용을 쓰라.

역할놀이 계획지

지시 : 6단계를 거쳐서 역할놀이를 작성하라.

역할놀이 제목 : _____   **역할놀이 주제** : _____   **날짜** : _____

1. 청중 정하기

2. 제시된 목표를 확인하기
   - 청중에게 이슈를 알리기 위해서는?

   - 상황을 설명하고 상세히 말하기 위해서는?

   - 청중을 설득하기 위해서는?

3. 문제, 상황, 관점 그리고 등장인물을 설명하기
   - 다양한 관점은 무엇인가?

   - 학생들, 그 세계, 커뮤니티, 또는 학습에서 이 주제에 함축된 의미는 무엇인가?

4. 장면 전개를 계획하기
   - 주요 등장인물, 배우, 또는 역할

   - 주요 동작 또는 장면의 상황

   - 배경

   - 청중을 무대에서 제거

5. 장면을 전개하기(극본을 이용)
   - 처음(등장인물을 소개하고, 관객을 끌어들인다)

   - 중간(상황, 증거, 위기, 갈등을 묘사한다)

   - 끝(갈등을 해소한다)

6. 청중의 질문을 계획하기

학습의 보장

버스비 선생님은 평가의 일환으로 수학을 배우는 모든 학생에게 복습 문제를 내주고 이 학생 저 학생 옮겨 다니며 정확하게 푸는지 확인하는 데 수업 시간을 모두 할애하였다. 유감스럽게도, 이렇게 힘들게 평가를 하느라 그녀는 특정 학생들과 함께하거나 진정한 의미에서 학습을 보장할 만한 시간을 갖지 못하였다. 평가에 관한 전문성 신장 연수 후에 버스비 선생님은 새로운 시도를 하기로 마음먹었다. 그녀는 가르치고 있던 단원과 관련하여 약분과 여러 가지 수(numbers)에 대한 간단한 형성평가지를 제작하였다. 학생들에게 형성평가지를 나누어주었고, 그런 다음 누가 그 개념을 이해하고 있고 더 이상의 지도가 불필요한지 파악할 수 있었다. 그녀는 또한 일부 학생들의 학습에서 취약한 부분을 찾아내어 총괄평가 이전에 그들과 복습을 할 수 있었다. 그녀는 학습목표 중 어떤 부분을 달성하지 못했는지에 따라 학생들을 집단으로 나누었다. 많은 학생들은 혼자 힘으로 문제를 풀어서 학습에 성공하였음을 보여주었다. 이 새로운 방법으로 그녀는 학습이 전혀 이루어지지 않은 6명의 학생과 함께 학습하는 기회를 가질 수 있었다. 그리고 나서 버스비 선생님은 두 번째 평가를 실시하였고, 그 결과 학생들은 훨씬 더 성공적인 수행을 보여주었다. 총괄평가 점수는 그 부분을 배우기 전에 학생들의 상태가 어떠하였고 수업과정에서 얼마나 많이 배웠는지를 보여주기보다는 결과적으로 약분에 대해 정말 이해하게 되었는지를 보여주었다. 이처럼 특정 학생을 대상으로 한 지도는 교실의 초점이 교수에서 학습으로 어떻게 옮겨가게 되었는지를 보여준다. 그녀의 평가는 학생들의 학습과정이 어느 단계에 있는지에 따라 결정되었다. 과거에 버스비 선생님은 교수가 학습에 미치는 영향에 대해 특별히 주의를 기울이지 않은 채 수업계획을 세웠다. 버스비 선생님의 새로운 평가 방법은 학습을 보장하고 교실수업 시간이 그녀 자신과 학생들에게 보다 생산적이 되게 해주었다.

학습을 보장한다는 것은 학생들로 하여금 배울 수 있다고 믿게 해주는 것을 의미한다. 교사는 학생들에게 더 많이 배울 수 있는 기회를 제공함으로써 그들에게 관심이 있음을 보여주게 된다. 학생들은 진정한 관심을 갈망하고, 자신에게 깊은 관심을 갖는 성인에게 반응을 보인다. 이 장은 교수

(teaching)가 전적으로 학생들의 학습을 위한 것이 되게 해주는 전략들로 채워져 있다. 〈표 6.1〉은 교사들이 초점을 교수에서 학습으로 옮길 때 일어나는 근본적인 신념의 변화를 보여준다.

학습을 보장하는 임무를 떠맡는 것은 간단한 일이 아니다. 인내와 몰입을 요하는 일이다. 교사가 학생들의 학습에 진지하게 임하게 되면 학생들은 말이나 행동을 통해 그것을 감지한다. 교사들이 진지한 자세로 "여기 들어오면 여러분은 배우게 될 것입니다"라는 메시지를 전한다면 내재적 동기의 뿌리에 영양을 공급하는 셈이다. 그들은 학생들을 이해하게 되고(제2장) 학생 모두가 매일 조금씩 더 배우면서 성공적으로 나아갈 수 있도록 수업을 계획하게 된다. 어떤 학생들은 교사로 하여금 그들의 학습요구를 충족시키기 위해 더 많은 인내와 끈기, 그리고 창의성을 발휘하게 만든다. 결심이 확고한 교사는 자신이 통제할 수 없는 요인들로 인해 궤도를 이탈하거나 포기하지 않는다.

높은 기대수준의 유지와 자기효능감의 형성

교사의 기대는 동기와 성취에 영향을 미친다(Weinstein, 2002). 실제로 Weinstein(2002)은 "학생들은 교사의 기대 때문에 자신들이 교실에서 차별받는다는 것을 알고 있고, 높은 기대수준 때문에 어떤 학생들을 다른 학생들에 비해 총애하는 정도가 얼마나 다른지 꽤 정확하게 파악하고 있다"는 것을 발견하였다(Hattie, 2009, p.124에서 재인용). 교사가 성공을 기대하지 않으면 학생들은 종종 그 낮은 기대수준에 맞추어 수행한다. 우리의 행동과 말은 기대수준을 보여주고 또한 그것에 영향을 미친다. Hattie(2009)는 "교사는 능력을 지나치게 강조하지 말고 향상을 강조해야 한다(가파른 학습 곡선은 그들의 출발점이 어디건 상관없이 모든 학생이 누릴 수 있는 권리이다). 또한 이전의 기대수준을 확인하는 증거를 찾기보다 그들 자신도 놀라게 만드는 증거를 찾고 모두의 성취도를 높일 수 있는 새로운 방법을 모색해야 한다(p.124)고 결론지었다.

교사의 행동은 그들이 학생에 대해 가지고 있는 기대수준을 나타내지만 Todd Whitaker(2003)는 **훌륭한 교사는 무엇이 다른가**(*What Great Teachers Do Differently*)에서 그 문제에 대한 다른 입장을 제시하고 있다. "최악의 교사들도 학생들에 대해서는 높은 기대수준을 가지고 있다. 그들은 수업이 아무리 지루하고 반복적이어도 학생들이 주의를 기울여줄 것이라고 기대하고 있다. 그들은 학생들은 어떻게 다루어도 잘 처신할 것이라고 기대하고 있다. 자, 그러한 것들이 높은 기대수준이라는 것이다." Whitaker(2003)는 기대수준과 관련하여 우리가 창출할 수 있는 가장 큰 차이는 우리 자신에 대해 높은 기대수준을 갖는 것이라고 한다. 우리는 "언제나 학생들을 몰입시키기 위해 노력해야 하며, 훌륭한 교사는 학생들에게 초점을 맞추는 것 외에 달리 무엇을 할 수 있단 말인가라는 질문을 제기한다"(p.34)는 것이다.

Doug Reeves(2007)의 연구는 Whitaker가 한 말에 느낌표를 찍어준다. 그는 행정가와 교사들을 대상으로 학생들의 학습에 가장 큰 영향을 미치는 것이 무엇이라고 생각하는지 물어보았다. 이 질문에

표 6.1 ●● 교수 초점과 학습 초점

교수에 초점을 맞춘 교사는 생각한다…	학습에 초점을 맞춘 교사는 생각한다…	학습 초점을 위한 제언과 팁
"나는 그것을 가르쳤다. 학생들이 받아들이지 못한 것이다."	"나는 학생들이 이해할 수 있도록 하는 새로운 방법을 찾는다."	다양한 전략과 동기유발적 활동을 사용하여 가르치라. 학생이 몰입할 수 있는 기회와 양질의 과제를 제공하라. 형성평가에 근거하여 지속적으로 조정하고, 학생들이 이해할 때까지 끈기를 가지라.
"행동을 변화시키려면 학부모들이 보다 적극적일 필요가 있다."	"나는 학생들이 교실에 있는 시간에 초점을 맞춘다. 왜냐하면 내가 통제할 수 있으니까."	학생들이 집이 아니라 학교에 있을 때 일어나는 일들을 통제하라. 그러나 학부모들을 학교에 초대해서 자녀들의 진전을 알려주고, 그들과 소통함으로써 그들이 참여하게 하라.
"지속적인 평가를 하는 것은 너무 많은 시간을 요한다."	"나는 학생들이 무엇을 아는지, 그리고 다음에는 무엇을 할 필요가 있는지 알아낸다."	양질의 형성평가 도구를 활용하여 학습 전, 중, 후에 평가를 함으로써 학습자의 개별적인 요구를 파악하라.
"나는 학생들의 평가를 검토하느라 학생들보다 더 열심히 일한다."	"나는 학생들에게 힘을 부여하여 그들이 자신에 대해 알고, 학습과정에 몰입하며, 자신의 성공을 위한 효과적인 도구가 되게 한다."	학습목표를 겨냥하고 학생의 참여를 요하는 동기유발적 학습기회를 제공하라. 학생들로 하여금 자신들의 평가결과를 분석하고 학습에 몰입한다는 목표를 갖게 하라.
"학습을 보장하기는커녕 가르칠 시간도 충분하지 않다."	"나는 학생들의 학습에서 가장 중요한 것에 우선순위를 두고 그 필수 요소의 학습을 보장하는 데 시간을 할애한다."	시간 낭비적인 요소들을 제거하고 성취기준에 초점을 맞추라. 학생들이 가능한 최고의 자료를 사용하는 데 차질이 없도록 하라.
"학생들의 요구가 너무나 다양해서 그들 모두를 가르치기는 힘들다."	"나는 분명한 기준을 가지고 있고, 나의 교수, 평가, 학생참여를 이끌어 갈 학습목표를 활용한다."	평가하고, 그 정보를 해석하며, 그 자료에 근거하여 조정 가능한 과제를 설계하라.

대해 통제할 수 있는 요소들을 제시한 교사들이 있는 학교는, 통제할 수 없는 요소들을 제시한 교사들이 있는 학교에 비해 3배나 높은 수준의 성취를 보여주었다. 효능감—학생을 몰입하게 만드는 창의적이고 가능한 방법을 찾아내는 교사로서의 능력에 대한 확신—은 학생의 동기와 몰입에 엄청나게 중요

한 역할을 하는 것이다.

학생들은 할 수 있다고 스스로 믿기 때문에 배우게 된다. 학생들은 그들이 할 수 있다고 교사들이 믿기 때문에 배우게 된다. 이러한 내재적 동기, 이러한 희망적 느낌은 학생들로 하여금 그렇지 않으면 참여하지 않을 토론과 활동에 적극적으로 참여하고 새로운 것을 시도하게 만들 수 있다. 학생들은 성공할 것이라고 믿게 되면, 자신들의 학습을 도와줄 것이라고 교사가 약속한 활동에 몰입하거나 배우려는 노력을 경주할 가능성이 높다. 자기효능감은 성공을 위해 절대적으로 필요하다. Hattie(2009)가 주장한 바처럼 "성공을 위해서는 우리의 노력이나 관심이 성취도를 높여준다는 생각이 필수적이다─ 예컨대 우리의 노력이 변화를 야기할 수 있다는 것을 믿지 않는다면 공부나 준비에 투자하는 것은 아무 의미가 없다"(p.48).

교사는 학생들의 동기를 유발하는 자신의 능력에 대해 확신을 가져야 한다.

- 학생의 학습에 영향을 미치는 당신의 능력을 믿으라. 이처럼 동기유발되지 않은 학생들을 몰입할 수 있도록 도와주는 능력이 당신 자신에게 있다고 믿는가? 확신을 갖는 것은 잘할 수 있게 되는 첫걸음이다. 스스로에 대한 확신이 있을 때 당신은 학생들을 강력하게 만들 수 있게 될 것이다.

- 학생들과 그들의 학습능력을 믿으라. 당신은 학생 개개인이 학습능력이 있다고 믿는가? 학생들의 발전 가능성에 대해 당신은 의식적, 무의식적으로 어떤 메시지를 보내는가? 어떤 학생에게 지속적으로 낮은 수준의 질문이 주어진다면 그 학생은 자신의 능력에 대해 부정적인 생각을 형성하게 된다. 학생들에게 "나 자신을 믿는다"라는 태도를 길러주라(Pajares, 2005; Chapman & King, 2009b).

- 동기유발되지 않은 학생들에게 우선순위를 두라. 모든 학생이 당신과 함께 공부하도록 만드는 것을 당신의 임무로 만들라. 학생들로 하여금 그들이 함께 힘을 모아 학습하기를 당신이 기대하고 관심을 가지고 있음을 알게 하라. 오류를 수정하고 자신의 학업을 보완하도록 그들에게 요구하는 것은, 학습이 가능하고 실로 중요하다는 메시지를 전한다. 이러한 것들이 동기를 고취함에 있어 결정적인 두 가지 메시지이다(Saphier, 2005).

- 학생 개개인에 대한 신뢰, 존경, 믿음을 보여주라. 때로는 일부 학생들의 행동을 좋아하거나 인정하기 어려울 때가 있다. 그러나 당신이 인정하지 않을 때조차 그들을 항상 존중할 필요가 있다(Sizer, 2004). 학생들이 교실을 떠난 후에 당신은 그들에 대해 어떤 생각을 하는가? 어떤 학생들은 다른 학생들에 비해 더 좋아할 법하지만 이런 감정을 내보일 수는 없다. 학생 개개인은 경의를 표하고 인정해야 하는 재능, 재주, 힘을 가진 존재로서 받아들여지고 존중되어야 한다.

- 학습과정의 어느 수준에 있는지에 맞추어 학생들을 대할 수 있도록 수업을 설계하라. 선행

평가 자료에 근거하여 과제를 조정하라. 특정 시점에서 개별 학생들에게 제공해야 할 가장 적절한 정보를 결정하라(Chapman & King, 2009b). 학생들은 도전적인 과제나 문제에 대해 생각하고 몰두하고 그리고 마침내 풀어내는 것에서 희열감을 느낀다. 적절한 과업을 부여함으로써 그들에게 "야, 해냈다!"라는 느낌을 갖게 하라.

⬤ 학생들이 학교에 대한 자신의 태도와 믿음을 글로 쓰고, 공유하고 협의하는 시간을 갖도록 전략적으로 설계하라.

⬤ 그들이 얼마나 스스로를 신뢰하는지를 통찰하라. 학생들이 성공할 수 있다고 생각하는 데 어려움을 느낀다면 그들은 아직 동기유발이 되어 있지 않거나, 게으르며 혹은 학업 수행에 대해 반항적일 가능성이 높다. 게으름과 반항심은 종종 무력감을 은폐하기 위한 것이다. 정기적인 확인을 통해 학생들의 이해와 향상을 점검하라. 개입하여 조정한 후에는 학업을 완료할 수 있는 두 번째 기회를 제공하라. 자신의 향상이 어떻게 이루어졌는지 궤적을 살펴보도록 가르치는 것은 학생들로 하여금 현재의 학습이 미래의 학습과 성공으로 이어진다는 것을 믿도록 도와준다. 자기점검(self-monitoring)을 가르쳐야 한다.

Carol Dweck(2006)은 학생들이 자신의 지능에 대해 갖는 믿음을 탐구한 결과, 자신의 지능이 이미 결정되어 있다고 믿는 학생들은 학습에 성공할 수 없다는 고정된 사고를 하고 있음을 발견하였다. 그들은 발전할 수 있다거나 성공적인 학습자가 될 수 있다는 것을 믿지 않는다. 반면에 어떤 학생들은 계속해서 성장하고 학습하며 발전할 수 있다고 믿고, 실제로 그렇게 하고 있다! 학습자들의 기대수준과 자기효능감과 관련지어 교실 활동을 분석하고 성찰하는 것은 대단히 중요하다.

Dweck은 고정된 마음가짐(fixed mindset)을 가진 학생들의 잠재력을 탐구하여 성장의 마음가짐(growth mindset)으로 바꾸려고 하였다. 그녀는 학습에 대한 새로운 사고방식이 그들의 성취와 동기를 변화시킬 수 있는가라는 질문을 제기하였다. 그녀의 조사 결과에 의하면 고정된 마음가짐을 가진 학생들이 성장의 마음가짐으로 전환하여 '학업적 탄력성(academic resilience)'을 개발하는 것이 가능하다고 한다. Dweck은 '학업적 탄력성'을 학생들의 끈기있는 태도-어떠한 도전이라도 더 많은 노력을 기울임으로써 성공을 이끌어내는-라고 묘사하고 있다.

우리는 교사로서 다음과 같은 과정을 통해 학생의 사고방식에 영향을 미칠 수 있는 잠재력을 지니고 있다.

⬤ 수업, 평가, 학생참여에 대한 계획
⬤ 학생들의 학습, 속도 조절, 질문에 대한 반응
⬤ 학생들의 진전에 관한 의사소통

학습에 대한 학생과 교사의 믿음은 성취와 동기에 영향을 미친다. 교사의 믿음은 학생에게 영감을 불러일으키고 희망을 심어준다. 학생은 자신이 성공적인 학교생활을 하고 있으며 학습문화의 필수적인 부분이라고 믿고 느낄 필요가 있다. 따라서 우리가 교사로서 교실에서의 학습활동에 대한 성찰을 지속적으로 수행하는 것은 대단히 중요하다.

학습을 위한 시간 갖기와 제공하기

학습 보장의 가장 큰 도전 가운데 하나가 교사와 학생 모두에게 소중한 시간의 확보이다. 교사는 시간을 들여 성취기준으로부터 흥미를 불러일으키고 몰입하게 만드는 과제를 구안하고, 수업을 계획하며, 그러한 과제 완수에 필요한 도전적이고 고등한 사고를 공략할 시간을 제공해야 한다. 요컨대 학생들에게 사고를 확산하도록 가르치고 교육과정의 맥락 속에서 보다 도전적인 문제를 부과할 때 학생들은 더 많이 배우게 되며 향후 보다 독립적으로 사고하고 학습할 수 있게 된다. 시간을 주의 깊게, 의도적으로 설계하는 것은 교실의 초점을 학습에 맞추기 위해 필수적이다.

시간이 충분한 경우는 없는 것 같다. 절대적인 시간을 요하는 모든 것 - 교실에서 수업할 때나 계획 단계에서나 - 을 균형적으로 처리하려면 어떻게 해야 하는가? 당신의 시간관리를 돕기 위해 다음 아이디어들을 고려해보라.

- 계획과 교수에 할애할 수 있는 시간의 개요를 작성하라. 교수 활동에 사용되는 시간과 완전한 숙달을 위해 학습에 사용되는 시간을 분석하라.
- 완료해야 하는 과제 목록을 작성하라. 우선순위를 정하기 위해, 작성된 목록에서 학습에 가장 영향을 크게 미치거나 학습을 지원하는 세 항목에 동그라미를 치라.
- 상위 세 항목에 당신의 시간 대부분을 사용하라. 그러한 과제들을 전략적으로 설계하라. 다른 과제들은 나머지 시간에 하거나 혹은 그냥 지나쳐버리도록 하라. 만일 그것들이 필수적인 것들이라면 상위 세 개 항목에 포함되었을 것이다.
- 작게 시작하라. 한 단위 수업을 골라 우선순위가 매겨진 상위 세 개 항목 중 적어도 하나를 겨냥하도록 계획하라. 부담이 될 수 있는 큰 계획을 세우기 전에 그것이 어떻게 진행되었는지 성찰해보라.

적절한 평정, 피드백 및 집단편성

앞서 언급한 바처럼, 학생들은 성공할 수 있다고 믿지 않으면 시도를 하지 않을 것이다 - 과제를 제출하지 않거나 활동에 참여하지 않을 것이다. 평정, 피드백, 집단편성과 관련하여 교실에서 흔히 이루어지는 관행들이 의도와는 달리 학생들의 자기효능감을 방해할 수 있다. 당신의 교수 기법을 되돌아보고,

수정하거나 강화하기 위해 다음 아이디어와 전략들을 살펴보라.

평정

모든 과제에 대해 점수를 매기고 그것들을 평균하여 최종 점수를 부여하게 되면 학생들의 동기가 훼손될 수 있다. 과제를 늦게 제출하고 부분 점수를 받게 된다면 학생들은 과제를 완수하거나 다시 하기 위해 투자해야 되는 시간과 노력에 비해 부분 점수를 받는 경우의 이점을 계산하게 될 것이다. 때로는 학생들이 0점을 상당히 많이 받게 되는데, 그러면 결손을 극복하고 낙제를 면할 점수를 받는 것이 극히 어려워진다. 교사는 학생들로 하여금 모든 과제를 완수하게 만들려고 하겠지만, 0점이 많아서 낙제 면제 점수에 도달할 가능성이 거의 혹은 전혀 없어지게 되면 0점 정책은 오히려 반대의 결과를 초래하게 된다(Guskey, 2004; O'Connor, 2002). 특히 어떻게 학업 증진 방법을 알지 못해 전전긍긍하는 학생들에게는 더욱 그러하다.

어떤 과제들은 점수가 필요 없다. 학생과 교사에 의한 분석이 필요할 뿐이다. 학생들에게 즉석에서 피드백을 제공하기 위해 오류를 살펴보고 학습결과를 평가하라. 경우에 따라 교사는 과제를 돌려주고 흔히 범하는 오류와 그러한 오류를 어떻게 수정할 수 있는지 설명하거나 학생들에게 평가결과를 분석하게 할 수 있다. 이렇게 함으로써 학생들은 생각을 글로 적어보게 되고, 교사는 개별 학생들의 과제에 점수를 매기고 많은 지면에 꼭 같은 논평을 쓰느라 허비하는 엄청난 시간을 아낄 수 있다.

Guskey와 Bailey(2001), 그리고 O'Connor(2002)는 평정할 때 가장 최근의 학습결과를 보여주는 근거 자료를 활용할 것을 주장한다. 학생들이 퀴즈를 보고 낮은 점수를 받았다고 가정하자. 이 낮은 점수를 보고 교사는 잘못 이해된 부분을 다루는 멋진 수업을 구상한다. 학생들은 새로운 퀴즈를 다시 볼 기회를 갖는다. 교사가 두 번째 점수와 첫 번째 점수의 평균을 내게 되면 최종 점수는 이 시점에서 학생이 이해하고 있는 바를 반영하지 못한다. 대신, 첫 번째와 두 번째 점수의 평균은 궁극적으로 얼마나 능숙하게 되었는지가 아니라 얼마나 빨리 능숙하게 되었는지를 보여준다. 첫 번째에 잘한 학생들은 두 번째 퀴즈에서 능숙도를 보여준 학생들보다 언제나 더 좋은 점수를 받는다. 첫 번째와 두 번째 기회 사이에 노력을 쏟은 학생들은 첫 번째의 낮은 점수를 완화시키기는 하지만 두 번째 테스트에서 100점을 받은 경우라도 높은 등급을 받지는 못한다. 반면에 처음 점수를 두 번째 점수로 대체해준다면 학생들은 더 잘 배우기 위해 노력을 경주하는 것이 중시되고 그만큼 점수에 반영되기 때문에 해볼 만하다는 것을 알게 된다. 교사가 가장 최근의 학습결과를 보여주는 근거 자료를 사용하게 되면 점수가 그들이 열심히 했다는 것을 보여주게 되므로 학생들은 학습을 계속하고자 하는 동기를 갖게 된다. 가장 최근의 평정결과를 활용하게 되면 교사들이 교수행위를 통해 학생들이 얼마나 성장하게 해주었는지도 알 수 있다.

두 번째 기회를 가질 수 있게 되면 학생들이 첫 번째 시도를 경시할까봐 염려하는 사람들도 있다. 학생들은 '왜 해? 또 할 수 있는데.'라고 생각할 수도 있다. 그러나 실제로는 첫 번째와 두 번째 기회

사이에 학생들은 무엇인가를 해야 하고, 오류를 수정하거나 혹은 자신의 학습을 개선하고 보완하기 위해 열심히 노력해야 한다. 첫 번째 기회를 통해 받은 자료를 활용하여 그들은 잘못 이해하고 있는 부분을 다루어주는 수업이나 지도를 받게 된다. 이러한 수업이 이루어지는 동안 교사는 수업이 실제로 학생들이 잘못 이해하고 있는 것을 다루는지 확인하기 위해 관찰하고 점검하게 된다. 그 과정에서 비형식적 관찰이 이루어진다. 이러한 비형식적 관찰을 통해 더 많이 이해하게 되었음이 드러나면 학생들은 그것을 보여줄 수 있는 두 번째 기회 혹은 보다 공식적인 기회를 가지게 된다. 교사들은 인정받을 수 있을 정도로 이해가 증진되었다고 보일 때 두 번째 기회를 제공하는 것이다.

피드백과 집단편성

피드백은 교사들이 학습을 진작시키기 위해 가지고 있는 가장 강력한 도구 가운데 하나이다(Hattie & Timperley, 2007; Marzano, 2007). 그러나 피드백이 평가의 성격—등급, 백분율, 미소 띤 얼굴, 모호한 논평처럼—을 띤다면 학생들은 각자 나름대로 그것을 왜곡하게 될 것이다. 그 결과, 학생들은 학습을 회피하고 다음에 무엇을 해야 할지 올바로 이해하지 못하거나 혹은 자신들이 이해하고 있는 바에 대해 부정확한 가정을 하게 될 것이다. 서술적 피드백은 발전과 학습진전을 위해 다음에 무엇을 해야 할지 구체적으로 제시해준다.

평가의 성격을 띤 피드백을 해야 할 때와 자리가 있다. 등급이란 학급에서의 성취 수준을 나타내는 상징이다. 그러나 학습과 자기효능감을 배양하기 위한 피드백은 기술적이고 구체적일 필요가 있다(Hattie & Timperley, 2007; O'Connor, 2002). 예컨대 유치원 교실의 벽면은 상이한 단계의 쓰기가 어떤 모습인지 보여주는 다양한 예로 채워질 수 있다. 처음 쓰기를 배울 때, 학생들은 교사가 읽어주는 이야기를 듣고 그 내용을 그림으로 나타낼 수 있다. 다음 단계에서는 첫소리를 나타내는 몇 개의 글자를 포함할 수도 있다. 학생들의 쓰기 능력이 발달해 감에 따라 첫 글자와 끝 글자를 더하기도 하고, 왼쪽에서 오른쪽으로 낱말을 쓰기도 한다. 어떤 학생들은 낱말 사이에 공간을 두고 문장을 형성하기 시작할 수도 있다. 학생들은 벽에 걸린 예가 이러한 단계들을 보여준다는 것을 알게 된다. 유치원생들이 이야기를 듣고 그에 대한 반응을 적고 나면 교사는 학생들에게 자신의 쓰기가 그러한 단계의 어디에 해당하는지 맞춰보도록 할 수 있다. 교사는 익명의 예를 몇 가지 보여주면서 어느 단계에 해당하는지 학급 전체로 하여금 맞춰보게 할 수도 있다.

그리고 나서 교사는 학생들을 쓰기 단계에 따라 몇 개의 집단으로 편성하고 다음 단계로 나가려면 무엇이 필요한지 알아보게 한다. (예컨대 학생들은 낱말 사이에 공간을 두고 띄어 쓰는 연습을 할 수 있다.) 여기서는 학생들이 학습의 진전을 위해 구체적인 기술, 그들의 필요에 부응하거나 혹은 부응하지 않을 수도 있는 포괄적인 성격이 아니라 구체적인 성격의 기술을 연습하는 것이 목표이다. 이 예에서 학습단계는 학생들의 쓰기와 관련하여 구체적 피드백을 제공하는 예시 자료와 언어를 교사들에게 제시해준다.

일부 학생들이 반복적으로 낮은 수준의 집단에 배치될 경우 집단편성은 우리의 기대수준에 대해 복합적인 메시지를 전달할 수 있다. 어떤 학생들은 언제나 학습에 어려움을 느껴 '위기'라는 팻말이 붙은 모둠에 배치되는 것에 대해 편안하게 느낀다. 이런 학생들은 성취 수준을 낮게 설정한다. 어떤 학생들은 화가 나서 '무슨 상관이야'라는 식의 태도를 갖게 된다. 우리가 취하는 행동은 학생들의 자아개념과 자신의 학습능력에 대한 믿음을 형성해준다. 학생들이 구체적인 성취기준, 기술, 개념에 관한 자신의 지식에 기반하여 집단으로 편성되면 더 많은 학습이 이루어지고, 그 집단들은 보다 효과적으로 작용하게 된다. 집단편성은 특정한 시점에서 배우는 내용에 대한 학습자의 지식에 근거하고 있으므로 항상 변하게 마련이다. 적절한 집단편성은 탄력적이고 평가 자료에 근거하고 있다. 학생들은 같은 단계에 속하는 친구들과 함께 공부한다. 이는 학생 모두가 발전할 수 있는 새로운 방법을 교사에게 제공해준다. 예컨대 한 단원을 가르칠 때 어떤 학생이 도입되는 정보를 이미 어느 정도 알고 있지만 성취기준에 대해서는 전혀 알지 못할 수가 있다. 이 경우 배경 지식에 따라 집단을 조정할 필요가 생긴다. 전략적인 평가만이 이를 해결할 수 있다. 집단편성의 방법으로는 지식 기반, 함께 하고 싶은 친구, 관심, 나이, 그리고 같은 탄생월 같은 무작위 시나리오 등이 있다. 활동과 과제의 목표에 따라 학생을 몰입하게 만들기에 가장 적절한 방법으로 집단을 편성하라.

대처기제에 대한 인식

평정, 피드백, 집단편성 등의 이슈는 학생들의 자기신뢰에 깊은 영향을 미칠 수 있다. 다른 사람처럼 배울 수 있는 능력이 없다고 느끼면서 교실에 앉아 있는 상상을 해보라—다른 사람들은 전부 이해하는데 당신만 이해하지 못한다고 느끼면서. 어떤 학생들은 이런 일을 날마다 경험하고 그래서 나중에는 자격지심 혹은 좌절감을 느끼게 된다(Hattie, 2009).

성인으로서 우리는 보통 이러한 상황에 대처하는 나름의 방법을 가지고 있다. 실패는 굴욕적이다. 당연히 학생들은 자신의 남아 있는 가치를 보호하는 방법을 찾게 된다(Covington, 2002; Martin, 2007; Martin & Marsh, 2003). 종종 그들은 어릴 때부터 실패에 대처하는 나름대로의 방법을 개발한다. 다음은 좌절감에 대처하기 위해 활용되는 몇 가지 방법이다.

- **포기하기** : 다시는 나타나지 않거나 더 이상 참여하지 않아도 될 만한 그럴듯한 변명을 찾는다.
- **방관하기** : 활동에서 벗어나 가만히 앉아 있거나 방관자로서 주변부에 머문다. 아무도 자신들을 끌어들여서 자격 미달 혹은 자신감 결여 등의 감정을 드러내게 하지 않기를 바라면서 레이더 아래로 날아가 숨고자 한다.
- **대체거리 찾기** : 어떤 사람들은 주요 활동을 피하면서 시간을 때우기 위해 할 수 있는 일거리를 찾는 데 비상한 재주가 있다. 다른 중요한 할 일을 찾는 데 기막힌 재주가 있는 것이다!

다른 사람들이 참여하는 동안 그들은 '준비하고', '조직하거나', 혹은 다시 해야 할 '필요가 있는' 것을 찾아낸다.

여러분은 실패의 두려움을 감추기 위해 이러한 대처기제를 사용하는 학생들을 보게 될 것이다. 그래서 이러한 행동이 교사에 대한 무례나 무관심에서 비롯되기보다는 자신감의 문제를 보여준다는 것을 인식할 필요가 있다. 요컨대 학생이 진정으로 관심이 없을 때 우리가 사용하는 전략과 학생이 이해하지 못하거나 성공할 수 있다고 믿지 않을 때 사용하는 전략은 다르다는 것이다. 학생들이 언제나 성공적인 학습에 필요한 모든 요소를 갖추고 수업에 임하는 것은 아니다. 어떤 학생들은 사전에 필요한 기술을 갖춰 오지만 어떤 학생들은 적절한 배경이 없을 수도 있다. 어떤 학생들은 자신감을 가지고 교실에 들어오지만 어떤 학생들은 그렇지 못하다. 학습을 보장하는 전략들은 자기효능감을 구축하며, 학생들로 하여금 가능성을 발견하고 성공을 경험하도록 도와주는 데 초점을 맞춘다. 그들의 멋진 부분을 포착하라!

이 장의 전략들은 필요에 따라 전체 학급 혹은 개별 학생에게 사용될 수 있다.

전략 19 : 학습 전, 중, 후에 평가를 실시하라
전략 20 : 사고가 수반되는 탐색 질문을 하라
전략 21 : 이해의 불을 지피라
전략 22 : 서술적 피드백을 제공하라
전략 23 : 구체적인 논평으로 칭찬과 격려를 하라
전략 24 : 학생들을 참여시키라
전략 25 : 목표가 분명한 개입활동을 펼치라

전략 19 : 학습 전, 중, 후에 평가를 실시하라

라틴어로는 평가가 옆에 앉는다는 뜻이다(New Horizons for Learning, 2002). 이 개념을 교실에 적용해보자. 교실에서 평가란 다음과 같은 의도로 정보를 수집하는 과정이다.

- ➤ 수업활동을 계획한다. 양질의 평가란 무엇을 평가하고자 하는지 분명히 아는 것에서 출발한다는 것을 기억하라. 성취기준을 달성하기 위해 학생 개개인에게 필요한 목표를 결정하라(77쪽의 전략 6). 이러한 학습목표로부터 구안된 평가를 활용하라. 수업 전과 수업 중에 이 정보를 사용하여 센터, 짤막한 강의, 학습코너, 집단활동을 구안하라.
- ➤ 학습과정에서 학생들이 자기평가에 참여하게 함으로써 자신의 강점, 약점, 지식 수준, 배경 경험을 파악하게 한다(211쪽의 전략 24)
- ➤ 학습 후에 성찰, 점수, 등급, 채점 척도 등을 사용하여 학생들의 능숙도를 기술한다.

학생들의 능숙도를 파악하고 그들의 선행지식 혹은 열정과 연계할 수 있도록 학습이 시작되기 전에 평가하라. 이 정보는 학생들의 선행지식에 다리를 놓아주고 그들이 더 많이 이해할 수 있도록 준비시켜준다. 학습 전 평가는 또한 교사가 늘 해 오던 방식을 벗어나 탄력적으로 집단을 편성할 수 있도록 도와준다. 학생들은 이미 잘 알고 있기 때문에 기존의 방식에 대해서는 지루하게 여기는 법이다.

수업 **중** 평가를 한다는 것은 우리가 학습과 관련하여 지속적으로 학생들과 함께하고 있음을 의미한다. 우리는 그들이 무엇을 이해하고 무엇을 이해하지 못하였는지에 따라 어떻게 수업하고 어떻게 대응할 것인지를 조절한다. 제대로 작용한 것은 무엇이고 제대로 작용하지 못한 것은 무엇인지 파악할 뿐 아니라 새롭고 다른 행동을 취하기도 한다. 정보를 전달하기 위해 새로운 방안을 모색하거나 다른 양상으로 접근한다.

관찰과 형성평가 자료를 통해 학생들이 이해한 것으로 판단되면 학습 후의 평가를 하게 된다. 학습 후 평가는 일정한 시간이 경과한 시점에서 학생들의 능숙도에 대해 그들에게 알려주고자 하는 총괄적 평가이다. 대체로 학습 후 시행되는 평가는 다음 단계의 성취기준이나 학습목표로 옮겨 가고자 하는 의도에서 시행되며 등급으로 활용된다.

이러한 일련의 평가결과로, 특정 학습목표를 위한 학습시간이나 단원이 끝날 무렵에는 학생들이 성공을 거두게 되고, 그들이 받은 점수나 등급은 그들의 능숙도를 보여주게 된다. 학생들이 연습하고, 절차를 거치고, 능숙도를 보여줄 증거 자료를 충분히 수집할 수 있도록 시간을 설계하라.

이 전략의 열쇠는 평가결과에 근거하여 개념을 가르치는 방법을 조정하고 변용하는 것이다(Schmoker, 2006; Stiggins et al., 2005; Wiliam, 2007). 학생들의 경험과 이해에 대한 인식을 기반으로 계획된 수업은 동기와 몰입에 엄청난 차이를 가져온다. 수업이 학생들의 과거 학습과 연계되지 않고 현재 수준보다 너무 앞서가면 학생들은 혼란스러워하고 방향을 상실할 것이다. 도움을 거의 혹은 전혀 받지 않고 이해하려고 결심하는 학생들이 있는가 하면, 나중에 이해할 수만 있다면 한동안 혼란스러운 것에 대해서는 개의치 않는 학생들도 있고, 또 그냥 포기해버리는 학생들도 있을 것이다. 그들의 입장이 되어보라. 여행을 하다가 길을 잃었다고 상상해보라. 낯익은 것이라곤 전혀 없고, 어떻게 큰 길로 돌아갈 수 있을지 알지 못해서 당신은 친구에게 전화를 걸어 길을 가르쳐달라고 한다. 친구는 길을 찾아갈 수 있도록 특정 출구나 코너로 가도록 가르쳐주는 대신 "음, 시내에 들어오면 우리 집은 왼쪽 끝에 있어."라고 말한다. 제발 좀 도와줘! 계속해서 미로를 헤매다 돌고 돌아 집으로 갈 것인가, 아니면 지도를 꺼내서 혼자 길을 찾을 것인가? 학생들도 학습과정에서 유사한 감정 상태를 거쳐 유사한 결정에 직면하게 된다.

수업 전 평가

학습하게 될 주제, 성취기준, 혹은 기능과 관련된 학생들의 지식을 확인하기 위해 사전평가를 활용하

라. 선행지식뿐만 아니라 그 내용을 학습하는 것에 대한 감정, 태도, 그리고 정서를 드러낼 수 있는 질문을 하라. 사전평가와 선별자료는 학생 개인별로 무엇을 알고 있는지, 그리고 다음에는 무엇을 배울 필요가 있는지에 대해 교사에게 정보를 제공한다. 학생들이 지루함과 좌절감을 느끼지 않게 하려면 배경 지식에서 결여된 필수 요소를 채우도록 하고, 능숙한 학생들을 위해서는 보다 도전적인 과제를 구안하도록 하라.

학생들로 하여금 다음 질문에 말이나 글로 답하게 하라. 이러한 질문들을 학급 전체 혹은 동기가 낮은 학생들에게 활용하라.

- "어떤 것에 호기심을 느끼는가?"
- "어떤 일이 벌어질 것 같은가?"
- "이전에 이 주제 혹은 이 개념에 대해 들어본 적이 있는가? 그렇다면 어디서?"
- "_____에 대해 알고 있는 바는 무엇인가?" (학생의 능숙도를 평가하기 위해 사전에 실시되는 짤막한 퀴즈 혹은 쓰기를 유도하는 촉매 활동이 포함될 수 있다.)

수업 중 평가

단원이나 단위 수업이 진행되는 동안 학생들이 지도하는 내용을 파악하는지 살펴보려면 그들과 함께 하라. "학생들이 이해하면서 따라오고 있는가?"라고 스스로에게 물어보라. 학생들이 무엇을 이해하고, 무엇을 이해하지 못하는지를 어떤 방법으로 확인할 것인지 결정하기 위해 개별 학생들이 무슨 말을 하고 어떤 행동을 하며 무엇을 산출하는지 관찰하라. 이 내용을 배우는 데 대한 그들의 감정, 태도 및 정서를 들여다볼 수 있는 질문을 하라.

매일매일 공식적, 비공식적 조사를 하라. 학생들이 계획된 활동에 몰두할 때 그들이 중요한 이슈들에 대해 생각하고 있음을 보여주는 증거들을 찾아보라. 그 활동이 의도한 결과를 도출했는지 보기 위해 활동의 끝에 간단한 질문을 하고 말이나 글로 답하게 하거나 혹은 이해 정도를 확인하기 위해 퀴즈를 활용하라. 다음 질문은 전체 학급을 대상으로, 혹은 동기가 낮은 학생들을 대상으로 활용될 수 있을 것이다.

- "지금 무엇을 배우고 있는가?"
- "잘되는 것은 무엇이고, 잘되지 않는 것은 무엇인가?"
- "무엇이 필요한가?"
- "어떤 부분을 이해하는가?"
- "어려운 문제들을 어떻게 풀었는가?"
- "어떤 어려움들에 부딪혔는가?"
- "이러한 어려움들을 어떻게 해결했는가?"

➤ "내 수업이 학생들의 요구에 부합하는지 어떻게 알 수 있는가?"라는 질문을 끊임없이 스스로에게 던지라. 그 답은 매일 수업 시간에 수집되는 정보와 수업이 끝난 후에 최종적으로 얻어지는 정보에 담겨 있다.

수업 후 평가

학생들이 이해하였는지, 무엇이 제대로 되었다고 그들이 지각하는지, 그리고 얼마나 많이 배웠는지를 보여주는 증거를 모으기 위해 수업 후에 평가를 실시하라. 그 자료들을 다음 수업계획을 위해 활용하라. 다시 한 번, 그 내용을 배우는 데 대한 감정, 태도, 정서를 들여다볼 수 있는 다음 질문들을 잊지 말고 활용하라. 말이나 글로 된 응답을 모아두라. 이러한 질문들은 전체 학급 혹은 동기가 낮은 학생들을 대상으로 활용될 수 있을 것이다.

➤ "이 개념을 배우기 위해 다른 학생과 공유하고 싶은 조언은 무엇인가?"
➤ "_____에 대해 무엇을 알게 되었는가?"
➤ "어떤 점이 놀라웠는가?"
➤ "다음에는 무엇이 필요한가?"
➤ "어려운 과제가 주어지면 어떻게 하는가?"
➤ "배운 기술이나 정보를 언제 다시 활용할 것인가?"

유용한 팁과 유의점

양질의 형성평가가 어떻게 시행되는지에 관해 좀 더 알고 싶으면 다음 책을 읽어보라. 개별화 평가 전략(*Differentiated Assessment Strategies*)(Chapman & King, 2005), 균형 있는 평가(*Balanced Assessment*)(Burke, 2010), 교실 평가 실습(*Making Classroom Assessment Work*)(Davies, 2007b), 형성평가의 실제(*Formative Assessment in Action*)(Clarke, 2005), 학습을 위한 평가(*Assessment for Learning*)(Black et al., 2003), 학생 학습을 위한 교실평가(*Classroom Assessment for Student Learning*)(Stiggins et al., 2005).

다양한 형성평가 도구를 활용하여 학생들을 정기적이고 지속적으로 점검하라. 학생들이 다 배웠다고 생각되면 단원이나 단위 수업이 끝날 때까지 기다리지 말라. 매일매일 학생들과 함께 얼마나 진전이 있었는지 확인하라. 한 문제 혹은 짤막한 문단 하나를 이용하여 소규모 점검을 하라.

이러한 맥락에서의 평가는 수업을 설계하거나 학생들이 자신의 강점과 다음 단계에서 해야 할 바를 파악하는 데 도움을 주기 위해 활용된다. 활용할 계획이 없는 것은 수집하지 말라. 그런 것까지 수집하게 되면 교사는 교사대로 채점과 문서 작업에 압도당할 것이고, 학생들은 학생들대로 억눌리고 샅샅이 분해되는 느낌을 갖게 될 것이다.

모든 것에 등급을 매겨야 한다는 부담감을 갖지 말라. 학생들에게 문제를 끝내게 하거나 질문에 대해 빨리 답을 쓰게 한다면 다음 날 혹은 같은 수업의 후반에 그것과 연계하여 배울 수 있도록 활용하라.

학생들 이름이 적힌 차트를 마련해서 특정한 개념 혹은 전반적인 수업활동에 대한 그들의 발언이나 반응을 관찰, 기록하라. 이 정보는 나중에 수업을 설계하거나 학생들에게 개별적으로 학습하게 할 때 활용할 수 있을 것이다.

실행에 옮기기

여기서는 전체 학급 대상 형성평가 활동에 대해 논의하기로 한다. 예시 자료는 초등학교 수학에 해당되지만 다른 교과목이나 다른 학년에도 적용될 수 있을 것이다. 형성평가로 모둠을 정하게 되면 학생들은 자신의 수준에 따라 바로 다음 단계에서 학습하게 되므로 그날의 활동이 개개인에게 더 유의미하게 된다. 일반적으로, 교사가 전체 학급을 대상으로 수업을 진행할 때는 한 번에 한 가지만을 가르치게 된다. 주어진 학습목표를 달성하기 위해 교사는 수준이 다른 활동들을 제공하고, 따라서 어떤 학생들은 혼란스러워하고 어떤 학생들은 지겨워하게 된다. 그러므로 학습이 진행되는 동안에 이루어지는 형성평가 활동은 교사로 하여금 지식이나 이해 수준에 맞추어 학생들을 지도할 수 있도록 도와준다.

학생들로 하여금 자신의 학습에 대한 주인의식을 갖도록 도와주는 총괄평가 활용에 대해서도 논의하기로 한다.

형성평가의 초점을 학습에 맞추기

학생들은 짧막한 퀴즈 결과에 따라 집단에 배치될 수 있다. 집단 내에서는 활동이 숙달 수준에 맞고, 따라서 성공을 맛보게 되므로 학생들이 활동에 몰입하게 된다. 이러한 성취감이 자신감을 길러주고, 그러한 자신감은 행동을 고무한다. 이런 식으로 활동이 학습을 진전시킨다.

퀴즈와 형성평가는 다양한 형태를 취할 수 있다. 여기서 우리는 수학 평가에서 오답을 한 항목을 기준으로 초등학생들을 집단으로 나누는 것에 대해 논의하기로 한다. 학생들은 해당 집단에 맞춰 준비해둔 세 개의 테이블 가운데 하나로 옮겨 간다.

- **집단 1** : 이름을 바꾸거나 새로운 집단편성 없이 뺄셈하기
- **집단 2** : 이름을 바꾸거나 새로운 집단을 편성하여 초보 단계의 뺄셈하기
- **집단 3** : 복잡한 두 자리 뺄셈하기

각 테이블의 가운데에는 접착 메모지에 쓴 16개의 문제를 비치해두라.

- **집단 1** : 이름을 바꾸거나 새로운 집단편성 없이 65－32와 같은 뺄셈 문제들을 비치하라.
- **집단 2** : 이름을 바꾸거나 새로운 집단을 편성하여 32－9와 같은 뺄셈 문제들을 사용하라.

집단 3 : 새로운 집단을 편성하여 45−39와 같은 복잡한 두 자리 뺄셈 문제들을 풀게 하라.

학생들은 접착 메모지 가운데 하나를 선택하여 시작한다. 학생들은 칸칸이(세로 8칸, 가로 2) 나뉜 노트의 한 칸에 문제를 푼다. 속도에 구애받지 않고 개인이 필요한 만큼의 시간을 사용하여 문제를 푼다. 한 문제를 풀고 나면 접착 메모지를 테이블 한 가운데에 가져다놓고 다른 접착 메모지를 가지고 와서 새로운 문제를 풀기 시작한다. 이런 방식으로 학생들은 주어진 시간 동안 가능한 많은 문제들을 푼다. 이 과정에서 교사는 개별 학생의 이해를 관찰할 수 있는 기회를 갖게 되고 필요하면 도움을 제공한다.

문제를 풀 때 학생들은 몇 문제를 풀었는지에 초점을 맞추지 않는다−대신 자신의 수준에 맞추어 혹은 약간 더 높은 수준의 문제를 푸는 데 초점을 둔다. 모든 학생은 도전을 받고 활동에 대해서는 등급이 매겨지지 않는다. 교사의 관찰에 따라 학생들은 다시 집단으로 재편성되거나 혹은 학급 전체가 배운 것에 대해 성찰할 수 있다. 이 논의는 가장 힘든 것이 무엇이고, 도전적인 순간들을 통해 그것을 어떻게 성공적으로 수행했는지에 대해 이야기하기에 좋은 기회이다. 학습자들은 답을 찾거나 문제를 풀기 위해 사용한 전략을 공유할 수도 있다.

총괄평가의 초점을 학습에 맞추기

수업 후의 평가가 정보를 제공할 수 있게 하기 위해 Amanda Smith는 캐나다 뉴파운드랜드의 4학년 수학 수업에서 학생들의 성찰지(reflection sheets)를 활용한다. 성찰지는 학생들로 하여금 평가에서 자신들이 범한 오류를 확인하고 기술하도록 한다. 이러한 성찰은 Smith로 하여금 학생들의 학습을 보다 깊이 들여다볼 수 있게 해주고 학생들로 하여금 학습에 대해 주인의식을 가지면서 자신이 이룩한 성취에 대해 자부심을 느끼게 해준다. 수 개념에 대한 총괄평가 이후에 그녀는 테스트 결과−취약한 부분으로 드러난 네 가지 개념−에 따라 네 개의 집단을 조직하였다. 테스트에서는 네 명의 학생이 모든 개념을 완전히 학습한 것으로 나타났고, 그래서 그들 각자가 한 집단을 맡아 오개념에 대해 '모니터링'하였고, 그동안 Smith는 교실을 돌아다니며 학생들을 도와주었다. 학생들이 이해한 것으로 보이면 다른 코너를 선택해서 가도록 하였다. 그런데 그때 어떤 학생이 "저는 아직 숙달되지 않아서 이 코너에 남아 있고 싶어요."라고 말했다. 학생들이 학습에 몰입하고 주인의식을 갖는 이러한 순간들이 야말로 교사와 학생 모두를 흥분하게 만드는 법이다!(A. Smith, 개인적 의사소통, 2010년 7월 6일)

전략 20 : 사고가 수반되는 탐색 질문을 하라

학생들은 공부하고 있는 주제에 대해 질문을 하는가? 교사가 제기하는 질문은 단답을 끌어내는가 혹은 학생들 사이에 활기찬 대화를 유도하는가? 교사는 학생들에 비해 얼마나 많은 질문을 하는가?

건설적인 토론에 불을 붙이고 사고를 증진하는 적절한 질문을 던지라. 효과적인 질문은 촉진제 역할을 하여 교실에서의 학습목표에 확실히 집중하게 한다. 질문이 열띤 대화를 이끌어낼 때 그 주제에 대한 학생들의 흥미가 고조되고, 학생들이 효과적인 질문 시간에 얼마나 몰입하는지는 그들의 이해 여부를 판단할 수 있는 소중한 정보원이 된다. 학생들이 제기하는 질문의 수와 함께 질문의 유형도 고려하라. 학생들이 단순한 대답을 구하는지, 혹은 내용을 탐구하고 깊이 파고드는지에 대해 스스로에 게 물어보라.

학생들로 하여금 질문하는 데 몰두하게 하려고 계획한다면 교사는 그들의 사고 수준에 대한 정보를 수집할 수 있다. 학생들의 질문 유형과 말이나 글로 어떻게 응답하는지를 평가하고, 그에 따라 대응하면서 그 순간의 학습이 확실하게 이루어지게 할 수 있다. 학생들의 질문은 보다 많은 교실 토론을 용이하게 하고 보다 학생주도적인 분위기를 형성할 수 있다. 자신들에게 힘이 있다고 느끼면 학생들은 학습에 보다 큰 책임감을 갖게 되고 교실문화가 변한다.

효과적인 질문 과정

당신의 목적에 기반하여 적절한 유형의 질문을 제기하고 끌어내도록 하라. 질문이 제기되고 나면, 그리고 한 학생이 응답하고 나면 학생들에게 생각할 시간을 주도록 유념하라(Black et al., 2003; Davies, 2007b). 기다리는 시간은 모든 학생에게 몰입할 기회를 제공한다.

다음 지침을 따르라.

1. 구체적인 목표에 따라 질문을 제기하고 유도하라. 단순한 질문과 복잡한 질문을 모두 활용하라. 교사와 학생이 제기하는 단순한 질문은 다음과 같은 역할을 한다.
   - 기본적인 이해를 점검한다.
   - 쉽고 빠른 반응을 끌어낸다.
   - 자신감을 길러주고 보다 깊이 있는 대화의 기초를 제공한다.
   - 학생들이 쉽게 질문을 생성하여 물어보도록 하는 기회를 제공한다.

   보다 복잡한 질문이나 진술은 다음과 같은 역할을 한다.
   - 주어진 주제의 보다 깊이 있고 도전적인 측면을 탐구한다.
   - 더 많은 생각을 요하고 시간이 더 많이 걸린다.
   - 수업 시간 이후에도 의미가 있는 보다 깊이 있는 이해와 몰입으로 이어진다.
   - 배경, 다른 주제 혹은 앞으로 학습할 개념과 연결된다.
   - 시범과 연습을 요한다.
   - 학생들이 생각하고 질문하는 기회를 보다 도전적으로 만든다.

   〈표 6.2〉는 학생들이나 교사가 제기할 수 있는 단순한 질문과 복잡한 질문들을 구체적으로

보여준다. 학생들에게 질문을 생성하도록 할 때 단순한 질문은 무엇(what), 언제(when), 누구 (who)로 시작되고, 보다 복잡한 질문은 왜(why), 어떻게(how)로 시작되는 경우가 많음을 알게 하라.

표 6.2 ●● 단순한 질문과 복잡한 질문 예시

단순한 질문	복잡한 질문
이야기나 기사에서 가장 매혹적인 부분은 무엇인가?	이 기사의 요점은 여러분이 읽은 다른 이야기나 기사와 어떻게 관련되는가?
정부의 입법부와 사법부 사이에는 어떤 차이가 있는가?	입법부는 국민에게 어떻게 기여하는가? 어떤 상황에서 입법부는 평범한 시민들을 지원하거나 그들의 삶에 개입하는가?
남북전쟁을 야기한 주요 사건은 무엇인가?	남북전쟁과 아프가니스탄 전쟁의 요인을 비교 대조할 수 있는가?
광합성이란 무엇인가?	광합성 개념을 어떻게 검증할 수 있을까?
명사란 무엇인가? 텍스트에서 세 가지 예를 찾으라.	명사를 이해한다는 것이 글쓰기를 어떻게 향상시킬 수 있는가?
배구 규칙은 무엇인가?	규칙은 왜 중요한가? 규칙이 없다면 어떻게 될까? 규칙을 바꾼다면 어떻게 될까?
연산 순서는 무엇인가?	이 수학 문제를 어떻게 풀 수 있을까? 문제해결에서 연산 순서가 어떤 역할을 하는지 설명하라.

2. 탐색 질문을 하거나 학생들의 사고를 확산하는 촉매를 제공하여 대화를 보다 깊이 있게 끌고 가라. 이러한 질문과 촉매는 학생들을 다음과 같이 이끌어준다.
   - 그들의 답변 뒤에 숨어 있는 '어떻게'와 '왜'를 설명해준다.
   - 대화를 통해 문제해결 과정을 거치게 된다.
   - 단계별 사고를 묘사한다.
   - 그들의 답변을 지지하는 증거를 제공한다.

   탐색 질문과 촉매의 예로는 다음과 같은 것들이 있다.
   - "예를 들어보라."
   - "무슨 뜻인지 설명하라."
   - "좀 더 말해보라."

➼ "어떻게 해서 그런 반응이나 생각에 이르게 되었는가?"

➼ "텍스트에 의하면 네 생각을 어떻게 뒷받침할 수 있을까?"

3. 질문을 어떻게 정교화해서 물을 수 있는지 가르치라.

➼ 학생들이 강의, 텍스트 혹은 활동을 이해할 수 있는지 살펴보라. 학습내용의 축어적 의미에 대한 토론에 학급 전체가 몰입하도록 학생들로 하여금 단순한 질문을 하게 하라.

➼ 학생들이 학급 친구, 등장인물, 혹은 다른 사람들의 생각을 이해하는지 알아낼 수 있도록 그들에게 서로 탐색하면서 이해를 증진하는 법을 가르치라.

➼ 학생들로 하여금 연결하도록 허용하라. 연결하기 위해 질문하면서 그들은 그 내용을 보다 깊숙이 탐구하게 된다.

4. 어떻게 생각할지 시나리오를 제공하여 학생들이 질문하면서 몰입하게 하라.

➼ 질문을 생각하고 발전시킬 수 있는 양질의 기회를 제공하라. 학생들은 생각을 글로 적거나 조용히 생각을 전개해 나갈 것이다.

➼ 학생들이 짝을 지어 생각과 아이디어를 공유하게 하라.

➼ 대화 서클을 만들어 브레인스토밍과 토론 기회를 갖게 하라.

➼ 학생들에게 자신의 개인적 응답과 성찰을 글로 적어 학급에 발표하게 하라.

유용한 팁과 유의점

생각할 시간을 갖도록 하는 것을 명심하라. 질문을 정교화하고 깊이 생각한 뒤 반응하는 것은 시간을 요한다. 학생들이 처리 과정을 거쳐 효과적인 질문을 만들어내도록 조용히 생각할 시간을 충분히 주라. 시간이 부족하면 학생들은 좌절감을 느끼게 된다.

학생의 질문이나 응답을 비난하지 말라. 대신 학생이 질문과 응답을 수정 보완하게 유도하는 탐색 질문을 하라.

양질의 질문을 만들어내고 양질의 응답을 하기 위해 애쓰는 모습을 시범적으로 보여주라. 아이디어를 교묘하게 다루고 조작하는 방법을 가르치라. 질문을 구상하는 것은 답을 찾고 이슈를 탐색하기 위해 생각을 조직하는 과정이다.

학생들에게 "What would you…", "How?", 그리고 "Why?"로 시작되는 질문을 하라.

때로는 특정 학생을 염두에 두고 질문을 구상하도록 하라. 토론을 위한 질문 목록을 작성할 때는 동기부여를 통해 응답하게 할 학생의 이름을 질문 옆에 적도록 하라.

고등정신기능 어휘, 질문을 시작하는 말, 그리고 학생친화적인 정의를 벽에 부쳐두라. 예를 들면, 분석하다는 '설명, 명료화 혹은 이해를 위해 깊이 파헤치다'로 정의하라. 이런 식으로, 학생들은 과제와 토론에 사용되는 용어들이 어떻게 사용되는지 해석한다. 상황을 분석하라고 하면, 학생들은 어떤 틀에서 반응할지 결정하기 위해 그 정의를 참고하게 된다.

실행에 옮기기

효과적인 질문은 모든 학생들이 적극적으로 참여하여 몰입하게 해준다. 흥미로운 문제지향 활동은 수업 시작과 함께 양질의 질문을 할 수 있는 맥락을 제공하므로 학생들로 하여금 그 주제에 빠져들게 만든다. 학습 보장을 위해 효과적인 질문이 활용되는 교실 문화에 기여하는 많은 방법이 있다.

생각하고 짝짓고 공유하기(think-pair-share)와 석판, 화이트보드와 반응 카드는 질문 전략을 명시적으로 융합하는 훌륭한 방법들이다. 막대 인물, 연구와 낱말 벽면, 역할놀이, 모든 학급 구성원을 포함하는 질문 주차장 등의 일상적인 질문 활동을 수업에 포함시키도록 하라.

생각하고 짝짓고 공유하기 활용

생각하고 짝짓고 공유하기는 질문과 성찰을 권장하는 고전적인 활동이다. 생각하기 단계는 학생 개개 인에게 간섭 없이 문제에 대해 혼자 사고할 수 있는 기회를 제공한다. 독특하고 다양한 질문이 이 기회를 통해 생겨난다. 학생들이 자신의 질문을 다른 사람과 공유하는 짝짓기 단계는, 아직 완전히 구축되지 않은 개념이나 해결책을 좀 덜 공개적인 방법으로 안전하게 탐구할 수 있는 기회를 학생들에게 부여한다. 일단 짝활동 결과 확신을 갖게 되거나 자신의 생각을 명료화하게 되면 개별 학생들은 학급 전체와 보다 공개적으로 그것을 공유한다. 학생들이 자신의 질문에 보다 열린 마음을 가지게 되면−대화를 명료화하고 좀 더 깊이 있게 끌어가기 위해−교사는 어떻게 학습과 성공을 보장할 수 있는지에 대해 더 많이 배우게 된다.

석판, 화이트보트 혹은 반응 카드 활용

석판, 화이트보드, 그리고 반응 카드는 개별 학생이 응답하고 질문하도록 보장한다. 이 방법은, 많은 학생들이 목소리가 큰 다른 학급 구성원에 의지한 채 수동적으로 한 걸음 물러나 있는 동안 한 명이 모든 사고와 반응을 독점하는 경우에 대비해 개별 학습자가 같은 질문에 동시에 답하게 한다. 모든 학생이 동시에 답을 제시하도록 "하나, 둘, 셋…보여주세요!"라고 말하라. 이 활동은 짝이나 집단에서 활용될 수도 있다. '보여주기'가 끝난 후에는 토론하고 합의할 시간을 주도록 하라.

질문을 일상적인 활동으로 통합

주어진 화제나 질문에 대한 대화를 자극하고 거기에 몰두하게 하기 위해 다음의 시범 활동들을 활용하라.

막대 인물은 주제나 문학 작품의 인물을 사실적이고 실제적으로 만들어줌으로써 학생들이 성격 부여와 관점에 대한 질문을 생성하고 토론하도록 도와준다. 학생이나 교사는 선택된 인물의 이미지를 만들어내어 테이프로 막대기에 붙인다. 교사가 질문을 하면, 학생은 막대 인물처럼 응답한다.

연구결과물과 낱말로 채워진 벽면은 우수한 학습결과를 인정하고 기념해준다. 이것은 중요한 정보를 눈에 확 띄게 제시하는 방법이다. 학습과정에서 부딪히게 된 중요한 단어는 강화할 수 있도록 전시하고 토론으로 연결되게 하라. 학생들과 교사는 다른 색깔과 다른 글자체를 이용하여 그 단어들을 쓸 수 있다. 의미를 나타내는 그림, 특별한 장식 혹은 디자인을 이용하여 각각의 낱말을 자기만의 방법으로 치장하고 설명하게 하라. 이런 방식의 설명은 각각의 낱말을 아주 특별하게 만들어준다.

역할놀이는 고등정신기능을 사용하여 질문에 답하는 연습을 할 수 있도록 해준다. 시범 보이기와 연습하기가 처음에는 어색하게 느껴지겠지만 이들은 학생들이 내용과 함께 질문하기와 비판적 사고하기 기술을 익힘에 있어 대단히 중요하다. 역할놀이 탐색의 예로는 가장하기, 장면 묘사하기, 어떻게 하는지 보여주기, 역할 연기하기 등이 있다. (역할놀이에 대한 더 많은 논의는 166쪽의 전략 18 참조.)

질문 게시판은 학생들이 수업 시간 동안 질문을 붙이도록 지정된 장소이다. 종종 학생들은 학습하고 있는 정보에 대해 질문하거나 언급을 하면서 편안하지 않은 느낌을 갖는다. 이 활동은 또한 일반적으로 교사에게 주어지는 질문들을 잠시 보류하고 학급 학생들이 일상적인 틀을 벗어나도록 유도하는 유익한 방법이다. 교사는 수업 시간 말미에 짝 지은 학생들에게 질문을 하고 답하게 하거나 집에 가서 답을 알아 오게 할 수 있다.

전략 21. 이해의 불을 지피라

"실수로부터 배워라"는 흔히 듣는 말이지만 엄청난 진리를 담고 있다. 오류는 피해야 할 당혹스러운 순간이라기보다 학습기회임을 학생들에게 가르치라.

학생들이 오류를 범하면 그것을 분석하라. 학생들과 함께 부족한 부분을 채우고, 올바른 방법을 찾고, 시간이 흘러 고착화되기 전에 오개념을 다루도록 하라. 혼란스러우면 학생들은 귀를 기울이지 않거나 딴 생각 하거나 포기해버린다. 좌절감을 느낀 학습자는 흔히 '이게 무슨 뜻인지 모르니까 무슨 뜻이든 상관 안 해.'라고 생각한다.

수업 전, 중, 후에 학생들을 평가하여 부족한 부분이나, 오류, 혹은 잘못 이해하고 있는 부분을 찾으라. (좀 더 상세한 내용은 186쪽의 전략 19 참조.) 우리는 학생들의 얼굴과 표정을 봄으로써 잘못 이해하고 있음을 알아차린다. 혼란스럽고 슬퍼 보이거나 반응이 없다면 오류를 분석하고 어디가 혼란스러운지 찾기 위해 좀 더 많은 정보를 수집해야 한다. 학생들이 부정확한 아이디어를 말한다면 잘못 이해하게 된 근본 원인을 자세히 살펴보라. 바로 그때 일어나는 이러한 경우들이 흔히 말하는 '교수 가능한' 순간들이다. 교실에서 발생하는 가장 중요한 학습기회의 일부인 것이다. 효율적인 교사들은 이해의 불을 지피기 위해 이러한 순간들을 이용하고 오류를 배움의 기회로 만든다. 이러한 유형의 오류 분석은 학습에 결정적이고 학생들의 성취도를 높이는 가장 효과적인 교수행위의 하나로 알려져 왔다(Hattie, 2009; Marzano, 2007).

오류로부터 배우려면 학생들은 평가결과를 다시 살펴보면서 놓친 부분을 곰곰이 생각해보아야 한다. 학생들에게 답을 가르쳐주거나 풀이 과정을 보여주기보다 그들로 하여금 무엇이 잘못되었는지 찾아보는 기회를 종종 갖게 하라. 자신의 오류를 수정하면서 문제를 풀고, 생각하고, 과정을 기억하게 된다. 이러한 자기분석은 어느 정도의 기본적인 이해를 하고 있지만 보다 복잡한 아이디어를 성취하기 위해 애쓰는 학생들에게 가장 효과가 있다.

처음에 무엇을 잘못 했는지 이해하지 못하면 학생들은 오류로부터 배우지 못한다. 개념에 대한 기본적인 이해를 하지 못하고 있음을 보여주는 오류를 범한다면 설명을 달리하거나 안내하고 개입할 필요가 있다. 학생들은 자신의 학습결과를 새로운 통찰력으로 수정하면서 학습자로서 성장한다. 교사의 안내를 받든 혹은 스스로 발견하든 효과적인 오류 검토 과정에서 아하 하고 깨닫는 흥분의 순간이 있는 법이다.

교사가 진리의 주변을 춤추듯 맴돌며 학생들이 오류를 범하고도 기분 좋게 느끼도록 한다면 그들에게 해를 끼치는 셈이다. 오류를 수정하면서 학생들은 학습의 성취감을 느낀다. 오류를 범했다는 말을 들으면 편안하지는 않겠지만, 구체적인 행동으로 이해를 증진시켜줄 때 자신감을 가지게 된다. 오류는 노력을 통해 학습할 수 있는 기회라는 메시지를 받을 때 학생들은 더 많은 것을 성취할 수 있다. 그러한 진리를 들을 기회가 없으면 학생들은 자신의 가치를 결정함에 있어 지나치게 점수에 의존하게 된다 (Hattie & Timperley, 2007).

"학생들은 오류에 대해 그것이 이해 여부를 분석하고 다음에 무엇을 배울 필요가 있는지 계획하게 해준다고 생각하는가? 오개념을 가지고 있을 때 학생들은 무엇을 이해하지 못하는지 알아내려고 하는가?"라고 자문해보라. 그렇지 않다면 학생들은 오류를 벌칙으로 생각할 것이다. 학생들에게 발전하기 위해 오류를 껴안도록 가르치라.

오류를 학습기회로 전환하기

이해의 불을 당기려면 오류는 발생하는 순간 겨냥해야 할 학습기회가 되어야 한다. 학습자들이 오류를 이해하고 학습 경험으로 삼을 때 그들은 보다 몰입하게 된다.

오류를 학습기회로 삼기 위해 다음 단계들을 고려하라.

- 과제, 테스트, 퀴즈, 혹은 활동의 학습목표를 결정하라.
- 각각의 학습목표에 어떤 항목들이 수반되는지 확인함으로써 학습목표를 명료화하라.
- 학생들이 오류를 겨냥하고 오류와 관련하여 무엇이 잘못 되었는지를 성찰하고 분석하는 시간을 갖도록 계획하라.
  - "내가 범한 오류는 무엇인가?"
  - "무엇이 잘못되었는가?"
  - "오류를 어떻게 수정할 수 있는가?"
  - "어떤 자원이 필요한가? 교재? 다른 학생? 웹사이트? 선생님 설명?"

➥ "다음에는 무엇을 달리할 것인가?"

➥ 학생들의 오류 분석을 도와주는 체제를 구축하라.

➥ 페이지 위쪽에 몇 개 항목이 잘못되었는지 표시하되 어떤 문제가 틀렸는지는 나타내지 않도록 하라. 짝이나 집단 구성원들과 함께 오류를 찾고 각각의 오류를 어떻게 수정할 것인지 알아내게 하라.

➥ 학생들이 개별적으로 오류를 분석한 뒤 오류 요약과 함께 무엇을 이해하게 되었는지 보고하게 하라.

➥ 혹은 틀렸다고 표시된 항목에 따라 집단 내에서 학습하게 하라. 이러한 협동은 학생들이 그들의 개인적인 필요를 충족시키도록 도와준다.

학생들이 방향을 잃거나 혼란스러워하고, 잘못 가고 있거나 잘못 이해하고 있다고 생각되면 이러한 문제를 다루는 많은 전략을 준비하라. 이러한 순간에 대비하여 계획을 짤 때는 다음 아이디어들을 고려하라.

➥ 다른 학생에게 그 개념을 설명하게 하라.

➥ 짝에게 개념을 나타내는 그림을 그리거나 상징을 만들도록 요청하게 하라.

➥ 개념 이해를 도울 수 있도록 개별 학생들에게 주요 어휘나 개념을 써보게 하라.

➥ 학생들로 하여금 질문에 답하는 가능한 방법들을 브레인스토밍하게 하라.

➥ 학생들이 이해하지 못하는 것을 큰 그림과 연계하라. 예컨대 학생들이 분수와 씨름하면서 분자와 분모를 배우고 있다면 그들의 이해를 도와주는 시나리오와 이미지를 활용하라. 파이, 피자, 케이크는 모두 분수에 적합한 것들이다.

유용한 팁과 유의점

시간이 열쇠이다. 의도한 학습을 학생들이 잘못 이해했다는 것을 깨닫는 순간 즉시 그것을 다루도록 계획하라. 그러고는 학생들에게 새로운 학습을 다른 문제, 예, 혹은 과제에 활용할 기회를 한 번 더 제공하라. 이것이 학습활동의 효과를 분석하는 효과적인 방법이다. 학생들에게 새로운 이해에 대해 만점을 준다면 당신은 그들의 새로운 학습을 높이 평가하면서 오류가 벌칙이 아니라 학습기회라는 메시지를 보내는 것이다.

등급 매기기가 오류에 대해 우리가 학생들에게 보내는 메시지에 영향을 미친다는 점을 유념하라. 학생들이 오류를 범할 때 우리는 종종 틀렸다고 표시하고, 그러면 그들은 점수를 잃거나 낮은 등급을 받게 된다. 뒤에 그들이 오류를 수정하고 부분적으로 학점을 받거나 혹은 아예 받지 못한다면 다음과 같은 메시지를 보내는 것이다. "오류로부터 배워라. 그러나 등급이 더 높아지지는 않을 것이다." 이는 수정하거나 교정하려는 학생의 동기에 영향을 미칠 것이다. 일부 학생들은 답을 바르게 수정하거나 개선하려는 내재적 성향을 지니고 있지만, 많은 학생들은 점수가 성장이나 발전을 반영해주지 않으면 수정하려는 시도를 하지 않게 된다.

일부 전문가들은 형성평가를 할 때 연습이나 학습을 위해 설계된 과제에 대해 등급을 매기지 말 것을 제안한다(Wiliam, 2007; O'Connor, 2002; Stiggins et al., 2005). 때로는 과제라는 것이 소중한 학습경험일 뿐이다. 교사들이 이러한 과제에 등급을 매기고 학생들이 뒤에 수정하고 발전을 보인다면, 발전에 대해 완전한 점수를 부여함으로써 성적에 그러한 변화가 반영되어야 한다.

모든 문제를 풀고 답하는 과정을 반복하는 대신 정답만을 제공하여 학생들이 조회할 수 있게 하라. 그런 후에 학생들로 하여금 수정하게 하고, 이유를 들어 설명하게 하라. 학생들이 오류에 대해 서로 이야기하는 시간을 제공하라.

교사가 학생들보다 설명을 더 많이 한다면 학생들이 그러한 유형의 과제나 질문을 다음에 하게 될 때 그 설명이 전이되지 않을 것이다. 그냥 크게, 천천히 말한다고 해서 반드시 효과가 있는 건 아니다(Guskey, 2009).

실행에 옮기기

이해에 불을 지피기 위해 학생들로 하여금 내용에 몰입하게 하는 적극적인 학습기회를 활용하라. 학생들이 자신의 이해 수준을 점검하는 시간을 제공하고, 깊이 있는 사고를 촉진하며 개별화된 오류 분석을 실시하라.

자기점검 기술 가르치기

학생들은 현재 자신의 지식수준을 파악하고 그것이 다음 단계를 밟을 때 어떤 도움이 되는지 이해할 때 동기유발된다. 이것은 성취감과 진보감을 창출한다. 자기점검을 위해 학습자는 자신이 어느 정도 이해하고 있는지, 그에 대해 어떻게 느끼는지를 인식해야 한다. 〈표 6.1〉에 제시된 바와 같이 범주에 대한 표시판을 만들라. 교실 벽에 이해 정도를 보여주는 연속 표시판을 붙여서 학생들이 자신의 이해를 점검하도록 하라.

깊이 있는 사고 촉진하기

효율적인 교사는 학생들에게 즉각 반응하기 위하여 질문과 힌트를 활용하고 그들이 자신의 학습과정을 분석하도록 도와준다.

예컨대 학생들에게 동일한 과정이나 기술을 요하는 다섯 개의 수학 문제가 부과된다고 하자. 점검하는 동안 교사는 어떤 것이 옳고 어떤 것이 틀렸는지를 지적한다. 학생들은 정답을 맞힌 문제 가운데 하나에 대해 사고 과정을 설명하라는 요구를 받는다. 다음에는 정답을 맞히지 못한 문제에 그 과정을 적용한다. 이렇게 함으로써 각각의 학생은 교사의 생각이 아니라 자신의 생각을 이용하여 오류를 수정할 기회를 갖게 된다. 학생들에게 그 문제에 대해 친구 혹은 다른 누군가를 가르치게 함으로써 이러한 성취를 축하하라.

1	2	3	4	5
완전히 혼란스럽다!	문제의 일부를 이해한다.	이해될 것 같다!	이해한다. 그리고 나 자신의 생각이 있다.	완전히 이해하고 있다!
모르겠다. 이해가 안 된다.	무엇을 물어야 할지 모르겠다.	질문을 할 수 있을 만큼 이해가 된다.	내가 이해하고 있음을 설명하거나 보여주거나 드러낼 수 있다.	완전히 이해되어서 이제는 그 지식이 자연스럽게 내게 온다. 자동적이다.
동기부여가 되지 않고 좌절감을 느낀다.	불확실해서 포기할 수도 있고 계속할 수도 있다.	호기심이 느껴지고, 그래서 계속 배울 생각이다.	동기부여가 되어 있고, 다른 사람들에게 그것을 가르칠 수 있다.	그 자료에 대해 편안하게 느끼지만 지루할 수도 있다. 다음의 도전을 맞이할 준비가 되어 있다.

그림 6.1　학생 이해의 정도를 자기점검하기 위한 연속 표시판

다른 분야에서도 깊이 있는 사고 촉진하기를 적용하라. 예컨대 쓰기 수업에서 학생들이 분명한 주제 문장을 만들어내는 데 어려움을 겪고 있다면 그들로 하여금 친구에게 그 문단을 한 문장으로 기술하도록 요청하게 하라. 그런 다음 학생들에게 첫 번째 초안의 서두에 함께 공유하는 문장을 쓰게 하라. 이 새로운 주제문을 보는 것은 놀랍고 보람 있는 일이다 – 축하할 만하지 않은가!

오류 분석 개별화

과제에서 발견되는 학생의 오류 분석을 개별화할 수 있다. 여기서는 과학 과제를 예로 살펴보자. 평가는 학생들의 자료 이해, 특히 다음과 같은 학습목표를 측정하였다.

- 학생들은 독립변수와 종속변수를 파악할 수 있다.
- 학생들은 그래프를 읽을 수 있다. 특히 변수와 그 의미를 파악할 수 있다.
- 다양한 상황에서 어떤 그래프가 사용하기에 가장 좋은지 설명함으로써 그래프를 평가할 수 있다.

학생들의 평가결과를 살펴본 후에 테스트의 특정 항목들은 이 세 가지 목표의 이해 혹은 이해 부족과 관련이 있음이 분명해졌다. 그래서 교사들은 학생들에게 틀린 문제를 확인하고 집단 구성원들과 함께 서로의 오류 분석을 도와주며 다음에는 무엇을 달리할 것인지 기술하게 하였다. 〈그림 6.2〉는 먼저 학생들이 개별적으로 자신의 오류를 기록하고, 그것들을 분석하기 위해 초기 브레인스토밍을 하며, 집단 내에서 토론하면서 더 학습하도록 하기 위해 사용할 수 있는 틀이다.

과학적 과정 평가의 검토

이름 : _____

지시 : 첫 번째 열에서 당신이 잘못 받은 질문의 수를 작성한다. 각 항목에 대한 별도의 행을 사용한다. 두 번째 열에서 당신이 왜 그런 식으로 질문에 대답하는지를 설명한다. 돌아가서 당신이 그것을 설명하기 위해 질문에 대답하는 방법을 살펴본다. 셋째, 당신의 그룹에서 정답을 찾아 설명한다. 마지막으로, 네 번째 열에서 답을 바로 고칠 수 있는 방법에 대해 설명한다.

틀린 문항	왜 당신은 이 방법으로 그 질문에 대답했는가?	맞는 답은 무엇인가?	답을 말하라.

그림 6.2 집단협력을 위한 워크시트의 예시

전략 22 : 서술적 피드백을 제공하라

효과적인 피드백은 긍정적인 학습 마인드를 가지게 하며, 학생들에게 그들의 학습을 증진시키는 구체적인 행동을 하게 한다. 비효과적인 피드백은 학생들의 동기유발을 떨어뜨리고 의기소침하게 만든다. 교사의 과도한 피드백은 학생들의 실수를 식별하는 능력을 떨어뜨린다. 피드백의 힘은 학생들이 정보를 어떻게 이용하는가에 달려 있다(Hattie & Timperley, 2007; Hattie, 2009; Reeves, 2007). 피드백이 학생들에게 필요한 방향을 제시하지 않는다면, 학생들은 그 피드백을 자신의 학습 향상을 위해 사용할 수 없다. 학생들이 다음 단계들을 이해하고 확인하도록 하기 위해 개괄적으로 알아보고 평가한다.

피드백에는 많은 유형이 있다. 일반적으로 평가 피드백은 학습을 정량화하고, 작업의 가치를 평가한다. 서술적 피드백은 학생들이 알고 있는 것, 혹은 학습을 설명하는 것이다. 더 나아가 서술적 피드백은 더욱 높은 이해도와 성취도를 장려하는 실행 가능 단계를 제공한다. 이 '실행 가능 단계'는 구체적 코멘트로 칭찬하는 것과는 다른 서술적 피드백의 하나이다. 이에 대해서는 다음 전략(206쪽의 전략 23)에서 논의할 예정이다. 서술적 피드백은 행동 또는 적시성과 같은 요인들보다 오히려 학습목표에 대한 학생들의 성취나 숙련도와 관련된 논평에 초점을 맞추고 있다.

피드백이 유용하게 작용하기 위해서는 즉각적이고 구체적이어야 한다. 구체적 피드백은 어디에 더 많은 개선이 필요한지, 또는 오류를 수정하거나 개정하는 방법에 대해 설명한다.

서술적 피드백은 교사에 의해 그리고 다른 학생에 의해, 또는 학습자의 자기성찰 과정을 통해 이루어질 수 있다. 시간이 소요되긴 하지만 교사의 피드백은 학생들이 생산하는 작업을 존중하며, 그 작업이 중요하다는 메시지를 보내는 역할을 한다. 학생들은 피드백에 따라 행동할 때는 물론이고, 수정을 하거나 다른 문제를 풀기 위해 노력할 때도 성장한다. 이것은 교사가 투자한 시간에 대한 귀중한 보답이다. 학생들은 그들의 작업을 적극적으로 수정하려 하지 않는다는 점에 주의를 기울일 필요가 있다. 그러나 수정하는 과정을 통해 학생은 성장한다. 교사는 때때로 과제에 대한 논평을 통해 학생들에게 교사의 통찰력을 전달하고자 하지만 효과가 별로 크지는 않는 것 같다. 결과적으로 교사는 학생들이 똑같은 실수를 반복하고, '서술적 피드백'을 제공하려는 자신들의 노력이 소용없다고 생각하기 때문에 좌절한다. 학습목표에 대한 간략한 서술적 피드백 코멘트에 집중하고, 다음 과제로 넘어가기 전에 학생들에게 수정하도록 할 필요가 있다. 이렇게 함으로써 교사의 부담을 줄일 수 있다. 결과적으로 학생들은 자신의 학습내용을 수정하기 때문에 더 많은 것을 배운다(Hattie & Timperley, 2007).

서술적 피드백을 사용하는 방법을 가르치고, 본 학습목표가 명확하고 학생들이 사용하기에 적절한 단어 및 구문을 배울 때 그들은 상호 피드백을 제공하기 시작한다. 궁극적으로 학생들은 자신의 학습에 반영하고 주체적인 학습활동을 해 나가기 위해 스스로 질 높은 피드백 요소를 평가하고 이용한다.

피드백이 이루어졌다 하더라도 그것이 학습활동에 도움이 되어야 한다. 니콜(Vagle, 2009, 208쪽)은 다음과 같이 언급하고 있다.

> 우리가 학습을 증진할 목적으로 피드백을 제공할 때 학생들이 실천에 옮기도록 자극하고 이끌어야 한다. 학생들은 의도된 학습이 무엇인가를 명확히 이해해야 하며, 바로 다음 단계의 학습활동이 무엇인지를 알아야 한다. 학생들이 무엇을 하는지를 이해한다면, 이를 통해 다음 단계의 학습을 하는 데 자극을 받을 수 있다. 만일 다음 단계들이 이루어진다면 - 학생들이 피드백을 따르도록 시간, 상황 그리고 이에 대한 지원을 한다면 - 학생들의 학습활동에 상당한 효과가 있을 것이다(Hattie & Timperley, 2007).

서술적 피드백의 특성

출처 : Vagle, 2009, pp.208-210.

서술적 피드백의 장점은 니콜의 2학년생 딸 마야와 서술적 피드백을 해봄으로써 더욱 분명해졌다고 니콜은 생각했다. 매주 수요일, 마야의 반 학생들은 과제를 받아 무언가를 만들었고, 그 만드는 과정을 항목별로 작성했다. 그들은 매주 금요일 학교에서 자신의 반 친구들과 '상상력의 창조물'에 대해 함께 의견을 나누었다. 마야는 매주 월요일 그 과제를 집으로 가져왔는데, 이에 대한 교사의 피드백은 '아주 잘했음'이었다. 마야가 약 2개월 동안 상상력 창조를 하고 난 후 니콜은 딸의 과제물을 더 유심히 살펴보았으며, 새롭게 발견된 몇 가지 사실에 놀랐다. 마야는 몇 가지 세부 사항을 적어놓았으며, 또한 단어 중간에 이해하기 어려운 여백과 대문자를 써놓았다. 전직 영어 교사였던 니콜은 딸의 과제물 피드백에 대해 물어보았다. "엄마, 그것은 문제 되지 않아요! 존슨 선생님은 어쨌든 '아주 잘했음'이라고 표시했어요."라고 마야는 흥분하면서 대답했다.

학습을 촉진하지만 성적 올리기에 급급하지 않는 서술적 피드백의 장점은 다음과 같다.

- **서술적 피드백은 학습활동을 설명하지만 학습활동을 계량화하거나 평가하지 않는다.** 등급, 백분율, 웃는 얼굴, 그리고 구체적이지 않은 평가('더 열심히 노력할 것', '다시 시도', '부족함')는 학습을 설명하지 않고 계량화시킨다. Ruth Butler(1988)는 학습에 성적이 미치는 영향을 연구했다. 학생들은 특정 주제에 대한 다양한 활동이 담긴 책을 받았다. 수집된 작품들은 등급이 매겨졌다. 학생들은 무작위로 피드백 유형에 따라 세 가지 분류(성적만 표시된 그룹, 피드백의 설명만 표시된 그룹, 성적 등급과 피드백 설명이 된 그룹)로 나뉘었다. 몇 주 후 학생들은 유사한 과제를 받고 동일한 유형의 피드백을 받았다. 성적만 표시된 그룹과 성적 등급과 피드백 설명이 된 그룹의 학생들은 성취도 진전이 없었지만, 피드백의 설명만 표시된 그룹 학생은 성취도가 평균 30% 높아졌다. Anne Davies(2007a, 2007b)는 학생들의 성취도를 높이기 위해 피드백할 수 있는 시간을 주면서, 학생들에게 논평과 성적을 동시에 주는 관행을 약간 수정할 것을 제안했다. 그렇게 되면 학생들은 처음에는 논평만 받고 며칠 후에 성적을 받게 된다.

- **서술적 피드백은 학습 준거의 측면에서 강점을 설명하고 있다**(Hattie & Timperley, 2007; Marzano, 2007; Reeves, 2007). 교사였던 니콜이 과거에 피드백을 했을 때 그녀는 여러 편의 글에 '아주 잘했음' 또는 '창의적임'과 같은 말을 썼던 것을 회상했다. 아주 좋은 의도로 피드백을 했지만, 그 메시지는 특별하지 않은 일반적인 것이고, 학생들 자신의 강점 식별에 도움을 주는 학습 준거에 초점을 맞추지 못하였다. 그녀는 어떤 것이 뛰어난 것인지 그리고 왜 뛰어난 것인지를 알고 있었지만, 그녀의 학생들은 이를 알고 있었을까?

- **서술적 피드백은 구체적 행위를 위한 다음 단계를 제공한다**(Davies, 2007a, 2007b; Wiliam, 2007). '작업 확인', '설명', 혹은 '많이 분산적인' 등의 발언은 다음 단계의 시작을 밝히지만, 더 상세하고 능동적인 진술은 자신 있게 의도된 학습으로 안내하고 상황 확인의 방법에 대한 명확한 아이디어를 준다.
  - "실험실 보고서의 분석 부분에서 데이터 표의 결과가 가설을 어떻게 지지하는가를 설명한다."
  - "구조상 문장의 특징이 결여된 세 군데를 찾아 수정한다."
  - "문제 # 3에 대한 답변을 얻는 방법을 설명하기 위해 수학 단어장에서 두 단어를 사용한다."

- **서술적 피드백은 초점이 있고 다루기 쉽다.** 교사는 학생들이 가능하다고 보고, 학습할 수 있다

는 희망을 가지며, 실제로 다음의 학습단계를 성취하도록 관리할 수 있는 일정의 학습 묶음을 확인해야 한다(Stiggins et al., 2005).

➤ **서술적 피드백은 시의 적절하다**(Reeves, 2007). 등급이 부여된 후 피드백이 제공되는 경우, 이 피드백으로부터 배울 수 있는 동기부여가 크게 감소한다. 학생들은 학습을 향상시키기 위해 설계된 순환 과정의 한 부분이 아니라 최종 결과로서의 등급 또는 점수를 보게 된다 (Hattie & Timperley, 2007). 이 외에도, 만약 평가와 피드백 간에 시간 간격이 너무 크면 피드백이 부정확하고 혼란을 야기하여 학생들의 학습결과가 의도와 다르게 엉뚱한 곳에 도달할 수 있다.

일반적으로 효과적인 서술적 피드백은 다음과 같은 것을 수행한다.

➤ 학생들이 학습의 의도된 바를 더 깊고 명확하게 이해하는 데 도움을 준다. (나는 어디로 가나?)
➤ 학습에서 그들의 위치와 다음 단계를 확인할 수 있는 기회를 학생들에게 제공한다. (지금 나는 어디에 있나?)
➤ 학습단계를 이해하고 계획하여 의도된 학습방향으로 가는 데 도움을 준다. (어떻게 간격을 줄일 수 있을까?)

교사는 종종 구체적인 피드백을 제공해야 한다. 학생들은 서술적 피드백의 특성을 배우고 동료에게 그와 같은 종류의 피드백을 제공하는 연습을 할 수 있다. 뿐만 아니라 그들은 자기평가의 방법을 배우게 된다. 학생들은 자신의 학습수행의 강점과 약점을 효과적이고 능숙하게 식별하게 된다.

피드백을 제공하기 위한 프로토콜

교사는 교실에서 서술적 피드백을 위한 세 단계의 계획을 해야 한다. 이 세 단계를 사용하여 교사는 학습을 보장하고 학생들의 학습에 대한 동기를 유발할 수 있다.

1. 중점을 두고자 하는 것에 형성평가를 선택한다.
2. 서술적 피드백을 계획한다. 다음 질문을 고려한다.
   ➤ 학생들이 강점을 어떻게 식별할 것인가? 그들이 알고 있는 것을 어떻게 알려줄 것인가? (예를 들어, 당신은 학생들이 잘한 것과 못한 것에 대해 어떻게 논평 혹은 예시를 해줄 것인가? 또한 학생들에게 자신의 강점과 우수함을 어떻게 알도록 할 것인가?)
   ➤ 학생들은 어떻게 자신의 다음 학습단계를 식별하는가? 그들이 이해하지 못하는 것이 무엇인지를 어떻게 알도록 해줄 것인가?
3. 학생들이 어떻게 응답할 것인지를 고려한다.
   ➤ 학생들은 자기평가를 할 것인가? 그들은 무엇을 해야 할 것인가?

- 우리는 학생들 본인이 어디에 있는지, 다음에 무엇이 필요한지를 이해할 때 대부분의 학습이 이루어진다는 것을 알고 있다. 그렇다면 학생들은 자신의 이해 또는 오해에 어떻게 적극적으로 응답할 것인가?
- 학생들이 실수를 만회하기 위해서는 다음 단계의 목표를 확인하고 설정할 수 있는 파트너와 함께 일을 해야 할 것인가?
- 학생들은 어떻게 자신의 실수를 분석하여 그들이 잘못한 일이 무엇인지 결정하고 어떻게 해결 방법을 마련할까?

유용한 팁과 유의점

루브릭(rubric)을 사용하는 경우, 학생들이 잘한 일을 설명하는 문장에 밑줄을 긋는다. 그다음 단계로 문구를 원으로 강조한다. 이것은 평가(논평)를 하는 교사의 시간을 절약해줄 수 있다. 그들의 작업을 개선하기 위해 학생들이 직접 원을 사용해서 문구를 해석하는 것이 필요하다.

　구체적으로 지적하고, 진실을 외면하지 말라. 뭔가 잘못되면 그것은 잘못된 것이다. 학생들에게 그들의 오류를 발견하도록 유도하고 이끈다. 잘못된 부분을 학생 스스로 이해해야 한다. 잘못된 인식으로 오류를 성공으로 오도하게 되면 그 순간에는 도움이 되지만 장기적으로 더 해로울 수 있다. 학생들은 자신의 작업이 최상의 것이 아닐 때를 알고 있다. 그들과의 신뢰를 구축하기 위해 그들에게 반쪽짜리 진실 또는 칭찬을 주는 것은 오히려 반대의 효과가 있다. 향상이 어느 부분에서 필요한지 듣는 것이 쉬운 일은 아니지만, 피드백은 학생들에게 개선을 위한 구체적인 행동에 필요한 것들을 제공한다. 결국 학생들은 진행되는 상황을 보고 성공이 가능하다고 생각하는 것을 시작으로 신뢰를 구축한다.

실행에 옮기기

협의 및 루브릭은 효과적인 학습을 보장하고 효과적 피드백을 위한 모델을 제공하는 효과적인 방법이다.

학생과의 협의회 개최

학생들과의 협의회는 서술적 피드백을 제공하기 위한 좋은 기회이다. 그들이 이미 알고 있는 내용에 대한 보다 깊은 이해를 도모하고, 실수를 교정하거나 다음 단계의 학습을 확인할 수 있도록 적절한 유도 지시나 질문을 사용하라. 사용할 수 있는 몇 가지 효과적인 유도 지시와 질문은 다음과 같다.

- "더 말해보라."
- "이 부분을 설명하라."
- "예를 들어보라."
- "이 정보를 어떻게 사용할 수 있는가?"

- "이 해결책 혹은 딜레마는 여러분과 어떤 관련성이 있는가?"
- "이것과 유사한 것을 알고 있는가?"

루브릭 만들기

학생들이 각 수준에서 알고 있는 것을 설명하는 루브릭을 만든다. 그런 다음 루브릭을 읽은 학생들에게 자신의 점수가 무엇을 설명하는지, 자신의 강점과 다음의 성장 단계 등을 가르친다. 예를 들어, 〈표 6.3〉의 독서클럽 활동에 대한 토론 지도자의 능력 수준을 기술하고 있는 루브릭을 검토하라.

표 6.3 ●● 토론 지도자의 효과적인 질문을 위한 독서 클럽 루브릭

1 회상	2 이해	3 분석	4 연결
질문은 학생들이 '예' 또는 '아니요'로 대답할 수 있도록 한다. 질문은 학생들이 다음 단계와 관련 없는 상황 또는 이야기를 하도록 한다.	질문은 학생들이 직접 이야기로부터 사실, 인물, 또는 상황을 식별하도록 한다. 질문은 학생들이 다음에 무슨 일이 있었는지에 대해 이야기하도록 한다.	질문은 이야기의 의미 또는 사건의 중요성을 논의하도록 한다. 학생들은 다음에 무슨 일이 일어날지 예측하고, 이야기에서 무언가 다른 일이 발생했다면 그것을 평가한다.	질문은 학생들이 학교, 지역사회, 또는 세계에서 오늘 무슨 일이 일어나고 있는지에 대한 연결을 만들도록 한다. 학생들은 다음 주제와 그것이 그들에게 혹은 오늘날의 세상에 어떤 영향을 미치는지 이야기한다.

전략 23 : 구체적인 논평으로 칭찬과 격려를 하라

Mike Schmoker(2006)는 "의미 있는 인정과 구체적인 칭찬은 비용이 들지 않는다. 그것은 학습자를 위한 의미 있는 인정의 수준을 높일 수 있는 가장 중요한 방법 중 하나이다(p.147)."라는 것을 상기시켜주고 있다. 긍정적인 말은 학생들에 대한 교사의 관심과 주의를 보여준다. 학습자들은 교사를 실망시키지 않기 위하여 열심히 학습할 것이다. 학생들에게 신뢰를 구축하기 위하여 동기를 부여하고 칭찬하는 경우 사용되는 단어는 다음과 같다. "교사의 격려 말씀은 과제, 과정, 결과물 또는 행동에 [집중해야] 한다"(Barkley, 2007, p.92). 당신이 학생을 자랑스럽게 말할 것이라면 당신이 관찰한 특정 행동이나 활동에서 당신이 자랑할 만한 것을 확인해야 한다(Denton, 2007). 서술적인 긍정적 논평은 학생들에게 동기부여 혜택을 지니는 내재적 보상이다. 연구결과에 의하면, "교사의 언어적 칭찬이나 긍정적 피드백을 받은 학생들은 그러한 보상을 받지 못한 학생들보다 내재적 동기가 더 높고 과제에 더 많은 시간을 보냈다"(Hattie 2009, p.175). 그래서 구체적인 논평이 뒤따르는 칭찬은 학생의 자신감과 자기효능감을 증가시킬 뿐만 아니라 또한 교실에서 더 적절한 행동으로 이끌 수 있다.

학생들의 학습이나 오해, 파괴적 행동, 태도, 성공, 흥분, 또는 느낌에 대한 교사의 반응은 학생의 자기가치, 능력 및 학습공동체에서의 역할에 대해 학생들에게 보내는 메시지로 기억해야 한다. 과제가 오래 걸려 암묵적으로 '서둘러'라는 느낌이 들고 조롱받는 처지에 놓인다면 학생의 능력과 자신의 신념은 바닥에 떨어지고 불만족스러운 느낌이 된다. 교사가 학습 속도가 아니라 학습의 모든 종류에서 발생하는 학생들의 개선, 학습의 질, 그리고 노력을 칭찬할 때 학생들의 희망과 자기효능감이 만들어진다.

올바르게 칭찬하기

칭찬 문구로 시작하고 원하는 작업, 행동, 또는 말을 기술하는 구체적인 논평이 뒤따라야 한다. 예를 들어, "훌륭한 작업이구나! 너의 그림은 명확하게 문제를 해결하는 방법을 보여주는구나." 서술하는 칭찬은 학생들을 방치하지 않고 학생들의 노력을 진행으로 연결시키므로 학생들이 칭찬받는 이유를 알게 해주어 효과적이다. 학생들은 연결을 할 때, 학습이 가능하다고 생각하기 시작한다. 학생들은 자신의 행동과 자신의 학습에 예상되는 것을 이해한다. 우리가 무엇을 배우는지 알고 발전과 자기효능감의 감각을 느끼고 있는 앎의 선명도는 관련된 참여와 성취(Hattie, 2009)와 연결되어 있다. 앎의 선명도는 모두 우리가 무엇을 배우는지 알고 발전과 자기효능감의 감각을 느낄 때 증가 참여와 성취도와 연결된다(Hattie, 2009). 대조적으로, 설명이 없는 경우 학생들은 자신의 가치나 자부심, 자신의 감정을 긍정적 또는 부정적 의견으로 할당하기 시작한다(Hattie & Timperley, 2007). 〈그림 6.3〉은 칭찬 어구 과정을 보여준다.

그림 6.3 칭찬 표현의 과정

칭찬 표현의 예는 다음과 같다.

- "계속하렴! 지금까지 문제가 다 수정되었구나."
- "좋은 생각이다! 그 부분을 잘 설명했구나."
- "그룹과 자료를 공유하다니 네가 자랑스럽구나."

구체적 칭찬은 학생들과 개인적인 관계를 구축하는 데 사용할 수 있다. 각 학습자들이 한 개인으로서 중요함을 느끼도록 하라. 학생들은 교사가 그들을 좋아하는지 좋아하지 않는지 관심이 많다. 당신이 그들의 행동을 인정하지 않는 경우에도 각 학생을 존중하고 좋아해주라.

- 마음에 드는 셔츠, 멋지고 새로운 머리 스타일, 멋있는 배낭 등에 대한 훌륭한 칭찬과 논평의 언어적인 인정은 그들의 생각과 미소와 논평을 충분히 알고 신경 쓰도록 만들 것이다. 이것은 훌륭한 논평이다. 그러나 당신이 한 학생에 대하여 눈에 뜨일 정도로 좋은 논평을 해서 다른 학생이 자기가 중요하지 않다는 느낌을 받지 않도록 주의해야 한다.
- 훌륭한 태도, 기분, 미소, 또는 다른 긍정적인 감정과 정서에 대하여 논평하라. 웃는 얼굴에 미소로 보답하는 것은 교사가 긍정적이고 행복한 학생들을 주목하고 환영한다는 것을 보여주는 것이다.
- 동료 돕기, 동료의 반응이나 행동을 축하하기, 좋은 매너 보여주기와 같은 행위에 주목하라. 다른 사람에 대한 존중은 인정받을 가치가 있음을 강조하라. 좋은 행동은 교사에 의해 모델링되는 경우에만이 아니라, 다른 학생들에 의해 모델링되는 경우에도 널리 퍼지게 된다. 그들에게 관심을 불러일으키라!

유용한 팁과 유의점

때로는 칭찬할 거리를 찾기 어려운 경우가 있다. 이러한 경우에 진실을 왜곡하기 쉬운데, 거짓 또는 마음에 없는 칭찬을 하지 않도록 하는 것이 더 중요하다. 거짓 또는 진심이 결여된 칭찬은 도움이 되기보다 해를 입힐 것이다. 왜냐하면 그것은 낮은 기대를 형성하고 자신감을 위축시키기 때문이다. 어디가 잘되었고 어디가 잘못되었는지 적절하면서도 균형 잡힌 칭찬을 하라.

어떤 학생들은 긍정적인 칭찬과 피드백을 수용하는 방법을 모른다. '문제' 학생들은 부정적인 피드백만 받는 경우가 많다. 긍정적이면서 진정한 관심과 칭찬을 제공하라. 모든 학생들은 재능을 가지고 있으며, 모든 학생들이 학습할 수 있다는 중립적 태도를 유지하라. 당신이 관심을 보이고 있다는 점을 계속 강조하라. 언어적 또는 비언어적으로 표현되는 긍정적인 인정은 그 효과가 오래간다. 학생들이 과제에 몰두하여 완성하고 있는지 그저 대충하고 있는지를 파악하라.

피드백을 제공할 때 학생들에게 구체적인 칭찬을 주는 법을 가르치라. 구체적인 행위를 칭찬하라. 예를 들어, "잘했어."라고 말하는 대신에 "과정의 각 단계를 대단히 잘 설명했구나. 이제 선생님은 네가 도식조직자의 결과보다 원인을 강조한 점을 이해하겠어."라고 말한다. 능동적 경청은 개방적인 의사소통을 형성하고, 학습자들이 질문에 대답하고 방어하도록 이끈다. 처음에 학생들의 대답은 정확하지 않은 것처럼 보일 수 있지만, 그들의 설명은 문제를 해결하기 위한 또 다른 설득력 있는 방법을 제공할 수 있다.

일이 잘되면 칭찬을 얻는 것처럼 일이 잘못될 때는 공정하고 긍정적으로 규칙을 적용하라. 학생들이 개인적으로 무례한 의견이나 행동을 못하도록 하라. 바람직하지 않은 행동에 대한 당신의 반응과 규칙에 대한 당신의 집행에는 일관성이 있어야 한다. 어떤 행동에 대해 때에 따라 수용하기도 하고 거부하기도 한다면, 이는 기대에 대한 혼란스러운 메시지를 보내고 칭찬의 효과를 떨어뜨릴 것이다.

실행에 옮기기

교사는 긍정적인 논평을 하고, 잘된 점을 보여주고, 자랑의 시간을 가짐으로써 학습을 보장하고 학생들을 칭찬하고 격려할 수 있다.

긍정적으로 논평하기

학생들이 "나는 나를 믿는다"와 "나는 성공할 수 있다"는 기분을 갖도록 만들라. 만약 학생이 시험을 잘 수행한 경우, 예를 들어 학생에게 공부를 열심히 하더니 좋은 결과를 얻었다는 것을 말해주는 논평을 하라. 교사가 학생에게 논평할 수 있는 몇 가지 다른 예는 다음과 같다.

- "수업시간에 너의 코멘트는 좋은 토론을 이끌어내는 데 큰 도움이 되었어."
- "선생님은 오늘 네가 친구의 말을 열심히 귀담아듣는 것을 목격했단다."
- "그 게임을 하는 방법을 새로 참여한 학생에게 보여주어 고맙구나."
- "너의 글은 정말 창의성이 뛰어났어."

잘된 점 보여주기

문제를 일으키는 학생들은 어느 때보다 긍정적인 접촉이 필요하다. 문제에 관심을 보이고 학습을 도와주기 위한 기회로 삼을 수 있는 방법을 찾으라. 만약 어떤 학생이 철자 시험에서 잘 수행하지 못할 경우, 예를 들어 교사는 다음과 같은 조치를 고려할 수 있다.

- 철자 시험지를 검토하여 학생이 알고 있었던 어떤 단어를 확인한다. 그의 강점을 확인하고, 비록 그가 원하는 만큼 잘하지 못했더라도 일부 단어를 알고 있다는 것을 확인하도록 도와준다.
- 그가 틀린 단어에 대해 이야기한다. 다음 질문을 고려한다. 틀린 게 무엇인가? 그가 알고 있었지만 잊어버린 것인가? 그는 혼란스러워했나? 그 단어가 생소했나?
- 그런 다음 그 단어들에 대하여 그가 할 수 있는 구체적인 방법을 논의하고 계획을 세워 이행한다.

그가 공부한 단어를 다시 테스트할 수 있는 시간을 설정하라. 개선이 되었다면, 그가 지금 단어를 알고 있다는 것을 나타내주는 등급으로 바꾸고, 구체적인 칭찬을 통해 그의 노력을 축하하라. 노력이 이런 차이의 결과를 가져온다는 것을 학생들에게 보여주라.

자랑의 시간 갖기

구체적이고 관찰할 수 있는 논평을 통하여 칭찬하고 축하하는 시간을 가지라. 칭찬하고 축하하는 방법을 학생들에게 알려주고, 또한 학생들이 어떻게 하는지 교사가 주목하고 있다는 것을 알려주라.

학급 전체가 칭찬의 말을 사용하여 성공을 느낄 수 있도록 하라.

- "선생님은 여러분이 교실에 들어오는 방법과 신속하게 자리에 앉는 것, 그리고 수업이 시작되자 열심히 과제에 임하는 것이 자랑스러웠어."
- "여러분 모두 어제 그룹 시간 동안 함께 잘 작업했고, 서로 격려와 칭찬의 논평을 해주었으며, 과제에 집중했어요. 모두 일어나서 자신을 위로하고 축하하는 응원을 줍시다!" (셋에 맞추어, 반에 있는 모든 학생들은 일어나서 "아주 잘했어!"를 세 번 잇달아 외친다.)

소그룹 또는 파트너에게 제공하는 칭찬의 몇 가지 예는 다음과 같다.

- "어제 나는 여러분 각자가 도식조직자를 만드는 데 역할을 한 것을 보았어. 그것은 여러분이 함께 일하며 각자 부분적으로 기여했다는 증표라고 생각해."
- "먼저, 파트너가 함께 활동하는 동안 잘한 일을 말해주자. 그런 다음에 해야 할 일을 브레인스토밍하여 누가 어느 부분을 할지 결정해보자. 이 방법을 사용하면 두 사람 모두가 장차 상대가 기여할 점에 대해 생각하기 시작할 수 있을 거야."

모든 학생에게 개별 논평이 시간 안에 골고루 이루어질 수 있도록 하라. 특정 그룹의 학생들을 너무 자주 칭찬하는 것은 인정받지 못하는 학생들의 더 많은 이탈을 발생시킬 수 있다. 개개인의 성공을 위한 칭찬은 성찰의 기회로 공유될 수 있다.

- "사만다, 너의 쓰기에는 감미로운, 시선을 사로잡는과 같은 매력적인 단어가 포함되어 있구나."
- "리스, 너의 조각에는 아름다운 대칭 느낌이 있구나."
- "트래비스, 문제를 해결함에 있어서 너의 인내심은 뛰어났어. 이는 우리가 무언가에 몰두했을 때 학습이 일어난다는 것을 보여주는 좋은 증거야."

학생들은 또한 성찰의 기회로 자기반성을 하거나 다른 사람을 칭찬할 수 있다.

- 각 학생은 배운 내용에 대한 가장 흥미로운 부분을 스티커 메모지나 또는 작은 종이에 작성할 수 있다. 또한 학생들은 자신의 반 동료에게 고마움을 쓸 수 있다. 모든 구성원이 긍정적인 논평을 받도록 조직되어야 한다.
- 학생들이 진술문에 "내가 …했을 때 오늘 성공적이었다"로 응답문을 쓰게 한다.
- 각 학생은 자신의 개인적인 반성 내용을 큰 소리로 읽는다.

전략 24 : 학생들을 참여시키라

한 코미디언이 서점에서 있었던 상호작용을 설명할 때 꽤 웃음을 이끌어냈다(Harker, 2008). 그는 말했다. "여점원에게 '어디가 셀프 헬프(자기계발서) 칸입니까?'라고 물어보았을 때 여점원이 말을 했다면, 아마 그것은 당신의 목적을 없애는 것이라는 말을(고객 혼자 찾는 것이 셀프 헬프이므로) 했을 것이다."

모든 농담을 제쳐두고, 많은 학생들이 자기주도적 학습자가 되지 않는 것은 그들이 너무 의존적인 것에 원인이 있다. 교사의 역할은 학생에게 균형감을 유지하는 본보기를 보여주어 학생들이 독립적으로 되도록 힘을 실어주는 것이다. 학생들 혼자 자료를 가지고 대답 없이 허우적거리는 것을 허용하는 것은 독립적이거나 성공적인 학습자로 만들지 못한다. 다만 집이나 학교에서 균형감을 유지하는 모델을 지원받는 사람만이 독립적이거나 성공적인 학습자가 될 수 있다. 학생들이 진정으로 학습에 참여하도록 하기 위해서는 학생들의 교실 경험에 대한 계속적이고 빈번한 성찰이 이루어져야 하고, 학습 초기에 성찰이란 무엇이며 그것이 학습에 어떤 도움이 되는가를 구조화하고 본보기를 보여주어야 한다. 그런 다음, 반복 경험을 통해 학생들은 이러한 성찰적 연습이 내면화되어야 한다. 일단 그들이 무엇을 해야 하는지 알게 되면 교사는 구조를 느슨하게 할 수 있다.

우리는 영어 교실을 방문하여, 교사가 반에서 교과서를 읽으라고 '안내'할 동안 고등학교 학생들이 자신의 휴대전화에 문자 메시지를 쓰고 자신의 손톱을 정리하고, 친구와 속삭이며, 소설을 읽는 것을 관찰했다. 교실은 조용했지만, 과제지향적 행동의 비율은 약 50% 정도였다. 그러나 몇 분 후 교사가 교과서를 끝내고 반 앞에 있는 컴퓨터 모니터에 필기를 하자 학생들은 하던 것을 중단하고 자신의 노트북에 교사의 필기 내용을 적기 시작했다. 이 작업은 학생들을 참여하게 만들었다. 교사의 메모는 기본적으로 방금 읽은 이야기를 요약한 것이었지만 그 행위는 학생들에게 친숙한 것이었다. 왜냐하면 누군가가 그들에게 무엇을 해야 하는가를 말해주었고, 학생들은 이러한 필기내용을 적을 수 있다는 자신감을 느꼈기 때문이다. 아마도 학생들이 듣거나 이야기하는 동안 과제에 머물지 않았던 이유 중 하나는 필기가 뒤따를 것이라는 것을 알고 있었기 때문일 것이다. 교과서의 이야기를 정말 알고 있었는지는 중요하지 않았다. 무심하게 노트를 복사하는 것이 아니라 참여가 목표이다. 학생들에게 다음과 같은 기술과 제안을 적극 시행할 수 있는 유익하고 의미 있는 경험이 되도록 활동을 바꾸라.

- 텍스트의 각 분절마다 유도 질문을 제공한다.
- 중요한 단락을 선택하여 큰 소리로 읽는다.
- 텍스트의 의미를 성찰하고 제시된 필기를 할 수 있도록 멈추어야 할 시점을 고안한다.
- 문구의 중요한 세부사항을 논의하기 위하여 각 학생들에게 파트너를 할당한다.

학생참여는 임의로 될 수 없다. 그것은 학생들이 왜 배우고 무슨 일을 해결하며 그들이 다음에 무엇을 해야 하는지 스스로 평가하는 방법들을 이해하는 데 도움이 되도록 뚜렷한 목적을 갖고 설계되어야 한다. 학생들의 참여는 학습에 있어서 성공에 대한 기대와 믿음을 보여줄 수 있는 파트너를 만드는 일에서 시작되어야 한다.

특정 개념과 정보를 이해하기 위해서 학생들은 그들 스스로 문제를 발견하고, 해결하며, 열심히 수행할 필요가 있다. 자기조절학습은 학습에 대한 학생의 주인의식을 설명하는 데 사용되는 또 다른 용어이다. Schunk와 Zimmerman(2007)은 자기조절학습을 "사전의 고려, 수행 통제 및 자기성찰을 포함하는 학습 과제에의 접근"(p.8)이라고 설명한다. 학생들이 자율적이고 평생학습자가 되기 위해서는 자기조절이 중요하다. 평생학습자라는 용어는 조직 강령이나 목적 진술에 공통되게 사용되고 그것은 많은 학교에서 추구하는 공약이다. 하지만 실제로 평생학습자는 무엇을 의미하는가? 만약 학생들이 학습자가 된다는 것이 무엇인지 깨달을 수 있다면 – 만약 그들이 자신의 학습을 성찰하고 앞으로 나아가는 방법을 알고 있다면 – 그러한 기능을 모든 삶의 영역에서 성공할 수 있도록 학생들을 도울 것이다.

Royce Sadler(1989)는 학생참여를 학생들에게 자신의 학습에 주인의식을 갖게 하는 다음 세 가지 질문에 중점을 두고 있다. 나는 어디로 가고 있는가? 나는 지금 어디에 있는가? 나는 어떻게 그 차이를 없앨 수 있는가? Hattie(2009) 또한 평생학습과 학생참여에 대해 다음과 같이 사고하도록 이바지하고 있다.

학생들은 자신의 성공 기준을 결정하고, 보다 높은 기대치를 설정하고, 다양한 지식의 습득 방법과 문제해결에 관련되는 경험을 확장하는 데 참여해야 한다. 이는 학습자로서의 신념과 평판을 발전시키고 자기평가, 자기점검, 자율학습에 참여하도록 이끈다(p.37).

교사가 매일 사용하는 일반적인 관행을 고려하라. 〈표 6.4〉는 비효과적 및 효과적인 학생참여의 특성을 비교하고 대조한 것이다.

학생들을 학습에 참여시키는 프로토콜

학생들에게 다음과 같은 세 가지 질문에 대답하는 데 도움을 주는 수업 및 평가를 계획하고 실행하라(Sadler, 1989; Hattie & Timperley, 2007; Stiggins et al., 2005).

1. 나는 어디로 가고 있는가?
   - 학습목적 또는 목표를 분명히 정하라.
   - 학습목적을 자신의 해석으로 이야기할 수 있는 기회를 학생들에게 제공하라.
   - 학생들의 입장에서 학습목적에 해당되는 것과 해당되지 않는 것에 대한 예를 보여주라.
2. 나는 지금 어디에 있는가?

표 6.4 ●● 비효과적 및 효과적인 학생참여의 특징

비효과적인 학생참여	효과적인 학생참여
대부분의 과제는 연습문제지이다.	교사는 수업과 평가에 있어서 다양한 활동과 과제를 사용한다.
학생들은 독립적인 작업 시간 중에 항상 혼자서 작업한다.	교실 구조가 다양하다. 학습자는 때로 혼자 일하기도 하고, 파트너 혹은 소그룹으로 일한다.
과제는 종종 소일거리로 활용된다.	과제는 평가 자료로 활용되며 학습목표 및 기준과 명확히 관련된다.
학생들은 과제를 완료하기 위해 자신의 자리에 앉아 대부분의 시간을 침묵으로 보낸다. 일반적으로 학생들은 질문하거나 관심사를 해결할 수 있는 기회가 거의 없이 조용히 일한다.	학습은 소음이 될 수 있다. 학생들은 조용히 앉아 있지만 종종 자신의 필요에 따라 센터 또는 다른 장소에서 소그룹, 특정 지역에서 이야기하고 질문과 실험 및 작업을 한다.
교사는 장시간 동안 소그룹과 일하거나 학생 개인과 협의를 한다. 학생들은 자신의 책상에 앉아 교사를 방해하지 않는다.	교사는 질문을 하고, 설명을 하고, 이해 안 되는 부분을 해결해주면서 교실을 돌아다닌다. 학생들은 질문을 하고 서로 대답하며, 그들의 질문에 답하기 위해 교실에 있는 다른 자료에도 의지한다.
작업을 시간 안에 마무리하고 등급을 받는 것에 중점을 둔다.	학생들과 교사는 가장 중요한 개념을 이해하는 데 필요한 시간만큼 가지면서 학습에 더 중점을 둔다.
시험지를 상호 점검한 후 답이 채점된 후에는 변경될 수 없다. 점수가 기록된다. 학생들은 자신의 시험지를 검토할 때 틀린 것을 분석하고 교정하기보다는 점수에 관심을 둔다.	학생들은 과제를 완성한 후 종종 즉각적인 피드백을 받기 위해 자신의 답변을 점검하고 수정한다. 학생들은 잊어버리지 않기 위해 지속적으로 실수한 것을 복습하고 음미한다.
교사는 완성된 작업에 점수를 주고 되돌려준다. 많은 실수가 논의되지만 점수가 피드백의 중요한 부분이다. 학생들은 틀린 것을 복습하지 않고 음미하지도 않는다.	교사가 평가결과를 되돌려줄 때, 학생들은 자신의 실수를 살펴 자신의 작업을 수정하고 수정된 작업을 제출한다. 성적은 평균화되지 않고 수정되어 제출된 마지막 작업을 반영한다.

　　↬ 학생들이 자신의 평가 정보, 실수, 그리고 루브릭 점수를 통하여 알고 있는 것을 확인하도록 도우라.

　　↬ 학생들이 다음에 해야 할 일이 무엇인지 그들에게 보여주거나 그것을 확인하도록 도우라.

　　↬ 서술적 피드백(201쪽의 전략 22 참조)을 제공하라.

3. 나는 어떻게 차이를 줄일 수 있을까?

　　↬ 자신의 자기평가에 기초하여 계획을 설계하도록 학생들을 안내하라.

➥ 학생들의 계획을 실행하는 것을 도와줄 수업 시간 및 작업을 구조화하고 계획하라.

의도적으로 동기를 유발하는 학생중심의 학습기회를 계획하라. 〈표 6.5〉는 계획에 사용하는 활동을 보여준다. 이러한 활동에서 학습자는 단독으로 또는 다른 사람과 같이 작업할 수 있다. 교사는 학생들의 이해를 기반으로 융통성 있게 소요 시간을 결정한다. 예를 들어 소요 시간은 한 시간, 한 주, 또는 한 단원 등으로 달라질 수 있다. 과제는 평가 자료에 토대를 둔다. 과제는 학급의 전체 학생이 수행해야 하는 것도 있고, 소집단에 따라 혹은 학생 개인에 따라 수행해야 하는 것도 있다. 과제는 특정의 강점이나 약점을 드러나게 한다.

표 6.5 ●● 학생 중심 활동

학습센터	교사는 학생들의 특정 요구에 알맞은 영역을 지정한다.
과제폴더	각 학생은 독립적으로 하루, 한 주 혹은 한 단원 동안 해야 할 과제를 담은 특수한 폴더를 가진다. 과제는 학생들의 서로 다른 욕구를 충족시키도록 개발된다.
컴퓨터 실험실	교사는 특정 기술이나 연구과제를 가르칠 수 있는 프로그램을 사용한다. 학생들은 독립적으로 무언가를 만들거나 경험한다.
게시판 과제	교사는 매일의 과제를 게시한다.
게시판 선택	교사는 두 개 이상의 과제 목록을 작성하고, 학생들은 각자 완성해야 할 과제를 하나 선택한다.
협동학습	학생들은 협동학습 과제를 완성한다. 각 조의 구성원은 부여된 역할을 갖고, 의견의 합의에 도달한다.
소그룹	파트너 또는 소그룹은 지정된 과제를 완성하기 위해 함께 작업한다. 학생들은 지식을 공유하고, 브레인스토밍하거나 서로 튜터(tutor)가 되어준다.

명확한 방향을 제시하고 자신의 시작 지점에 학습자를 이동한 후, 교사는 소그룹을 대상으로 수업과 중재 활동을 하고, 한 학습자와 협의를 하거나, 학생들이 작업하는 동안 이리저리 다니면서 학생들을 살펴볼 수 있다. 이는 진전 상황을 평가하고 학생 개개인의 요구를 지원하기 위한 질문이나 진술을 사용할 수 있는 좋은 시간이다. 이 전략을 효율적으로 사용하려면 교사는 먼저 애쓰고 있는 학생들과 함께 일해야 한다. 학생들에게는 종종 재설명이나 더욱더 직접교수법이 필요하다(Hattie & Timperley, 2007; Hattie, 2009). 그래서 학생집단을 대상으로 시작하는 것이 이 전략을 성공적으로 만드는 데 중요하다.

유용한 팁과 유의점

수업하기 전에 먼저 학생들에게 질 높은 공부를 확인하는 방법, 보다 나은 공부가 되도록 복습하는 방법, 자기평가를 하는 방법, 보다 나은 학습방법을 효과적으로 선택하는 방법 등 수업에 몰두하기 위한 방법을 가르칠 시간을 할애하라. 이러한 기술을 가르치는 데 할애하는 시간은 궁극적으로 시간을 절약할 수 있게 하고 미래에 학생들로 하여금 더 독립적으로 학습할 수 있게 할 것이다.

교사가 학생들에게 요구하는 사고와 브레인스토밍에 대한 본보기를 제공하라. 이 초인지적 과정의 본보기를 보여주는 것은 학생들에게 더욱 자신감을 느낄 수 있도록 한다. 의미 있게 응답하는 데 걸리는 시간까지 포함해야 한다. 학습에 참여하는 것은 학생들에게 항상 쉬운 일도 아니고, 학생들이 처음으로 그것을 접했다고 해서 항상 흥분되는 것도 아니다. 일단 학생들이 그 가치를 알고 성공의 경험을 갖게 되면 학습하기가 더욱 쉬워지고, 학습에 참여할 기회를 요구하게 될 것이다.

학생들에게 자신의 아이디어를 탐구할 수 있도록 허용하라. 처음에 그들은 교사의 방향 제시 및 인정을 원할 것이다. 그러므로 그들 자신의 아이디어를 시도하고 자신의 계획이 제대로 추진되고 있는지 자기성찰을 할 수 있도록 격려해야 한다. 만일 그렇게 하고 있다면 이 전략을 계속 활용할 수 있다. 만일 그렇게 하지 않았고 효과가 없다면 그들은 다른 무언가를 시도해야 한다. 학생들에게 무언가를 시도하고, 자기평가를 하고, 그에 따른 계획을 수립하도록 가르치라. 이것은 비판적인 기술이다.

정확하게 자신의 강점과 약점을 식별할 수 있는 방법을 제공하지 않은 채 자기평가를 하도록 학생들에게 요구하는 것은 모두를 좌절로 빠지게 할 수 있다. 자기성찰이 너무 일반적인 경우, 학생들이 자신의 다음 단계를 착수하는 데 도움이 되지 않는다. 학생들은 그 과정을 시간을 쏟기에는 가치 없는 것으로 볼 수 있고, 따라서 다음 번에는 그 과정을 진지하게 대하지 않을 것이다.

학생참여 활동은 정기적인 활동과 같은 지침을 따라야 한다. 그것은 기준을 마련해야 하며, 방향제시가 명확해야 하며, 재료 및 자원이 이용 가능해야 한다. 수업의 적절한 곳에서 학생들이 성공적으로 수행하는 데 필요한 배경 경험이나 정보를 충분히 가져야 할 시점에서의 활동을 마련해야 한다.

실행에 옮기기

학습을 보장하고 학생들을 학습에 참여시키기 위한 쉬운 방법은 그들로부터 피드백을 받고 그 피드백을 수업, 정책, 중대 사안을 조정하는 데 활용하는 것이다. 교사는 또한 학습을 보장하기 위해 평가 후에 성찰 활동을 활용할 수 있다.

수업, 정책, 중대 사안에 대한 학생 피드백 구하기

학생들이 털어놓고 의견을 말하도록 청하라. 학생들의 의견, 관찰 및 인식을 수집하라. 그것은 긍정적인 학습환경을 조성하기 위해 교실수업, 정책, 또는 중대 사안을 어떻게 수정할 것인가에 대한 큰 통찰력을 제공한다. 예를 들어, 새로운 활동 후에는 비공식적으로 학생들과 함께 확인하라. 의도적으로 교실의 구조에 대한 그들의 의견을 물어, 그들이 배울 수 있도록 하고, 필요한 경우 수정을 할 수 있는 학습방법을 얻도록 한다. 수업 말미에 교실에 대한 평가를 요청하여 교사의 교수법과 수업 실제에 반영하는 방법으로 그들의 의견을 활용하고, 미래에 더욱 효과적인 교사가 되도록 조치를 취한다.

적절한 시간에 다음과 같은 질문을 고려한다.

- "교실의 어떤 부분이 여러분(학생)의 의도대로 잘 작동하고, 작동하지 않는가?"
- "무엇이 여러분을 좌절시키는가?"
- "어떤 부분이 명확하지 않은가?"
- "교실을 보다 생산적으로 만들기 위하여 여러분은 무엇을 해야 하나?"
- "교실을 보다 생산적으로 만들기 위한 어떤 제안점이 있나?"
- "불만스럽고 불쾌하게 만드는 혹은 좌절시키거나 괴롭히는 동료 학생의 행위는 무엇인가?"
- "여러분을 화나거나 좌절시키는 혹은 귀찮게 하는 나(교사)의 행위는 무엇인가?"
- "이 교실 상황과 나(교사)에게서 여러분이 기대하는 것은 무엇인가?
- "여러분의 역할은 무엇인가?"
- "이 상황을 도울 수 있는 방안은 무엇이라고 생각하는가? 내가 무엇을 할 수 있나? 여러분은 무엇을 할 것인가?"
- "여러분은 자신을 위해 어떤 목표를 가지고 있나? 여러분은 이 목표를 얻기 위해 무엇을 해야 하나?"

평가 후 성찰 활동의 활용

이 예에서 학생들은 자신의 평가 정보로부터 학습에 깊이 참여하게 된다. 평가 후 성찰은 알고 있거나 모르고 있는 것이 무엇인지 학생들에게 자세히 들여다보게 한다. 혼합된 업스티커 메모 활동은 학생들을 참여시키고 학습을 보장한다(A. Smith, 개인적 의사소통, 2010년 7월 6일). 간단히 평가한 후 학생들에게 네 분류의 A, B, C, D 스티커 메모 종이를 준다. 세 스티커 메모에는 평가 문항에 대한 정답과 오답 반응을 섞어 쓰게 한다. 나머지 스티커 메모에는 정답만 작성한다. 그런 다음 학생들을 그룹으로 나누고, 어떤 스티커 메모가 정답인가를 찾아내게 한다. 무엇보다도 학생들은 정답을 파악하고 그에 따라 지식을 적용해야 한다. 이 활동은 스티커 메모에 정답이 제공되는 여러 개의 간단한 평가가 실시된 후에 사용될 수 있으며, 학생들은 정답인 스티커 메모를 찾아내야 한다. 학습자가 재미를 가지고 동료들과 토론할 때 더 많은 것을 배울 것이다.

전략 25 : 목표가 분명한 개입활동을 펼치라

학습자가 배우고 있는 정보를 이해하기 위한 배경이나 노력이 없는 경우, 시의적절하고 목표가 분명한 개입은 학습을 보장할 수 있다. 특정 기술, 기준 혹은 개념이 필요한 학생들은 그들이 잘못 이해한 부분에 대한 즉각적인 반응으로부터 혜택을 누릴 수 있다.

형성평가의 데이터를 기반으로 더 많은 지원을 필요로 하는 학습자와 분야를 결정한다. 그런 다음 개별적으로 혹은 공통적 약점이 있는 학생들로 구성된 소그룹과 만난다.

개념을 파악하는 데 장벽이 되는 것은 모두 제거될 필요가 있다. 학습되지 않는 가장 중요한 개념을 파악하고, 질 높은 개입 활동을 한다. 이러한 개입은 수업의 일부로서 실행될 수 있다. 질 높은 개입은 교실에서 이루어지는 추가 활동이라기보다는 오히려 학습과 수업 및 평가 과정의 통합된 부분이다. 예를 들어, 문학 영상 수업과 수학 센터 학습이 학교 수업의 정규 시간인 경우 그 시간 중에 학습을 촉진시키기 위한 평가 정보를 활용한다. 이미 구조화된 일정을 시의적절한 개입 활동을 통합하기 위해 사용하라! 중등학교 교실에서 수업 중의 평가는 다음 날 개입 활동으로 이어질 수 있다. 이러한 방법으로, 수업계획은 이미 계획된 평가에 의해 추진된다. 항상 다음 사항을 기억하라.

- 평가를 통해 나타난 실수나 오해에 초점을 두고 개입 활동을 한다.
- 학생들이 계속 공부할 필요가 있는 학습에 따라 그들을 구성한다.

유용한 팁과 유의점

개입의 도구로 기존의 평가를 사용한다. 학생들이 실수를 한 경우에 그 실수로 돌아가서 분석하고 자신의 실수를 수정하도록 한다. 학생들에게 서술적 피드백을 제공하고, 그 피드백에 따라 반응하고 행위할 시간을 제공한다. 소그룹이나 교사주도적 활동에서 학생들을 도와야 한다. 학생들에게 어느 정도 몰두할 시간을 준다. 학생들은 학습과정을 통해 사고하고 주인의식을 가질 필요가 있다. 이 장에 있는 다른 전략들은 개입하는 동안 무엇을 해야 하는가에 대한 지침을 제공한다.

학생들이 필요에 따라 개입을 받기도 하고 받지도 않는다는 것을 잊지 말아야 한다. 학생들이 학습을 다 익히면 학습동기가 손상되거나 지루하지 않도록 계속해서 개입을 해야 한다. 학생들이 자료를 이해하면, 그들은 현재의 개념, 기술 또는 기준을 다루는 학년 수준의 과제를 심화 학습해야 한다.

실행에 옮기기

개입은 언제나 학생들의 학습에 대한 지식을 기반으로 해야 한다. 교사 개인 또는 팀이 개입을 계획하기 위해 평가 데이터를 사용하는 경우, 그들은 학습을 보장하기 위해 후속 조치를 취하고 있는 것이다. 개입 계획을 수립하기 위해 교사가 학생들의 학습요구에 부응하는 형성평가 요소를 사용하라. 이 절에서는 교사의 개입을 필요로 학생들을 식별하는 데 도움이 되도록 하기 위해 초등학교 읽기, 중학교 과학, 고등학교 영어를 위한 개입 계획을 교사가 어떻게 수립할 수 있는가를 제시한다.

초등학교 읽기에 대한 평가 데이터의 사용

초등 읽기 수업에서 학생들은 교재로부터 장면, 인물, 사건에 관해 판단하고 추론할 수 있는 증거를 찾아 활용하는가에 대한 평가를 받았다. 이러한 평가에 앞서 교사는 판단과 추론이 무엇인지 설명하고 교재 밖에서의 몇 가지 예를 제시했다. 그런 다음 학생들은 개별적으로 교재를 읽고 자신의 판단과 추론을 형성하였다.

평가에 따라 교사는 세 가지 다른 범주로 학생을 그룹화하고 평가에서 틀린 것과 다음에 어떻게 다른 방식으로 공부할 것인가에 대한 이해를 도모하도록 집단 속에서 학습하게 한다. 〈표 6.6〉은 교사 개입 계획의 예시이다.

중학교 과학에 대한 평가 데이터의 사용

중학교 과학 수업에서 학생들은 화학 방정식을 공부하고 있는 중이었다. 교사는 다음 이틀 동안의 수업을 조절하기 위해 다음과 같은 학습목표에 대해 학생들을 형성평가하기로 결정했다.

- 나는 다양한 유형의 원자와 결합 간의 관계를 이해할 수 있다.
- 나는 화학 방정식을 계산할 수 있다.
- 나는 물질과 에너지 보존의 법칙을 안다.
- 나는 다양한 화학 반응을 식별할 수 있다.

평가를 하고 데이터를 분석한 후 학생들을 화학 방정식을 계산하는 데 어려움을 가진 그룹과 화학 방정식을 계산하는 방법을 이해한 그룹 중 하나에 배치하였다. 이들 그룹은 이러한 아이템의 이해와 학습을 위한 전략적 개입의 필요성을 목적으로 한다. 〈표 6.7〉은 이러한 시나리오에 대한 개입 계획의 예시이다.

고등학교 영어에 대한 평가 데이터의 사용

〈표 6.8〉은 학생들이 신문 기사를 읽은 후 간단한 형성평가 형태의 퀴즈를 풀었던 고등학교 영어 과정의 개입 계획을 보여준다. 각 교사는 형성평가 결과를 검토하고 학생들을 세 그룹으로 나누어 그 그룹 속에서 학습하도록 계획하였다.

표 6.6 ●● 학습목표를 위한 초등학교 읽기 개입 계획

학습목표 / 목적 : 나는 장면, 인물 및 사건에 관해 판단과 추론을 할 수 있으며, 교재로부터 그 증거를 제시할 수 있다.		
단순한 아이디어에 어려움을 가진 학생	복잡한 아이디어에 연습이 필요한 학생	심화 학습이 필요한 학생
리타 *덱스터* *사오-홍* *에릭*	*케이트* *조르지* *아이라* *파블로*	*드와이트* *탤봇* *프랑수아* *리*
개입 활동		
이 학생들은 완전히 실패하였다. 그들에겐 보다 강력한 직접 교수법이 필요하다. 나는 다른 두 그룹의 학생들이 무엇을 해야 하는가를 알게 한 후 이 그룹의 학생들과 함께 일할 것이다. 나는 각 학생이 틀렸던 문제에 대한 자신의 대답을 살펴보게 하고 어떤 답이 왜 판단인지 아닌지를 논의하도록 하게 할 것이다. 그런 다음 학생들에게 하나의 판단을 선택하도록 하고, 그것을 뒷받침해주는 증거를 찾도록 하며, 협력하여 답안을 작성하도록 하게 할 것이다. 나는 그들에게 다음과 같이 하도록 요구할 것이다. • 좋은 답안을 만드는 것이 무엇인지 알아본다. • 그들의 답안을 검토해보고, 정답을 결정하며, 동시에 내가 개개 학생들을 도와주는 동안에 답안을 수정하도록 한다. • 짝을 지어 샘플 답안을 더 훌륭하게 만들기 위해 공부한다. • 샘플 답안을 집에 가져가 개선하기 위해 공부한다(집에 가기 전에 수정 계획을 작성하게 한다).	이 학생들은 사건에 관해 판단을 하였지만, 텍스트로부터 그것을 뒷받침하는 증거를 찾는 데 어려움을 겪었다. 따라서 나는 이 학생들에게 짝을 지어 다음 사항을 수행하도록 하게 할 것이다. • 답안지를 교환하여 서로의 판단을 검토하고 텍스트를 활용하여 서로의 판단을 뒷받침하는 증거를 찾도록 한다. • 그들의 답안지를 교환하여 수정을 하고 텍스트로부터 증거를 포함시키도록 한다. • 새로운 판단을 하고, 텍스트로부터 뒷받침하는 증거를 찾는다.	이 학생들은 사건을 이해하였고, 사건에 관한 판단과 추론을 잘 수행하였다. 따라서 나는 이 학생들에게 다음 사항의 한 가지 이상을 하도록 서로 함께 하게 할 것이다. • 이야기의 결말을 다르게 작성한다. • 지역 신문에서 뉴스 팀원이 되어 신문의 제1면에 기사를 작성한다. • 학생 자신이 굳게 믿고 있는 것을 지지할 만한 개인적 경험을 기술하는 한 문단을 작성하고 그림으로 나타낸다. 그들에게 자신이 한 행위와 결과에 대해 기술하도록 요구한다.

표 6.7 ●● 학습목표를 위한 중학교 과학 개입 계획

학습목표 / 목적 : 나는 다양한 유형의 원자와 결합 간의 관계를 이해할 수 있다. 나는 화학 방정식을 이해할 수 있다. 나는 물질과 에너지 보존의 법칙을 안다. 나는 다른 화학적 반응을 식별할 수 있다.	
화학 방정식을 이해하는 데 어려움을 가진 학생	**화학 방정식을 명확하게 이해하는 학생**
조슈아 지크 릴리 엠마	아만다 클로에 쌤 호세
개입 활동	
이 학생들은 개입을 필요로 한다. 그들에게 주기율표를 읽고 활용하며, 각 요소의 원자 번호와 양성자와 중성자를 식별하는 데 초점을 두게 할 것이다. 나는 학생들이 다음과 같이 하게 할 것이다. • 카드 놀이를 통해 주기율표를 읽고 활용하는 것을 연습한다. • 화학 방정식 문제를 틀린 것에 대해 분석하고, 틀린 내용과 그 이유에 대해 설명하며, 다음 번에는 어떻게 해야 하는가를 설명한다. • 화학 방정식을 이해하고 있는가를 재평가하기 위한 시험을 치른다.	이 학생들은 화학 방정식을 잘 이해하고 있어 심화 학습을 필요로 한다. 그들은 화학 방정식의 균형 잡기를 수학 방정식의 문제해결과 비교하고 대조할 것이다. 나는 학생들에게 다음과 같이 하게 할 것이다. • 3개의 수학 방정식 문제를 풀고 3개의 화학 방정식을 균형 잡는다. • 문제해결과 균형 잡기의 절차를 작성한다. • 문제해결과 균형 잡기를 비교하고 대조하기 위해 벤 다이어그램을 완성한다. • 다른 학생들이 이들 개념 각각을 연습하거나 이해하는 데 활용할 수 있는 뭔가를 만든다.

표 6.8 ●● 학습목표를 위한 고등학교 국어 개입 계획

학습목표 / 목적 : 나는 논픽션 텍스트를 비판적으로 평가할 수 있고, 제시된 논거를 진술할 수 있으며, 그 논거가 얼마나 효과적인지 혹은 효과적이지 않은지를 설명할 수 있다.		
단순한 아이디어에 어려움을 가진 학생	**복잡한 아이디어에 연습이 필요한 학생**	**심화 학습이 필요한 학생**
게리 제이드 주앙 이안	패트릭 마틴 셸리 션	알레한드로 카일 아바 메리

(계속)

개입 활동		
이 학생들은 논거의 핵심과 논거를 뒷받침해주는 세부사항을 확인하지 못했다. 나는 그들이 추출한 논거의 샘플을 제시하고 학생들이 다음과 같이 하도록 함께 작업할 것이다. ● 각 논거의 증거에 대해 토론한다. ● 절대 논거가 가장 이치에 맞는 이유에 대해 토론한다. ● 논거를 알아내기 위한 전략에 대해 토론한다. 또 다른 짧은 문단을 읽는다. 나는 효과적인 평가의 예를 보여주고 학생들에게 다음과 같이 하게 할 것이다. ● 학생들이 내가 수행하는 것을 본 것에 대해 기술한다. ● 학생들 스스로 신문 기사를 분석한다.	이 학생들은 논거를 정확하게 확인했지만, 그 논거가 왜 효과적인지 혹은 효과적이지 않은지를 뒷받침해주는 증거를 찾는 데 도움을 필요로 한다. 나는 학생들을 그룹 지어 다음과 같이 하게 할 것이다. ● 신문 기사의 논점이 무엇인지 정한다. ● 그것이 왜 논점이라고 생각하는지 그 증거의 목록을 작성한다. ● 논거가 설득력 있는 부분의 목록을 작성한다. ● 논거가 부족한 부분의 목록을 작성한다.	이 학생들은 효과적으로 논거를 확인하였고, 그것의 효과성을 평가하였다. 나는 학생들을 그룹 지어 다음과 같이 하게 할 것이다. ● 반대 논거를 쓴다. 나는 한두 개의 예를 보여주고 학생들에게 다음과 같이 하게 할 것이다. ● 논거를 확인하기 위한 게임을 일련의 간단한 시나리오 형태로 만든다. ● 사설을 쓰고 (수정 및 편집 후) 실제로 신문사에 보낸다.

제6장	캠프파이어 토크

이 장에서는 학습을 보장하기 위한 전략을 설명했다. 학생들이 실제로 배울 수 있도록 보장하기 위해 어떻게 할 것인가에 대한 당신 자신의 이해, 인식과 경험을 고려하라. 다음 질문에 대해 성찰해보라.

1. 어느 학습의 계획 단계에서보다 생산성을 높일 필요가 있는가? 이 영역을 개선하기 위해 당신은 무엇을 해야 하는가?

2. 당신은 학습의 어느 단계(학습 전, 도중, 학습 후)에서든 평가하는가? 어떤 부분이 생산성이 더 필요하고 당신은 그것을 어떻게 개선할 것인가?

3. 당신은 데이터를 효과적으로 사용하는가?

4. 당신은 학생들이 배울 필요가 있는 것을 학습하도록 데이터에 기초하여 질 높고 동기부여적인 활동을 계획하고 있는가? 당신은 어떻게 그 과정을 보다 효율적으로 만들 수 있는가?

5. 당신의 학생들은 언제 지루하게 되고, 비도전적이게 되며, 비생산적이 되며, 상실하게 되는가? 당신은 학습자를 흥미롭고, 동기부여적이며, 과제에 몰두하도록 그들이 학습하고 있는 것을 어떻게 활용할 수 있는가?

당신의 소속 연구회, 교과 모임, 동학년 모임, 혹은 전체 교직원 모임에서 다음과 같은 질문과 활동에 대해서 토의해보라.

6. 공식적, 비공식적 형성평가 도구의 목록을 만든다. 이 목록을 모두가 각자 학습 계획 단계에서 새로운 아이디어를 모색하기 위해 참조할 수 있도록 배포 또는 게시한다.

7. 협력집단의 구성원들이 학습을 보장하기 위해 과거에 사용했던 전략을 공유하도록 한다. 그런 다음 각 교사는 새로운 무언가를 시도할 계획을 다음 모임 전까지 수립한다. 그 새로운 전략이 얼마나 효과적이었는지 성찰해본다.

8. 동기가 유발되지 않는 개개 학생들의 요구를 찾고, 진단하며, 계획을 세우기 위해 복사하여 사용할 수 있는 학생들의 동기유발을 위한 계획(223쪽)을 사용하여 그 요구를 충족시키고 학습을 보장한다.

학생의 동기부여를 위한 계획

전략	필요한 전략에서 동기부여가 되지 않은 학생들의 이름을 적으라	학생들이 가지고 있는 안 좋은 학습습관을 확인하라	관찰 가능한 증거, 행동, 습관, 특성의 목록을 만들라	필요를 충족할 만한 활동을 개발하라	실행에 대해 고심하고 그것을 반영하라	추가적 제언
19. 학습 전, 중, 후에 평가를 실시하라. (186쪽)						
20. 사고가 수반되는 탐색 질문을 하라. (191쪽)						
21. 이해의 불을 지피라. (196쪽)						
22. 서술적 피드백을 제공하라. (201쪽)						
23. 구체적인 논평의 칭찬과 격려를 하라. (206쪽)						
24. 학생들을 참여시키라. (211쪽)						
25. 목표가 분명한 개입 활동을 펼치라. (217쪽)						

표적의 학습목표 달성을 위한 개입 계획

다가오는 평가를 위하여 학습목표를 결정한다. 어려움을 겪는 학생, 연습이 필요한 학생 혹은 심화 학습이 필요한 학생을 식별한다. 이러한 학생들을 위한 개입을 계획한다.

학습목표/목적

어려움을 겪는 학생	연습이 필요한 학생	심화 학습이 필요한 학생

개입 활동		

동기의 불길을 계속 타오르게 하라

동기유발을 하는 교사는 학생들에게 흥미를 불러일으키고, 도전적인 그리고 신비한 길을 밝혀주는 활활 타오르는 불길과 같다. 이러한 교사를 만난 학생들은 행운아들이다. 동기유발을 하는 교사가 되려면 목적의식을 가지고 있어야 하며 헌신적이어야 한다. 학교공동체가 학생과 공유할 수 있는 문화를 조성하고 교실, 학교, 지역사회 수준에서 지원시스템을 적절히 개선할 때 학생들의 학습동기유발을 극대화할 수 있다. 이것은 협력적인 교사, 행정가, 학부모와 가족 등이 학생들을 동기유발시키고 몰입시키는 학습문화를 만드는 데 매우 중요하게 작용하고 있음을 의미한다. 이러한 지원을 아끼지 않는 학교와 지역사회 문화는 학생들을 학업에 몰입시키는 작업을 함께 수행해 나간다. 이러한 시스템이 명확한 의사소통을 통해 적절히 작동될 때 교사는 학생들을 학업에 더 몰입하게 할 수 있다.

앞에서 살펴본 것이지만, 이 장에서는 동기유발과 관련해 범위를 넓혀 학교와 지역사회의 역할에 대해 논의해보고자 한다. 학습동기유발에 유리한 환경에 놓여 있는 교사의 역할과 교실의 특징에 대해 요약해본 후, 교직원, 행정가, 지역사회 그리고 학부모의 일반적 역할에 대해 알아보기로 한다. 이어 이들 모두가 학생들의 동기유발에 얼마나 큰 영향을 미칠 수 있는지에 대해서 검토해본다. 마지막으로, 동기유발과 관련해 제기될 수 있는 공통적인 문제 몇 가지에 대한 해결책을 모색해본다.

교사의 역할

배울 의지가 없거나 수업에 참여할 뜻이 없는 학생들을 위해 학습에 대한 몰입의 횃불을 켜는 것은 의미 있는, 대단한 그리고 신나는 일이다. 앞 장에서 논의한 것과 같이, 학생들을 몰입하게 하고 동기를 부여하며 학습할 수 있는 환경을 조성하는 교사는 아래 다섯 가지 사항을 중시한다.

1. 적극적인 교실 학습공동체 만들기

2. 학생들과 함께 학습에 대해 설명하고 계획하기

3. 유머, 재미, 경이로움, 흥미 그리고 열정을 수업에 포함시킴으로써 학습을 모험으로 인식하게 하기

4. 학생들에게 선택권을 주고, 그들 스스로 학습과 학교 경험을 조절할 수 있게 하기

5. 학생들 자신의 학습활동을 수정하게 하고, 실수를 고치게 하며, 자기평가를 하게 함으로써 그들 스스로 배울 수 있게 하기

학생들이 학습에 몰입할 수 있게 하는 교실을 만드는 방법은 여러 가지가 있다. 행동, 말, 전략, 그리고 구조를 어떤 식으로 조화시킬 것인가는 학습환경, 교사의 성격과 강조점에 따라 달라진다. 〈표 7.1〉은 동기유발에 효율적 혹은 비효율적 영향을 미치는 교사의 행동을 각각 나열해본 것이다.

학생들의 학습동기를 유발하여 몰입하게 하는 다양한 방법을 시도할 때 성공할 수 있음을 기억하기 바란다. 〈표 7.2〉는 학생들이 학습에 몰입하기 시작했을 때의 교실의 모습, 느낌, 활동 등을 서술한 것이다.

교사는 날마다 교실에서 학생의 학습동기유발과 관련한 문제에 대해 고민하고 있다. 다행히 학생들의 학습동기유발 문제와 관련하여 교사에게 도움을 줄 수 있는 사람들이 있다. 교직원, 행정가, 교사, 학부모, 가족, 사업가, 지역공동체 등이 학교 지원시스템의 이해당사자들이다. 이 지원시스템을 통해 이들이 학교공동체를 위해 함께 열심히 노력할 때 학생들에게 유용한 문화를 창출할 수 있다.

교직원의 역할

교실에서 학생들의 동기유발을 도와주기 위해 교사는 다른 사람들을 이용할 수 있다. 이들이 동기유발 환경을 조성하는 작업에 참여할 때 교실과 학교에 여러모로 도움을 줄 수 있다. 교사는 모든 교직원이 힘을 합쳐 학교환경을 긍정적으로 바꾸고 학생들의 동기유발에 도움이 될 수 있는 방법에 대해 전략을 짜도록 이들에게 요청하기 바란다. 매일 학생들이 학교에서 누구로부터 동기유발이 되는가? 동기유발이 되지 않은 학생들에게 나타나는 구체적 문제들에 대해 임시직 직원을 포함한 모든 교직원과 만나 토론하기 바란다. 학생들을 관찰하기 바란다. 동기유발이 되지 않은 학생들이 교내에서 자연스레 다가가는 어른은 누구인가? 그 사람은 현관 모니터 직원, 식당 직원, 학교 버스기사, 행정보조직원, 경비원일 수도 있다. 어떤 경우든지, 학생이 교직원과 개인적으로 혹은 집단적으로 만나 이야기하는 것은 학생들의 개인적 혹은 집단적 동기유발 문제를 해결하는 데 도움이 된다. 당신의 중재활동을 이끌어 줄 방법으로 제1장의 학습동기유발 3단계를 활용하기 바란다. 교실뿐만 아니라 학교 전반에 긍정적인 학습환경을 조성할 필요가 있다.

표 7.1 ●● 학생의 학습동기유발에 영향을 미치는 교사의 행동

동기유발에 효율적인 교사의 특징과 행동	동기유발에 비효율적인 교사의 특징과 행동
학생의 잠재력을 제한한다. 계획을 하지 않는다. 학습지나 교과서 문제들과 같은 손쉽고 지겨운 숙제를 낸다. 교사중심의 수업을 한다. 같은 수업을 하거나 교수전략을 반복적으로 사용한다. 학습자의 수준보다 훨씬 더 높거나 낮은 내용을 가르친다. "난 너희들에게 이것을 가르쳤고, 그러니 너희들은 이것을 알아야 돼."라는 점을 신조로 삼는다. 학생들을 위협한다. 학생들이 현재 학년 내용을 배우는 데 있어 배경지식이나 기초가 부족하다면서 이전 교사나 학부모의 탓으로 돌린다. 학생에게 존경받지 못한다. 학생을 좋아하지 않는다. 현재 학년의 필수지식, 내용 및 기술을 새로운 방식으로 가르치지 않는다. 모든 학생에게 같은 수업을 계속적으로 한다. 앉아서 수업한다. 교사가 학생들을 알려고 하지 않고 학생들도 교사에 대해 관심 갖지 않게 한다. 너그럽지 않고 인내심이 부족하다. 하루가 끝나 갈 때 우울하다고 느끼고 학교에 출근하는 것을 싫어한다. 부정적인 태도를 보인다. 다른 사람과 소통하지 않으려 하고 사람들과 있을 때 자주 불평을 한다. 시간을 효과적으로 사용하지 않으면서 시간이 부족하다고 투덜거린다.	항상 새롭고 혁신적인 교수방법을 찾는다. 학생들의 선행지식 수준을 알기 위해 진단평가를 실시한다. 학생들의 다양한 요구를 충족시키기 위해 진단평가 자료를 활용하여 전략적으로 계획한다. 적절한 자료와 내용을 활용하여 학생들의 요구와 흥미를 반영하고, 내용을 가장 잘 학습할 수 있게 하는 숙제를 낸다. 학습을 학생 스스로 관리하고 조절할 수 있도록 학생중심의 숙제와 학습기회를 전략적으로 계획한다. 학생으로부터 듣고 관찰하고 학생과 이야기한 후, 예의를 갖추어 행동한다. 가르쳐야 할 내용과 학습 기준에 대해 잘 알고 있다. 학습목표를 달성하기 위해 다양한 자료와 기술을 활용하여 계획한다. 학생들이 학습을 자발적으로 하게 하는 비결, 유인책, 요령을 많이 활용한다. 교실에서 가르치고 도와주며 관찰하는 동안 학생들 사이를 수시로 돌아다닌다. 매일 학생들을 반겨주며 학생들의 이름을 불러준다. 학생들을 알기 위한 노력을 한다. 학생들의 실수가 학습 경험이 될 수 있도록 한다. 또한 자신감과 인내심으로 학생들을 이끈다. 학생 모두가 학습할 수 있다, 배우기에 늦지 않았다는 태도를 가지고 있다. 학생들의 학습에 도움되는 것은 수단과 방법을 가리지 않고 찾아 공부한다. 매일 잘된 것에 초점을 맞추고 왜 그리고 어떻게 잘되었는지 생각해본다. 반대로 잘되지 않은 것에 대해서는 앞으로 어떻게 해야 할 것인지를 고민해본다. 열정과 사랑을 가지고 가르치고, 학생이 새로운 것을 이해했을 때 큰 관심을 보여준다. 학생들을 존중하며, 긍정적이고 낙관적인 자세를 갖고 칭찬하고 자주 웃는다.

표 7.2 ●● 동기유발과 몰입이 된 교실

무엇이 보이는가?	학생들이 무엇을 느끼는가?	교사는 무엇을 하고 있는가?	학생들은 무엇을 하고 있는가?
움직임 존경 교실 내 학습 공간에서 이루어지는 작업 융통성 있는 집단편성 프로젝트 학습 개별학습 그리고 집단학습 몰입하는 학습 접근가능한 자료 자료와 자원의 효과적인 활용(학습도구, 컴퓨터, 조작가능한 기구 등) 다양한 전략과 활동 학생들의 작품 진열	활기찬 배려하는 도전적인 흥미를 유발하는 열정적인 만족스러운 수용적인 에너지 넘치는 안전한 긍정적인 낙관적인 상호협력적인 자신감 있는 희망적인	계획수립 탄탄한 지식을 바탕으로 한 간단명료한 조언 다양한 전략의 활용 학습 전, 중, 후의 평가 수업을 위한 평가자료의 활용 융통성 있는 집단편성 학생들을 관찰하고 몰입 시키기 위한 행동 학생들과 책임 공유 선택권 제공 학습내용에 대해 학생들이 이야기해볼 수 있는 기회 제공 적절한 자료와 자원의 효과적 활용 학생 개개인의 강점과 약점 파악	문제해결 정보 처리하기 질문하기 토론하기 공유하기 협력하기 참여하기 계획하기 만들어내기 배우기 학습의 증거 보이기 생각하기 토론하고 질문하며 문제 에 대한 결론 제시하기 학습내용 연관짓기 학습내용의 반성을 통해 다음 단계 목표 설정 하기

행정가의 역할

직업윤리와 태도는 밀접한 관련이 있다. 동기유발적 행정가가 성공적인 학습환경을 제공하는 문화를 계획하고 지원할 때 바로 이 사람을 동기유발을 위한 선구자라 할 수 있다. 이들과 함께 대화하면서 행정가들을 몰입하게 하자. 성공담, 도전, 그리고 교실 문화뿐만 아니라 학교 문화를 개선할 수 있는 전략에 대해 토론하자. 개별 교사가 이러한 문제를 제기하고, 교실에서 전략을 실험해보고, 학생을 위한 그리고 학생에 의한 적극적인 동기유발을 장려하고 지원하도록 함으로써 큰 변화가 일어날 수 있다. 동기유발적 학교공동체는 모든 학생과 교직원을 환영하며 이들의 재능과 강점을 이용한다. 〈표 7.3〉은 성공적인 행정가가 취하는 몇몇 행동들을 서술하고 있다.

표 7.3 ●● 동기유발에 영향을 미치는 행정가의 행동

비효율적인 행정가의 특징과 행동	효율적인 행정가의 특징과 행동
사무실에만 있거나 학교에 있지 않음. 학교를 순회하지 않음. 다른 사람의 눈에 띄지 않음. 학생들의 이름을 모르거나 알려고 하지 않음	학교에서 수시로 만날 수 있음. 교직원과 학생의 이름을 알고 있음
수업관찰 외에 교실을 순회지도하지 않음	교실의 안과 밖을 계속해서 순회함. 학생과 교사는 행정가의 방문에 익숙함
교사와 학생에 대해 부정적으로 이야기함	직업의식이 투철하며 비밀을 존중함. 긍정적인 어조로 말함
편애하는 사람이 있음. 회의 시 항상 같은 사람을 지목함	공평함
'보스' 역할을 하는 것이 가장 큰 목적인 사람. 행동, 건물, 업무를 관리 감시함	교사들과 학생 그리고 지역사회의 헌신적인 리더로서 열성을 다하는 데 가장 큰 목표를 둠
접근하기 힘듦. 다가가기 어려움	정책에 융통성이 있고 집무실 방문을 반김
권위주의적, 타인의 의견에 귀 기울이지 않고 독단적으로 결정함	다른 사람에게 귀 기울이며 의견을 수용함. 여러 입장과 상황을 고려하여 결정을 내림
학교 문제를 타인의 잘못으로 돌림	교직원이 진행과정, 친목회, 회의 그리고 전문 연수에 자유롭게 의견을 낼 수 있게 함
교사들의 의견을 고려하지 않고 교사와 관련한 계획을 일방적으로 수립	함께 배우고 성장하기 위해 교사와 전문 연수에 함께 참여함
전문연수에 교사와 함께 참여하지 않음	성공을 칭찬하는 동시에 교수법, 이론적 엄밀성, 성취감을 향상시키는 방법을 제공함
낮은 성적 문제와 생활지도 문제로 교직원과 학생들을 훈계함	긍정적이며 학교의 성공 및 성과 그리고 행정가로서의 역할에 열정을 가지고 있음
부정적이며, 미소 짓지 않거나 웃지 않음. 자신의 삶이나 일을 즐기지 않는 것 같음	기꺼이 받아들이고 따뜻한 태도를 지니고 있으며 미소를 지음

지역사회의 역할

지역의 기업, 조직, 그리고 지방자치단체와 연계를 가지기 바란다. 지역사회와 함께한다면 교사와 행정가는 학생들에게 지역사회 및 기업의 이익에 기여할 수 있는 특별한 프로젝트에 참여하고 프로젝트를 이끌어 나가고 조직할 수 있는 기회를 제공해줄 수 있다. 지역사회는 보다 나은 교육과정을 만드는 데 기여하며 결속력을 강화하는 협력자이다. 위의 자원을 활용하여 교실 내 활동과 프로젝트를 더 풍성하게 진행하도록 하자. 지역사회의 다양한 자원을 긍정적인 학교 이미지 형성에 도움을 주는 방향으로 활용하자.

➤ 학생들을 칭찬하고 학생들의 성공을 알리기 위해 학교 소식, 학생들의 작품이나 업적물 등을 지역신문이나 방송국에 보낸다.

➤ 재활용 문제, 실내나 실외 경관 꾸미기, 자원봉사활동, 봉사프로젝트 참여 등과 같은 지역사

회, 기업, 학교가 가지고 있는 문제와 관련된 프로젝트에 참여하고 이끌어보자. 이와 같은 프로젝트에 학생들이 흥미를 가진다면 교사는 학생들을 동기유발시키는 데 이들을 이용할 수 있다.

학부모의 역할

학생이 학부모와 가족과 좋은 관계를 유지하면 학교에 흥미를 갖는 데 도움이 되며, 이러한 긍정적 관계는 학생의 학습동기를 유발하는 데 중요한 역할을 한다. 가정방문이나 학부모회의를 통해 학생의 가정환경을 파악하고 학생의 가족이 학교를 어떻게 생각하는지에 대해 분석할 필요가 있다. 학부모가 학교에 대해 나쁜 이미지를 가지고 있다고 하더라도 교사는 개인적으로 언짢아할 필요는 없다. 그 학부모는 과거에 학생이었을 때 좋지 않은 경험을 했을 수도 있고 또한 학부모로서 자녀 문제로 다른 학교관계자와 문제가 있었을 수도 있기 때문이다. 어쩌면 학교가 자녀에 대해 부정적인 측면만 학부모에게 전달했을 수도 있다. 이렇게 되면 학부모는 학교를 원망하게 되며, 학교와 관련된 일로 연락을 취할 때 부정적이고 적대적인 반응을 하게 된다. 이와 같은 학부모의 태도는 잘 바뀌지 않는다. 하지만 시간을 두고 천천히 이러한 부정적인 관계를 개선할 필요가 있다. 학교가 학생이 마땅히 받아야 할 양질의 교육을 제공하고 또한 학생을 공평하게 대한다는 사실을 학부모가 인식하게 되면, 학부모는 학교에 대해 긍정적인 태도를 가지기 시작할 것이고 교사를 우호적으로 보게 될 것이다. 화기애애한 가정 분위기는 학교에 보다 협조적인 학생이 되게 하며, 무엇보다 학생의 학교생활을 바람직한 방향으로 변화시키는데 도움을 준다.

이와 같은 학부모의 지원은 관련된 모든 사람에게 도움이 되고 의미가 있다. 학부모에게 전화하기 바란다. 학생에게 문제가 생겼을 때만 연락하지 말고 학생이 뭔가를 잘했을 때 학부모에게 전화해 이에 대해 이야기하자. 예를 들어, 학생이 다른 친구들과 프로젝트를 잘 수행했거나 조원들과 협력적으로 잘 활동했을 때, 교사는 학부모에게 이러한 상황을 알리고 때때로 학생이 직접 학부모에게 전화하게 하자. 학생의 성공과 성취를 함께 축하하도록 하자.

공공장소에서 학교에 대해 긍정적으로 이야기하자. 학교 밖에서 학부모와 마주친다면 친절하고 예의 바르게 대하자. 학교와 관련 없는 일에 대해서도 학부모와 대화하자. 이러한 얘기는 너무 사적인 측면이 강해 공공장소에서 이야기하기엔 적합하지 않을 수 있다.

동기유발과 관련한 공통 문제해결

학습동기유발과 관련하여 여러 가지 쟁점, 과제, 그리고 관심사 등 공통 문제들이 있다. 학생들을 동기유발시키기 어려운 상황을 맞게 되면 교사는 힘이 들고 심신이 지치게 된다. 이 책에서 동기유발을 위한 학생들의 행동에 관해 여러 가지 해결책을 제안했지만, 학생들이 동기유발되지 않는 데는 수많은 요인이 있다는 것을 항상 기억하자. 교사가 학생들의 행동원인을 찾았다면 학생의 드러난 행동뿐만 아니라 행동의 근본원인까지도 해결할 수 있는 계획을 수립할 필요가 있다. 교사가 학생들의 행동원인을 잘 파악한다면, 교사는 학생들이 배우고 참여하는 내재적인 욕구를 불러일으키는 데 큰 역할을 할 수 있다. 이러한 내적인 요소로 인해 학생들은 서서히 변화한다. 동기유발과 관련하여 학생들이 한 말들을 예시를 통해 살펴보자.

- "내가 미래에 작가가 되기 위한 글쓰기 연습에 이 숙제가 도움이 될 수 있어. 그러니까 난 숙제를 해서 제출할 거야."
- "내가 저번에 이 숙제를 해냈을 때, 선생님이 온통 붉은 볼펜으로 잘못된 부분을 지적해 놓았고 'F'를 주셨어. 난 글쓰기를 잘 못하니깐 난 이 숙제를 하지 않을 거야."
- "내가 복도를 조용히 걸으면 금요일에 피자 파티를 할 수 있어."
- "내가 복도를 조용히 걸으면 우리 선생님이 좋아하실 거야. 그러면 교실이 더 행복한 공간으로 바뀔 거야."
- "내가 복도를 조용히 걸으면 선생님이 내 이름을 부르며 지적하지 않으실 거야."
- "내가 복도를 조용히 걸으면 나는 오늘 재미가 없을 거야. 교실, 복도, 점심시간, 심지어 체육관에서 게임을 할 때에도 조용히 해야 해. 난 재미있게 하고 싶은데. …그래서 폴짝 뛰며 흥얼거리면 그래도 조금은 즐거울 거야."

어떤 학생들은 피자를 먹기 위해 복도에서 조용히 걸어가는가 하면, 다른 학생들은 이에 대해 관심이 없다. 이들은 단지 평화롭고 즐거운 교실분위기를 원할 수도 있다. 교사가 학생들이 어떤 것을 원하는지 더 많이 알게 될수록 교사는 학생들이 진정으로 교실에서 의미 있고 긍정적인 방향으로 몰두할 수 있게 하는 더 큰 영향력을 가지는 셈이다. 교사가 학생들의 바람을 더 많이 이해한다면, 학생을 동기유발시킬 수 있는 계획을 좀 더 분명하게 수립할 수 있다.

아래의 질문은 동기유발과 관련하여 공통적으로 제기되는 문제들이다. 이 질문의 해답을 당신 스스로 생각해보고 학생들을 동기유발시킬 수 있는 자기반성의 도구로 활용하길 바란다.

학생이 과제를 수행하지 않으려 하거나 참여하지 않으려 하고 숙제를 하지 않으려 할 때 어떻게 할 것인가?

만약 이러한 행동이 규칙적으로 나타난다면 학생의 행동이 무의식적인 습관에 의한 것이든 아니든 몸에 깊이 배인 것이라고 생각해야 한다. 그래서 이러한 학생의 행동을 바꾸려면 교사는 인내심을 갖고 노력할 필요가 있다. 먼저 학생과 상담을 통해 학생이 어떤 생각을 하는지 들어보아야 한다. 상담할 때 학생이 하는 말을 주의 깊게 듣고 동기유발이 되지 않은 이유를 살펴볼 필요가 있다. 충분히 학생의 의견을 말할 시간을 줘야 하며 학생에게 숙제를 언제까지 해 올 수 있는지에 대해 스스로 결정하게 할 필요가 있다. 학생이 과제를 해 올 것이라는 계획을 세우고 그것에 대해 교사와 학생이 동의할 때까지 대화하기 바란다. 당신이 의도한 과제의 목표는? 학생이 제출해야 한다는 책임을 완수하게 하기 위함인가? 아니면 학생이 이해하지 못한 내용을 복습하기 위함인가? 교사가 학생에게 과제를 주기 전에 과제의 원래 취지를 염두에 둘 필요가 있다. 학생은 단지 과제가 시간낭비라고 생각하고 제출하지 않을 수도 있다. 이러한 경우 학생과의 대화는 그다지 효과적이지 않다. 만약 학생이 지시문을 이해하지 못했거나 어디에서 시작해야 될지 모른다면, 교사와 학생 간의 대화는 학생이 과제를 보다 잘 이해할 수 있도록 하는 데 초점이 맞추어져야 한다. 학생과의 대화가 중요하긴 하지만 학생이 진정 필요로 하는 도움을 주는 것보다는 못하다. 학생을 도와준 후 교사는 제출 날짜를 정할 필요는 없다. 좀 더 도움을 준 후에 정해도 늦지 않다.

교사는 재미있고 의미 있는 수업이 되도록 전략적으로 계획을 수립해야 한다. 배움이라는 것은 학생들이 학교에 가고자 하고 학교에 있기를 원하는 것 이상이라는 점을 교사가 먼저 이해해야 한다. 학생들이 교실에 와 있지만 교과 내용이나 활동이 학생들에게 의미 있는 학습 경험이 되기 위해서는 정서적으로 그리고 지적으로 주의를 끄는 것이어야 한다. 학생들은 현재 진행되고 있는 일에 대해 흥미를 느끼고, 앞으로 일어날 일에 대해 진지하게 기다릴 것이다. 그러면 학생들은 이러한 학습에 적응하여 학업내용을 배우게 된다.

많은 학생들은 숙제에 대해 부정적인 태도를 가지고 있다. 이러한 학생들 중 일부(그리고 일부 학생 가족)는 대부분의 숙제가 부담만 되고 시간낭비일 뿐이라고 생각한다. 이런 생각으로 인해 학생과 그 가족은 숙제를 부정적이고 필요 없는 것으로 여긴다. 일부 학생들은 숙제를 하지 않거나, 다른 사람에게 대신 해달라고 부탁하거나, 혹은 숙제를 대충 하곤 한다.

학생들이 숙제에 대해 완전히 이해하도록 하고 스스로 숙제를 할 수 있도록 하자. 숙제할 때 가족의 도움을 받지 못하는 학생들이 있는가 하면, 도움을 받은 학생들의 숙제를 보았을 때 그것이 학생이 한 작품인지 학부모의 작품인지 판단하기 어려운 경우도 있다. 가정에서 지원이나 도움을 받지 못하는 학생은 혼자 숙제를 할 수밖에 없다. 가정에서 아무런 도움을 받지 못하고 제출한 숙제가 좋지 않은 성적을 받을 때 학생은 낙담하게 된다. 교사는 숙제와 관련하여 학생에게 명확한 지시를 해야 하며, 숙제하는 데 필요한 자료와 방법을 제공해주어야 한다. 교사는 개개 학생들의 경험과 요구가 다르기 때문에 이러한 차이를 고려해 맞춤식 숙제를 낼 필요가 있다.

교사는 재미있고 관심을 불러일으키는 숙제를 개발할 필요가 있다. 교실에서의 학습이 가정에까지 연장될 수 있도록 아래와 같이 간단한 동기유발적이고 문제해결적인 숙제를 고안해보자.

- TV 쇼를 본 후 수업내용과 관련된 사항 작성해보기
- 특정 학습목표를 나타내는 콜라주 만들어보기(예를 들어, 오늘 배운 내용과 관련된 형태를

잡지나 신문에서 찾아보기)
- 문장, 메모에서 혹은 이리저리 돌아다니면서 물건 갖추기 게임을 하고, 이 과정에서 주제와 관련된 기사 찾기
- 특정 용어와 그 의미를 알기 위해 두 줄로 배열하기
- 주제나 학습목표에 대해 가족이나 친구와 인터뷰하기. 예를 들어, 역사시간에 배우는 특정 사건을 할아버지에게 물어보고, 당시 할아버지가 경험한 사건에 대해 듣고 이해하기. 어머니가 옛날 수학시간에 백분율을 구하는 법을 어떻게 배웠는지 알아 오기

수업 시작 때 학생들을 학업에 몰입하도록 하기 위한 준비활동으로, 숙제하면서 알게 된 것이나 조사 결과를 옆 친구와 이야기하게 하자. 그동안 교사는 출석확인이나 보충활동과 같은 필요한 작업을 하면 된다. 이런 활동을 통해 학생들은 보다 쉽게 동기유발이 될 수 있다. 또한 교사는 성적평가를 위해 부가과제를 내지 않아도 된다.

수업시간이나 방과 후에 교사가 낸 과제를 함으로써 학생들은 흥미를 느낄 수 있으며, 의미 있는 무언가를 얻을 수 있어야 한다. 〈표 7.4〉를 보면서 교사의 과제를 분석해보자. 교사의 과제가 시간을 투자할 가치가 있는 것인지 아니면 학생의 학습몰입을 방해하는 것이 아닌지 알아보기로 하자. 만약 후자라면 과제를 조정할 필요가 있다.

표 7.4 ●● 비효과적인 과제와 효과적인 과제의 특성

학생들이 끝까지 완성하지 않는 과제	학생이 끝까지 완성하는 과제
학생들이 과제를 어떻게 하는지 모르거나 과제수행에 있어 도움이 필요한 과제 과제의 목적이 불분명함 과제의 지시사항이 불분명함 과제가 너무 길거나 너무 많음 과제에 대한 학생들의 생각 　재미없다. 　너무 어렵다 　너무 쉽다 　본인과 관련이 없다 　중요하지 않다 　이전에 했던 것과 같다 　지겹다 　시간낭비다	학생들은 과제를 어떻게 해야 하는지 잘 알고 있고 혼자서도 충분히 할 수 있음. 과제를 수행한 후 성취감과 자부심을 느낌 과제의 목적이 분명함 지시사항이 분명함 과제의 양이 적당함. 학생들은 과제를 수행하며 무언가를 배울 수 있음 과제에 대한 학생들의 생각 　도전적이다 　참신하고 재미있으며 즐겁다 　중요하다 　본인과 관련이 있다 　양이 적당하다 　시간을 투자할 가치가 있다

학생이 최소한의 학습만 하고 더 이상 하지 않으려 할 때 어떻게 할 것인가?

어떤 학생은 그럭저럭 수업내용을 이해하면 만족감을 느끼는 것 같다. 하지만 학생의 성취기대를 높여주는 것도 교사의 몫이다. 만약 당신이 판단하기에 학생이 좀 더 학습할 필요가 있다고 생각한다면 학생에게 그 기대치를 분명히 전달해야 한다.

성적은 학생에게 큰 영향을 미친다. 왜냐하면 성적은 학생이 더 이상 노력하지 않겠다고 마음먹은 결심을 보다 확고하게 할 수 있으며 이미 배운 것에 만족하게 할 수 있다. 교사가 학생에게 성적을 보여주면 이제 과제가 끝났다고 종종 생각한다. 학생이 더 좋은 성적을 받을 수 있는 능력을 가지고 있음에도 말이다. 학생은 학교에서 최소한의 학업만 끝내면 되는 것처럼 여길 것이다. 예를 들어, 수업 이수만으로도 충분하다는 것이다. 능력 있는 학생은 노력하는 학생만큼 공부를 열심히 하지 않을 것이다. 유능한 학생은 열심히 하기보단 최소 기준을 통과하거나 과정을 이수하는 것에 안주하는 경향이 있다. 교사가 성적을 매기거나 과제를 채점하면서 어떤 학생은 지금보다 더 잘할 수 있음을 알게 된다. 그런데도 그 학생이 더 이상 열심히 노력하지 않으려 할 때 어떻게 할 것인가가 문제의 핵심이다. 교사가 기대한 수준만큼의 과제를 학생이 해 오지 않으면 그 학생에게 점수를 주지 않는 것도 하나의 방법이 될 수 있다.

학생의 능력 향상에 도움 되는 과제를 고안할 필요가 있다. 학생이 이미 알고 있는 지식을 파악하기 위해 배경지식을 평가하자. 이 배경지식을 고려해 학생이 학습해야 할 내용을 결정하자. 그러고 난 다음, 학생이 심사숙고하게 하고 문제를 해결하게 하며, 더 많은 것을 배울 수 있는 차별화된 과제를 구상하자. 이러한 방법을 활용한다면 학업에 싫증을 느끼던 학생도 흥미를 가질 수 있으며 어느 정도 동기유발이 될 수 있다.

학생의 가족과 이야기를 해보자. 학생이 왜 동기유발이 되지 않는지 그 원인에 대해 학부모가 단서를 제공해줄지도 모른다. 학부모 역시 학생을 지원하고 격려해줄 수 있다.

학생 개개인의 요구와 관심사를 고려하여 이들을 격려하는 활동을 계획하려면 시간이 많이 걸린다. 그럼에도 이러한 노력을 할 가치는 충분히 있다. 학생이 다음 시간에 배울 내용이나 활동이 무엇인지 기대하도록 하여 교실에 들어오도록 유도할 수 있는 것을 구상해보자. 학생의 잠재력을 약화시켜서는 안 된다. 그 대신 학습에 대한 몰입의 불씨가 활활 타오를 수 있도록 하자.

학생이 토의에 참가하게 하려면 어떻게 해야 하는가?

토의 시작 전 학생이 생각할 수 있는 시간을 주자. 학생이 종종 전체 학생 앞에서 발표할 땐 준비가 필요하다. 발표 전에 생각할 시간을 주면 발표자가 생각과 질문을 정리할 수 있을 뿐만 아니라 토의할 때 어떤 이야기가 오고 갈지에 대해 예상을 할 수 있다.

생각하는 시간의 서두에 주제와 그 주제와 관련된 토의 질문을 이야기해보자. 이 시간 동안 교대로 질문에 대한 학생의 대답을 이끌어내 보자. 학생이 발표할 때 교사가 적절한 호응을 해준다면 학생 자신의 생각을 더 제시할 가능성이 높아진다.

동기유발이 되지 않은 학생들을 토의에 참여하게 하는 또 하나의 방법은 짝과 함께 의견을 나누게 하는 것이다. 짝과 함께 논의하는 활동을 한 반으로 계산하면, 전체학생의 반 정도가 의견 나누기를 하고 있다는 사실을 기억하자. 동기유발이 되지 않은 학생을 참여하게 하는 또 다른 방법은 토의를 게임의 형식으로 바꾸는 것이다. 그리고 학생을 호명하는 방식과 학생이 대답하는 방식에 변화를 주는 것이다. 참여하지 않는 학생을 동참하도록 하기 위해 다음과 같은 방법을 시도해보자.

- 학생을 호명할 때 학생이 대답할지 아니면 건너뛸지 학생 스스로 결정하게 하자. 만약 학생이 대답하지 않고 건너뛰기를 원한다면 그 학생이 다른 학생을 호명한다. 학생이 두 번 이상 대답을 회피한다면 그 학생이 잘 이해되지 않거나 혼란스러워하는 부분에 대해 질문을 하게 한다.

- 학생에게 이러한 선택권을 주는 것은 학생을 당황하게 하지 않기 위함이다. 학생이 답하기 어려운 상황에 직면하게 되면 어쩌면 참여하지 않을 수도 있다. 토의에 관한 질문은 다른 학생들이 토의문제를 이해하는 데 도움이 될 수 있기 때문에 유익하다. 사실 학생들은 토의 질문이 무엇인지 파악하고 개념을 이해하려고 애쓸 때 배우게 된다.

- 한 학생이 대답을 하면 그 학생이 다음 사람을 지목하게 한다.

- 지목할 때 누구를 부를지 모르도록 모자, 상자, 혹은 가방 같은 곳에 학생명단을 넣고 뽑게 한다.

- 학생들이 서로 지목할 수 있게 한다.

- 조를 짜고 조장이 조원을 대표하여 발표하게 한다.

- 질문에 대한 답을 받아 적어 교실 내 일정한 장소에 넣어놓는다. 그리고 학생이 돌아다니며 그 종이를 보고 힌트를 얻을 수 있게 한다.

- 학생이 대답을 잘하면 호응해주거나 박수를 치거나 혹은 다른 방식으로 성취감을 느끼게 해준다.

- 학생들이 질문에 대한 답을 찾았을 때를 위해 딸깍 소리가 나는 물건, 화이트보드 혹은 응답 카드를 사용한다.

- 참여하지 않는 학생에게 조장과 같은 역할을 부여한다. 이러한 역할을 맡음으로써 학생이 교실에서 쓸모 있는 존재임을 인식하게 되며, 학생 서로 간 신뢰를 쌓는 데 도움이 된다.

토의에 앞서 학생들에게 다른 조에게 할 질문 하나와 설명 두 개를 적게 한다. 그러면 학생들이 아이디어를 얘기할 때 더 편안하게 이야기할 수 있다.

또 어떤 학생은 이전에 어른들로부터 무시당했던 경험이 있어 대답하지 않는 경우가 있다. 학생이 교실에서 자신의 의견을 말하거나 질문에 대답을 할 때 그에 대한 교사의 반응이 매우 중요하다. 교사는 학생의 생각을 비하하거나 무시하지 않도록 한다.

등급을 매기지 않는 과제를 학생이 완성하게 하는 방법은?

대부분의 교사는 과제를 채점하는 데 많은 시간을 보낸다. 과제가 성적을 내야 하는 평가이거나 학생이 일정 기간 성취도를 평가하기 위한 총괄평가라면 채점은 필요하다. 형성평가는 학생의 학업능력향상에 유익하다. 또한 형성평가를 통해 교사는 학생이 무엇을 알고 무엇을 모르는지에 대해 알 수 있다. 만약 교사가 과제를 채점하지 않는다면 학생이 과제를 완수하도록 하기 위해 그 나름의 근거를 제시해야 한다. 과제를 할 때 무엇을 해야 하는지 모르거나 과제를 해야 하는 이유가 불분명하다면 학생들은 과제를 하지 않을 가능성이 높다. 그렇다고 교사가 과제를 채점한다고 해서 무조건 그 채점결과를 성적에 반영한다는 것을 의미하지는 않는다.

과제를 돌려주면 학생들은 제일 먼저 점수부터 확인한다. 교사는 과제를 얼마나 열심히 했는지 꼼꼼히 채점하지만 학생들은 점수를 가장 중요하게 생각한다. 학생들은 점수만 본다. 이러한 사고방식을 바꾸려면 학생들이 과제를 점수로만 보는 것이 아니라 그들의 학습과 연계된 것이라는 생각을 가지게 해야 한다. 아래 사항을 살펴보기로 하자.

- 과제에 학습목표를 제시한다.
- 학생에게 자기평가를 하게 하고 학생 자신의 강점이 무엇인지 또한 무엇을 더 알아야 하는지에 대해 스스로 생각하게 한다.
- 수업활동이나 자습시간에 과제를 하게 한다.
- 학습능력이 향상되었거나 어떤 개념에 대해 더 많이 공부했을 때 좋은 점수를 주고 칭찬해준다.
- 과제를 수업활동으로 사용한다. 예를 들어, 소집단을 만들어 구성원이 함께 잘못한 점을 분석한다. 그리고 다음에는 어떤 방식으로 과제를 할 것인지에 대해 모든 학생들 앞에서 발표한다. 학생들은 질문에 대한 답을 공유하고 종합하여 심화된 답을 만들어내며, 이를 통해 학생 개개인의 생각을 확장시켜 나간다.
- 과제를 완료하면 본인이 자신의 과제에 점수를 부여할 수 있는 시간을 준다.
- 학생이 쓴 답과 문제해결 과정을 모두가 공유할 수 있게 몇몇 학생을 호명한다. 이렇게 하는 이유는 어느 학생이 과제를 하지 않으면 친구들이 그 사실을 알 것이기 때문이다. 대부분의 학생은 과제를 하지 않아 친구들 앞에서 망신당하는 것을 싫어하기 때문에 과제를 하게 된다. 학생은 자기 과제에 대해 즉시 피드백을 받고 다른 학생들의 답에 대한 설명을 듣는다. 그러면 학생 개개인이 어떤 생각을 하고 있는지 알 수 있고 개개인의 문제해결 과정을 이해하게 된다.

교사는 학생들에게 그들이 한 과제를 설명할 수 있는 기회를 주도록 하자.

➤ 학생들이 스스로의 노력의 결실 – 형성평가식의 과제 수행 – 을 확인하기 시작할 때 더 많은 것들을 배우고 성적도 향상되며, 개별 과제의 점수에 연연하지 않게 된다.

수업시간 중에 하는 평가는 교사가 시간을 내어 과제를 채점하는 것보다 더 효과적이다. 왜냐하면 학생들이 스스로 과제를 평가하기 때문이다. 과제를 하도록 유도하기 위해서는 과제가 학생 개개인의 학습수준에 맞고 또 유익한 것이어야 한다. 교사는 종종 학생들에게 과제를 하라고 시켰기 때문에 학생들이 과제를 제출하기를 바란다. 그런데 과제를 하는 것이 학습과 어떤 관련성이 있는지 학생들에게 알려주고, 또 과제를 해야 하는 명백한 이유를 제시하면 학생들의 내재적 동기와 성취감이 높아진다.

학생들이 "이거 왜 배워야 해요?"라고 물으면 뭐라고 대답할 것인가?

이 질문은 왜 이것을 배우는 것이 중요한가를 학생들에게 한 번 더 얘기할 수 있는 절호의 기회를 가지는 것과 같다. 각각의 학습내용은 목적을 가지고 있으며 학생이 배워야 할 필요가 있는 것이다. 수업의 목표를 알려주고 어떤 기본내용을 배울 것인지 설명할 필요가 있다. 학생이 위와 같은 질문을 두 번 이상 한다고 해서 인내심을 잃어서는 안 된다. 학생들은 교사가 정말 이 과제가 중요하고 학생들이 배워야 한다고 생각하는지 교사를 시험하고 있을지 모른다. 교사는 과제목표와 학습목표를 명확하게 세울 필요가 있다.

위 질문과 관련하여 또 하나의 효과적인 전략은 학생들에게 되묻는 것이다. 학생 개개인, 짝이나 소그룹에게 학교에서 배우는 내용을 미래에 어떻게 사용하거나 적용할 수 있는지 브레인스토밍하게 한다. 학급의 역량을 강화하기 위해 학생들의 통찰력을 높이도록 도와준다. 학급 학생들에게 질문함으로써 교사가 학생들을 믿고 소중히 여긴다는 마음을 느끼게 한다. 학생들을 학습에 몰입시키기 위해 과제를 해야 하는 개인적이고 명백한 동기가 필요하다. 교사는 학생 개개인의 정보와 숙제 경험을 통해 그 동기를 찾을 필요가 있다. 학생들이 개념의 중요성과 관련성을 알게 되면 과제를 더 열심히 하려고 할 것이다. 특히 과제에서 배운 것을 앞으로 활용할 직접적인 방안이 있다면 학생들에게 설명해 준다. 여러 가지 준비가 필요하다. 수업 시작 시 혹은 수업을 마무리할 때 학생들에게 이 질문에 대해 생각해보고 답을 찾게 한다. 이렇게 하는 것은 수업시간 중 활동이나 과제와 학습목표와의 연관성을 학생 스스로 찾도록 하기 위해서이다. 만약 학생들이 연관성을 찾아내지 못한다면 교사가 추가적인 설명을 해줄 필요가 있다.

만약 위 질문에 대한 반응이 그렇게 크지 않다면 특정 과제나 활동이 교사가 계획할 때 생각한 만큼 중요하지 않다는 의미일 수도 있다. 교사는 학생들의 반응에 따라 생각하고 조정할 기회와 책임이 있다. 과제가 이전에 계획한 만큼 중요하지 않다고 판단되면 좀 더 깊이 있고 학생들과 관련성이 있는 과제로 바꿀 수 있다. 과제가 학생들과 연관성이 있다면 학생들의 반응과 관련성에 꾸준히 관심을 가질 필요가 있다. 학생들이 정보나 개념을 학습하게 하고 수업을 집중하게 하는 것이 바로 관련성이다.

교사의 말을 경청하지 않고 짝과 계속 잡담하는 학생을 지도하는 방법은?

친구들끼리 잡담하는 것이 직접적인 학습이나 수업활동보다 더 중요할 때가 있다. 많은 학생들은 서로 일체감을 갖고 대화하거나 좋은 인간관계를 맺으려는 강한 욕구를 가지고 있다. 이런 유형의 학생들은 짝이나 소집단을 통해 학습하거나, 짝을 도와주고 유인물을 나눠주며 수업시간 활동 중에 팀을 리더하면서 행복해한다. 게다가 인간관계를 중시하는 학생은 다른 사람으로부터의 피드백이나 칭찬을 기대한다. 이런 학생에게는 스스로 학습할 수 있는 시간과 협동학습을 할 수 있는 충분한 시간을 줄 필요가 있다.

잡담하고 있는 학생이 항상 수업과 관련 없는 이야기를 한다고 단정 지을 수는 없다. 학생들이 무엇에 대해 이야기하고 있는지 파악해보자. 교사는 종종 학생들이 수업의 흐름과 연관된 이야기를 하고 있다는 것을 알 수 있을 것이다. 교사는 이런 경우 학생들 간에 잡담한다고 잔소리를 하기보다 짝이나 소집단에게 활동할 시간을 줘야 한다는 신호로 생각할 필요가 있다.

만약 학생들이 수업과 무관한 잡담을 계속한다면, 다음 단계는 교사가 학생들을 떼어놓는 것이다. 하지만 주의를 주기 전에 교실상황을 고려하면서 학생들끼리 이야기하고 학습할 수 있는 시간을 생각해본 다음 교사가 훈계하도록 한다.

어떤 학생들은 어디에 앉든지 간에 계속 떠든다. 이런 학생들이 선호하는 자리가 있다면 유인책을 쓰는 것도 하나의 대안이 될 수 있다. 예를 들어, "네가 수업을 잘 따라온다면 원하는 자리에 앉아도 좋다. 하지만 선생님이 말할 때 너도 말하는 것이 아니라, 의견을 나누고 토론하는 시간에 말하는 것이다." 교사는 때때로 학생의 말이 반 전체에게 도움이 될 만한 것이 있음을 학생들에게 알린다. 학생이 편안하게 발표할 수 있게 용기를 준다. 예를 들어, 교사는 학생에게 "짝과 둘이서 이야기하기보단 손을 들고 전체 학생 앞에서 너의 생각을 얘기해보자."라고 말할 필요가 있다.

학생들에게 다른 학생이 발표를 할 때 떠들면 안 된다고 알려준다. 다른 학생들은 발표하는 학생을 존중해야 하고, 품위 있는 청중이 되어야 한다. 발표할 땐 잡담을 중지하고 기다린다. 발표자에게 방금 발표한 내용을 설명하도록 다시 요청한다. 그리곤 다른 학생에게 방금 발표자가 한 말을 요약해보게 한다. 교사가 말을 잘 듣지 않는 학생을 억지로 제재하는 것은 어렵다. 그래서 학생들의 행동을 통제하기보다 참여하는 학생의 아이디어에 초점을 맞출 수 있도록 앞서 언급한 기술을 활용해보자.

어른은 언제나 경청하는 사람이라는 것을 학생들에게 보여주어야 한다. 교사가 학생이 발표할 때 자료를 준비하거나 다음 활동에 필요한 아이디어를 정리하는 등의 다른 행동을 하면서, 학생에게는 능동적인 청중이 되라고 하면 곤란하다. 학생이 발표할 때 다른 학생들과 마찬가지로 교사도 경청하고 있다는 것을 보여주어야 한다.

호감이 가지 않는 학생을 동기유발시키는 방법은?

반 학생들 중에서 다른 학생들보다 더 호감이 가는 학생들이 있다. 학생들은 교사가 학생 자신을 좋아하는지 싫어하는지 안다고 한다. 어떤 학생의 행동이 문제가 되었을 때 교사가 그 학생을 좋아하지 않는다는 사실을 학생이 알게 되면 그 학생의 행동은 더 나빠지기 마련이다. 어떻게 하면 교사가 학생을 좋아하지 않는다는 느낌을 주지 않을 수 있을까?

교사는 자기를 가장 힘들게 하는 학생에 대해 좀 더 알아야 하며, 그 학생의 장점을 발견하려고 노력할 필요가 있다. 그 학생이 좋아하는 것이 무엇인지 그리고 그가 무엇을 잘하는지 알아보고, 그의 학습방식을 고려하여 과제를 준다. 학생이 과제를 끝냈을 때 따뜻한 미소를 짓거나, 악수, 하이파이브, 엄지 치켜들기 등 친근함을 표현한다. 인사할 때 이름을 불러준다. 그 학생이 언짢아하거나 즐거워하거나 좌절할 때 그를 불러서 어떤 문제가 있는지를 파악한다. 교사가 학생들을 진심으로 생각한다고 느낄 수 있게 행동한다. 학생 한 명 한 명에게 진정성을 갖고 대하며, 교사는 학생들이 자신의 반 일원이기 때문에 행복하다는 것을 개개 학생들에게 말해준다.

생활지도를 할 때 학생이 잘못된 행동을 하면 그 부분을 짚어주는 것이 중요하다. 학생의 성격과 연관 지어 훈계하지 말고, 학생을 '문제 학생' 혹은 '나쁜 학생'으로 낙인찍지 말아야 한다. 교사는 학생의 행동에 초점을 맞추어 학생을 지도해야 한다.

학생이 수업시간 중 학습활동을 하지 않으려 하면 어떻게 해야 하는가?

어떤 학생들은 수업해야 한다는 얘기를 들었음에도 학습활동을 하지 않을 뿐 아니라, 이것 때문에 벌을 받으면 아예 수업에 관심을 보이지 않기도 한다. 교사와 학생 간의 힘겨루기 상황이 자주 벌어진다. 학생은 무언가를 배우기보다 교사에게 혼나는 것을 은근히 즐기며, 결국 교사와의 힘겨루기에서 승자가 되곤 한다.

한 학생이 책상에 머리를 대고 졸고 있다고 가정해보자. 그는 기분 좋은 몽상에 젖어 있거나 낮잠에 빠져 있다. 학생이 꾸벅꾸벅 존다는 것은 단순히 전날 밤잠을 설쳤거나 점심을 너무 많이 먹었다는 것을 의미할 수도 있다. 정말 그렇다면 그 학생에게 물을 한 잔 마시게 한다거나 몸을 움직이게 하거나 혹은 힘을 충전하여 학업에 관심을 가질 수 있게 하는 것이 필요하다.

하지만 공부하려 하지 않으려는 이유가 위에서 제시한 것과 다르다면, 학습과 관련된 문제 때문일 가능성이 크다. 만약 학생이 수업내용을 이해하지 못했거나 더 이상 수업을 따라가기 힘들어 학생이 수업에 참여하지 않으려 하는 것은 학생이 수업내용을 도저히 이해하지 못하기 때문일지도 모른다. 이럴 경우 교사는 학습내용을 학생이 이해할 수 있을 만한 단계로 구분해줄 필요가 있다. 먼저 학생에게 가장 기초가 되는 단계의 활동을 제시한다. 학생이 이해하여 이제 다음 단계로 넘어가도 좋은지 확인한다. 또한 학생이 어려워할 법한 부분을 짚어본다. 그러고 난 후 다음 단계로 넘어간다. 학생이 성취감을 맛보면 좀 더 어려운 내용에 관심 가질 것이고 스스로 학습하려 할 것이다. 또 다른 학생들은 수업활동이 본인과 무관하다고 생각하거나 지겨워서 배우기를 꺼릴 수도 있다. 상황에 따라 융통성 있게 더 흥미 있어 할 만한 과제를 구상해 제시하자. 여기에서 지켜야 할 것이 있다면 학생에게 제시한 다양한 과제는 모두 동일한 주제이거나 같은 수업목표를 향하고 있어야 한다.

만약 한 학생이 수업활동에 참여하지 않았기 때문에 교사는 그 학생을 교감선생님에게 보냈다고 가정해보자. 복도에 나간 학생은 자기가 원하던 스트레칭도 할 수 있는, 교실과는 다른 환경에 놓이게 된다. 이 학생은 복도에 나와 있는 학생을 보게 되고 다른 교실에서 학습하고 있는 학생에게 신나서 손을 흔든다. 학생이 교감선생님 집무실에 다다르면 교감선생님을 만나려고 기다리는 또 다른 학생들을 만난다. 집무실에 들어가 호되게 꾸지람을 들은 뒤 학생은 교실로 돌아간다. 학생이 교실로 돌아가는 길은 또 한 번의 스트레스 푸는 여정이다.

교실에 들어가며 학생은 다시 한 번 수업을 방해한다. 책상에 앉으니 학생이 하기 싫어했던 수업내용은 끝이 났고 새로운 수업활동이 진행된다. 학생은 계속 교실에 남아 있었던 것보다 더 신나는 여행을 했기에 만족한다. 학생은 재미를 톡톡히 보았고 아마 이 전략을 다시 사용할 것이다. 이런 경우에도, 학생과 상황에 따라 다르므로, 교사의 반응이 학생의 행동에 어떠한 영향을 미칠지 잘 생각해볼 필요가 있다. 교사가 의도한 결과가 나오면 교사의 전략은 성공한 것이다. 만약 아니라면 다른 전략을 사용해야 한다.

낙제점을 주는 것은 학습활동의 동기유발에 도움이 되지 못한다. 학생은 수업에 몰입할 다른 유인이 필요하다. 학생이 이미 낙제수준에 와 있을 때 또 낙제점을 주는 것은 실패한 것을 확인시켜주는 것밖에 되지 않는다. 그리고 교사의 이 같은 행동은 점수와 관련하여 파놓은 구덩이를 더 깊게 파는 꼴이 된다. 학생이 실패의 구덩이에 깊게 빠져 있으면 학습의욕을 거의 상실해버릴 가능성이 있으며, 학습활동이 자신에게 도움이 되지 않을 것이라 생각하기에 더 이상 노력하지 않을 것이다.

가능하면 교사는 화를 내면서 학생을 교감선생님에게 보내는 것과 같은 힘겨루기를 하지 않는 것이 좋다. 학생이 징징대거나 야단법석을 떤다 해도 말려들지 않아야 한다. 학생이 어떠한 방법을 시도하더라도 교사를 이길 수 없다는 것을 보여준다. 학생의 이러한 반항을 피할 필요가 있다. 십중팔구 학생의 수업활동 거부는 교사 때문이 아니고 교사를 존중하지 않기 때문도 아니다. 학생의 내면에 들어 있는 원인을 생각해보고 가능하면 자주 학생을 만나 지도하기 바란다.

학생이 한 학습활동에 너무 몰입해 다음 단계의 수업으로 넘어가지 않으려 하면 어떻게 해야 할까?

학생이 한 학습활동에 너무 몰입해 있다면 어떻게 해야 할까? 교사가 학생들에게 현재 하고 있는 활동을 마무리하고 다음 활동으로 넘어가자고 지시했지만 한 학생이 너무 몰입한 나머지 그것을 계속하려고 한다. 우리가 몰입을 가치 있게 생각하므로, 교사가 일방적으로 학생의 의지를 꺾는 것은 곤란하다. 하지만 이를 그대로 둘 경우 반 전체 학생들의 학습활동에 방해가 될 수 있다.

이러한 문제를 사전에 예방할 수 있는 전략을 찾아보자.

- "시간이 거의 다 됐어!"와 같은 신호를 사용하거나, 5분 후 다음 활동으로 넘어가야 한다는 것을 학생들에게 알리기 위해 타이머나 신호종을 이용한다. 이를 통해 학생들이 마음속으로 현재 활동을 중지하게 되고, 이어 자연스럽게 다음 단계로 넘어가게 된다.

- 다음 단계로 넘어가거나 다음 단계로 넘어가기 위한 준비를 누가 더 빨리 하는지 팀별로 경쟁하게 한다. 이렇게 하면 팀 경쟁에서 이기려고 하거나 적어도 꼴찌는 하지 않으려고 각 팀이 긴장감을 가지고 노력하게 된다.

- 학습활동을 할 때 일정하게 시간제한을 둔다. 교사가 어떤 때는 시간제한을 완화시켜주고 어떤 때는 시간제한을 엄격하게 정하면 학생들이 혼란스러워한다. '저번에 잘 넘어갔으니까 아마 이번에도 잘 넘어갈 거야.'라고 학생들은 생각할 것이다. 이런 문제는 처음부터 생기게 하지 말아야 한다. 또한 규칙을 어기는 학생에겐 예외 없이 동일한 벌칙을 주어야 한다. 교사가 어떤 계획을 제안하면 교사도 학생들과 마찬가지로 그 계획을 따를 필요가 있다.

- 학생들의 행동에 교사가 어떻게 반응하는가에 따라 학생들은 상당한 영향을 받는다. 만일 교사가 학생과 힘겨루기를 하면 학생의 잘못된 행동은 계속 이어지거나 더 심해질 것이다.

교사가 시간관리를 잘하지 못하는 학생을 장기적으로 관리하기 위해서 아래의 내용을 참고할 필요가 있다.

- 각 과제의 진행상황을 알 수 있도록 과제실행 목록 혹은 계획표를 만든다. 일정 시간(하루, 일주일 혹은 한 단원이 끝날 때까지) 안에 끝내야 할 여러 과제가 들어 있는 폴더를 학생에게 준다. 학생에게 과제를 수행할 큰 그림을 그려주면 학생은 이 계획에 따라 하나하나 과제를 해 나갈 수 있을 것이다. 이러한 방식을 통해 학생은 모든 과제의 마감시한을 알 수 있을 것이다. 아주 흥미 있는 과제나 상당히 어려운 과제를 끝내는 데는 시간이 더 걸리겠지만, 쉬운 과제나 덜 재미있는 과제는 조금 더 빨리 할 수 있을 것이다. 이 같은 방식을 통해 학생 자신이 시간관리에 대한 책임을 져야 함을 인식하게 한다. 교사는 학생이 시간관리를 하도록 하고 그에 따른 지침을 명확히 내려주어야 한다. 학생에게 과제를 줄 때 과제가 끝났는지 혹은 얼마나 남았는지 바로 확인할 수 있는 체크리스트를 함께 줄 필요가 있다. 학생이 과제진척 상황을 보면서 점점 향상되고 있음을 확인할 때 적극적으로 맡은 일을 잘 수행하게 된다.

- 교사가 학생이 중단해야 하거나 다음 과제로 넘어가야 한다는 신호를 주기 위해 어떤 동작, 이미지 혹은 몸짓을 할 것인가에 대해 학생들과 상의한다. 이러한 비언어적인 표현을 통해 교사는 학생들에게 수시로 잔소리를 하지 않아도 된다. 이러한 잔소리는 종종 학생들의 불만을 높일 뿐이다.

동기유발 전략의 개인적인 수행과 적용

〈표 7.5〉(재사용할 수 있는 버전은 247쪽 참조)를 사용하여 동기유발 전략을 적용해 학생들의 학습동기유발의 불꽃을 얼마나 잘 유지시켜주는지를 자기평가할 수 있다. 교사는 1년 내내 동기유발 상황을 확인하기 위해 자기평가표를 사용할 수 있다.

다음 특징에 따라 표에 체크해보자.

➣ 아직 동기의 불꽃이 켜지지 않았다－배움의 땔감은 이미 준비되었다. 나는 학생을 동기유발시킬 수 있는 전략을 이제 막 배우기 시작했고 다음 단계로 넘어가려 하고 있다. 하지만 아직 그 전략을 적용하지 않았다.

➣ 이제 막 불꽃이 켜졌다－나는 이제 동기유발 전략들을 사용하기 시작했고/시작했거나 좀 익숙해진 전략들은 어떻게 의도적으로 더 사용할 수 있을지에 대해 생각하는 중이다.

➣ 동기유발 불꽃이 타고 있다－나는 많은 동기유발 전략을 적용했고 그 적용을 통해 나온 몇몇 결과를 가지고 있다.

➣ 동기유발 불꽃이 뿜어져 나온다－나는 의도적으로 동기유발 전략들을 적용했고 그에 따라 좋은 결실을 거두고 있다.

표 7.5 ●● 동기유발 전략의 개인적 수행과 적용

동기유발 전략	아직 동기의 불꽃이 켜지지 않았다	이제 막 불꽃이 켜졌다	동기유발 불꽃이 타고 있다	동기유발 불꽃이 뿜어져 나온다	비고
1. 학생들의 관심, 인성 및 신념을 이해하라. (25쪽)					
2. 학생들이 가장 잘 학습하는 방법을 찾으라.(31쪽)					
3. 문화적 감수성을 지니라.(39쪽)					
4. 교사와 학생 간, 학생 상호 간의 관계를 형성하라.(46쪽)					
5. 명확한 규칙과 기대행동을 설정하라.(53쪽)					
6. 학습을 명료화하라.(77쪽)					
7. 평가가 수반된 수업을 실시하라.(84쪽)					

(계속)

동기유발 전략	아직 동기의 불꽃이 켜지지 않았다	이제 막 불꽃이 켜졌다	동기유발 불꽃이 타고 있다	동기유발 불꽃이 뿜어져 나온다	비고
8. 도전적인 학습기회를 제공하라. (94쪽)					
9. 관련성을 지으라. (99쪽)					
10. 준거와 활동을 함께 만들라. (104쪽)					
11. 흥미로운 활동과 지혜로운 수업 마무리를 잘하라. (117쪽)					
12. 테크놀로지를 활용하라. (123쪽)					
13. 게임으로 배우고 복습하고 기억하라. (131쪽)					
14. 향미를 더하라. (136쪽)					
15. 낙관성을 장려하고 축하하라. (140쪽)					
16. 질 높은 선택의 기회를 제공하라. (151쪽)					
17. 목표를 설정하고 협상하라. (158쪽)					
18. 예술을 활용하라. (166쪽)					
19. 학습 전, 중, 후에 평가를 실시하라. (186쪽)					
20. 사고가 수반되는 탐색 질문을 하라. (191쪽)					
21. 이해의 불을 지피라. (196쪽)					
22. 서술적 피드백을 제공하라. (201쪽)					
23. 구체적인 논평으로 칭찬과 격려를 하라. (206쪽)					
24. 학생들을 참여시키라. (211쪽)					
25. 목표가 분명한 개입활동을 펼치라. (217쪽)					

마치면서

고난이 클수록 그 고난을 극복했을 때의 기쁨도 크다.

−Molière

교사는 말, 침묵, 행동이나 눈짓으로도 학생들의 학습몰입을 강화시킬 수도 약화시킬 수도 있다. 학생들은 누가 성공적인 학생인지를 교사의 행동이나 방침을 통해 알게 된다. 현재 많은 학교에서 좋은 성적을 받고 시험을 통과한 학생을 성공적인 학생으로 간주한다. 이것은 잘못된 메시지다. 이 메시지는 시험을 잘 치지 못한 학생들이 자신감을 잃고 공부에 몰두하기 어렵게 만든다. 어떤 학생들은 성적과 시험에 초점을 맞추는 것은 단조롭고 지겹다고 한다. 하지만 학생들은 놀라운 문제해결사가 될 수 있다. 그런데 학생들은 교실에서 종종 좌절하고 스스로 똑똑하지 않다고 생각한다. 학생이 학습에 관심을 보이지 않는 것은 놀랍지 않다. 한편 많은 학생들은 오직 좋은 성적을 받기 위해 공부에 몰두한다. 이 학생들은 성적에만 관심이 있기 때문에 학교에서 배운 내용을 다른 곳에 거의 활용하지 않는다.

유능한 교사는 학생들의 다양한 재능과 관심사, 학습유형을 이해하고 격려해준다. 동기유발을 하는 교사는 학생들이 이해한 내용과 새롭게 학습한 정보를 연계할 수 있게 도와준다. 교사는 학생들이 학업 향상의 정도를 스스로 평가하게 하여 학생들이 어떻게 학습능력을 향상시켰는가를 인식하게 한다. 학습능력 향상은 학생 스스로에게 달려 있다는 점을 교사는 가르쳐준다.

동기유발을 하는 능력을 가진 교사는

- 풍부한 지식을 가지고 있음
- 일을 즐김
- 유머감각이 있음
- 효과적으로 계획을 짬
- 참신함
- 학생의 관심과 요구를 반영하여 창의적 전략을 활용함
- 학생의 학습을 돕기 위한 협력팀의 일원으로 일함
- 브레인스토밍을 할 때 아이디어를 공유하고 받아들임
- 학생의 학습을 기대하고 있음
- 학생 개인의 차이를 존중하고 학생 간의 다른 점을 단점보다 장점으로 인식함
- 학생의 신체적, 정신적, 사회적, 정서적 욕구를 인정함
- 수업을 위해 공식적, 비공식적인 평가 자료를 활용함
- 학생의 정서적인 면을 이해함
- 구체적으로 칭찬하고 피드백을 해주며 학생을 무시하지 않음

교사는 학생이 학습하도록 동기유발할 수 있는 상당한 권한과 능력을 가지고 있다. 이 책에서 이러한 아이디어가 교사의 영감을 자극하고 능력을 향상시키는 데 도움이 되어 교사가 학생들을 고무시키고 동기유발시킬 수 있다는 믿음을 가지기 바란다. 이는 학습에 대한 몰입의 불꽃을 계속 유지하는 데 필요한 적절한 연료를 찾는 것과 같다고 할 수 있다.

| 제7장 | 캠프파이어 토크 |

이 장에서는 교사가 학습몰입의 불꽃을 계속 유지하는 방법을 요약해보았고 동기유발과 관련하여 공통적으로 제기되는 문제에 대해 해결책을 알아보았다. 학생이 진심으로 배울 수 있도록 하기 위해 당신의 이해력, 인식과 경험이 어느 정도인지 생각해보기 바란다. 당신의 소속 연구회, 교과 모임, 동학년 모임, 혹은 전체 교직원 모임에서 다음과 같은 질문과 활동에 대해서 토의해보라.

1. 아래 질문을 통해 동료교사 간에 수업을 참관하고 피드백하도록 해보라. 서로의 발전을 위해 구체적인 예와 의견을 제시해보라.
   - 교사가 정의하는 성공적인 학습자란 어떤 학생을 말하는가? 실제 수업에서 성공적인 학습자가 나타났는가?
   - 동기유발되지 않은 학생에게 교사는 어떠한 조치를 취했는가? 그 결과 학생이 변화하였는가?
   - 동기유발되지 않은 학생이 참여하도록 하기 위해 교사는 어떤 방법을 썼는가? 성공적이었는가?
   - 교사는 학습자의 관심과 요구를 교실활동과 어떻게 연계시켰는가?
   - 학생을 주의집중시키기 위해 어떤 창의적 아이디어를 사용했는가?
   - 교사가 어떤 매력적인 학습전략을 학습자들에게 보여주고 가르쳤는가?
   - 학생들은 어떤 학습전략을 이용하였는가? 학습자들은 배우는 데 집중하였는가? 만약 그랬다면 어떠한 방법으로 몰입하였는가?
   - 교실 경험에 대한 학생의 전반적인 접근방법과 태도는 어떤 특징을 가지고 있는가?
   - 교사중심 수업활동 시간은 어느 정도인가? 학생중심의 활동 시간은?
   - 전체적으로 어떤 점이 잘 이루어졌는가?
   - 전체적으로 어떤 점이 잘 이루어지지 않았는가?
   - 발전을 위한 제안점이나 팁이 있다면?

2. 학생을 동기유발시키기 위한 학교 차원의 전략을 논의하기 위해 교직원과 소모임을 만든다. 소집단 명단을 교무실 벽에 붙여놓을 수 있고 학교편람에 수록할 수도 있다. 복도에 포스터로 만들어 붙이거나 다른 형태로 게시할 수 있다.

3. 학생을 동기유발시키고 지원해주기 위한 방안을 다각도로 찾아보기 위해 학생 전체를 대표하는 학생대표 모임을 구성한다.

4. 학생 개개인의 동기유발 욕구를 충족시키는 과정에 나타난 문제들을 각 모임에서 하나하나 짚어본다. 각각의 질문이나 사례에 대해 토론해보고 결론을 도출해내기 위해 서로 협력한다.

5. 이 장에서 다룬 내용으로서, 학생의 잘못된 행위에 대한 공통질문을 다루기 위해 자기성찰 질문지(249쪽)를 이용한다. 그리고 동기유발을 위한 25개 전략 중 어느 것을 사용할지 생각해본다.

동기유발 전략의 개인적 수행과 적용

다음 특징에 따라 표에 체크해보라.

- 아직 동기의 불꽃이 켜지지 않았다－배움의 땔감은 이미 준비되었다. 나는 학생을 동기유발시킬 수 있는 전략을 이제 막 배우기 시작했고 다음 단계로 넘어가려고 계획하고 있다.
- 이제 막 불꽃이 켜졌다－나는 이제 동기유발 전략들을 사용하기 시작했고 좀 익숙해진 전략들은 어떻게 의도적으로 더 사용할 수 있을지에 대해 고민 중이다.
- 동기유발 불꽃이 타고 있다－나는 많은 동기유발 전략들을 적용했고 결과도 나타나고 있다.
- 동기유발 불꽃이 뿜어져 나온다－나는 의도적으로 전략들을 적용했고 좋은 결과도 나타나고 있다.

동기유발 전략	아직 동기의 불꽃이 켜지지 않았다	이제 막 불꽃이 켜졌다	동기유발 불꽃이 타고 있다	동기유발 불꽃이 뿜어져 나온다	비고
1. 학생들의 관심, 인성 및 신념을 이해하라. (25쪽)					
2. 학생들이 가장 잘 학습하는 방법을 찾으라.(31쪽)					
3. 문화적 감수성을 지니라.(39쪽)					
4. 교사와 학생 간, 학생 상호 간의 관계를 형성하라.(46쪽)					
5. 명확한 규칙과 기대행동을 설정하라.(53쪽)					
6. 학습을 명료화하라.(77쪽)					
7. 평가가 수반된 수업을 실시하라.(84쪽)					
8. 도전적인 학습기회를 제공하라.(94쪽)					
9. 관련성을 지으라.(99쪽)					
10. 준거와 활동을 함께 만들라.(104쪽)					
11. 흥미로운 활동과 지혜로운 수업 마무리를 잘하라.(117쪽)					
12. 테크놀로지를 활용하라.(123쪽)					
13. 게임으로 배우고 복습하고 기억하라.(131쪽)					

(계속)

동기유발 전략	아직 동기의 불꽃이 켜지지 않았다	이제 막 불꽃이 켜졌다	동기유발 불꽃이 타고 있다	동기유발 불꽃이 뿜어져 나온다	비고
14. 향미를 더하라. (136쪽)					
15. 낙관성을 장려하고 축하하라. (140쪽)					
16. 질 높은 선택의 기회를 제공하라. (151쪽)					
17. 목표를 설정하고 협상하라. (158쪽)					
18. 예술을 활용하라. (166쪽)					
19. 학습 전, 중, 후에 평가를 실시하라. (186쪽)					
20. 사고가 수반되는 탐색 질문을 하라. (191쪽)					
21. 이해의 불을 지피라. (196쪽)					
22. 서술적 피드백을 제공하라. (201쪽)					
23. 구체적인 논평으로 칭찬과 격려를 하라. (206쪽)					
24. 학생들을 참여시키라. (211쪽)					
25. 목표가 분명한 개입활동을 펼치라. (217쪽)					

자기성찰 질문지

학생의 문제 되는 행동과 관련한 공통질문에 대해 알아보기로 하자. 학생을 동기유발시키는 25개의 전략 중에 어느 것을 사용할지 생각해보라.

질 문	텍스트로부터 성찰	새로운 아이디어, 중재활동, 그리고 해결책
1. 학생이 과제를 수행하지 않거나, 과제활동에 참여하지 하지 않거나, 끝내지 않으려 할 때 어떻게 하는가?		
2. 학생이 최소한의 내용만 학습하고 더 이상 공부하지 않으려 한다면 어떻게 하는가?		
3. 수업시간에 학생을 토의에 참여시키기 위해 어떻게 하는가?		
4. 성적을 매기지 않는 과제를 학생에게 끝까지 완성하게 하려면 어떻게 하는가?		
5. "이거 왜 배워야 돼요?"라고 학생이 묻는다면 뭐라고 대답할 것인가?		
6. 학생이 경청하지 않고 옆 친구와 계속해서 잡담하면 어떻게 하는가?		
7. 호감이 가지 않는 학생을 어떻게 동기유발시키는가?		
8. 학생이 수업 중 학습활동을 하지 않으려 하면 어떻게 하는가?		
9. 학생이 한 과제에 너무 몰두해 다음 과제로 넘어가지 않으려 하면 어떻게 하는가?		

참고문헌

Ainsworth, L. (2003a). *Power standards: Identifying the standards that matter most.* Englewood, CO: Advanced Learning Press.

Ainsworth, L. (2003b). *Unwrapping standards: A simple process to make standards manageable.* Englewood, CO: Advanced Learning Press.

Ainsworth, L., & Viegut, D. (2006). *Common formative assessments: How to connect standards-based instruction and assessment.* Thousand Oaks, CA: Corwin Press.

Allensworth, E., Correa, M., & Ponisciak, S. (2008). *From high school to the future: ACT preparation—too much, too late.* Chicago: Consortium on Chicago School Research.

Ames, C., & Archer, J. (1988). Achievement goals in the classroom: Students' learning strategies and motivation processes. *Journal of Educational Psychology, 80*(3), 260–267.

Apter, M. J. (2001). *Motivational styles in everyday life: A guide to reversal theory.* Washington, DC: American Psychological Association.

Barker, K., Dowson, M., & McInerney, D. M. (2002). Performance approach, performance avoidance and depth of information processing: A fresh look at relations between students' academic motivation and cognition. *Educational Psychology, 22,* 571–589.

Barkley, S. G. (2007). *Tapping student effort: Increasing student achievement.* Cadiz, KY: Performance Learning Systems.

Barton, A. C., Tan, E., & Rivet, A. (2008). Creating hybrid spaces for engaging school science among urban middle school girls. *American Educational Research Journal, 45*(1), 68–103.

Becker, B. E., & Luthar, S. S. (2002). Social-emotional factors affecting achievement outcomes among disadvantaged students: Closing the achievement gap. *Educational Psychologist, 37,* 197–214.

Black, P., Harrison, C., Lee, C., Marshall, B., & Wiliam, D. (2003). *Assessment* for *learning: Putting it into practice.* London: Open University.

Black, P. J., & Wiliam, D. (1998). Inside the black box: Raising standards through classroom assessment. *Phi Delta Kappan, 80*(2), 139–148.

Block, P. (2003). *The answer to how is yes: Acting on what matters.* San Francisco: Berrett-Koehler.

BrainyMedia. (2010). *BrainyQuote.* Accessed at www.brainyquote.com/quotes/topics/topic_war .html on October 19, 2010.

Brophy, J. (2004). *Motivating students to learn* (2nd ed.). Mahwah, NJ: Erlbaum.

Brophy, J. (2005). Goal theorists should move on from performance goals. *Educational Psychologist, 40,* 167–176.

Brophy, J. (2010). Cultivating student appreciation of the value of learning. In R. Marzano (Ed.), *On excellence in teaching* (pp. 301–317). Bloomington, IN: Solution Tree Press.

Burke, K. (2010). *Balanced assessment: From formative to summative.* Bloomington, IN: Solution Tree Press.

Butler, R. (1988). Enhancing and undermining intrinsic motivation: The effects of task-involving and ego-involving evaluation on interest and performance. *British Journal of Educational Psychology, 78*(3), 210–216.

Carini, R. M., Kuh, G. D., & Klein, S. P. (2006). Student engagement and student learning: Testing the linkages. *Research in Higher Education, 47*(1), 1–32.

Carle, E. (1969). *A very hungry caterpillar.* New York: Philomel Books.

Chadwick, B. (1999, July 19–23). Consensus building institute at Eden Prairie Schools, MN.

Chapman, C., & King, R. (2005). *Differentiated assessment strategies: One tool doesn't fit all.* Thousand Oaks, CA: Corwin Press.

Chapman, C., & King, R. (2009a). *Differentiated instructional management: Work smarter, not harder!* Thousand Oaks, CA: Corwin Press.

Chapman, C., & King, R. (2009b). *Differentiated instructional strategies for reading in the content areas* (2nd ed.). Thousand Oaks, CA: Corwin Press.

Chapman, C., & King, R. (2009c). *Test success in the brain-compatible classroom.* Thousand Oaks, CA: Corwin Press.

Cherubini, G., Zambelli, F., & Boscolo, P. (2002). Student motivation: An experience of in-service education as a context for professional development of teachers. *Teaching and Teacher Education, 18,* 273–288.

Clarke, S. (2005). *Formative assessment in action: Weaving the elements together.* London: Hodder Arnold.

Conrad, F. (1992). *The arts in education and a meta-analysis.* Unpublished doctoral dissertation, Purdue University, West Lafayette.

Covington, M. N. (2002). Rewards and intrinsic motivation: A needs-based developmental perspective. In F. Pajares & T. Urdan (Eds.), *Academic motivation of adolescents* (pp. 169–192). Greenwich, CT: Information Age.

Crooks, T. J. (1988). The impact of classroom evaluation practices on students. *Review of Educational Research, 58*(4), 438–481.

Davies, A. (2007a). Involving students in the classroom assessment process. In D. Reeves (Ed.), *Ahead of the curve: The power of assessment to transform teaching and learning* (pp. 31–58). Bloomington, IN: Solution Tree Press.

Davies, A. (2007b). *Making classroom assessment work* (2nd ed.). Courtenay, British Columbia, Canada: Connections.

Denton, P. (2007). *The power of words: Teacher language that helps children learn.* Greenfield, MA: Northeast Foundation for Children.

Dodge, D. T., & Colker, L. J. (2001). *The creative curriculum for early childhood.* Washington, DC: Teaching Strategies.

Dörnyei, Z. (2001). *Teaching and researching motivation.* New York: Longman.

Dowson, M., & McInerney, D. M. (2003). What do students say about their motivational goals? Towards a more complex and dynamic perspective on student motivation. *Contemporary Educational Psychology, 28,* 91–113.

DuFour, R., Eaker, R., & DuFour, R. (Eds.). (2005). *On common ground: The power of professional learning communities.* Bloomington, IN: Solution Tree Press.

Dunn, R., Griggs, S. A., Olson, J., Beasley, M., & Gorman, B. S. (1995). A meta-analytic validation of the Dunn and Dunn model of learning-style preferences. *Journal of Educational Research, 88*(6), 353–362.

Dweck, C. S. (1999). *Self-theories: Their role in motivation, personality, and development.* Philadelphia: Psychology Press.

Dweck, C. S. (2006). *Mindset: The new psychology of success.* New York: Random House.

Elliot, A. J., & Thrash, T. M. (2004). The intergenerational transmission of fear of failure. *Personality and Social Psychology Bulletin, 30,* 957–971.

Ferriter, W. M., & Garry, A. (2010). *Teaching the iGeneration: Five easy ways to introduce essential skills with web 2.0 tools.* Bloomington, IN: Solution Tree Press.

Fisher, D., & Frey, N. (2007). *Checking for understanding: Formative assessment techniques for your classroom.* Alexandria, VA: Association for Supervision and Curriculum Development.

Foster, M. (1997). *Black teachers on teaching.* New York: New Press.

Frey, N., Fisher, D., & Everlove, S. (2009). *Productive group work: How to engage students, build teamwork, and promote understanding.* Alexandria, VA: Association for Supervision and Curriculum Development.

Furr, C., & Skinner, E. (2003). Sense of relatedness as a factor in children's academic engagement and performance. *Journal of Educational Psychology, 95,* 148–162.

Gareis, C. R., & Grant, L. W. (2008). *Teacher-made assessments: How to connect curriculum, instruction, and student learning.* Larchmont, NY: Eye on Education.

Garmston, R., & Wellman, B. (1999). *The adaptive school: A sourcebook for developing collaborative groups.* Norwood, MA: Christopher-Gordon.

Gay, G. (2002). Preparing for culturally responsive teaching. *Journal of Teacher Education, 53,* 106–116.

Glasser, W. (1999). *Choice theory: A new psychology of personal freedom.* New York: HarperCollins.

Green, J., Martin, A. J., & Marsh, H. W. (2007). Motivation and engagement in English, mathematics and science high school subjects: Towards an understanding of multidimensional domain specificity. *Learning and Individual Differences, 17,* 269–279.

Guskey, T. (2004). Are zeros your ultimate weapon? *Education Digest: Essential Readings Condensed for Quick Review, 70*(3), 31–35.

Guskey, T. (2009). Using assessments to improve teaching and learning. In D. Reeves (Ed.), *Ahead of the curve: The power of assessment to transform teaching and learning* (pp. 15–29). Bloomington, IN: Solution Tree Press.

Guskey, T. R., & Bailey, J. M. (2001). *Developing grading and reporting systems for student learning.* Thousand Oaks, CA: Corwin Press.

Hareli, S., & Weiner, B. (2000). Accounts for success as determinants of perceived arrogance and modesty. *Motivation and Emotion, 24,* 215–236.

Hareli, S., & Weiner, B. (2002). Social emotions and personality inferences: A scaffold for a new direction in the study of achievement motivation. *Educational Psychologist, 37,* 183–193.

Harker, L. (2008). *Laughter is an instant vacation: Humorous quotes on life.* Naperville, IL: Simple Truths.

Hattie, J. (2009). *Visible learning: A synthesis of over 800 meta-analyses relating to student achievement.* New York: Routledge.

Hattie, J., & Timperley, H. (2007). The power of feedback. *Review of Educational Research, 77*(1), 81–112.

Hoaglin, R. (1999). *Motivation and learning.* Unpublished action research project, Stoughton High School, Stoughton, Wisconsin.

Illinois State Board of Education. (2007). *Illinois assessment frameworks.* Accessed at www.isbe.state.il.us /assessment/iafindex.htm on October 4, 2009.

Inman, E. (2010, October 20). Study says genetic marker not predictor of heart disease. *The Stanford Daily.* Accessed at www.stanforddaily.com/2010/10/20/heart on October 20, 2010.

Jensen, E. (2001). *Arts with the brain in mind.* Alexandria, VA: Association for Supervision and Curriculum Development.

Jensen, E., & Nickelsen, L. (2008). *Deeper learning & powerful strategies for in-depth and longer-lasting learning.* Thousand Oaks, CA: Corwin Press.

Kardash, C. A. M., & Wright, L. (1987). Does creative drama benefit elementary students: A meta-analysis. *Youth Theater Journal, 1*(3), 11–18.

Kidder, T. (2010). *Quotations about teachers.* Accessed at www.quotegarden.com/teachers.html on September 27, 2010.

Kleinfeld, J. (1975). Effective teachers of Eskimo and Indian students. *School Review, 83*(2), 301–344.

Ladson-Billings, G. (1995). But that's just good teaching! The case for culturally relevant pedagogy. *Theory into Practice, 34,* 159–165.

Lambert, L. (2003). *Leadership capacity for lasting school improvement.* Alexandria, VA: Association for Supervision and Curriculum Development.

Linnenbrink, E. A., & Pintrich, P. R. (2003). Achievement goals and intentional conceptual change. In G. M. Sinatra & P. R. Pintrich (Eds.), *Intentional conceptual change* (pp. 347–374). Mahwah, NJ: Erlbaum.

Ma, X. (1999). A meta-analysis of the relationship between anxiety toward mathematics and achievement in mathematics. *Journal for Research in Mathematics Education, 30*(5), 520–541.

Martin, A. J. (2002). Motivation and academic resilience: Developing a model of student enhancement. *Australian Journal of Education, 46,* 34–49.

Martin, A. J. (2003). Boys and motivation: Contrasts and comparisons with girls' approaches to school work. *Australian Educational Research, 30,* 43–65.

Martin, A. J. (2005). Exploring the effects of a youth enrichment program on academic motivation and engagement. *Social Psychology of Education, 8,* 179–206.

Martin, A. J. (2006). Personal bests (PBs): A proposed multidimensional model and empirical analysis. *British Journal of Educational Psychology, 76,* 803–825.

Martin, A. J. (2007). Examining a multidimensional model of student motivation and engagement using a construct validation approach. *British Journal of Educational Psychology, 77,* 413–440.

Martin, A. J. (2008a). Enhancing student motivation and engagement: The effects of a multidimensional intervention. *Contemporary Educational Psychology, 33,* 239–269.

Martin, A. J. (2008b). Motivation and engagement in music and sport: Testing a multidimensional framework in diverse performance settings. *Journal of Personality, 76,* 135–170.

Martin, A. J. (2009). Age appropriateness and motivation, engagement and performance in high school: Effects of age-within-cohort, grade retention, and delayed school entry. *Journal of Educational Psychology, 101,* 101–114.

Martin, A. J., & Dowson, M. (2009). Interpersonal relationships, motivation, engagement, and achievement: Yields for theory, current issues, and educational practice. *Review of Educational Research, 79,* 327–365.

Martin, A. J., & Marsh, H. W. (2003). Fear of failure: Friend or foe? *Australian Psychologist, 38,* 31–38.

Martin, A. J., & Marsh, H. W. (2008). Academic buoyancy: Towards an understanding of students' everyday academic resilience. *Journal of School Psychology, 46,* 53–83.

Martin, A. J., Marsh, H. W., & Debus, R. L. (2001). Self-handicapping and defensive pessimism: Exploring a model of self-protection from a longitudinal perspective. *Journal of Educational Psychology, 93,* 87–102.

Marzano, R. J. (2003). *What works in schools: Translating research into action.* Alexandria, VA: Association for Supervision and Curriculum Development.

Marzano, R. J. (2006). *Classroom assessment and grading that work.* Alexandria, VA: Association for Supervision and Curriculum Development.

Marzano, R. J. (2007). *The art and science of teaching: A comprehensive framework for effective instruction.* Alexandria, VA: Association for Supervision and Curriculum Development.

Marzano, R. J. (2010). Using games to enhance student achievement. *Educational Leadership, 67*(5), 71–72.

Marzano, R. J., & Kendall, J. S. (2007). *The new taxonomy of educational objectives* (2nd ed.). Thousand Oaks, CA: Corwin Press.

Maslow, A. (1968). *Toward a psychology of being.* Princeton, NJ: Van Nostrand.

McTighe, J. (2010). Understanding by design and instruction. In R. Marzano (Ed.), *On excellence in teaching* (pp. 271–300). Bloomington, IN: Solution Tree Press.

Mendler, A. N. (2000). *Motivating students who don't care: Successful techniques for educators.* Bloomington, IN: Solution Tree Press.

Meyer, D. K., & Turner, J. C. (2002). Discovering emotion in classroom motivation research. *Educational Psychologist, 37*, 107–114.

New Horizons for Learning. (2002). *Assessment terminology: A glossary of useful terms.* Accessed at www.newhorizons.org/strategies/assess/terminology.htm on June 24, 2010.

Newmann, F. L., King, M. B., & Carmichael, D. (2007). *Authentic instruction and assessment: Common standards for rigor and relevance in teaching academic subjects.* Des Moines: Iowa Department of Education.

Nicholls, J. G., Cheung, P. C., Lauer, J., & Patashnick, M. (1989). Individual differences in academic motivation: Perceived ability, goals, beliefs, and values. *Learning and Individual Differences, 1*, 63–84.

O'Connor, K. (2002). *How to grade for learning: Linking grades to standards* (2nd ed.). Arlington Heights, IL: Skylight Press.

Ormiston, M. (2011). *Creating a digital-rich classroom: Teaching and learning in a web 2.0 world.* Bloomington, IN: Solution Tree Press.

Pajares, F. (2005). Self-efficacy beliefs in academic settings. *Review of Educational Research, 66*(4), 543–578.

Pearson Assessment Training Institute. (2010). *Getting started with classroom assessment for student learning: A one-day workshop.* Portland, OR: Author.

Pianta, R. C., Nimetz, S. L., & Bennett, E. (1997). Mother-child relationships, teacher-child relationships, and school outcomes in preschool and kindergarten. *Early Childhood Research Quarterly, 12*, 263–280.

Pink, D. H. (2009). *Drive: The surprising truth about what motivates us.* New York: Riverhead.

Pintrich, P. R. (2003). A motivational science perspective on the role of student motivation in learning and teaching contexts. *Journal of Educational Psychology, 95*, 667–686.

Popham, W. J. (2001). *The truth about testing: An educator's call to action.* Alexandria, VA: Association for Supervision and Curriculum Development.

Reeves, D. (2001). *Making standards work: How to implement standards-based assessment in the classroom, school and district* (3rd ed.). Englewood, CO: Advanced Learning Press.

Reeves, D. (Ed.). (2007). *Ahead of the curve: The power of assessment to transform teaching and learning.* Bloomington, IN: Solution Tree Press.

Reeves, J., Deci, E. L., & Ryan, R. M. (2004). Self-determination theory: A dialectical framework for understanding sociocultural influences on student motivation. In D. McInerney & S. Van Etten (Eds.), *Big theories revisited* (pp. 31–60). Greenwich, CT: Information Age.

Rideout, V. J., Foehr, U. G., & Roberts, D. F. (2010). *Generation M2: Media in the lives of 8- to 18-year-olds.* Menlo Park, CA: Henry J. Kaiser Family Foundation.

Robinson, J. (2008, October 13). *Classroom 2.0: The power of Nintendo DS* [Blog post]. Accessed at http://thepegeek.com/2008/10/13/another-utter-mobile-post-2 on September 24, 2010.

Rubie-Davies, C. M. (2007). Classroom practices: Exploring high- and low-expectation teachers. *British Journal of Educational Psychology, 77*, 289–306.

Rubie-Davies, C. M., Hattie, J. A. C., & Hamilton, R. (2006). Expecting the best for students: Teacher expectations and academic outcomes. *British Journal of Educational Psychology, 77*, 429–444.

Ryan, R. M., & Deci, E. L. (2000). Self-determination theory and the facilitation of intrinsic motivation, social development, and well-being. *American Psychologist, 55*, 68–78.

Sadler, D. R. (1989). Formative assessment: Revisiting the territory. *Assessment in Education, 5*(1), 77–84.

Saphier, J. (2005). Masters of motivation. In R. DuFour, R. Eaker, & R. DuFour (Eds.), *On common ground: The power of professional learning communities* (pp. 85–114). Bloomington, IN: Solution Tree Press.

Schmoker, M. (2006). *Results now: How we can achieve unprecedented improvements in teaching and learning.* Alexandria, VA: Association for Supervision and Curriculum Development.

Schunk, D. H, & Miller, S. D. (2002). Self-efficacy and adolescents' motivation. In F. Pajares & T. Urdan (Eds.), *Academic motivation of adolescents* (pp. 29–52). Greenwich, CT: Information Age.

Schunk, D. H., & Zimmerman, B. J. (2007). Influencing children's self-efficacy and self-regulation of reading and writing through modeling. *Reading and Writing Quarterly, 23*(1), 7–25.

Schwartz, M., Sadler, P., Sonnert, G., & Tai, R. (2008, December). Depth versus breadth: How content coverage in high school science courses relates to later success in college science coursework. *Science Education*, 1–29.

Scieszka, J., & Smith, L. (1995). *Math curse.* New York: Viking.

Scieszka, J., & Smith, L. (2004). *Science verse.* New York: Viking.

Simple Truths. (2008). *Laughter is an instant vacation.* Naperville, IL: Author.

Sizer, T. (1984, 2004). *Horace's compromise: The dilemma of the American high school.* Boston: Houghton Mifflin.

Sousa, D. (2006). *How the brain learns.* Thousand Oaks, CA: Corwin Press.

Stiggins, R. J., Arter, J., Chappuis, J., & Chappuis, S. (2005). *Classroom assessment* for *student learning: Doing it right—using it well.* Portland, OR: ETS Assessment Training Institute.

Strong, R., Silver, H., & Perini, M. (2001). *Teaching what matters most: Standards and strategies for raising student achievement.* Alexandria, VA: Association for Supervision and Curriculum Development.

Study Island. (2010). *Illinois standards-based ISAT preparation.* Accessed at www.studyisland.com /demoAsk.cfm?myState=IL on June 24, 2010.

Tang, G., & Briggs, H. (2001). *The grapes of math.* New York: Scholastic Books.

Thompson, M., & Wiliam, D. (2007, April 9–13). *Tight but loose: A conceptual framework for scaling up school reforms.* Paper presented at the annual conference of the American Educational Research Association, Chicago, IL.

Vagle, N. (2009). Inspiring and requiring learning. In T. Guskey (Ed.), *The teacher as assessment leader* (pp. 85–114). Bloomington, IN: Solution Tree Press.

Weiner, B. (1994). Integrating social and personal theories of achievement striving. *Review of Educational Research, 64*, 557–573.

Weinstein, R. S. (2002). *Reaching higher: The power of expectations in schooling.* Cambridge, MA: Harvard University Press.

Wentzel, K. R. (1999). Social-motivational processes and interpersonal relationships: Implications for understanding motivation at school. *Journal of Educational Psychology, 91*, 76–97.

Whitaker, T. (2003). *What great teachers do differently.* Larchmont, NY: Eye on Education.

Wigfield, A., & Tonks, S. (2002). Adolescents' expectancies for success and achievement task values during the middle and high school years. In F. Pajares & T. Urdan (Eds.), *Academic motivation of adolescents* (pp. 53–82). Greenwich, CT: Information Age.

Wiggins, G., & McTighe, J. (1998). *Understanding by design.* Alexandria, VA: Association for Supervision and Curriculum Development.

Wiliam, D. (2007). Keeping learning on track: Classroom assessment and the regulation of learning. In F. K. Lester Jr. (Ed.), *Second handbook of mathematics teaching and learning* (pp. 1053–1098). Greenwich, CT: Information Age.

Willis, J. (2008). *Research-based strategies to ignite student learning.* Alexandria, VA: Association for Supervision and Curriculum Development.

Wolfe, P. (2001). *Brain matters: Translating research into classroom practice.* Alexandria, VA: Association for Supervision and Curriculum Development.

Yount, W. (2009, September 4). *Mrs. Yount's class news* [Weblog]. Accessed at http://blog.oconee .k12.ga.us/wyount/page/2 on June 24, 2010.

Zimmerman, B. (2008). Investigating self-regulation and motivation: Historical background, methodological developments, and future prospects. *American Educational Research Journal, 45*(1), 166–183.

찾아보기

인명

저자 소개

캐롤린 채프먼(Carolyn Chapman)은 국제적인 교육 컨설턴트이자 작가이며 교사이다. 캐롤린은 유치원부터 대학에 이르기까지 여러 수준의 학생들을 가르쳐 왔다. 그녀는 자신의 베스트셀러 저서들에서 다루고 있는 많은 주요 내용에 초점을 두고 토론과 체험실습 위주의 교원연수를 진행하고 있다. 그녀는 모든 연령과 학년수준의 학생들이 계속해서 성공할 수 있도록 하기 위해 미국 전역의 교육자들과 긴밀하게 일하고 있다. 그녀는 개별화된 맞춤식 수업, 소양교육, 다양한 평가방법, 다중지능, 뇌기반 수업에 관한 많은 책들을 단독 혹은 공동으로 집필하였다. 캐롤린은 유명한 책인 **개별화 수업전략**(*Differentiated Instructional Strategies*)의 공동저자이기도 하다.

니콜 베이글(Nicole Vagle)은 교육자이자 작가이며 컨설턴트이다. 교육과 평생학습에 대한 그녀의 열정은 학교를 질적으로 개선하는 데 폭넓고 실질적인 역할을 수행하도록 이끌었고, 또한 전심전력을 다해 학생들의 학습을 촉진하도록 이끌었다. 중등학교 교사로서 니콜은 모든 학생들에게 자극을 주고 학습에 몰두하도록 열심히 가르쳤다. 고등학교 개혁 전문가로서 그녀는 교사들의 협력과 학생들의 학습을 지원하기 위해 일선학교와 지역교육청의 교직원들과 친밀한 관계를 형성하면서 함께 노력했다. 또한 컨설턴트로서 그녀는 모든 학생들이 성공할 수 있는 학교문화를 조성하고 장려하기 위해 다른 교육자들과 함께 일하며 배우고 있다. 니콜은 평가모음집인 **평가 리더로서의 교사**(*The Teacher as Assessment Leader*)와 **평가 리더로서의 교장**(*The Principal as Assessment Leader*)에서 각각 "학습을 자극하고 요구하기"와 "숫자의 의미 발견하기"라는 두 개의 장을 집필한 저자이기도 하다.